"十四五"应用型本科院校系列教材/教育类

Kindergarten Game-curriculum

幼儿园游戏

（第2版）

主　编　韩雪梅
副主编　高　宏　郝慧男　于　越
参　编　蔡洪霞　邢　娜　任秀华
　　　　杜思宇　张　超　张星瀛
　　　　陈笑颜　姚昕晖

哈尔滨工业大学出版社
HARBIN INSTITUTE OF TECHNOLOGY PRESS

内 容 简 介

游戏是幼儿最喜爱的活动,对幼儿的成长与发展有着独特的价值与意义。幼儿园游戏也是幼儿园的基本活动。本书阐述了游戏的概念、分类及影响幼儿游戏的因素。同时,围绕幼儿园游戏环境的创设、材料的选择、管理与指导等问题展开了讨论。在此基础上,本书从操作层面就幼儿园游戏的观察、组织、指导、评价,以及游戏与幼儿园课程的整合、亲子游戏的组织与实施等问题进行了探索。

本书适合学前教育专业教学及参考使用,也可作为幼儿园教师培训用书,同时可供其他学前教育研究人员及幼儿家长学习、参考。

图书在版编目(CIP)数据

幼儿园游戏/韩雪梅主编. －2 版—哈尔滨:哈尔滨工业大学出版社,2020.1(2024.8 重印)
ISBN 978－7－5603－8417－7

Ⅰ.①幼… Ⅱ.①韩… Ⅲ.①学前教育—游戏课—高等学校—教材 Ⅳ.①G613.7

中国版本图书馆 CIP 数据核字(2019)第 136009 号

策划编辑　杜　燕
责任编辑　李广鑫
出版发行　哈尔滨工业大学出版社
社　　址　哈尔滨市南岗区复华四道街 10 号　邮编 150006
传　　真　0451－86414749
网　　址　http://hitpress.hit.edu.cn
印　　刷　黑龙江艺德印刷有限责任公司
开　　本　787mm×960mm　1/16　印张 19　字数 410 千字
版　　次　2014 年 1 月第 1 版　2020 年 1 月第 2 版
　　　　　2024 年 8 月第 2 次印刷
书　　号　ISBN 978－7－5603－8417－7
定　　价　43.80 元

(如因印装质量问题影响阅读,我社负责调换)

《"十四五"应用型本科院校系列教材》编委会

主　任	修朋月	竺培国		
副主任	张金学	吕其诚	线恒录	李敬来	王玉文
委　员	丁福庆	于长福	马志民	王庄严	王建华
	王德章	刘金祺	刘宝华	刘通学	刘福荣
	关晓冬	李云波	杨玉顺	吴知丰	张幸刚
	陈江波	林　艳	林文华	周方圆	姜思政
	庹　莉	韩毓洁	蔡柏岩	臧玉英	霍　琳
	杜　燕				

序

哈尔滨工业大学出版社策划的《"十四五"应用型本科院校系列教材》即将付梓,诚可贺也。

该系列教材卷帙浩繁,凡百余种,涉及众多学科门类,定位准确,内容新颖,体系完整,实用性强,突出实践能力培养。不仅便于教师教学和学生学习,而且满足就业市场对应用型人才的迫切需求。

应用型本科院校的人才培养目标是面对现代社会生产、建设、管理、服务等一线岗位,培养能直接从事实际工作、解决具体问题、维持工作有效运行的高等应用型人才。应用型本科与研究型本科和高职高专院校在人才培养上有着明显的区别,其培养的人才特征是:①就业导向与社会需求高度吻合;②扎实的理论基础和过硬的实践能力紧密结合;③具备良好的人文素质和科学技术素质;④富于面对职业应用的创新精神。因此,应用型本科院校只有着力培养"进入角色快、业务水平高、动手能力强、综合素质好"的人才,才能在激烈的就业市场竞争中站稳脚跟。

目前国内应用型本科院校所采用的教材往往只是对理论性较强的本科院校教材的简单删减,针对性、应用性不够突出,因材施教的目的难以达到。因此亟须既有一定的理论深度又注重实践能力培养的系列教材,以满足应用型本科院校教学目标、培养方向和办学特色的需要。

哈尔滨工业大学出版社出版的《"十四五"应用型本科院校系列教材》,在选题设计思路上认真贯彻教育部关于培养适应地方、区域经济和社会发展需要的"本科应用型高级专门人才"精神,根据黑龙江省委书记吉炳轩同志提出的关于加强应用型本科院校建设的意见,在应用型本科试点院校成功经验总结的基础上,特邀请黑龙江省9所知名的应用型本科院校的专家、学者联合编写。

本系列教材突出与办学定位、教学目标的一致性和适应性,既严格遵照学科体系的知识构成和教材编写的一般规律,又针对应用型本科人才培养目标及与之相适应的教学特点,精心设计写作体例,科学安排知识内容,围绕应用讲授理论,做到"基础知识够用、实践技能实用、专业理论管用"。同时注意适当融入新理论、新技术、新工艺、新成果,并且制作了与本书配套的PPT多媒体教学课件,形成立体化教材,供教师参考使用。

《"十四五"应用型本科院校系列教材》的编辑出版,是适应"科教兴国"战略对复合型、应用型人才的需求,是推动相对滞后的应用型本科院校教材建设的一种有益尝试,在应用型创新人才培养方面是一件具有开创意义的工作,为应用型人才的培养提供了及时、可靠、坚实的保证。

希望本系列教材在使用过程中,通过编者、作者和读者的共同努力,厚积薄发、推陈出新、细上加细、精益求精,不断丰富、不断完善、不断创新,力争成为同类教材中的精品。

第 2 版前言

游戏是幼儿最喜爱的活动,对幼儿的成长与发展有着独特的价值与意义。游戏是最适合幼儿的活动方式和学习方式,因此,幼儿园以游戏为基本活动。随着我国学前教育的深化改革,越来越多的学前教育工作者把游戏作为幼儿园教育的基本形式,努力将游戏融入幼儿的一日生活中。这对幼儿教师在游戏教育素养和组织、指导游戏的策略等方面提出了更高的要求。

这本教材的编写遵循"基本理论够用,突出实践教学"的原则,在呈现游戏相关理论的基础上,尽量结合幼儿园教育实践,为学前教育工作者提供可参考、可操作的经验与实例。另外本书也注重吸收近年来学前教育领域的研究成果,吸取幼儿园教育实践中最前沿的、有借鉴意义的经验,使教材体现出应有的时代性。

全书共分九章。第一章较为系统、详细地介绍了游戏的概念、分类与发展,阐述了幼儿游戏的发展价值及影响幼儿游戏的因素。第二章论述了幼儿园户外及户内游戏环境的创设,对幼儿园玩具材料的选择、管理与使用也做了细致介绍。第三、四、五章则分别从幼儿园游戏的观察、组织、指导及评价等方面提出了具体的策略和方法。第六章在理论层面上探讨了游戏与幼儿园课程的关系,在实践层面对游戏与幼儿园课程整合的途径和具体形式做了探索。第七章关注了传统游戏在幼儿园的开发与利用。第八章专门论述了亲子游戏及其影响因素,并对亲子游戏的具体操作进行了较全面的呈现与分析。第九章介绍了游戏对幼儿心理健康的诊断与治疗。

本书被列入黑龙江省教育规划重点课题"园本教研——基于普惠性幼儿园教育管理的专项研究"(项目编号:JJB1316017);黑龙江省高等教育教学改革重点委托项目"应用型本科学前教育人才培养模式创新研究与实践"(项目编号 SJGZ20170031);黑龙江省高等教育教学改革项目"学前教育专业本科生专业伦理培养的研究与实践"(项目编号 SJGY20190253);哈尔滨剑桥学院教学改革项目"'卓越幼儿教师'人才培养模式研究 —PDS 协同创新模式的应用"

(项目编号 JQJGY201807);省教育厅规划课题"民办本科高校完全学分制保障体系的构建研究"(项目编号 GJC1318032);中国人生科学学会教育信息化专业委员会"十三五"教育科学规划课题"小组互助提升学习效能的方法研究"(项目编号 JY0622019JQ0002)。

  本书由韩雪梅任主编,高宏、郝慧男、于越任副主编,蔡洪霞、邢娜、任秀华、杜思宇、张超、张星瀛、陈笑颜、姚昕晖也参与了编写工作。

  由于作者水平有限,书中难免有不足及疏漏之处,敬请读者批评指正。

编者
2019 年 5 月

目 录

第一章　幼儿游戏的基本理论 …………………………………………………… 1
第一节　游戏概论 ……………………………………………………………… 1
第二节　幼儿游戏的分类 ……………………………………………………… 13
第三节　幼儿游戏的发展 ……………………………………………………… 21
第四节　幼儿游戏的发展价值 ………………………………………………… 26
第五节　影响幼儿游戏的因素 ………………………………………………… 34

第二章　幼儿园游戏环境与条件的创设 ………………………………………… 41
第一节　幼儿园游戏环境的概述 ……………………………………………… 41
第二节　幼儿园户外游戏环境的创设 ………………………………………… 45
第三节　幼儿园户内游戏环境的创设 ………………………………………… 51
第四节　幼儿园游戏的玩具和材料 …………………………………………… 63

第三章　幼儿园游戏的组织、指导及评价 ……………………………………… 74
第一节　幼儿园游戏的组织 …………………………………………………… 74
第二节　幼儿园游戏的指导策略 ……………………………………………… 80
第三节　幼儿游戏的评价 ……………………………………………………… 96

第四章　幼儿游戏观察的指导 …………………………………………………… 102
第一节　游戏观察的意义 ……………………………………………………… 102
第二节　游戏观察常用量表 …………………………………………………… 103
第三节　游戏观察的程序与策略 ……………………………………………… 108

第五章　不同类型游戏活动的组织与指导 ……………………………………… 120
第一节　幼儿角色游戏的指导 ………………………………………………… 120
第二节　幼儿结构游戏的组织与指导 ………………………………………… 129
第三节　表演游戏的组织与指导 ……………………………………………… 137
第四节　规则游戏的组织与指导 ……………………………………………… 143

第六章　游戏与幼儿园课程 ……………………………………………………… 148
第一节　幼儿园以游戏为基本活动 …………………………………………… 148

第二节　幼儿在幼儿园课程中的地位 …………………………………… 153
　　第三节　游戏与幼儿园课程的整合 ……………………………………… 167
第七章　幼儿传统游戏在幼儿园的开发和利用 ………………………………… 183
　　第一节　传统游戏与幼儿 ………………………………………………… 183
　　第二节　幼儿传统游戏在幼儿园的开发和利用 ………………………… 187
第八章　亲子游戏 ……………………………………………………………………… 199
　　第一节　亲子游戏及其影响因素 ………………………………………… 199
　　第二节　幼儿园亲子游戏的开展 ………………………………………… 204
第九章　游戏的诊断与治疗 …………………………………………………………… 217
　　第一节　游戏与幼儿心理健康的诊断 …………………………………… 217
　　第二节　游戏治疗 ………………………………………………………… 222
附录　游戏汇编 ………………………………………………………………………… 238
参考文献 ………………………………………………………………………………… 291

Chapter 1

幼儿游戏的基本理论

幼儿时期是孩子迅速发展的重要阶段,而游戏在幼儿成长中起着特殊的教育作用。它适合幼儿身心发展的特点,是幼儿生活的基本活动,是对幼儿进行全面教育的重要组成部分。国内外的心理学家和教育家对此一直进行着孜孜不倦的钻研,关于游戏的各种理论研究更是形成了不同的学说,而且至今仍在不断地发展深入。对于游戏的概念,一直是心理学家和教育学家研究和探讨的问题,但由于游戏现象本身的复杂性及各研究者观察问题的角度不同,尽管各派学者提出了不少关于游戏的定义,但始终没有得到一致的认同。所以目前我们更多地从描述性解释、特征及价值来对游戏进行学习和考察。

第一节 游戏概论

一、幼儿游戏的历史发展

（一）国外幼儿游戏的历史发展

萨顿·史密斯等(B. Sutton-Smith, et al., 1986)对人类游戏的典型样式——规则游戏进行了文化分类学的研究,他们把规则游戏分为身体技能型游戏、运气型游戏和策略型游戏三种文化等级不同的游戏,每种类型的游戏都有其对应的文化类型。

以游戏的文化分类学研究为基础,萨顿·史密斯等进一步提出了规则游戏的冲突－文化理论(the conflict-enculturation theory of games)。这一理论的基本假设是:人们教养幼儿的方式与游戏的文化类型之间存在着一定的联系。人们的教养方式会造成对幼儿的压力,从而导致幼儿的紧张和焦虑。游戏可以帮助幼儿释放紧张和焦虑。通过游戏,幼儿可以学会如何应付社会生活中的生存竞争。

(二) 我国幼儿游戏的历史发展

1. 我国古代游戏发展概况

有了人类开始,游戏就一直是幼儿生活的重要组成部分,也是对幼儿进行教育的主要形式。中国幼儿游戏的历史比较久远,最初幼儿的游戏往往与生产生活紧密相连。到了春秋战国时期,幼儿游戏逐渐从生产生活中分化出来,出现了如蹴鞠等丰富多样的游戏,而且这一时期的游戏已有文字记载,如《韩非子·外储说左上》中就有幼儿过家家游戏的记载。汉魏时期,放风筝、荡秋千等幼儿游戏活动十分盛行。到了盛唐时期,幼儿游戏活动更加丰富,唐人路德延的《小儿诗五十韵》中对此有着精彩的描述:"嫩竹乘为马,新蒲折做鞭。抛果忙开口,藏钩乱出拳。"宋以后受理学家"存天理,灭人欲"思想的影响,幼儿游戏,尤其是能够充分舒展幼儿活泼性情的娱乐游戏遭到禁锢,游戏的发展受到一定的影响。

2. 我国近现代游戏研究的深化

清末的学前教育深受日本影响,在教学内容和方法上,清末的幼稚园的课程及实施方法基本照搬日本,如《奏定蒙养院章程及家庭教育法章程》规定保育教导条目为:游戏、歌谣、谈话、手技,与曹广权考察日本时所记录的游戏、歌唱、谈话、手技的课程如出一辙,可见此时游戏已成为清末蒙养院课程内容之一。

20世纪20年代左右至建国初期,是我国幼儿游戏研究的中国化时期,在第一所幼儿园产生之时,游戏就作为保育的内容和教育的手段而存在。陈鹤琴、张宗麟等人受进步主义教育理念影响,重新审视、思考学前教育,在我国学前教育界开始了学前教育中国化、科学化的探索。陈鹤琴等人一方面研究国外游戏学说,另一方面以中国学前教育机构为依托,对幼儿游戏的理论和实践进行研究。陈鹤琴认为游戏是幼儿自我发展的需要,是符合学前期年龄特点的自然有效的教育手段。他深入了解国外游戏学说,将它们介绍到国内。这一时期的教育家不仅关注幼儿游戏的理论研究,也非常重视游戏在幼儿实际生活中的运用。陈鹤琴先生于1923年创办南京鼓楼幼稚园,这是中国历史上第一所开展教育科学研究的幼儿园。南京鼓楼幼稚园在其课程大要中明确规定游戏一项,并指出游戏要注重个人,兼及团体,并在富于游戏精神之环境中,以引起其游戏举动,加以适宜的指导。陈鹤琴先生的研究奠定了中国幼儿游戏研究的基础,推动了幼儿游戏的本土化探究与发展。

新中国成立后,大力发展学前社会教育机构,强调游戏的地位。苏联的游戏理论对中国游戏实践和游戏理论产生重要影响。改革开放后,西方游戏理论也被相继介绍到中国,给中国学前教育工作者带来重要启示,并引领了中国幼儿游戏研究的潮流和方向。中国学前教育工作者在对国外游戏理论进行宣传的同时,也致力于探寻中国幼儿游戏研究的新方向。这一时期关于游戏研究的专著出版,学者们对游戏的本质、游戏在幼儿园教育中的地位和特点、幼儿游戏与幼儿发展之间的关系、各类游戏形式的发展等诸多方面进行论述,取得了丰硕的研究成果。此外,学前教育实践工作者也积极投身幼儿游戏研究,对如何指导幼儿游戏,如何更好地发挥游戏的作用进行深入探讨,重视游戏活动环境和条件的创设研究,重视游戏评价体系的建构,及时总结发现当时幼儿游戏研究中存在的问题,不断推动幼儿游戏研究向纵深方向发展。

二、游戏理论

长期以来,许多心理学家和教育学家都在研究幼儿的游戏。由于他们研究的角度和对象不同,因此,对游戏的本质做了种种不同的解释。又由于他们所处的时代和心理学发展水平不同,因而形成了不同学派的游戏理论。

(一)经典的游戏理论

1. 剩余精力说

剩余精力说由德国思想家席勒和英国心理学家斯宾塞提出,他们认为生物都有保护自己生存的能力(精力),身体健康的幼儿除了维持正常生活以外,还有剩余精力需要发泄。游戏活动是剩余精力的最好表现,是发散体内过剩精力的方法,剩余精力越多,游戏便越多。

2. 生活准备说

生活准备说由德国生物学家、心理学家格罗斯提出。他从生物进化论出发,认为游戏不是无目的的活动,而是为将来生活做准备。游戏是人与动物都有的一种天赋的本能活动。游戏时间的长短随动物进化的程度而异,越是高级的动物,在成年后维持生存所必需的基本技能越复杂,需要练习的时间越长,幼儿期越长,游戏的时间越长。最初是实验性游戏,包括感觉运动游戏,这种感觉运动游戏逐渐发展到建造游戏和高级智能的练习。然后是社会经验游戏,包括争斗、追逐、模仿、社会和家庭游戏等。实验性游戏的目的是发展自制能力,社会经验游戏的目的是发展人际关系。所以,游戏是为了未来的生活做准备。

3. 成熟说

20世纪初期,荷兰生物学家、心理学家拜敦尔克提出游戏成熟说,他认为游戏不是本能,而是幼儿幼稚动力的一般特点表现,是个体适应环境,寻求自由主动的欲望的表现。引起游戏的有三种欲望:排除环境障碍获得自由,发展个体主动性的欲望;适应环境与环境一致的欲望;重复练习的欲望。游戏的特点与童年的情绪性、模仿性、易变性和幼稚性相近。由于有童年,才会有游戏。

4. 复演说

美国心理学家霍尔提出游戏复演说,他认为人类的文化经验是可以遗传的,幼儿游戏反映了从史前的人类祖先到现代人的进化过程。游戏是祖先最早的动作、习惯和活动遗迹的再现,幼儿的游戏无非是复演祖先的动作和活动,游戏中所有的动作和态度都是遗传而来的。

(二)精神分析学派的游戏理论

精神分析学派的代表人物是奥地利心理学家、精神分析学派的创始人弗洛伊德和美国的埃里克森,他们都重视游戏问题的研究,他们根据精神分析学派的基本理论,从精神分析角度来解释游戏,他们认为游戏是满足欲望和克服创伤性事件的手段。游戏使幼儿能逃脱现实的强制和约束,给他们提供安全的环境,使他们发泄那些在现实中不被接受的、通常是攻击性的危险冲动,以满足其追求快乐的愿望。随着自我的发展,那些不被理性所接受的追求快乐的愿望就不再以直接的象征性的游戏方式表现,而被更现实的、为社会所接受的一些活动,如俏皮话、玩笑、创造性艺术活动等取代,用这些更隐蔽的方式来满足早先通过游戏得以满足的愿望。西方流行的"游戏治疗"就是这一理论的应用,用于矫治幼儿在精神上与行为中的问题。

(三)认知发展的游戏理论

认知发展的游戏理论的代表人物是瑞士幼儿心理学家皮亚杰。皮亚杰的游戏理论,与他认知发展理论有着密切的关系,可以说是他的认知发展理论的组成部分,皮亚杰认为,"游戏是指不断重复的一种行为,而主要是希望从中得到一些快乐。"皮亚杰认为,游戏是学习新的复杂事件的方法,是巩固和扩大概念和技能的方法,也是使思维和行动相结合的方法。他从智力发展的角度,认为游戏是幼儿接受外部世界的信息,并对它们进行加工处理,使之适应自己内部认知结构的一种方法,它在幼儿智力发展中起着积极作用。游戏,特别是假想的游戏,是创造性想象的根源。他认为游戏发展与智力发展的阶段相适应。皮亚杰认为游戏有两个主要作用:一是愉快,或纯粹的乐趣,如婴儿或幼儿经常长时间地使用一种玩具游戏,或者是带着深深的满足把石头扔到坑里或水里等;二是游戏提供的适应作用,幼儿经常游戏,更能使其行为适应真实世界的要求。

(四)社会文化历史学派游戏理论

1. 维果茨基的游戏理论

苏联心理学家维果茨基认为游戏是幼儿有目的、有意识的社会性活动,是幼儿的一种特殊的实践活动。幼儿看到周围成人的活动,便模仿这些活动,把它们迁移到游戏中去。游戏的社会性实践,是在真实的实践情况以外,在行动上再造出某种生活现象。游戏是幼儿现实生活的反映,幼儿可以通过游戏掌握基本的社会关系。游戏是学前幼儿的主导活动,心理发展的最重要变化,首先表现在游戏之中。

2. 艾里康宁的游戏理论

苏联心理学家艾里康宁认为游戏是种社会性活动,反映人们的生活,内容是社会性的,主题来自幼儿的生活条件。角色游戏是幼儿的主要游戏,是较发达的一种游戏形式,游戏的特点是反映人们的活动和相互关系,不在于学习某种技能或知识。

三、幼儿游戏的本质观

人们对游戏本质的理解和把握不同,是导致游戏概念解释不同的根本原因之一。科学的游戏本质观是科学理解游戏概念的基础。沿着游戏理论研究的发展历程,即可勾勒出人们对游戏本质观在内涵上由生物性到社会性再到主体性的演变趋势。

(一)幼儿游戏本质观的演变

1. 游戏的生物性本质观:游戏是幼儿的本能活动

德国的福禄贝尔是教育史上第一个系统研究游戏的价值并为幼儿尝试创立游戏实践体系的教育家。他认为,游戏是幼儿内部存在的自我活动的表现,是一种本能性的活动,是幼儿内心世界的反映,通过游戏可以表现和发展神的本源。福禄贝尔从唯心主义的哲学观出发,将游戏的本质归结为生物性。他虽然觉察到幼儿在游戏中表达某种内在愿望的主动性,却否认了游戏来源的客观现实性。美国心理学家霍尔则从游戏复演说的观点出发,指出游戏是种族的过去活动习惯的延续和再现。复演说的游戏本质观肯定了游戏对于个体成长的意义,以思辨的方法解释了童年期的游戏现象,但没能肯定游戏的社会性,且无视幼儿游戏的主观能动性,因此也不能把人的游戏和动物的游戏予以区别。

在20世纪初期,拜敦尔克的游戏成熟说作为游戏动力理论中的一种,是当时游戏理论发展的最高水平,它反映了人们在游戏研究中,开始逐渐摆脱把游戏单纯地看作是生理机能或机体本能活动的传统观点。当然,在早期的理论研究中所确立起来的生物性游戏本质观,一直深刻地影响着后来人们对游戏概念的理解和对游戏理论的研究。

游戏的本能论及其生物性的游戏本质观,第一次以抽象的思辨方式,充分肯定了幼儿的生理性机制及功能在游戏中的作用,关注了游戏对于个体的生物学意义和价值以及游戏活动的生理性特点。同时,它也使人们对幼儿的游戏概念的界定停留在和对动物游戏的理解相同的认识水平,不能够全面、客观地展示出幼儿游戏作为一定社会历史条件下的人的游戏的本质属性和主体性价值。它尽管强调了游戏是人在童年期的重要活动,却仍然不能够真正地改变人们对幼儿游戏不屑一顾的习惯性思维方式和态度。人们在现实中对幼儿的教育往往是以压抑幼儿天性、剥夺幼儿的游戏自由和游戏快乐为主要表现形式。

2. 游戏的社会性本质观:游戏是幼儿的社会性活动

游戏是一种社会性的活动的观点是苏联心理学家和教育家首先提出来的。心理学家维果茨基认为游戏是在真实的实践之外,在行动上再造某种生活现象,在这种活动中幼儿凭借语言,以角色为中介,了解、学习和掌握基本的人与人的社会关系。心理学家艾里康宁同样也指出游戏是在真实条件之外,借助想象,利用象征性的材料,再现人与人的关系。可见他们在对游戏进行概念式的解释中,以幼儿典型的象征性游戏或角色游戏为重点分析对象,突出强调了游戏是对现实社会关系的反映,概括出游戏的结构组成、活动特征及价值等。

我国的游戏理论研究,长期以来一直受到苏联研究者的影响,也坚持游戏是幼儿的社会性活动的观点。游戏是反映真实生活的活动。幼儿生活在人类社会里,他们所接触的事物有社会性,反映到游戏中来,游戏必然有社会性。在学前教育专业的许多教科书中,对游戏的概念解释,都集中反映了这一点。黄人颂主编的《学前教育学》中,将幼儿游戏解释为"是幼儿喜爱的、主动的活动,是幼儿反映现实生活的活动",这种活动具有主动性、社会性、非生产性和愉悦性的特点。在西方的现代游戏理论研究中,同样也有游戏的社会性本质论的反映。在现代美国心理学和教育学的教材中关于游戏含义的解释也是反映游戏的社会性本质观的立场。

游戏的社会性本质观为人们理解和讨论游戏的概念提供了新的视角,不仅使人们对游戏的概念的理解有了更加客观化和科学化的思想基础,也深刻推动了幼儿游戏在教育中的实践和运用。把游戏的本质归结为社会性,一方面强调了游戏受幼儿的社会生活状况和幼儿对前辈经验的掌握的制约,肯定了成人与教育影响在幼儿游戏的发展过程中的作用及这种作用的必要性。另一方面它主张游戏是生活的反映,关注游戏本身所寓含的社会文化和生活规则,肯定了游戏作为幼儿掌握社会文化、生活经验的手段或途径的有效性。

揭示幼儿游戏的社会性本质属性,虽然在理论上划清了幼儿游戏与动物游戏的界限,而且也肯定了成人指导和教育影响的必要性以及游戏作为教育手段的有效性,但是仅仅将游戏的本质定位于社会性活动这一层面上,则掩蔽了游戏活动的自由自主的基本属性,否定了游戏作为一种自发的、自由的活动的意义和价值。

(二)建立科学的幼儿游戏本质观的新探索:游戏是幼儿的主体性活动

20世纪90年代以来,关于人的主体性、主体性发展与培养问题的讨论,为人们认识游戏的本质,重新审视这种自由自发的活动的价值与意义提供了新的视点与理论背景。在我国,许多研究者开始尝试把游戏活动的本质概括为主体性活动,来探索建立一种更加科学的幼儿游戏本质观。刘焱指出,主体性活动是活动主体能动地驾驭活动对象的活动,是人的主体性得到充分表现与确证的活动,这种活动现实直观地表现为人的主动性、独立性和创造性的活动,是人的主体性在对象性活动上的反映与投射。而游戏是游戏者能动地驾驭活动对象的主体性活动,它现实直观地表现为幼儿的主动性、独立性和创造性活动。

把游戏看作是幼儿的主体性活动,主要是基于对游戏的自主、自愿、愉快、自由等与动机相关的活动特征的充分理解和把握的基础上,对游戏的本质进行概括的新尝试。主体性是人作为活动主体在对象性活动中与客体相互作用而表现与发展起来的功能特征,包括主动性、独立性与创造性等。游戏主体性的本质特征具体地表现为幼儿的主动性、独立性和创造性活动,可以从以下几方面理解:

(1)游戏是幼儿的主动的活动。游戏是幼儿主动的而非被动的活动。游戏活动的动机来自幼儿本身,而非来自外部的命令或要求。因此,游戏着的幼儿,身心总是处于主动积极的状态,与无聊、厌烦、无所事事、呆坐等消极被动的状态有着明显的区别。

(2)游戏是幼儿的独立性活动。游戏是幼儿独立活动的基本形式。幼儿在游戏活动中,按照自己的主体地位,决定对活动材料、伙伴、内容的选择,决定对待和使用活动材料的方式方法,自己决定玩什么,和谁玩以及怎么玩。

(3)游戏是幼儿的创造性活动。游戏中,幼儿拥有考虑手段与目的联结的多种可能性的自由,幼儿可以按照自己的愿望与想法来使用玩具与游戏材料,表现与整合自己的生活经验,体现个体独特的创造性。

所以,把游戏看作是幼儿的主体性活动,比以往任何一种游戏本质观都更能充分地概括出幼儿在游戏中能动地驾驭活动对象的主体性特征,从而能够真正地说明游戏活动本身所固有的,决定其活动性质、面貌和发展的根本属性,较科学地揭示出游戏活动区别于人的其他活动的本质特征。

将游戏的本质概括为主体性的活动,是人们对游戏本质的看法和认识的再一次深化和提升,是人们在当前对游戏本质进行科学探索的新尝试。它为我们重新认识和讨论游戏的属性、价值、构成提供了科学的基础和前提,并指导着游戏在教育中的实施运用。

四、游戏的特征

(一)我国对幼儿游戏特征的认识

1. 游戏的基本特征

结合幼儿游戏的理论研究和实践经验,我国教育工作者一般把游戏的基本特征归纳为以下五个方面:

(1)游戏具有社会性。

游戏是人类社会活动的一种初级模拟形式,反映了幼儿周围的社会生活。婴儿出生后,就生活在丰富多彩的现实社会中,开始产生参加社会实践活动(劳动和学习)的需要,渴望参与成人的一些活动。但是,因身心发展水平的限制,幼儿还不能真正参加成人的活动,这是幼儿阶段心理发展上的主要矛盾。游戏则是解决这一矛盾最好的活动形式,幼儿把现实生活中获得的知识、经验和印象,通过语言和行动在游戏中反映出来,在游戏中幼儿积极地构思,选择游戏内容,确定游戏主题、角色,发展游戏情节,实现自己的目的和愿望。

(2)游戏是幼儿主动参与的自愿的愉快的活动。

幼儿从事游戏,是出于自己的兴趣和愿望。由于游戏形式、材料和过程符合幼儿身心发展要求,使他们对游戏产生兴趣,主动去进行游戏。在游戏中,幼儿的各种活动几乎没有什么

限制，他们可以自由地充分活动，从中得到快乐并得到发展。在幼儿游戏中，自愿和自主是两个重要条件，游戏的形式、材料以及游戏的开始、结束都应由幼儿自己掌握，按照他们自己的意愿、体力、智力来进行。正因为游戏是幼儿自主的活动，所以幼儿在游戏中的态度是积极主动的。

（3）游戏具有虚构性。

游戏在假想性的情景中反映周围生活，是想象与现实生活的一种独特结合。游戏的成分、角色、情节、行动以及幼儿玩具或游戏材料，往往是象征性的，比如把棍子当马骑，把树叶当菜吃，让小朋友假装成医生，骑在椅子上一动不动假装开火车等。幼儿在游戏中能利用假想情景自由地从事自己向往的各种活动，又不受真实生活中许多条件的限制，既可以充分展开想象的翅膀，又能真实再现和体验成人生活中的感受及人际关系，认识周围的各种事物。

（4）游戏具有趣味性。

趣味性是游戏自身固有的特征，是游戏的必要条件。每种游戏都含有趣味性，正是游戏的这一特征，激起了幼儿良好的情绪和积极从事活动的力量，使他们喜欢游戏，并在游戏过程中获得愉快和发展。在幼儿那里，首先吸引他们的是饶有趣味的游戏过程，随着年龄的增长，幼儿逐渐对游戏的结果感兴趣。教师可根据幼儿的这种特点，正确地进行指导。

（5）游戏具有具体性。

幼儿的游戏是非常具体的，表现在游戏一般都有角色、游戏材料和游戏动作以及游戏内容、情节和语言。游戏角色本身就是具体的形象，如孩子当妈妈时，她头脑中的形象可能就是妈妈。离开了这些具体的角色、内容、情节、动作、语言及玩具或者材料，幼儿的游戏就无法顺利进行。

2. 游戏的结构特征

游戏作为人类行为的模式之一，是人与环境相互作用的结果。把游戏看作是幼儿的一类行为或活动现象，探讨其结构组成的模式，将涉及幼儿游戏的可观察的外部行为和这种外部行为表现的内在依据即幼儿的内部的主观心理体验，以及游戏发生的外部客观条件。

（1）游戏的外部可观察的行为因素。

表情、动作、活动对象以及言语等通常是活动的外显因素。通过对幼儿在游戏活动中的表情、动作、言语、材料等外显行为因素的观察，可以认识游戏的外部特征。

表情是人们常常用来判断一种活动是不是游戏的一项外部指标。皮亚杰就曾经用微笑作为游戏发生的标志，用以区分探究和游戏。当婴儿偶然地碰到绳子而带动了挂在摇篮上方的玩具发出声响时，他最初的表情是严肃的、认真的。但是经过几次反复，他理解并掌握了这种情景之后，开始出现了轻松愉快的表情，这时，皮亚杰认为活动的性质由探究转变为游戏。但是，必须指出，幼儿在游戏时并不总是在"笑"。这取决于游戏活动的性质与类型，例如是认知性成分较强的活动还是嬉戏性成分较强的活动,是自己玩还是与伙伴一起玩等,也取决于游戏活动的阶段和材料,例如是开始还是进行中或是结束,是新的玩具还是熟悉的玩具等。不管是专注认真的表情还是微笑或扮鬼脸,幼儿在游戏中的表情特征说明其在游戏中身心总是处于一种积极主动的活动状态,而不是消极被动的状态。这一点可以帮助我们把游戏和无所事事、坐着发呆等行为区分开来。无所事事是一种消极被动的状态,其典型的表情特征是茫然发呆。无所事事表明幼儿没有在游戏。因此,我们也可以把是否无所事事作为判断幼儿是否在游戏的一个客观指标。

游戏动作是幼儿游戏活动中最外显的部分。在游戏活动中,幼儿对物体或游戏材料的使用往往不同于日常生活中对物体的使用方式,具有非常规性、重复性和个人随意性的特点。常规性动作是按社会所约定的方式来使用物体,而游戏动作具有非常规性,即在游戏中,幼儿往往不按物体的社会意义来使用它们,而是按照自己的想法与意图来使用它们,例如脸朝椅背骑在椅子上假装开汽车,这是游戏性动作而不是常规性动作或工具性动作。重复性也是游戏动作的特征之一,例如爬楼梯本身不是游戏,但是假如我们看到一个孩子在来来回回地爬楼梯,再加上表情等线索,我们可能会判断说"这个孩子在玩"。重复可以使幼儿体验掌握本领的欢乐,即所谓"机能性快乐"。游戏动作具有个人的随意性,不同的人可以用不同的方式去对待同一物体,同一个人这次玩的方式也可能与下一次的方式有所不同。游戏动作的非常规性与个人随意性使游戏动作具有丰富多样性、灵活性。

幼儿的游戏往往有言语相伴随。注意倾听幼儿的言语,也可以帮助我们判断其是否在游戏。幼儿在游戏中的言语,按照功能划分,大致分为三种不同的类型:首先是伙伴之间的交际性语言,例如,"我们来玩过家家吧!""把这个借给我用一会儿行吗?""这是我的,不给你玩!"这种交际性语言具有提议、解释、协商、表达、申辩、指责他人等功能。其次是角色之间的交际性语言,或称为游戏性语言,例如,"医生,我的孩子生病了,请您给看看。"这种语言对合作性的角色游戏起到维系与支持的作用。最后是以自我为中心的想象性独白,表现为幼儿一边玩一边自言自语:"这是小兔子的家,大老虎在睡觉,小黄狗在看家,它不会咬人……"这种语言是幼儿在游戏过程中思维与想象的外化。

幼儿的游戏往往依赖于具体的游戏材料或玩具来进行。幼儿年龄越小,对游戏材料的逼真性程度要求越高。虽然任何东西都可以成为幼儿的游戏材料,但是玩具是现代社会幼儿游戏时经常使用的游戏材料。因此,有无玩具或游戏材料也经常成为人们判断幼儿是否在游戏的一个指标。

在游戏中,幼儿的表情、动作、言语以及活动材料等构成了游戏的外部行为特征。这些行为特征作为一个整体,告诉我们"这是游戏"。同时它们也在游戏者之间传递着"这是玩"的信号。

(2)游戏的内部主观心理因素——动机与体验。

游戏构成的内部要素是游戏行为发生的内在依据或内部原因,它主要包括作为游戏主体的幼儿的动机与体验。

动机是推动人去活动的心理动力。在"幼儿为什么游戏"这个问题上,不同的游戏理论有不同的解释,但是有一点是共同的,即各种游戏理论都把游戏看作是在发展过程中出现的现象,是由幼儿身心发展的需要驱动的活动。从动机产生的来源来看,我们可以把活动动机分为内部动机与外部动机。内部动机是指活动本身来自活动主体自身的需要,而外部动机则相反,是指活动本身是由他人的直接要求引起的。幼儿游戏的动机是内部动机,是幼儿身心发展的客观要求。幼儿游戏是"我要玩"而不是"要我玩",不是因为外部的命令或要求。游戏是幼儿主动、自发自由的活动。游戏不需要任何强迫与催促。根据动机与目的之间的关系,我们还可以把活动动机分为直接动机与间接动机。游戏的动机是直接动机。"玩即目的""游戏是目的在自身的活动",幼儿不是为了游戏以外的东西,例如为了得到老师的表扬才去游戏。游戏过程本身就能使幼儿感到满足。游戏不是无目的的活动,而是"目的在自身"的活动。幼儿在游戏中不是不追求"结果",而是不追求游戏活动以外的结果,例如小红花或糖果奖励等。

幼儿作为游戏的主体,在游戏中总会产生对于这种活动的主观感受或内部的心理体验,它影响着幼儿对于游戏的态度,这种在游戏中产生的主观感受或心理体验就是游戏性体验。游戏性体验对于判断一种活动是不是游戏至关重要。事实上,游戏性体验是所有游戏不可或缺的重要心理成分。刘焱认为,游戏性体验可以分为以下四种主要成分:一是兴趣性体验。这是一种为外界刺激物所捕捉和占据的体验,是一种情不自禁地被卷入、被吸引的心理状态。兴趣性体验是游戏性体验的不可缺少的成分。没有这种体验,游戏就会停止。二是自主性体验。这是由游戏活动可以自主选择、自主决定的性质所引起的主观体验,是"我想玩就玩,不想玩就不玩"或"我想怎么玩就怎么玩"的体验。自主性体验是幼儿游戏性体验的重要成分。三是胜任感体验,或称为成就感。这是一种对自己能力的体验,这种体验可以增强游戏者的自信心。这是游戏过程给幼儿的自然奖赏,也是幼儿为什么喜欢游戏的原因之一。四是驱力愉快。游戏快感中包括生理快感。游戏中的生理快感主要是由于身体活动的需要和中枢神经系统维持最佳唤醒水平的需要得到满足之后产生的。

游戏性体验是游戏活动的不可或缺的重要心理成分和构成因素。一种活动是不是游戏,关键在于幼儿能否把这种活动体验为游戏性的。在一种活动中,不一定同时出现上述几种游戏性体验,这取决于游戏活动的类型。但是在任何一种游戏活动中,兴趣性体验、自主感体验和胜任感体验都是不可缺少的最基本的成分。

(3)游戏的外部条件特征。

游戏的外部条件因素包括成人为幼儿创设的游戏物质环境和通过成人的言行举止以及成人行为与幼儿行为的交互作用过程形成的游戏心理环境,它们构成幼儿游戏的背景或氛围。一般认为能够使游戏真正成为幼儿主动自愿的自主性活动的外部条件因素必须符合以下要求或特征：

第一，幼儿有自由选择的权利与可能。游戏是幼儿主动自愿的自主性活动，是自愿的而非强迫的活动。要使游戏活动的这样一个本质特征得到体现，幼儿游戏所需要的第一个外部条件就是幼儿要有自由选择的权利与可能。这里包含两层含义：首先，要允许幼儿并使幼儿知道自己可以根据自己的兴趣与愿望来决定干什么，而不是被规定必须干什么；其次，要使幼儿实际上有进行自由选择的可能性或物质条件。

第二，活动的方式方法由幼儿自行决定。游戏的特征是"内部控制"而非外部控制。只有当幼儿可以根据自己的愿望与想法来使用游戏材料，才有活动的方式方法的多样性和灵活性，才可能使幼儿真正产生兴趣性、自主感体验。教师要把握好对幼儿游戏的干预的"度"，尽量减少不必要的干预，不要代替幼儿去游戏。对幼儿的游戏指导以不改变游戏中的主客体关系为原则。

第三，活动的难度与幼儿的能力相匹配。研究表明，任务的难度与能力相匹配对于幼儿游戏性体验的产生具有重要性。当幼儿察觉到当前的任务或要求低于自己的能力，即当前的游戏环境对于幼儿来说没有任何新颖性，幼儿会产生厌烦的情绪体验。只有当幼儿感觉到活动的任务或要求与自己的能力相适应——既有一定的难度但又是通过努力可以解决的，这时活动本身才能给孩子带来满足和快乐，才能产生"掌握"的胜任感。

第四，幼儿不寻求或不担忧游戏以外的奖惩。游戏性体验产生于游戏活动之内，而不在游戏活动之外。对游戏之外的奖惩的期待或担忧会改变活动的游戏性质。如果成人经常使用外部奖惩手段来刺激或"鼓励"幼儿游戏，久而久之，就会造成幼儿对外部奖惩手段的依赖，而缺乏活动的内在积极性与主动性，同时也会造成心理气氛的紧张。因此，在游戏过程中，成人要把对幼儿活动的直接的、外部的控制降低到最小程度，尽量减少对幼儿活动的内容、方式方法的直接干涉，发挥幼儿作为活动主体的内在积极性，而对常规的维持也应以不破坏气氛为前提。

（二）国外对幼儿游戏基本特征的分析

国外的游戏研究者对幼儿游戏的特征有各种论述，大都通过分析游戏行为在动机、手段、目的等行为构成要素上的倾向性来概括游戏行为的特征，比较典型的有以下几种：

1. 纽曼的游戏特征"三内说"

对于游戏特征的研究，比较有影响的是纽曼的"三内说"，纽曼认为可以通过控制、真实性和动机这三种指标来判断一种活动是否是游戏，游戏的特征是内部控制、内部真实和内部动机。所谓内部控制，是说幼儿在游戏玩耍的时候，可以完全由自己来控制，自己说了算，不像是工作和学习。其实，内外控制是相对而言的，当游戏中有其他成员加入，控制就会变成相互的，内部控制也会慢慢向外部控制转化。所谓内部真实，是说游戏的内容与真实世界的符合程度。一个幼儿拿着空杯子给娃娃喝奶,一般而言,旁观者会认为这是"假"的事情,但幼儿却会很认真、很投入地去做这些有点"假"的事情,所以称之为内部真实。还有一点,幼儿游戏的内容都来源于现实生活,所以幼儿的这些"假装"的游戏都含有真实生活的影子。所谓内部动机,是说游戏的动机来自幼儿从游戏活动那里得到的愉快,对于幼儿来讲,玩就是游戏的目的,除此之外,再没有其他要获得的了,游戏是由内部动机支持的行为。

2. 克拉思诺和佩培拉的游戏四因素论

克拉思诺和佩培拉于1980年提出了游戏行为的四种特征或四种因素:

(1)灵活性。灵活性指游戏活动在形式与内容上的多变性。

(2)肯定的情感。肯定的情感指游戏者的情绪体验总是快乐的,笑容是这种肯定的情感的标志。

(3)虚构性。虚构性指游戏总带有想象的因素。

(4)内部动机。指游戏不受外部规则或社会性要求的制约,游戏者是为游戏而游戏,玩即目的。

一种活动如果具有全部四种因素,则趋向于被人们看作是"游戏"。

3. 鲁宾对游戏特征的分析

鲁宾对游戏特征的研究,既分析了游戏行为的特征,也分析了游戏情景的特征或要求,较全面地概括了来自不同的现代游戏理论的不同观点。他把游戏行为的特征归结为以下六个方面:

(1)内部动机。幼儿游戏是因为他们想游戏,而不依从于外部的社会要求,或因为要得到游戏之外的奖赏。

(2)对手段的注意。幼儿为游戏过程本身所吸引,而不把注意力放在活动的结果上。例如一个成人因为喜欢游泳而游泳,那么游泳是游戏性的,如果他游泳是为了保持体型,那游泳的游戏性因素要减弱些。

(3)我能拿它做什么。游戏和探究不同。游戏是"我能拿它做什么",而探究是"这个东西有什么用"。

(4)想象或虚构。游戏是想象的或假想的行为,不同于工具性行为。游戏者在游戏中可以通过把物体假装当作其他东西从而发现它的潜在意义。

(5)规则来自游戏的需要。游戏是有规则的行为,但这种规则不是来自游戏之外,而是由于游戏的需要,由游戏者自己制定或自愿执行的。

(6)游戏者积极参与。游戏者总是积极参与活动,与材料和人相互作用。

另外,鲁宾认为只有在特定的环境条件下才能够导致游戏行为的发生。他认为能够使游戏发生的背景即游戏的情景具有以下五个方面的特征:

（1）游戏者熟悉的环境（包括人与物）。一套熟悉的玩具或其他能够引起幼儿游戏兴趣的材料以及幼儿熟悉的伙伴。

（2）幼儿能够自由选择。幼儿与成人之间通过言语、姿势或惯例规则建立一种协议或默契；在有限制的范围内幼儿可以自由地选择他们希望玩的东西。

（3）成人的干预减少到最低限度。

（4）舒适、安全、友好的心理气氛。

（5）身心放松、机能状态良好。幼儿没有任何来自内部或外部的压力。

综上所述，国外研究者对游戏的特征进行的不同分析和概括，都基本倾向于把游戏看作是具有一套共同行为倾向特征，发生在一定的可描述的情景之中的，具有各种不同行为类型的活动总和。

第二节 幼儿游戏的分类

游戏是为幼儿所喜爱的活动，游戏的形式与内容也是极其丰富的，对游戏的认识和理解不同，所依据的分类标准各异，因而也就有了多种多样的游戏分类方法。

一、幼儿游戏的分类

根据幼儿在游戏中的表现及游戏的内容不同，可以从幼儿的身心发展及游戏自身的表现形式两个维度来分析考察游戏的分类。

（一）根据幼儿认识发展的分类法

从幼儿认识发展的角度对游戏进行分类，以幼儿生长发育中出现明显的重要变化为分界线，以幼儿年龄发展特征为依据，来划分幼儿游戏的类型，这是一种被广泛接受的游戏分类方法。随着幼儿年龄的增长，他们使用游戏材料的方式不同，游戏的类型也不同。

1. 认知的分类

游戏理论是皮亚杰认识理论的重要组成部分，他认为幼儿在不同的认识发展水平上，便会出现不同水平不同类型的游戏。

（1）感觉运动游戏（练习性游戏）。

感觉运动游戏是幼儿最早出现的一种游戏形式，一般处于从幼儿出生到2岁这一阶段。幼儿主要是通过感知和动作来认识环境、与人交往的，幼儿的游戏最初是以自己的身体为游戏的中心，然后过渡到开始摆弄周围的物体，通过对动作不断地重复、不断的探索，形成新的动作，从而形成了游戏，即机能性游戏、练习性游戏、实践性游戏，这类游戏主要由简单的重复动作运动组成。例如，摇的动作、拍打的动作、滚动球类等。这种游戏的动因在于感觉运动器官在运用过程中所获得的快感。

(2)象征性游戏(符号游戏)。

象征性游戏是学前游戏最典型的形式,占的时间也最长,从2岁开始,直到入小学,高峰期在3岁。

象征性游戏是幼儿以模仿和想象扮演角色,完成以物代物,以人代人为表现形式主义的象征过程,反映周围现实生活的游戏形式。角色游戏是其主要的表现形式,通过象征性游戏,幼儿可以摆脱当时对实物的知觉,以表象代替实物作思维的支柱,进行想象,并会用语言符号进行思维。象征性游戏也可以满足幼儿在现实生活中不能实现的愿望和要求,因此一般认为它具有了解幼儿内心状态的诊断和治疗上的意义。

(3)结构性游戏。

幼儿用各种不同的结构材料(积木、积塑、泥、沙、雪等)来建构、反映现实生活中的物体的活动。例如,搭积木、插积塑、泥工、折纸、堆雪人、玩沙、玩泥等,它是游戏活动向非游戏活动的过渡。

(4)规则性游戏。

这是一种由两人以上参加的,按照一定的游戏规则,带有竞赛性质的游戏,包括智力性质的竞赛(如下棋)、运动技巧(如丢手绢)方面的游戏。

规则性游戏多在四五岁以后发展起来。由于规则本身具有不同复杂程度,动作技能的要求不同,这种游戏从幼儿一直延续到成人。对规则的认识理解和遵守可以为幼儿今后的人生奠定良好的基础。

2. 从游戏社会性的角度分类

社会性发展是幼儿心理发展的重要方面,美国心理学家帕登根据幼儿在游戏中的社会交往水平,划分出下列六类行为:

(1)无所用心的行为或偶然的行为。

幼儿无所事事,独自发呆,或玩弄衣服,东游西荡,偶尔会注意看看他人,或碰到什么东西会随手玩弄两下。或从椅子上爬上爬下,或是坐在一个地方东张西望。

(2)袖手旁观的行为。

幼儿利用大部分的时间在近处观看同伴的活动,看他们玩,听他们谈话,向同伴们提出问题,但却不表示主动参与游戏。只是观察,心中有数。

(3)单独的游戏(独自游戏)。

幼儿专心地独自玩自己的玩具,所使用的玩具与周围幼儿所玩的玩具不同,他只专注于自己的活动,不注意也不关心别人的存在。

(4)平行的游戏。

幼儿相互之间可能会玩相同的玩具,相似的游戏,也会有相互模仿的现象,也会有少量的交谈,但他们仍是在独自游戏,相互间没有合作。

(5)联合游戏。

幼儿相互之间一起游戏,谈论共同的活动,时常会有借还玩具的行为,但幼儿仍以自己的兴趣为中心,没有建立共同的目标,幼儿个人的兴趣还不属于集体,做自己愿意做的事情。

(6)合作游戏。

以集体共同的目标为中心,有组织、有分工。例如,大家一起搭积木,搭一个家,甲搭一张小桌子,乙搭一把小椅子,丙搭一张小床……大家组合在一起就成为一个家,游戏中有明确的分工、合作及规则意识,有一到两个游戏的领导者。

3. 情绪体验的分类

美国心理学家比勒根据幼儿在游戏中身心体验形式的不同,将游戏分为机能性游戏、想象性游戏、接受性游戏和制作性游戏四大类。

(1)机能性游戏。

机能性游戏是一种在身体运动中产生快感的游戏。婴儿期的游戏多属于这种游戏,三四岁以后完全消失,如动手脚、伸舌头、上下楼梯和捉迷藏等。

(2)想象性游戏。

想象性游戏也称模拟游戏,指利用玩具来模仿各种人和事物的游戏,一般从2岁左右开始,随年龄的增加而逐渐增多,如过家家、木偶戏等游戏。

(3)接受性游戏。

接受性游戏又称鉴赏游戏,是幼儿作为受众(观众、听众等)通过听童话故事、看画册、听音乐等形式开展的以理解为主的游戏,是幼儿处于被动地位愉快地欣赏所见所闻的游戏。现代的幼儿往往过多地参加这种游戏。

(4)制作性游戏。

幼儿用积木、黏土等主动地进行创造并欣赏结果的游戏,从2岁开始,5岁左右较多,如搭积木、折纸、玩沙、绘画和泥工等。

4. 根据游戏发展理论进行的分类

美国研究者基于实验研究、非正规观察和被试自我报告等的结果,提出了一个游戏的发展理论。他们将游戏分为以下六种:

(1)探索性活动开始于婴儿早期并持续终身,当个体面临新的物理环境和社会环境时出现。虽然探索性活动的模式会有所改变,花费的时间会因经验的积累而下降,但这一活动贯穿一生。

(2)感觉运动游戏是开始于幼儿出生后的4~6个月,延续至婴儿、幼儿期的最初的游戏形式。以后继续发展,每当需要掌握新的技能时,幼儿就会有这种练习。

(3)象征性游戏在将近1岁时出现,于幼儿期达到明显的高峰。虽然小学幼儿仍有明显的象征性游戏,但游戏的性质变得"小型化"——用指偶、玩具兵等小物件来替代游戏者本人,变得"抽象化"——用观念和语言来替代身体的行为,变得更"社会化"——游戏有了新的定义和喻义。

(4)规则游戏开始于婴儿参与成人发起的嬉戏活动,以后在幼儿自发的社会性游戏中出现了规则游戏的雏形。幼儿期有一些通常由成人发起的简单的规则游戏。学龄初期规则游戏的数量和复杂性不断发展,至小学中期达到高峰,然后发生类似象征性游戏的演化:变得"小型化"——进入桌面游戏,变得"抽象化"——出现纸笔游戏或猜谜游戏,变得"社会化"——出现运动竞赛和其他一些有正规规则的游戏。

(5)结构游戏。当感觉运动游戏开始衰退,象征性游戏开始减少时,综合了操作性和象征性因素的结构游戏逐渐成为主要的游戏形式。年幼的幼儿的结构游戏较多反映具体的事物,年长些的幼儿的结构游戏则更多地反映抽象的概念。这些行为持续到青少年期和成年期,逐渐演化成艺术、手工艺、建筑创作等。

(6)象征性规则游戏。虽然许多早期的游戏带有象征的因素,许多象征性游戏又带有一定的规则,但直至小学期,象征性规则游戏才成为主要的游戏形式。这类游戏将规则的结构与象征性的内容相结合。这类游戏盛于青少年期和成年期,基本的规则结构相对稳定,而象征性内容可因年龄、性别或文化背景的不同而不同。

5. 按发展顺序对假想游戏的分类

(1)感觉运动游戏。

在出生后的前12个月存在,包括运用各种有效的感觉运动策略探索和操纵物体。

(2)初期的假想游戏。

在2岁的早期出现,此时幼儿开始以他们自己的意图来使用物体,并完全是假想的。这种活动的指向仍针对幼儿自己的身体。

(3)物体假想性游戏。

在15~21个月时出现,幼儿的假想不再针对自己,而开始与玩具或其他人进行有关的假想游戏。

(4)代替性假想游戏。

2~3岁的幼儿可以用物体来代替其他事物而不是它们自己。

(5)社会戏剧性游戏。

在5岁时产生这种游戏,幼儿开始扮演一些角色,并假想其他人也如此。

(6)角色的知觉。

幼儿大约从6岁开始,产生给别人安排角色的行为,并对角色的活动进行精心设计,这标志着又发展了一步。

(7) 规则性的比赛。

从 7~8 岁开始出现并一直发展下去,幼儿逐渐开始用特殊的规则的比赛来替代假想游戏。

(二) 根据游戏活动的分类法

1. 以游戏的特征分类

萨拉·斯米兰斯基根据游戏的描述性特征,把游戏分为以下四类。

(1) 功能游戏。

功能游戏指一些简单的肌肉活动,包括行动的和言语的,开展游戏的目的是对表现形式加以操作。幼儿尝试新动作,模仿自己和他人。游戏使他们了解自己身体的能力,去探索、体验周围环境。

(2) 建构游戏。

幼儿从形式创造中获得乐趣,通过学习使用材料,他们把自己看成是事物的创造者。

(3) 扮演游戏。

扮演游戏是指用以展示身体技能、创造能力以及社会性技能的象征性游戏。通过现实与幻想来满足愿望和需要,把幼儿世界与成人世界连接起来。扮演角色的两个主要因素是对成人现实世界的模仿和想象、装扮非现实的游戏。

社会角色游戏鼓励言语表达,可以帮助认识一个活动、计划并逐步展开一个情节;保持合作与解决问题。

(4) 规则游戏。

规则游戏开始于学龄期,延续到成年期的主要活动。参与游戏者必须能根据规则控制行为、活动和反应,以有效地参加到集体活动中去。

2. 以游戏的内容分类

萨顿·史密斯在广泛吸收别人理论的基础上,结合跨文化研究形成了其独特的游戏分类法。他描述了六种主要的游戏类型:探索、自我检验、模仿、构建、竞赛游戏和社会角色游戏,而后又将此六种游戏合并为以下四大类。

(1) 模仿游戏。

幼儿从出生到 1 岁,重复做自己会做的事情。1.5 岁时,幼儿会延迟模仿几小时甚至几天,直到一个比较适于重复的时间;2 岁时,五官的知觉和认知技能使幼儿能模仿他人;3 岁时,在角色中装扮他人;4 岁时,角色游戏与想象混合,转化为想象性的社会角色游戏,在集体成员中可以交换和分担扮演一般角色和主角。

(2) 探索游戏。

在婴儿 6 个月时便出现,以舌和手当作探索的工具,在二三岁时,这类游戏增多了,且变得更加复杂。言语探索以笑话、谜语以及同音词的方式一直延续到学龄期。

(3) 尝试游戏。

尝试游戏包括对身体技能和社会性技能的自我评价。在两岁左右幼儿集中学习大肌肉活动技能；由于身体技能和社会活动的增长，学龄期导致了复杂的躲避游戏，如捉迷藏。通过此类游戏，幼儿不仅学习并加强了身体和社会技能，而且提高了自我意识并学会了控制记忆和冲动。

(4) 造型游戏。

造型游戏开始于4岁，幼儿以富于想象的建造房子等活动为游戏的目的，并常常伴随着扮演角色或社会角色游戏活动。

3. 以游戏的主题分类

心理学家比拉认为游戏的主题类型是日趋完善的，它主要经历了下列五种游戏类型。

(1) 未分化型。

这是一种最简单的游戏类型，几乎每隔2～3分钟就出现一种不同的动作，而且每个动作都是无规则的。如，摆弄玩具或在椅子上跳等。这是1岁左右幼儿的典型游戏。

(2) 累积型。

这是一种把片断性的游戏活动连接起来的游戏类型。如看几分钟画册后，又在纸上乱涂几分钟，之后又玩起布娃娃来，在1个小时内能进行4～9种游戏。这类游戏一般在2～3岁时比较多见。

(3) 连续型。

这是一种对同一类型的游戏能连续玩耍近1小时的游戏，在一个游戏后连续进行一种与前一个游戏内容无关的游戏，或是插入其他的游戏。这种游戏一般多见于2～4岁期间。

(4) 分节型。

这是一种把完整的游戏分成两次或三次来进行的游戏。如玩腻了画画，就换玩沙子。这种游戏在4～6岁幼儿中较为多见。

(5) 统一型。

延长分节型游戏的时间(1个小时左右)就是统一型游戏。与连续型游戏不同的是，整个游戏是在统一的主题、目标下进行的，游戏内容彼此有联系，游戏方式也基本一致。这种游戏同分节型游戏一样，在年龄稍大的幼儿中较为多见。

4. 以利用的替代物分类

游戏替代物的变化，体现了幼儿游戏中的抽象性、概括性的发展。表现为以下几个阶段：

(1) 用与实物相似的替代物。

幼小幼儿往往用与实物相似的替代物游戏，因为他们的思维带有直觉行动性，思维的抽象性、概括性很差。他们对实物的知觉比对实物所代表的意义在思想上更占优势。所以此时的游戏依赖于与实物在外形、功用上都十分相似的专用替代物,主要是一些特制的玩具,如炊具、餐具、娃娃等。如果给他们与实物相似性低的替代物,他们往往会拒绝。

(2)用与实物相似性较低的替代物。

幼儿中期(4~5岁),随着知识经验的丰富、联想能力的提高,逐渐能脱离专用替代物,选择一些离开原来实物功用的替代物。此时的孩子,思维有明显的具体形象性,虽然不能完全离开实物,但一般来说意义已比实物重要。替代物与实物的相似性减少,通用性增大,一物可以多用。如小棒可以分别代替筷子、刀、勺、炒菜铲、擀面杖、注射器、体温计等。幼儿年龄越大,使用替代物的范围也越大。有人用相同数量的游戏材料让不同年龄组的孩子来作替代物,结果3~3.5岁组代替了35种物品,3.5~4岁组代替了54种;而4~4.5岁组被替代物数量多达76种。

(3)不依赖于实物(用语言、动作等)的替代。

幼儿晚期(6~7岁)思维逐渐向抽象性、概括性过渡,对事物的关系、意义有了更深的理解,心理活动的随意机能也进一步发展,在游戏中表现出可脱离实物,完全凭借想象以语言或动作来替代物品。如用斟酒的动作和小心翼翼的端杯动作来替代酒,尽管实际上杯中空无一物,甚至根本不需要"杯";用朝空中抓一把、撒向小锅的动作配以语言"放点盐"来替代"炒菜"中所需要的"盐"等。

5. 依据游戏教育作用的分类

苏联的学前教育注重从教育角度研究游戏,根据教育实践中如何以游戏作为促进发展的途径,依游戏的教育作用进行分类,将游戏分成两大类:

(1)创造性游戏包括角色游戏、结构游戏和表演游戏。此类游戏由幼儿自由玩。

(2)有规则游戏包括体育游戏、音乐游戏、智力游戏等。此类游戏由教师组织幼儿进行。

苏联也有学者把游戏分为四类:模仿性的游戏、创造性的游戏、有规则的游戏和民间的游戏。

二、我国幼儿园游戏的分类

我国幼教界在学习和借鉴国外游戏理论的基础上,在实践中形成了幼儿园实用的游戏分类。

(一)幼儿园游戏分类的几种形式

1. 创造性游戏和有规则游戏

此类游戏的分类受苏联的影响较大,它便于教师了解游戏的教育作用,可以根据需要选用。这是目前我国广大幼教工作者一致公认的分类方法。但容易给幼儿园游戏的开展带来误区。

2. 主动性游戏和被动性游戏

（1）主动性游戏，幼儿除了需要智力活动外，更需要运用肢体、肌肉的活动去进行游戏，幼儿可以自由控制游戏的速度，也可以按自己的意愿来决定游戏的形式，如绘画、手工、玩积木、玩玩具、角色游戏、玩沙、玩水和唱歌等。

（2）被动性游戏属于较静态的活动，幼儿只需观看、聆听或欣赏，而不需进行体力活动，如看图书、听故事、看录像、听音乐等。

3. 手段性游戏和目的性游戏

手段性游戏是指以游戏的方式达到教育教学的目的，即教学游戏化。

目的性游戏是指为幼儿提供为玩而玩、获得游戏性体验的条件。

此两类游戏的分类各有其独特的意义。手段性游戏把游戏作为教育教学的手段，教师的控制程度较大，而幼儿却不能完全依自己的愿望自主地游戏。而目的性游戏则注重游戏活动本身，幼儿可以主动支配自己的行为，自由参加游戏，使幼儿在活动过程中体验快乐并使个性、情绪及社会性方面得到发展。但这种真正意义上的幼儿游戏在实践中由于教师缺乏操作性的指导，致使游戏流于形式。

4. 游戏的三维度分类法

方展画提出应从三个维度来对游戏进行分类，这三个维度包括：个体－社会维度、生理－心理维度、认知－情绪维度；又可分为五类：满足型游戏、适应型游戏、运动型游戏、认知型游戏和情感型游戏。

上述几种分类方法，在实践中被广泛采纳的还是第一种，但这种分类也存在一定的问题。

（二）我国幼儿园游戏分类存在的问题

长期以来，人们习惯于将幼儿园游戏分为创造性游戏和有规则游戏（也称教学游戏）两大类，其中创造性游戏包括角色游戏、结构游戏、表演游戏，有规则游戏包括智力游戏、音乐游戏、体育游戏。这种分类的方法对于幼儿园教育教学管理是有利的，对于教师的具体操作也是有利的，教师可以根据需要灵活选用各种游戏。但它同时也给幼儿园游戏的开展造成许多误区。具体表现在以下几个方面：

1. 对两类游戏的本质特征认识不清

幼儿园教师对两类游戏的本质区别及功能缺乏认识，对各类游戏对幼儿身心发展的不同作用也认识模糊，把两类游戏放在一个水平上来相提并论，致使幼儿园教师在重上课、轻游戏的同时，出现重有规则游戏、轻创造性游戏的局面。要么认为幼儿园游戏就是教学游戏，以组织有规则游戏来代表幼儿园的游戏活动；要么将两类游戏在时间上、空间上截然分开，一段时间开展有规则游戏,另一段时间开展创造性游戏,教师组织的有规则游戏基本上能得到保证,而体现幼儿自主性的创造性游戏则很难得到保证。

2. 把教学游戏等同于有规则游戏

幼儿园教师在组织教学游戏时,往往利用有规则游戏的名称,将教学内容冠以游戏的形式加以传授或复习巩固,其目的是使孩子更好地掌握知识,如"科学游戏""计算游戏""分类游戏""语言游戏"等。在整个游戏过程中,教师是活动的发起者、组织者、监督者,在游戏中强调外加的规则,幼儿处于被动地位,享受不到游戏的自主与快乐,造成幼儿园上课与游戏无法区分,都以上课形式出现的局面,幼儿则认为这种游戏是上课的游戏。

3. 从字面意思来解释游戏的功能

认为创造性游戏就是具有创造性,而有规则游戏就是有规则的。这样理解势必造成除了创造性游戏以外,其他游戏都是没有创造性的游戏;除了有规则游戏,其他游戏都是没有规则的游戏。显然,这种理解是片面的,将严重影响幼儿园教师对游戏的正确理解与组织。

第三节 幼儿游戏的发展

游戏的发展与幼儿身心发展是相辅相成的,一方面,幼儿的发展要求游戏不断地深化;另一方面,游戏的深化又促进了幼儿身心发展。游戏的发展既表现为幼儿参与游戏的心理因素(如认识社会性等)的发展和身体因素(如运动能力等)的发展,也可表现为游戏本身随幼儿年龄增长在内容上的不断扩展和形式上的不断升级。游戏是幼儿身心发展的生动写照。

一、以认知为主线的幼儿游戏的发展

认知是幼儿身心发展特别是心理发展的核心。皮亚杰以认知发展不同阶段来划分游戏的分类,为我们分析游戏中与幼儿认知有关的发展提供了可靠的依据。

(一)学前幼儿游戏的最初发展——感觉运动水平

感觉游戏:2~3个月开始,2岁前最多。

感觉游戏随适宜刺激的出现和消失而产生和停止,一般持续时间短。孩子从这种游戏中得到的快感是生理性的,是感觉器官对适宜刺激的机能性需要得到满足的结果。婴儿出生后的前半年,首先得到发展的是一些感觉器官的机能,如婴儿2~3个月的时候,看着挂在床头的颜色鲜艳的音乐摇铃,会表现出手舞足蹈,这就是最初的游戏,即感觉游戏。下面是一个游戏的案例:

喜娃6个月了,男孩,一天晚上,喜娃趴在床上,爸爸拿着喜娃的橘色的帽子,在喜娃的脸前边摇晃,爸爸手一时没有拿住,帽子掉在了床上,喜娃突然表现得很高兴,哈哈地笑起来,于是爸爸拿起帽子，扔在床上，反复多次，喜娃表现得很开心、很兴奋。

婴儿出生半年后，随着手眼协调动作的形成、发展，孩子逐渐能够较准确地抓握物体，出现了初步的有意识的动作，婴儿就可以主动地使自己感兴趣的事情或现象发生或持续。婴儿的感觉运动游戏在感知觉器官和运动系统的发展、成熟过程中不断发展，同时也不断地促进着感知和运动机能的成熟和完善，促进着以感知觉和实际动作为基础的感知行动性思维即婴儿认识的发展，继而促进身心的整体的发展。在感觉运动游戏中，婴儿通过直接感知和动作操作，了解物体的特点和不同事物之间的关系，不断增长和积累着对各种事物的直接经验，表象活动和想象活动得到了发展，动作和技能得到了发展，至婴儿后期活动因此也开始达到一个新的发展阶段，象征性游戏以及结构性游戏成为幼儿游戏的主要形式，也就是进入了学前幼儿游戏的象征性阶段。

（二）幼儿游戏的典型发展——象征性水平

到2岁以后，游戏开始达到一个新的发展阶段，象征性游戏以及结构性游戏成为幼儿游戏的主要形式，也就是进入幼儿游戏的象征性阶段，象征性游戏是婴儿典型的游戏形式。2～4岁左右是象征性游戏的多发期即发展高峰期。

1. 象征性游戏的发展

情景转变，以物代物，以人代人是象征性游戏的基本构成要素。

情景转变是使行为脱离它原有的真实生活情景即动作脱离真实背景，如把眼前的情景假想为邮局、医院、汽车、商店，以及战争场面等。

一般地讲，情景转变可作为象征性游戏发生的标志，实际上情景转变也是以物代物、以人代人得以进行的前提，1～1.5岁的婴儿最早出现。在幼儿期，随着动作和语言能力以及形象思维能力和社会性能力的发展，象征性游戏逐渐丰富起来，情况转变的发生更加频繁，时间的持续更长，以家庭延伸到社会。能够把眼前的情景转变假想，反映了幼儿较以前更为丰富的经验知识和较高的认知水平，以物代物、以人代人的典型特征得以凸现。

以物代物是用一种东西代替另一种不在眼前的事物，并且能够用被代替物的名称命名当前的物体。1.5～2岁婴儿开始出现以动作为中心的似是而非的以物代物阶段。动作是婴儿认识世界的主要手段。随着掌握的动作越来越多，婴儿不管拿到什么物体，都习惯于用他习得的动作来摆弄它，在动作中认识事物的性质、特点。所以人们往往看到这一阶段的孩子对不同的物体做同样的动作，或对同一物体做不同的动作。这一阶段的所谓以物代物，实际上只有动作上的象征，而没有真正的物的象征。幼儿只是对动作感兴趣，只要物体适合于作出某种动作，他就用它做出某种动作。第二阶段才是真正的以物代物开始出现的阶段，主要是2～3岁之间。3～4岁以后，一方面用模拟实物的玩具代替他物的现象较少出现，孩子一般都按照这些玩具所模拟的原型物体的社会意义来使用它们；另一方面，孩子以物代物的水平越来越高,一种材料可代替的东西越来越多,被代物的范围显著地扩大。

以人代人是指幼儿在游戏中通过自己的形体动作、表情、言语等来模仿或假装成他人或某一非属自己真实身份的角色的行为及其物征,即角色扮演。角色扮演的心理结构较复杂,它主要包括角色行为、扮演意识、角色认识等。从角色扮演的发生、发展过程来看,它是循着角色行为—角色意识—角色认识的途径发展的。但到幼儿中期以后,行为与意识的关系就发生了逆转,然后根据角色去选择玩具材料,围绕角色组织动作,实现一系列的角色行为和角色关系。

象征性游戏在4岁后呈衰减趋势,这表明孩子越使自己适应自然和社会世界,就越少迷恋于象征的歪曲和转换,因为幼儿逐渐使自我服从于现实,而不是使外部世界服从于自我。这样,伴随着幼儿认知范围的扩大和认知水平的提高,以及社会性的发展,接受游戏中角色数量的增加的影响,规则的产生成为可能,象征性游戏就开始变成规则性游戏。

2. 结构性游戏的发展

结构性游戏是具有明显教育意义的活动,可用于幼儿的知识技能的训练,因此成人大都鼓励幼儿玩这种游戏。结构游戏是我国幼儿园最常见的一种形式。这种游戏占3.5岁幼儿全部活动的40%,4~6岁幼儿全部活动的51%。

3岁左右婴幼儿往往是同积木嬉戏,这个年龄的幼儿的结构性游戏,其乐趣更在于对材料的动作过程,这是感觉运动性的延伸。其建构的目的不明确,随时会改变主意。在4~5岁幼儿身上,开始出现模拟物体的努力。目的性也越来越明确。5~6岁的幼儿逐渐能选择恰当的建构材料,建构形式逼真的物体,而且表现出较高的创造性。幼儿后期,可以联合起来开展游戏。

象征性游戏与结构性游戏在学前幼儿个体身心实际发展过程中,既交叉又融合,游戏发展由感觉运动水平向象征性水平的转化和升华,使象征性成为在幼儿阶段游戏的典型特征。

(三)幼儿期的游戏新发展——规则性水平

象征性这一幼儿游戏最典型的发展,在幼儿末期出现了新的趋势。规则性游戏反映了幼儿在幼儿末期开始摆脱自我化的象征,而趋于顺从现实原则,服从客观规律的认识发展特点。在规则游戏中,幼儿比以往参与的游戏更加关注行为的结果。如果说在象征性游戏中,幼儿关注的是角色的扮演过程,而不在意自己是否真的就是该角色或像这一角色,在规则性游戏中,孩子在遵守规则的基础上,克服困难,为取得行为的结果而积极参与到游戏中。

规则游戏的大量出现发生在学前末期,当然,带有感知运动特点的简单的规则性游戏在幼儿初期就出现了,如捉迷藏、丢手绢、老鹰捉小鸡等。幼儿在规则性游戏的发展中,在对规则理解的认知水平和规则遵守的行为水平上随幼儿年龄的增长表现出由低到高的增长趋势。

二、以社会性为主线的幼儿游戏的发展

根据幼儿社会性行为表现的不同,幼儿游戏的分类即游戏的社会性分类,呈现了以社会性为主线的游戏发展的不同阶段或水平。

(一)独自游戏阶段

独自游戏是指幼儿在游戏中自己玩自己的,单独的玩。学步期及其前后的婴儿通常是以这种方式进行游戏。该阶段幼儿的游戏还没有表现出明显的社会性特征。婴幼儿以自我为中心,不大察觉别人的存在。在该阶段中的游戏发展还没有表现出明显的社会性特征。

(二)平行游戏阶段

3岁左右的幼儿会在一起玩,各玩各的,彼此之间没有交流,他们会察觉到其他幼儿的存在,幼儿之间会相互模仿,形成了初步的玩伴关系。幼儿8岁时游戏的社会性发展达到了平行游戏的阶段。

(三)联合游戏阶段

4岁以后,幼儿会留心别人的游戏,会互借玩具,有时会加入对方的游戏中,并且相互交谈,交谈会涉及他们共同进行的活动,但没有建立大家一致的共同目标,没有真正的组织者或领导者。达到这一阶段的幼儿对于与其他幼儿一起玩开始表现出较大的兴趣。但相互的交流时间不会太长,所玩的游戏也不会持久。

幼儿在联合游戏中开始表现出明显的社交行为,但每个幼儿在游戏中仍以自己的兴趣为中心。

(四)合作游戏阶段

5岁以后开始出现较多的是合作游戏,合作游戏是社会性程度最高的游戏。

5岁以后的幼儿已有较丰富的社会交往经验,较好的语言表达能力,他们可以一起商讨,确定游戏的主题、角色的分配、材料的选择等,有了集体活动的共同目标。

三、幼儿游戏发展的一般趋势

(一)游戏内容的发展

游戏内容是指幼儿在游戏中所反映的现实生活中事物或现象的范围规定。它是构成游戏的核心,表现为游戏主题的发展和游戏情节的发展。

1.游戏主题的发展

游戏主题是指反映游戏内容范围的中心议题,常表现为游戏的题目。

幼儿3岁前游戏的主题不明确、不明显,而到了3岁以后,游戏主题意识增强,主题不断

增加,游戏反映的社会现象的范围逐步扩大。到了幼儿4岁以后,幼儿可以根据自己的兴趣和主观愿望来构思游戏主题。5~6岁有更多具有社会意义的主题游戏,而在幼儿后期,游戏主题被寓于智力活动之中。幼儿游戏的主题可以来自自己的家庭生活,也可以来自幼儿园的生活,也有一些主题来自社会现实生活之中,总之,大多数的主题都来自幼儿的身边,为幼儿所亲身经历。幼儿游戏主题总是由笼统、单一逐渐分化、复杂化,由表浅、贫乏逐渐变得深刻、丰富。主题的意识性、灵活性、社会性和深刻性日渐增强。

2. 游戏情节的发展

游戏情节指贯穿于游戏过程中富有故事性或艺术性的具体细节,是构成游戏内容的基本要素,幼儿最初的游戏情节都是简单、片面、不连贯的,主要以模仿游戏为主,随着幼儿年龄的增长,认知能力的不断发展和进步,幼儿游戏的情节逐渐复杂、全面、连贯而且富有创造性。幼儿游戏的情节逐步从特定关系的自由联想发展到具有一定的抽象性的整体活动。

(二)游戏形式的发展

游戏的形式是幼儿在游戏中展现于外的一切行为表现的方式,它构成游戏的外壳。幼儿游戏形式的发展主要表现在:

(1)幼儿游戏的动作的渐次连贯。幼儿由最初的游戏过程中,动作简单、不连续慢慢过渡到连续的动作,如3~4岁的幼儿在进行医生和病人的游戏,只会拿药片放到嘴里即完成了看病的游戏。而到了5~6岁,相同的游戏,扮演病人的幼儿则会表现出不舒服,扮演医生的小朋友则会认真地听诊,然后给病人开药,给病人倒水,帮助病人服药,这一系列连贯的动作生动地表现了游戏过程。

(2)游戏语言由最早的有意识的咿咿呀呀的重复发声到简单的只言片语,最后发展到连贯、准确的语言表述。

(3)持续时间的拖延。由于幼儿的注意力集中时间较短,而且幼儿好模仿的特点,所以在幼儿最初的游戏中,即表现出来对游戏过程坚持的时间很短,如一个小朋友正在看书,看到旁边的小朋友正在搭积木,于是他也会放弃图书而去建构区里活动。而到了中班后期,幼儿则会对游戏过程表现出较好的坚持性。

(4)游戏的规则明朗化。游戏是有一定规则的,幼儿在游戏中对规则的理解是循序渐进的,其游戏的行为对规则的遵守程度也是不断提高的。一名2岁左右叫毛豆的小朋友,在小区里和其他的小朋友一起玩赛跑的游戏,他总是用脚踩着起跑线,而玩丢手绢的游戏的时候,只要有小朋友在跑,他就会跟着一起跑,无论其他人是否把手绢放到了他的身后,这表明,他对游戏的规则的认识是非常模糊不清的。而当毛豆3岁后,他对于游戏规则的概念渐渐清晰,可以和其他小朋友一起做游戏了。

(5)游戏活动的社会化程度不断提高。随着学龄前幼儿生活范围的不断扩大,人际交往技能以及言语能力的不断发展,越来越不满足于一个人游戏,他开始寻求玩的伙伴,喜爱群体游戏,家长们也可以在家庭生活中发现,孩子开始时可以拿着一个玩具玩好久,可是慢慢的,孩子开始缠着大人和他一起玩了,这是因为幼儿在游戏中的活动社会化程度在不断提高。

(6)空间的延伸。幼儿在游戏过程中,对玩具的选择范围在不断扩大,而在玩具的选择上也表现出了随意化的特点。幼儿的游戏也表现出了由侧重身体的动作到侧重心智活动的倾向。

第四节 幼儿游戏的发展价值

一、游戏价值观的历史演变

从教育史上看,人们对游戏的教育价值经历了肯定、否定、再肯定的认识过程,社会上不同阶层和持不同教育观的人对游戏有着不同的评价。人们的游戏价值观随着社会生产力水平的变化而变化,同时也受到不同教育观、哲学观、幼儿观的影响。

(一)早期人类的游戏共享

在原始社会,原始人在生产劳动的同时,也开展各种游戏活动。他们的游戏往往和实际生活联系在一起,游戏内容取自生产生活方面,具有直接为生产服务的性质。在原始社会,成人与幼儿同享游戏的乐趣,甚至在同一游戏形式中可以容纳幼儿,也可以容纳成人,幼儿的游戏和成人的游戏没有完全分化开。直到成人的劳动获得可以维持自身和幼儿的生活需求时,才形成了纯粹的幼儿游戏。

(二)游戏成为幼儿的权利

随着生产力的发展,到奴隶社会时期,劳动和游戏出现了分离,游戏远离了劳动。成人游戏和幼儿游戏也逐步分化。到了中世纪,教会宣扬禁欲主义,对于学龄儿童,僧侣学校的教育极其严格,一入学便失去了游戏的欢乐。但幼儿因不需要学习仍可以进行游戏,所以此时自发的自由游戏成为幼儿的特权。进入到封建社会后,视工作为非常神圣,把游戏看作是浪费时间,导致长期以来人们对游戏一直采取否定的、消极的态度。但没有学习和生活负担的幼儿仍享受着游戏的欢乐,他们在户外玩耍,自然材料是他们的玩具,在此过程中他们也创造了种类繁多的游戏形式。

(三)游戏成为幼儿教育的手段

文艺复兴时期,一些教育家提出热爱幼儿、尊重幼儿的口号,产生了幼儿中心主义的教育,游戏作为幼儿本性的要求得到了肯定。教育家福禄贝尔提出了"幼儿－游戏"的教育主张,并创办幼儿园。20世纪前半期,这种以游戏为主的教育思想逐步被人们所接受。到了20

世纪60年代,由于掀起了幼儿早期智能教育的浪潮,在幼儿教育中出现了轻游戏重智能的教育倾向;而到了20世纪80年代,人们经过实证研究发现,幼儿期所蕴藏的丰富的发展潜力是在游戏中获得的,这样,"幼儿-游戏"的教育观念再次被强调,通过游戏促进幼儿成长,使游戏的教育价值得到充分肯定。

（四）游戏日益成为现代生活的重要内容

在现代生活中,游戏不再受到鄙视,而是被看成人的正当权利和要求。隐藏着教育契机的幼儿游戏同样受到重视。人们发现自学能力、判断能力、创造能力、合作能力以及健康的情感和个性是适应未来社会的人才的必备素质,而游戏则是这些素质培养的重要途径。游戏已成为幼儿现代生活的重要内容。我国的《幼儿园管理条例》《幼儿园工作规程（试行）》明确规定:"游戏是幼儿园的基本活动""游戏是教育幼儿全面发展的重要手段"。

二、游戏对幼儿发展的价值

游戏是最适合幼儿的一种活动形式,是幼儿生活中的快乐,不仅对幼儿有娱乐作用,而且对幼儿的身心发展有重要的价值。

（一）游戏在幼儿生理发展中的价值

游戏可以满足幼儿生理发展的需要,能促进幼儿身体生长发育及运动能力的发展。由于受骨骼肌肉和神经系统发育特点的影响,幼儿需要不断地变换活动。在游戏中,幼儿可以自由地变换动作、姿势,可以多次重复他们所感兴趣的动作而不受限制。因此,游戏可以使幼儿的中枢神经系统的机能状态调整到最佳水平,使机体感到舒适和愉快。几乎所有的游戏都有身体运动的参与,幼儿身体的各项器官可以得到充分的活动,促进机体的新陈代谢、骨骼和肌肉的发育。同时,幼儿的基本动作在游戏中也可以得到发展。进行户外游戏时,大多数幼儿会喜欢追逐奔跑,也喜欢攀爬、跳跃,这些嬉戏性活动,可以为其提供机会锻炼大肌肉动作,发展肢体动作的协调性、灵活性和平衡性;进行室内游戏时,多是操作类、交往类、语言类、表演类、益智类游戏,幼儿有机会锻炼其小肌肉的协调性和灵活性,发展其精细动作。

（二）游戏在幼儿认知发展中的价值

游戏在认知发展中的作用早已引起世界各国教育学、心理学乃至其他相关学科的关注。皮亚杰的认知发展的游戏理论,更是开辟了从幼儿认知发展的角度来考察幼儿游戏的新途径。在游戏中,幼儿按照自己的兴趣和愿望去接受外部环境的信息,并进行加工,使之适应自己的内部图式,来认识世界,促进认知发展。同时游戏给幼儿提供了各种机会:使幼儿获得和巩固知识,锻炼和发展智力,如在游戏中幼儿需要观察、感知、比较、分类、回忆、想象,在遇到新情景时,要解决新问题,进行各种智力活动。

1. 游戏可以促进幼儿感官发展

感知觉是幼儿认识外界事物、增长知识的主要途径。对幼儿来说，不能指望其通过阅读图书或成人讲述就可以对事物有深刻的认识，处于直觉动作思维阶段的幼儿是用形象、声音、色彩以及动作来进行思考的，因为需要用各种感官去接触事物，对它们进行直接的感知，才能对事物留下一定的印象。游戏就是一种通过操作物体来感知事物的过程，在游戏中，幼儿接触到各种性质的物体，并动用了各种感官参与其中，通过眼看、耳听、口尝、手摸，了解各种事物的特性，大大加强了感官的感受性和观察力，促进了感官能力的提高。

游戏为幼儿提供大量的感知觉的练习，例如平衡感的练习，缺乏平衡感的协调，会使幼儿大小肌肉和其他身体感官互动不佳，造成孩子出现笨手笨脚、好动不安、注意力不集中等问题，并影响其语言能力、运动协调和左右脑均衡发展的进度，形成学习缓慢的现象，即所谓的感觉统合失调。

2. 游戏可以促进幼儿智力发展

（1）游戏发展幼儿的思维能力。

思维能力是智力的核心，是获得新知识的必经途径。但是，思维活动不是凭空产生的，它是通过实践，在积累大量感性经验的基础上加工而成的。游戏可以为幼儿提供充分的实践操作的机会，为其思维的发展储备足够的感性经验材料，从而促进其从直觉行动思维向具体形象思维过渡，并引发幼儿抽象逻辑思维萌芽。

在强调幼儿主动性和创造性的游戏中，幼儿在不断地思考，不断地解决一个又一个问题。例如，玩角色游戏"在医院"，幼儿要分配角色，谁当医生，谁当护士，谁当病人。当医生的幼儿要决定用什么当听诊器；当护士的幼儿要有针和消毒棉棒；当病人的小朋友要想好自己哪里不舒服。总之，随着游戏的内容和情节逐渐丰富，幼儿的思维也越发活跃起来。在特别强调需要幼儿动脑筋的智力游戏中，幼儿思维的积极性更加突出，计算、猜谜语、下棋等游戏明显地有利于幼儿思维的发展。

游戏有助于幼儿解决问题能力的提升。首先，游戏的不确定性经常给幼儿带来问题，促使幼儿自发地进行探索，去寻找解决问题的办法。在游戏中，幼儿不断地运用着对应、均等、分类、顺序、多种组合等概念，以推进一般的游戏进程，并在各种问题的情境中，运用这些概念对事物做出反应，这是解决问题的基本实践。其次，由于是游戏，便降低了幼儿对成功的期望和对失败的担忧的压力，因此在游戏背景中更能促使幼儿在具有更强挫折承受力的基础上机智地理解问题的条件和情景，从而更灵活地解决问题。最后，游戏使幼儿获得大量尝试在各种条件下使用各种物体的机会，使幼儿的思维处于积极的活跃状态。他们常常创造性地使用物体，变换各种方式对待物体，尝试自己的动作与物体、手段与目的之间连接的多种可能性，扩大了物体之间相互作用的范围，甚至可以找出物品之间的替代关系，而这正是一种创造性解决问题的实践的表现。

（2）游戏促进幼儿想象力的发展。

虚拟性或象征性是游戏的普遍特征,并以"假装"或"好像"为标志或条件,给幼儿提供了想象的充分自由和空间。这样幼儿在游戏中不仅以物代物,而且可以一物代多物或多物代一物,不仅能自己假装成他人,而且可以"串演"多个变换角色或多人共同扮演一个角色。这有利于幼儿想象力的发展特别是促进了创造性想象的发展,如幼儿在游戏中,枕巾可以当棉被,也可以当衣服；棍子可以当马骑,椅子可以当马骑；她可以扮演妈妈,也可以扮演老师等。这些游戏中的想象从物到人,从动作到背景都极富有创造性。幼儿的创造性想象是幼儿创造性能力的一个重要方面。幼儿游戏中的创造性想象力的发展,为其思维的创造性以及流畅性、灵活性的发展打下了基础。

（3）游戏扩展和加深了幼儿对周围事物的认识。

游戏是幼儿认识事物的途径。游戏使幼儿接触到各种游戏材料,通过具体的活动,认识各种物体的性质和用途,获得有关事物之间的关系,以及动作和物体之间的相互作用和因果关系。例如幼儿在玩水时,不仅认识了水的流动等特性,还获得了水的浮力的科学经验,同时,幼儿在玩水时也认识了水桶、水壶等工具。无论是游戏中的物体操作,还是角色扮演,都是对现实生活的反映,幼儿在游戏中把自己对生活的印象和感受充分表达出来,并时常进行重复,使自己对周围事物的认识得以加深和巩固。幼儿在此过程中发展着自身感觉器官的感受性和感知能力,同时获得两类知识——皮亚杰称之为物理知识和数理逻辑知识。而这两类知识的获得也可以更好地帮助幼儿解决问题,此外,幼儿在游戏中与他人所结成的集体,也是幼儿获得日常生活的、文化的、政治的等各种社会知识的源泉。这是幼儿智力发展所必需的知识前提和经验基础。

3. 游戏可以促进幼儿语言发展

游戏能够有力地促进幼儿的语言和智力的发展。在游戏的全过程中,幼儿都要用语言来交流思想,商讨各种办法,这就促进了幼儿语言的发展。在游戏中,幼儿还要根据游戏的情节,不断地考虑用什么玩具,怎样把简陋的材料想象成为某种工具和用具等,这样也就发展了幼儿的思维能力和想象力。以游戏作为手段,向幼儿传授知识,发展幼儿的语言和智力,具有生动活泼的特点,十分有效。布鲁纳认为在游戏活动中,幼儿可以最迅速地掌握本国语言,语言中最复杂的语法和实用形式都是首先在游戏活动中出现的,例如,一个幼儿第一次使用条件句:"如果你把你的娃娃给我玩,我就给你一个我的草莓。"这样的句式恐怕通过"教"是难以实现的,如果一味地教幼儿一些复杂的词汇和语法,那只能使幼儿掌握一些消极词汇,只有在游戏情景中这些词汇才可能有机会转化为积极词汇。

幼儿语言发展的关键就在于使幼儿有机会以各种方式练习说话,游戏为幼儿语言的实践提供了机会。米勒等人研究了幼儿的游戏,发现即使只有12个月的幼儿在游戏中也有语言交往,幼儿的平行游戏能自然地促进他们之间的相互作用。加维研究发现,3岁幼儿在游戏中进行言语交往,且交往的时间随着年龄的增长而增长。这充分证明游戏促进了幼儿语言的发展。游戏活动激发了幼儿使用和练习自我中心言语,这种言语是思维的外在表现形式,它反映了幼儿认知发展的水平和对认知活动情景功能上的要求。罗宾等人认为自我中心言语的功能,在于使幼儿对自己的行为有更清楚的意识,并为社会性语言交流提供了练习的机会。

(三)游戏在幼儿社会性发展中的价值

幼儿发展与成熟的过程,是从一个自然人成长为一个社会人的过程,也是其社会化发展的过程。幼儿期是社会性发展的关键阶段。游戏作为幼儿的基本活动,是早期社会性发展的重要途径,它使幼儿获得了更多的适应社会环境的知识和处理人际关系的态度和技能。而良好的社会性发展有助于幼儿适应集体生活,建立良好的同伴关系,更好地生存和发展。

1. 游戏促成了幼儿社会交往关系的产生,有助于幼儿学习交往规则

社会交往活动与社会性的发展有着密切的关系,离开了交往,社会性就无从谈起。对幼儿来说,交往活动是在游戏中开始的,可以说游戏是他们进行社会交往的起点。通过游戏活动,特别是合作性游戏活动,幼儿实现与同伴的交往活动,并形成他们的社会性行为。进行游戏就必须进行同伴间的相互交流,幼儿要学习表达自己的主张和意愿,也要学习理解他人的主张和意愿,还要学习怎样与同伴相处,怎样处理和协调同伴之间的关系,共同完成游戏活动。例如,在角色游戏"娃娃家"中,幼儿商量分配角色,每个角色各尽其责,在这个过程中,幼儿学习相互配合,相互谦让,发展同伴之间的友好关系。游戏中的这种幼儿之间的交往活动,构成幼儿实际的社会关系网络,使幼儿逐渐熟悉、认识周围的人和事,理解他人的思想、行为和情感,逐渐掌握人与人之间的交往规则,学习与同伴分享、互相谦让、合作等人际交往技能。

在游戏中,幼儿有时也会碰到一些因玩具或角色分工而引起的纠纷,比如两个人同时想玩同一个玩具,自己想去玩别人手里的玩具等情况,因为年龄小、自我中心倾向比较突出,自控能力差,幼儿之间经常会出现争抢玩具,甚至打人、推人等攻击性行为,这些行为都会导致游戏无法进行或者致使某些幼儿被排除在游戏之外,这就要求孩子要学会分享、协商、谦让、轮流、等待、合作等良好的交往技能和品质,学会解决纠纷等人际交往的基本技能,使幼儿的社会交往能力不断提高。

2. 游戏为幼儿提供了社会实践的机会,有助于幼儿社会角色的学习

幼儿一出生,就不可避免地处在一定的人际关系和社会地位中,他们不可避免地被赋予某种角色。有些角色是一出生就决定的,如男人或女人,有些角色是随着社会生活范围的扩大而出现的,如在家里是儿子,在幼儿园是小朋友,进入学校后是学生,长大后会成为丈夫、爸爸、教师、经理等。社会角色的承担者(或扮演者)的行为要符合社会规定或认同的标准,就有一个学习和掌握的过程。如果社会角色的学习不良,就会导致个体与其角色不相符合的非角色行为,就难以适应社会生活。游戏是幼儿学习和掌握社会角色的一个途径。例如,婴儿出生后加入的第一个社会团体便是家庭,家庭成员即与婴儿展开了游戏活动,在此过程中,婴儿学习着、实践着各种规则,不仅按自身发展的需要,也循着成人要求的方向行动着、实践着社会行为。进入托幼机构后,幼儿又开始了同伴之间的游戏活动,在合作游戏中用游戏规则协调着人际关系,体验着规则的意义。

我们从以下两方面来具体理解:首先,游戏中的角色扮演,是幼儿学习社会角色、掌握社会行为规范的最好实践机会。幼儿在游戏过程中通过扮演不同的角色,理解角色关系,学习和模仿角色行为,从而学习角色的义务、责任和权力。例如,性别角色的获得首先就是在游戏中发生的。有研究表明,女孩子对于娃娃和家务玩具形成的爱好发生于 21 个月,男孩对于卡车和其他运输玩具形成的爱好发生于 30 个月。在幼儿的游戏中,我们看到通常总是女孩子当"妈妈",很少有男孩子当"妈妈"。幼儿园小班的孩子就知道:"因为我是男孩,所以我当爸爸。妈妈是女的。"当孩子扮演同性别的成人角色时,他(她)就在思想上对自己和同性别的成人角色之间的关系进行了概括,实现了认同。其次,游戏是缩小的成人社会,在游戏中,幼儿通过模仿再现了家庭、商场、公共汽车等,凡是幼儿能接触到的社会领域,都能在游戏中得到反映,幼儿便有机会将在现实生活中所获得的知识经验,在游戏中用于实践,去进一步感受、体验及理解,从而大大加深了幼儿对社会的了解。

3. 游戏有助于幼儿克服自我中心化

自我中心化与去自我中心化是皮亚杰在他的早期研究中提出的重要概念,幼儿往往只是从自己的角度出发看问题,以自己的想法、体验、情感来理解周围现实的人和事,这即为幼儿的自我中心化特点。而幼儿不会停留在自我中心状态,他逐渐会区分主体与客体,能够在自我与他人之间建立联系,这就是去自我中心化的过程。在游戏中,由于担当了角色,出于角色的需要,他必须以别人的身份出现,把自己当作别人来意识,这时,他既是"别人",又是自己。在这种自我与角色的同一与守恒中,他吸取了"别人"的经验,把自己摆在别人的位置上,从以自己为中心,转变到以他人的角度来看待问题,发现自己与别人的不同,学会发现自我,使自我意识得到发展,只有知道了自己与别人的不同,才能够去理解别人,逐渐学会改变自己看问题的角度,克服"自我中心"。

美国心理学家罗森对幼儿进行了社会性表演游戏训练,目的在于揭示游戏在帮助幼儿克服"自我中心",学会从别人角度看问题过程中的作用。实验过程如下:将被试幼儿分成两组,实验组进行 40 天社会性游戏训练,即为被试幼儿提供进行社会性表演游戏机会、条件、玩具等,并指导幼儿游戏,丰富幼儿游戏内容。控制组则不予进行社会性游戏训练,仅仅提供一些游戏材料。40 天以后对两组幼儿进行测试,测试方法是以商店游戏形式,先给孩子看一大堆东西:有妇女穿的袜子、男人的领带、玩具汽车、娃娃和成人看的书。确信被试幼儿认识这些东西并知道它们的用途后,要求他们假装:第一,他正在一个卖这些东西的商店里;第二,他是一个父亲,现在他在为自己的生日挑选一些东西。让他思考父亲会为自己挑选哪些东西。然后要求他依次假装母亲、教师、姐姐和他自己来选择符合角色身份的物品。实验结果表明:实验组比控制组更能做出较好的符合人物身份的选择。这就证明社会性表演游戏中的角色扮演,使孩子能在游戏中把自己当成别人,游戏能为幼儿建立良好的社会人际关系打下基础。

4. 游戏有助于幼儿亲社会行为的发展

亲社会行为是指有益于他人或社会的行为,如帮助、安慰、捐赠、分享和合作等。幼儿的亲社会行为很早就会产生,在成人的鼓励强化下,伴随年龄增长会不断增多。幼儿在内容健康的社会性表演游戏中,通过扮演角色,模仿社会生活中人们的文明行为,可以缩短幼儿掌握道德行为规范的过程,让幼儿理解并遵循社会的行为规范,培养幼儿良好的品德和行为。例如幼儿在进行"娃娃家"游戏时当"爸爸""妈妈",体验对小宝宝的爱抚、关爱、照顾;在《拔萝卜》故事表演游戏中,体会团结的力量……幼儿在往后的日常生活中,当碰到与游戏相似的情景时,就会按照游戏中的做法来支配自己的行为。可见,幼儿在游戏中通过模仿学习的社会行为规范,会迁移到幼儿的实际生活中,从而有助于在现实生活中对道德行为规范的理解和遵守。斯陶布设计了一个实验,运用表演游戏和"诱导"的方法,将研究被试幼儿分为三组:一组幼儿运用表演游戏,一组幼儿运用诱导方法,还有一组幼儿同时运用这两种方法。研究结果表明,表演游戏对培养幼儿的亲社会行为,其效果至少能保持一星期。表演游戏可以提高幼儿发展亲社会行为的可能性。

(四)游戏在幼儿情感发展中的作用

幼儿在游戏中,摆脱了外界的压力,享受到充分的自由,用他们对现实世界的理解和自己拥有的能力来操作实物、处理关系,从而体验行为所带来的各种情绪情感体验。这有助于促进幼儿情感的发展,陶冶孩子的性情。

1. 游戏可以丰富幼儿的情感体验,促进幼儿情感的发展

游戏是一种积极的情感交往方式,它有利于各种情绪情感类型的产生。幼儿在丰富多彩的游戏情景中,通过扮演不同的角色,获得不同的情绪情感体验,例如,在"娃娃家"游戏中,扮演父母的幼儿体验着父母对孩子的关爱等。随着游戏主题和构思的发展和复杂化,幼儿的情绪情感体验会更丰富,更深刻。在"医院"游戏中,幼儿会像医生一样给"病人"听诊、开药,嘱咐"病人"按时吃药。当"护士"的幼儿不仅给"病人"试体温、打针,还主动搀扶病人,让"病人"好好休息。游戏使幼儿体验各种情绪情感,学习表达和控制情感的不同方式。

游戏中的情感体验有利于幼儿的情感发展。幼儿在游戏中迅速地发展着自身的高级情感。首先,幼儿在游戏中,主动地选择和接触各种色彩鲜艳、造型生动的玩具,主动反映现实

生活中美好的东西,在游戏中感知美、体验美、创造美,可以说游戏发展了幼儿的美感。其次,幼儿在游戏中积累经验,发现知识,从而又体验到理智感。再次,游戏同样通过人物关系的处理、角色情感的体验,发展幼儿的同情心和道德感。此外,游戏作为幼儿自我表达的通道,在此过程中孩子可以摆脱惩罚的威胁来表达一般社会情景禁止的情绪。例如,当冲动的行为或实现愿望受阻而产生挫折时,幼儿首先感受到了什么是挫折,进而可以学会控制这种挫折。在此过程中幼儿学会了自我控制,而又没有伤害自尊心,保障了幼儿心理健康发展。

2. 游戏可以激发幼儿更多积极的情绪情感体验

积极的情绪情感是指愉快、高兴、满足、平和、感动和放松等。正如弗洛伊德的观点,游戏是由快乐原则支配的,所以游戏往往给人一种积极的情感体验。因为游戏是自由自主的活动,幼儿可以自由掌控环境,选择玩伴和玩具材料,进入自己的假想世界,所以游戏可以给幼儿带来极大的满足感,让幼儿完全放松自己,平和而专注地投入到自己感兴趣的游戏活动中去。而在这样的过程中,幼儿获得了成就感,从而可以增强他的自信心和自尊心。

在游戏中,幼儿把成人世界复杂的事物压缩至他们自己可以控制的范围,缩小了周围世界与其已有经验的不协调和不一致。幼儿在运用玩具探索的过程中,可以体验到由环境的中等程度的新异性所带来的趣味性和兴奋感,并在多次重复中使他们逐渐熟悉并掌握周围事物,由此而产生了快乐感。辛格对3~4岁幼儿进行了为期一年的研究发现:经常玩假装游戏或者有假想伙伴的幼儿在游戏中有较多的微笑和欢笑,坚持性和合作性较好,较少出现攻击行为,也较少出现愤怒和悲伤。对年龄稍大幼儿的研究也发现,富于想象的幼儿较少莫名其妙地发火、攻击他人,较少冒失、冲动,更容易分清想象与现实的区别。而有研究表明:情绪障碍的幼儿在游戏中表现出混乱和刻板的特征,他们在游戏中表现出不合群、焦虑,且容易受到心理压力的影响,出现攻击性和冲动性,不能担任帮助他人的角色,他们在幻想游戏中要从"我"转移到自我以外,转移到假想的其他人的角色也很困难,由此人们认为:幼儿不能发展想象型游戏标志着严重的病理症状。游戏可以给幼儿提供体验积极情绪情感的机会。

3. 游戏可以帮助幼儿转移、宣泄消极情绪

长期处于紧张或焦虑等不良情绪状态,会造成幼儿食欲减退、消化不良、心跳加速、血压和呼吸不正常或其他疾病。幼儿在生活中会受到不同程度的客观条件的限制和束缚,这难免会使幼儿的心理产生紧张或受到压抑,而游戏则是松弛幼儿紧张情绪的良好方式。平时,我们发现男孩特别爱玩黏土,他们玩黏土时那一系列用劲的"挤""压""捏""摔"等动作,都有宣泄功能。在游戏中,幼儿还可以通过角色扮演和假想,克服紧张和焦虑的情绪。如幼儿会模仿爸爸妈妈的样子训斥小宝宝,以此转移来自父母严加管教带来的不良情绪;幼儿喜欢在医院游戏中扮演医生的角色,通过给别人打针,发泄自己对于医生和打针的恐惧心理。只要我们注意观察,就可以发现,幼儿通过游戏把精力和情绪发泄之后,他们的脸上总会露出一种满足和痛快的表情。

在游戏过程中，幼儿可以运用适宜的方式表现自己的情绪情感而不被否认，还可以在角色中学会控制自己的情绪，提高自控力。游戏为幼儿提供了表现自己各种情绪情感的机会。在幼儿受到挫折和困扰时，游戏可以宣泄幼儿的焦虑、害怕、气愤和紧张等情绪，从而减轻或克服不良心理。游戏还能以幼儿能接受的情景，再现不愉快的体验，在假扮角色的情况下，幼儿消除了紧张、减低了恐惧，从而使心理保持平衡。许多心理学家都认识到游戏的这种价值。例如心理学家辛格认为，想象游戏的主要优点在于它能提供一个新的刺激场，这种刺激场不是物理环境，而是由幼儿凭想象和回忆创造出来的心理场，它能够使幼儿逃避不愉快的现实环境和气氛，使他们产生愉快、肯定的情绪体验，改变受挫的情绪状态，从而间接实现对行为的控制。正是由于幼儿在游戏中宣泄消极情绪，有助于消除或缓解不愉快的体验，游戏被认为具有心理诊断和治疗上的应用价值。游戏作为调节和治疗情绪障碍幼儿的手段，目前在我国已开始进行尝试，并取得了一定的效果。

游戏是幼儿园生活不可或缺的一部分，丰富多彩的游戏促进了幼儿的身心发展。皮亚杰曾说"游戏的种类和质量对幼儿智力、体质和情感的发展起到推动作用"，苏联教育家马卡连柯也曾这样评价，"游戏在幼儿生活中具有极其重要的意义，具有与成人的活动、工作、服务同样重要的意义。幼儿在游戏中什么样，当他长大的时候，他在许多方面的工作也会什么样"。因此，学前教育工作者应尽可能地让游戏渗透到幼儿生活的各个方面，充分发挥游戏的价值和作用。

第五节　影响幼儿游戏的因素

幼儿游戏作为一种社会文化现象，在一定的社会的影响下产生和发展起来，必定受到诸多因素的影响，主要体现在游戏活动中物理环境、社会环境及游戏者自身条件影响等方面。

一、物理环境因素对幼儿游戏的影响

物理环境因素是指游戏中的要素及条件，它保证游戏的顺利进行。游戏中的物理环境因素由家长或教师等成人为幼儿提供，作为教师要了解物理环境对于幼儿游戏的重要性，以及为幼儿提供创设物理环境时应该注意些什么问题，使环境真正地为幼儿的游戏服务，增强幼儿游戏的兴趣，提高幼儿游戏的质量。

（一）游戏机会

斯米兰斯基和克罗恩指出：在学前期缺乏游戏活动机会的幼儿会体验到学习各门学科的困难，特别是没有参加过社会角色游戏的幼儿，这种困难更为显著。由此可见，游戏机会的提供对于幼儿的发展具有重要价值。为幼儿游戏提供"均等"的机会尤为重要。所谓"均等"即有平均、平等的意思,机会面前人人平等,也就是说要为幼儿提供平等的、适宜的参加游戏的时机,让每个幼儿都可能在同一时间、同一范围内选择自己所喜爱的游戏,让幼儿主动地去适应环境,凭自己的能力和智慧去拥有游戏的机会;最终并非每个幼儿都能如愿以偿,但正是这种主动去体验的过程,使幼儿从中得到一种社会化的学习。

因此,为幼儿提供均等、适宜的游戏机会,对幼儿游戏的发展极其重要。

(二)游戏时间

游戏时间是开展游戏活动的重要保证,幼儿园都有相对固定、较长的游戏时间,也有短暂的游戏时间。教师要保证幼儿充足的游戏时间,因为充足的游戏时间是幼儿游戏的首要前提,时间充足能够让幼儿按照自己的兴趣和能力,决定游戏的方式和主题,游戏的时间充裕能够保证操作游戏中幼儿的充分操作,保证建构游戏中幼儿创造性游戏水平的发挥,也能够保证社会性游戏中幼儿之间的充分交往与合作。而在较短的游戏时间中,幼儿没有足够的时间结伴游戏,不能相互协商、讨论或做进一步的探索和建构材料,幼儿不能够很好地想象和创造,幼儿体验不到游戏的快乐,往往只从事一些社会和认知层次较低的游戏形式。所以,研究表明:游戏时间的长短会影响幼儿游戏的质量。所以,幼儿园每天提供给幼儿用于自由游戏的时间一般应不少于1小时。

(三)游戏场地

游戏场地是幼儿游戏活动的空间,是进行游戏不可缺少的条件。场地的大小、在室内还是在户外、场地的结构、空间的密度等,都对幼儿游戏产生影响。较大的空间,可增加社会性游戏及打闹混战游戏的发生频率,而个人安静的游戏一般多发生在较小、封闭式的空间中。当幼儿发生太多奔跑、走动以及粗野游戏,较少进行人际合作互动时,则意味着空间太大,可用家具间隔或增加设备;如果幼儿有过多的身体接触,游戏过程中会干扰到同伴,则意味着进行游戏的场地过于拥挤,可在较少的空间内改变设备,增加攀爬设备和两层空间。因此,游戏场地对于幼儿游戏效果也会产生重要的影响。

1. 室内环境的空间密度会影响幼儿游戏的行为

所谓空间密度是指每个幼儿在游戏环境中所占的空间大小,即室内拥挤程度。游戏场地的空间密度包括游戏人口密度和游戏材料密度两个方面。不可用空间即指家具所占的区域、家具之间的狭窄区域、教师所占的区域等。

2. 室内空间的安排方式也会对游戏的质量产生影响

希汗和德发现将大型托儿所分隔成较小的区域,幼儿在这种被分隔之后的游戏空间中进行游戏,可以降低幼儿之间粗暴行为的发生,并使幼儿在自由活动时彼此之间社会交往的机会增多。同时,幼儿在不同的游戏角落,会表现出不同层次的社会性游戏。

3. 游戏设备在游戏场地放置位置的影响

研究表明,当游戏的设备放置在游戏场地中央位置时,其使用率较高,因为放在中央位置上的设备更容易受到幼儿的关注,当幼儿都有使用此设备的欲望的时候,即可使幼儿之间产生更多的相互合作的游戏,这样,幼儿之间合作游戏的频率高于平时。

4. 游戏场地的地点对幼儿游戏的影响

游戏的场地可以是室内,也可以是户外,研究发现,年长的幼儿更喜爱户外游戏,当幼儿到达户外时,会表现得很高兴,更利于提高他们游戏的兴趣,更容易满足他们游戏的欲望;男孩子比女孩子更喜爱户外游戏,他们到户外游戏的频率更多,但是室内游戏中,却没有什么差异。而在户外场地,幼儿较少发生结构或建构性游戏。

(四)游戏材料

游戏材料是幼儿用来玩的玩具和材料,它既是游戏的物质支柱,同时又对游戏的性质、内容等产生影响。

玩具材料的提供与幼儿游戏行为有着密切的关系。如果给幼儿提供多种多样的游戏材料,幼儿在游戏中解决问题时就表现出更多的发散思维行为特征;给幼儿提供没有固定玩法的游戏材料时,幼儿就会创造他们自己的玩法;完全陌生和比较复杂的玩具材料容易引起幼儿的好奇,只有中等熟悉和复杂程度的材料比较容易导致幼儿的象征性游戏和练习性游戏行为的产生。游戏材料和玩具以其生动形象的色彩和声响吸引着幼儿,激发幼儿的想象,动手动脑,积极进行各种游戏。

二、社会环境因素对幼儿游戏的影响

(一)家庭因素

家庭对幼儿的影响是巨大的。家庭生活的气氛、家长自身的素质、家长对幼儿的抚养方式、家庭的结构以及家庭的居住环境等都会对幼儿产生影响。父母是家庭的主要成员,和谐的夫妻关系,完整的家庭结构是幼儿游戏的基本保障,完整的家庭结构所创造出来的和谐气氛,会使幼儿乐观、健康地成长,他们有同情心、有信心、有责任感,同时他们有安全感,在游戏中也会表现出积极的态度和乐观的情绪。相反,不完整的家庭,如单亲家庭的幼儿往往孤僻、冷漠、害怕交往,在游戏中表现出回避的态度,他们更喜欢机能游戏,而较少玩象征游戏和表演游戏,所以游戏发展的整体水平比完整家庭的幼儿游戏水平低。研究表明,父母的育儿方式也会给幼儿的游戏带来较大的影响,如:敏感型的教养方式使孩子不能独自游戏;冷漠型的教养方式使孩子在游戏中虽有自主意识,但不能很好地理解别人;专制型的教养方式使孩子喜欢独自游戏,以及在游戏中自我欣赏,对于别人的游戏则表现冷漠;民主型的教养方式使孩子在游戏中往往成为主角,游戏能力较强,爱玩社会性装扮游戏。所以,家长如何处理家庭关系,采用何种育儿方式,都会给幼儿的发展及幼儿游戏的发展带来重要的影响。

（二）亲子关系因素

母子关系是幼儿社会性发展过程中最早出现的关系,也是最重要的关系。母亲亲切的语言、温柔的动作都会使幼儿感到安全,为幼儿游戏的产生及发展提供了必要的前提,如母亲拿游戏的卡片,让宝宝看一看、认一认、摸一摸、拍一拍,孩子会表现得很高兴,母亲语气的变化、细心的指引,使幼儿对游戏产生强烈的兴趣,同时乐于持久地参与游戏。母亲的教育方式也会对游戏过程中幼儿社会交往的分享、合作等品质产生重要的影响。母亲对幼儿游戏的作用还表现在她为孩子探索和游戏提供了安全感及其强化的作用,孩子在母亲那里不仅获得营养等物质照料,同时,也获得精神上的安抚,体验到爱的温暖。疼爱孩子是母亲的天性,依恋母亲是孩子的特点。另外,母亲对幼儿的游戏是否持支持态度、母亲对亲子游戏的参与度也直接影响幼儿游戏的水平。虽然母子关系对于幼儿游戏有着重要的影响,但我们在重视母子关系的同时也不能忽略父亲的重要性,同母亲相比,父亲在幼儿成长过程中也扮演着重要的角色。父亲在与幼儿相处中,可以培养幼儿活泼、勇敢的性格。在家庭中,父亲会带领幼儿进行一些运动量比较大的游戏,这样不仅可以培养幼儿参与体育游戏的兴趣,也可促进幼儿动作技能的发展,增强幼儿的体质,提高机体的抵抗能力。除此之外,父亲带领的游戏也会影响到幼儿智力的发展,如在下棋、搭积木等游戏中,父亲开放的思维方式以及给孩子提出的具有更多探索空间和启发性的问题,更有益于幼儿智力的发展。

（三）同伴关系因素

无论是年幼的幼儿还是年长的幼儿,都喜欢和同伴交往,在与同伴交往的过程中,他们自身的社会交往能力得到了提高,如交往过程中遇到问题,他们需要通过自身的努力来解决问题,因此语言表达能力、思维能力都会得到提升,通过观察别人的游戏,幼儿可以创新自己的游戏内容,使幼儿的游戏能力得到提高。

1. 有无同伴的影响

没有同伴的时候,幼儿会喜欢玩一些建构游戏或是操作性游戏,而当同伴出现时,他们则喜欢玩一些合作游戏、角色游戏,因此,同伴会增加幼儿游戏的社会性和合作性。

2. 同伴的熟悉程度

对于同伴是否熟悉,也会影响到幼儿游戏,对于比较熟悉的同伴,幼儿会很快投入到游戏中来,而对于不熟悉的同伴,幼儿需要一段时间与其熟悉、了解,而且幼儿与熟悉的同伴一起游戏时比与陌生的同伴一起游戏时更倾向于彼此之间的合作、分享。

3. 同伴的不同年龄

在日常生活中,我们会发现,幼儿喜欢和比自己大一些的同伴一起游戏,而不喜欢和比自己小的同伴一起游戏,原因是大一点的幼儿各方面的能力发展都优于年龄小的幼儿,而幼儿喜欢模仿,所以不同年龄的幼儿在一起游戏,可以促进幼儿的合作、分享、谦让等社会性行为的发展。能够使年长的和年幼的幼儿都能在跨年龄的情景中整合自己的行为,年幼的幼儿可以在游戏中向年长的幼儿学习游戏的技能、获取安全、寻求保护,同时也会更多地掌握游戏的规则,同伴间的游戏也会进行得越来越顺利。

4. 同伴的性别

幼儿随着年龄的增长,开始形成了性别意识,能够自主从事与性别角色相适宜的游戏活动。幼儿看到同性同伴出现和性别相适宜的游戏行为时就会去模仿,而且注意力会很集中,游戏坚持的时间较长,如男孩儿在"娃娃家"游戏时,如果不能够扮演爸爸的角色,他们宁愿选择扮演娃娃,也拒绝扮演妈妈的角色。因此,不同性别的孩子一起游戏有助于性别角色的互补,是促进幼儿性别角色社会化的一个因素。

(四)大众传媒

1. 印刷媒体

幼儿可以进行直接的娱乐体验,例如:图书、画册等,幼儿可以从中获取各种知识信息,但也使人际交往机会减少。

2. 广播媒体

幼儿通过收听可以从中获取各种知识信息,但约束了幼儿对于书面阅读的动力,减少了幼儿之间人际交往的机会。

3. 电视网络媒体

电视是传播文化、信息的重要工具。在现代的家庭里,电视作为一种必需品而存在,电视节目富于教育性和娱乐性,但是目前电视中有一些节目内容不适合幼儿观看,父母要注意节目内容,内容健康的电视内容适合幼儿身心发展,帮助幼儿增长知识、丰富想象,可以促进幼儿游戏主题和角色扮演的多样化,有助于幼儿游戏的发展;否则将起到消极作用。幼儿会对电视节目进行模仿,如幼儿看完动画片《红猫和蓝兔》,就开始模仿红猫帮助弱小,但有些节目存在某些不良内容,如仇杀、自杀、失恋、暴力、盗窃等。如果父母不加以警惕,孩子会很容易受其影响。父母应及时地利用这些不良内容作为反面教材,引导孩子认识、分辨善与恶、好与坏,使孩子从中受到启发,认识到每一个正直的人应该做什么,不应该做什么。幼儿适当地看电视,对增长孩子的见识是有益无害的。但有不少的孩子整天坐在电视机前,这对他们的成长会造成很大危害。整天看电视,会使孩子感到疲劳。不仅是视力疲劳,大脑也会疲劳。整天看电视,使孩子时时处于被动地接受的状态,就难以体会真实的世界,变得被动和缺少想象力。幼儿看电视的时间太多,会妨碍他们玩耍,对培养孩子的想象、表达、交友、手眼配合等多方面的能力是十分有害的。教育学家认为,电视对发展孩子的感知能力,提高记忆效果是有益的。电视的特色即动作和声音同时刺激感官能吸引幼儿的注意力。同时,还因为动作本身容易感知、记忆,可以提高孩子的兴趣。

(五)教育的课程方案

游戏是幼儿所喜爱的,幼儿乐于游戏,对于游戏有着非常浓厚的兴趣,随着人们对游戏的认识和对课程的研究,越来越多的人强调应该挖掘游戏愉悦功能之外所蕴含的教育功能,因此课程与游戏的关系越来越密切。成人越来越重视游戏的教育的目的性,幼儿在游戏过程中的自主性无法发挥,幼儿的自由游戏和象征游戏越来越少,而操作性游戏以及智力游戏越来越多,但如果成人在课程中更多地交还给幼儿自主的空间,则能调动起幼儿的兴趣,激发幼儿游戏的想象力和创造力,更加有利于幼儿的发展。

三、影响幼儿游戏的个体因素

(一)性别差异

幼儿因性别不同,表现出所喜爱的游戏不同,男孩与女孩在游戏方面的差异主要表现在玩具选择、对游戏活动类型的选择、对游戏主题的选择等方面。

在玩具的选择上,幼儿会受到成人购买玩具的影响,成人在为男孩购买玩具时,会为其选择一些具有男孩特征的,如枪、机器人等,而给女孩则会购买娃娃、过家家的玩具。另外,幼儿在玩具选择上也表现出来一定的性别取向,如男孩更偏爱交通工具玩具、战斗性玩具和结构性材料,女孩更喜欢布娃娃、小动物等玩具。

幼儿的性别差异除了表现在玩具的选择上,还表现在活动类型上,男孩子喜欢运动量较大的、冒险的游戏,女孩子喜欢运动量小的、安静的、坐着进行的游戏。游戏中,女孩较同龄男孩有更强的耐心和角色协作意识。

另外,男孩个人的想象游戏数量和时间多于女孩,而且游戏的主题更富于变化。

(二)年龄差异

不同年龄阶段的幼儿,他们的认知水平、运动能力、语言表达能力和社交能力都不同,因此,也会表现出不同的游戏水平,从感觉运动游戏、象征游戏到规则游戏,从单独的游戏到多人合作的游戏,从内容的单一化到主题的多元化,从形式上的简单化到复杂化,都体现出年龄差异对于幼儿游戏的影响,主要表现为游戏发展的不同水平或层次,但随幼儿年龄的增长,游戏的水平、内容和形式都会不断地发展。

(三)个性差异

不同个性的幼儿在进行游戏时也会表现出明显的个性差异,幼儿游戏兴趣上的差异:想象力丰富、有幽默感、好奇心强烈、性格开朗、好交际的幼儿具有更高的游戏性,表现出爱玩游戏,而且社会性和想象游戏的发展水平较高。而个性保守、做事细致、认真的幼儿在游戏中则会有相反的表现。从游戏过程的角度观察,活泼的幼儿会乐观地解决游戏中出现的问题,而保守的幼儿则是消极等待,所以前者更容易成为游戏的组织者及领导者。在幼儿游戏风格上的差异则表现为好想象的幼儿的游戏着重反映人们的日常生活活动,情境性较强。

(四)健康状况及情绪等其他个体偶然因素

幼儿自身的健康状况及情绪状态,也会对其游戏产生影响。威廉姆斯比较了2.5岁和5.5岁正常幼儿与语言损伤幼儿的象征游戏,结果发现语言损伤幼儿的象征游戏明显比正常幼儿低。迈德斯研究了74名残障幼儿的社会及认知游戏,结果发现残障幼儿并不因年龄、性别、智商或残障程度的不同而呈现不同的游戏行为,但患有智障的幼儿比一般幼儿有更多非游戏行为或单独游戏行为,联合游戏或合作游戏行为的比例较小。约翰森和艾希勒比较了一般幼儿与残障幼儿在玩具的使用及社会与认知游戏上的差异。虽然他们所处的教室环境不同,但结果却极为相似。而幼儿的健康状况也会影响幼儿的情绪,如幼儿身体健康、情绪良好,则会选择活动量较大的游戏,反之则会选择较为安静的游戏。

总之,幼儿游戏受诸多因素的影响与制约,教育应该充分认识到这些因素,为幼儿游戏提供一个良好的物质环境、一个和谐的社会环境,使幼儿充分享受游戏带来的乐趣!

【思考题】

1. 试阐述我国对于幼儿游戏特征的认识。
2. 请分析幼儿游戏发展的一般趋势。
3. 游戏对幼儿发展的价值是什么?
4. 试论述一下影响幼儿游戏的因素有哪些。

第二章
Chapter 2

幼儿园游戏环境与条件的创设

环境是教育的一个组成部分,具有教育的内涵。幼儿园环境创设对幼儿园的游戏及其生成起着至关重要的作用。环境作为一种"隐性课程",在开发幼儿智力、促进幼儿个性方面,起着至关重要的作用。《幼儿园教育指导纲要》(以下简称《纲要》)中明确提出:"环境是重要的教育资源,应通过环境的创设和利用,有效促进幼儿的发展。"所以,幼儿园应该在满足幼儿基本活动需要的前提下,尽可能满足幼儿生活、游戏、学习的多方面需要,让幼儿拥有充分并具有挑战的户内外游戏空间,以达到让幼儿在游戏中自主、自由、健康发展的目标。

第一节 幼儿园游戏环境的概述

一、环境

环境是指个体生活的所有外部条件的总和,它包括自然环境和社会环境。环境因素作为发展心理学的前提,它并不直接决定幼儿的发展,直接决定幼儿发展的是幼儿的活动。幼儿的个性是在活动中形成的,在教育和环境影响下成长起来的个体,当为他们创设一个适应他们发展的环境时,他们就会主动地适应环境,在环境中获得发展。教育家蒙台梭利主张要让幼儿在适宜的环境里从事愉悦的活动,通过有趣的"工作"来塑造自己的精神,才能使幼儿达到"正常化"。环境对人的情绪体验和行为有很大的影响。例如,一个整洁的环境可以抑制乱扔废弃物的行为,而一个脏乱的环境会助长乱扔废弃物的行为。研究表明,环境的安排和组织方式可以影响幼儿的游戏行为。

二、游戏环境

游戏环境是指为幼儿游戏活动所提供的条件,我国幼儿园的游戏环境按空间关系,简单地分为户外和户内。如果要满足幼儿每天户外活动时间不低于2小时的要求,满足幼儿户外奔跑追逐游戏的天性,就必须要认真考虑户外游戏环境的规划,使其尽可能满足幼儿多样性游戏的需要。户内是幼儿主要的活动场所,所以户内环境规划在满足生活和课程需要的同时,一定要考虑幼儿的活动,尤其是游戏的需要,宽敞、明亮、富有变化,玩具、材料丰富,适合各个年龄段幼儿的游戏活动需要。

幼儿园游戏环境对幼儿身心发展具有特别重要的意义,它虽然不能直接决定幼儿的发展,但它可以通过幼儿的活动,对幼儿的发展产生巨大的影响。良好的游戏环境至少具有以下几个特性:

(1)游戏环境必须宽敞,必须有能让幼儿频繁移动和开展规模较大、内容丰富的游戏的可能性。

(2)在个别细小部分,游戏环境又可以是小规模的。

(3)游戏场地一定不能单调无物,应有不陡的坡地、柱子和角落。这些在老式建筑中是很多的,但可悲的是,现代建筑废弃了它们。应有舒适的表面,如毛茸茸的地毯和木地板。

(4)游戏环境应该具有易于变化、调整的空间。幼儿应当能把椅子摆成一排玩火车游戏,能坐在大篮子里和从沙发顶上滑下,或者在桌子下面钻爬。

(5)对户外场地也有同样的要求。宽敞、景观可以变化,有无数的小物件,如石块、植物、蚂蚁;有能够变动的空间,有开展挖洞、造小屋、体育游戏的可能。

(6)只有当优美的环境的主要要求都实现后,布娃娃、小马车和箱子里的游戏用品才能发挥适当的作用,才能进入幼儿的生活。

三、幼儿园游戏环境规划

(一)幼儿园游戏环境规划的意义

1. 有利于满足幼儿与环境的良好互动,满足幼儿爱游戏的天性

幼儿需要游戏,这是其生命意义的展现,也是其机体和心灵发展的需要,幼儿在游戏中成长。无法想象一个不游戏的孩童,也无法想象一个不游戏的童年,游戏和童年、幼儿始终是无法分割的整体。而游戏是需要环境刺激的,丰富的玩具材料、良好的环境设计会直接引发幼儿的游戏活动和探索活动,让幼儿在积极有效的互动活动中得到身体、智能、社会性、情感等方面的和谐发展。良好的游戏环境有利于幼儿与环境互动、与同伴互动、与教师互动,有利于幼儿在互动中获得自主、健康的发展。

2. 有利于教师树立正确的幼儿观和游戏观

《幼儿园工作规程》第二十五条提出:"游戏是对幼儿进行全面发展教育的重要形式。应根据幼儿的年龄特点选择和指导游戏。应因地制宜地为幼儿创设游戏条件(时间、空间、材料)。游戏材料应强调多功能和可变性。"

从观念上，每个幼儿园教师都不会否认游戏对幼儿的重要影响，但在实践中，小学化倾向、剥夺幼儿游戏权利的现象却比比皆是。究其原因，既有教育传统的强大影响力的问题，还有一个外显的影响因素就是幼儿园的环境。在现阶段，很多幼儿园，环境设计简单，户内仅仅适合上课，室外仅仅适合做操，至于幼儿的多样性游戏活动的需要甚少得到考虑，即使教师想要组织幼儿游戏，也只是简单的集体游戏，游戏玩具材料不足更是普遍问题，所有这些都制约了幼儿园游戏活动的开展。所以，游戏环境值得幼儿园认真考虑，并纳入幼儿园整体规划和改善计划中，这对于彻底改变教师教育观念，落实新《纲要》精神，有效地组织实施游戏活动，让游戏在幼儿园教育中占有重要地位，满足幼儿发展需要，实现游戏成为幼儿园孩子的基本活动的目标具有重要意义。

(二)幼儿园游戏环境规划的基本要求

1. 符合安全要求

幼儿的年龄特点决定了其活泼爱动的特点，但是因其器官的稚嫩、动作发育的不完善和危险意识的欠缺，会导致各种意外事故的发生，使其受到伤害。所以，幼儿园游戏环境规划首先要考虑的就是安全问题，尽可能把幼儿游戏过程中可能受到的伤害降低到最低。比如各种游戏器械设备的定期检修；园舍地面的软化处理；玩具材料应选择无毒无害的；避免各种环境和设备材料的尖锐棱角；尽可能扩大活动空间，避免幼儿相互之间的冲突和碰撞等。

2. 吸引幼儿主动参与

游戏环境不应该仅仅是环境美化，更应该注重环境的参与性和互动性，为幼儿提供符合其年龄特点和个体需要的各种环境和材料，让幼儿能在与环境的相互作用中获得发展。比如，环境中投放适合幼儿特点的器械和玩具，或者注重感官刺激和操作性的材料等，都会吸引幼儿的积极参与。

3. 各异的环境开展多样的活动

游戏环境既有利于教师组织各种教育活动和游戏活动，也有利于幼儿自发地开展各种各样的探索活动和游戏活动；既有利于集体游戏活动，也有利于小组和个别游戏活动；既有开放性游戏空间，也有半开放和相对封闭的游戏空间，满足幼儿的个体需要。因此，游戏环境的规划应该综合考虑幼儿的活动需要和课程开展的需要，尤其是幼儿多样性游戏玩耍的需要。幼儿不仅需要大肢体运动游戏，也需要社会性交往游戏、表演游戏、感官游戏、益智游戏和建构游戏等，所以，游戏环境无论是户内还是户外都应该尽可能丰富多样，并富有变化。

4. 空间密度适宜

很多研究表明空间密度会影响幼儿的游戏和游戏中的交往行为，因为空间密度减少，就意味着增加幼儿之间的冲突和攻击性行为，反之则有利于幼儿大运动型游戏的开展。

我国的幼儿园,户内人均活动空间不少于 2 米^2,户外人均活动空间不少于 4 米^2。目前很多幼儿园班额大、户内面积小的问题非常突出,师幼比例严重超出《幼儿园工作规程》的规定,如不少大班有四五十名幼儿,这不仅造成教师负担过重、保教质量下降、幼儿活动空间受限、幼儿发展难以保证等一系列问题,而且也会带来很多安全隐患,更会影响幼儿游戏的开展。对户外活动空间不足,可以通过班级轮流开展户外活动来进行;对户内活动空间不足,可以通过改变布置、多采用分组活动等方式来进行。

5. 玩具材料丰富

对于幼儿来讲,玩具和材料是最有诱惑力的东西,能满足其好奇、爱玩、探索的心理需求。所以,无论是户内还是户外游戏环境,都应该尽可能提供充足的玩具和材料,并不断随幼儿的发展进行调整和补充。一般来讲,户外游戏以运动类和探索类游戏为主,所以应该多投放此类玩具和材料,而户内游戏以社会交往、认知、操作类游戏为主,所以玩具和材料的投放与户外不同。幼儿年龄不同,对于玩具和材料的要求也不一样,投放时应具有针对性。例如,1~3岁幼儿特别喜欢练习分类、装配能力的玩具;3~5 岁幼儿对益智类玩具感兴趣,常接触运输类玩具、棋类、电子玩具、配字游戏、较大的室外玩具,如运动设施、两轮自行车等。

总之,好的游戏环境,应该是符合幼儿特点的、最能满足幼儿需要的,并能引发幼儿发展的,美国得克萨斯大学教授弗罗斯特提出了关于游戏场的 10 条评价标准,这个标准可供我们在设计和评价游戏环境时作为参考,见表 2.1。

表 2.1　美国得克萨斯大学教授弗罗斯特提出的关于游戏场的 10 条评价标准

1. 鼓励幼儿游戏	吸引人的、容易接近
	开放的空间和令人放松的环境
	从户内到户外通行无阻
	有适合不同年龄的设备和设施
2. 刺激幼儿感官	在比例、亮度、质地和色彩上的变化和对比
	多功能的设备
	给幼儿多种体验
3. 激发幼儿的好奇心	可以让幼儿自己加以变化的设备
	可以让幼儿进行实验和建构的材料
	植物和动物
4. 满足幼儿基本的社会和身体方面的需要	给予幼儿舒适感
	设备和器械的尺寸适合幼儿的身材
	具有体能上的挑战

续表2.1

5. 促进幼儿和环境之间的互动	能为幼儿的玩具提供一定规范的、摆放整齐的储藏室
	可供幼儿阅读、玩拼图或独处的半封闭的空间
6. 支持幼儿与其他幼儿的交往	各种不同的空间
	足够大的空间以避免冲突的发生
	能促进幼儿社会性交往的设备和设施
7. 支持幼儿与成人的交往	易于保养和维护的设备设施
	足够大的和使用方便的储藏室
	方便教师观察监督的空间结构
	可供幼儿和成人休息的空间
8. 丰富认知类型的幼儿游戏	功能性的、体能性的、大肌肉运动的、活动性的
	建构性的、创造性的
	扮演角色的、假装的、象征性的
	有组织的、规则性的游戏
9. 丰富社会性类型的幼儿游戏	独自的、独处的、沉思性的
	平行的、肩并肩的
	合作性的相互关系
10. 促进幼儿的社会性和认知发展	提供渐进的挑战性
	整合户内和户外的活动
	成人参与幼儿的游戏
	定期的成人和幼儿共同参与制订计划
	游戏环境具有动态性,处于不断的变化之中

第二节 幼儿园户外游戏环境的创设

幼儿园户外游戏是幼儿生活中不可或缺的重要内容,是幼儿最重要的游戏体验之一。对于幼儿来说,户外总是充满了诱惑和刺激,因为户外活动空间广阔,意味着更多的自由和快乐。我国明确规定,幼儿每天户外活动时间不能低于2小时,寄宿制幼儿园不能低于3小时。因此,幼儿园应该认真而科学地规划户外游戏场地,使其更好地促进幼儿健康发展。

一、幼儿园户外游戏环境的教育价值

户外游戏环境是构成幼儿园课程发展体系所必需的组成部分,是一个扩大了的活动中心,是一种教育的、发展的以及身心放松的环境。将良好的户外游戏环境引入到幼儿的教育活动中,具有以下几方面作用。

(一)促进幼儿多方面的发展

幼儿的发展是与周围环境主动、积极地相互作用的结果。户外环境向幼儿展示了丰富、具体、形象、生动的认识内容,大大激发了幼儿的探索和认识兴趣。幼儿可以积极地与环境相互作用,充分地使用各种自然资源和人造资源,主动地获取有益于身心健康发展的丰富经验。此外,户外各种各样的活动能够使幼儿发挥出最大的学习积极性,对于幼儿的好奇心、发散思维以及想象力和创造力的培养,对于幼儿的认知、语言、情感态度等方面的发展,都具有很大的影响力。

(二)提供幼儿与大自然亲密接触的机会

幼儿与大自然有一种天生的亲近感,没有人能够像幼儿那样会对自然界的一草一木都感到新奇,也没有人能够像幼儿那样怀着真实的情感和大自然对话。户外环境能满足幼儿对大自然的向往,使幼儿完全感受到大自然的美景,获得一种全新的感觉。幼儿在室外,会把自己从成人的期望与自己的不确定中解放出来。此时,他们较少受到限制约束,能够自由地进行活动,以自己独特的方式接触自然、认识世界,独立自主地去解决问题。这不仅增强了幼儿熟悉和控制环境的自信心,同时陶冶了幼儿的情操,培养了幼儿的美感,加深了幼儿对大自然、对生活的热爱之情。可见,户外环境大大拓展了幼儿的视野,为幼儿的发展提供了更广阔的空间。

(三)促进教师与幼儿间的有效互动

过去有许多教师认为,户外活动时间就是毫无组织的自由活动时间,是教师们坐在一起互相闲聊或休息的时间。其实,户外活动对于教师来说,是一个在无组织的社会互动中观察幼儿的时间,是一个分享幼儿对自然界的认识与体验的时间,是一个以积极有意义的方式与幼儿互动的时间,是一个鼓励幼儿深入探索、支持幼儿大胆表达的时间,是一个引导、促进幼儿身心进一步发展的时间。户外环境为教师真正成为幼儿学习与发展的支持者、合作者和促进者提供了条件。

(四)促进幼儿与同伴间的交往

有些时候,幼儿不愿意和别人合作,但当他们在户外时,却常常主动去找寻同伴。户外环境鼓励并支持着幼儿的合作游戏、协力工作。户外环境所提供的开放空间,吸引着幼儿互相观察、互相模仿、彼此交流经验、分享情感。在这样一个合作性的氛围中,幼儿学习和锻炼了各种社交技能和社会行为,发展了适宜的情感、态度、自制力和问题解决能力。户外环境充分地为幼儿的各种互动提供了便利条件,成为互动的保障而不是障碍。

二、幼儿园户外游戏环境的特点

(一)亲切、自然

户外环境相对于户内环境而言,最突出的特点就是其自然性。在户外游戏,幼儿可以充分享受阳光、空气、水这些自然元素,和大自然进行最亲密的接触,孩子们在树林间穿梭、在草坪上翻滚,观察蝴蝶纷飞、蜜蜂采蜜、蜻蜓点水,这些都是大自然给予幼儿的财富,带给幼儿无限乐趣。

(二)开放、童趣

孩子去户外玩耍,意味着没有太多的羁绊和束缚,孩子们可以追逐奔跑,可以充分放松舒展四肢,还可以玩大中小型各类玩具,如滑梯、秋千这样的大中型玩具,轮胎、沙包、球这样的小型玩具。在户外,幼儿可以大声喊叫,开怀大笑,这些都使户外活动对幼儿充满了吸引力。

(三)创新、挑战

户外的游戏运动设施,对孩子来说充满了挑战,滑滑梯时那种飞速而下的感觉,过绳索桥时那种摇摇晃晃的感觉,钻过黑洞洞的小山洞的恐惧夹杂着成就,对孩子都充满了挑战。在户外游戏时,孩子们还会搞出一些不一样的玩法,比如孩子们会倒着滑滑梯,或者把身体躺平了滑下去;在玩荡秋千时,不是轻轻地荡,而是幅度很大,还可以创新玩法,有的两人一起荡,一个坐在秋千上,一个站在秋千上;还有的干脆两人都站在秋千上,面对面站,分别用力。这些都增加游戏的挑战性,使游戏带给自己更大快乐。

(四)丰富、多变

相对户内环境而言,户外环境充满了变化,主要是因为自然界四季的变化。春天小草变绿了,小树发芽了,还会掉下像毛毛虫一样的东西,孩子们拿着杨树的穗儿互相比较;夏天鲜花都开了,叶子长得好浓密,孩子们坐在树荫下玩游戏;秋天叶子变黄了,果实也成熟了;冬天皑皑白雪覆盖着活动场地,孩子们打雪仗、堆雪人,孩子们在户外感受到了四季的变化。

三、幼儿园户外游戏环境的布局及设置

(一)幼儿园户外游戏环境的布局

幼儿园户外游戏环境的规划中,首先要根据本园户外场地的大小、幼儿园的经济条件以及幼儿园环境教育目标,认真规划出各种区域活动的内容、所在场地、占地面积等,做到整体

把握、合理布局。具体可以将幼儿园户外游戏环境划分为以下九大功能区,以满足不同层次幼儿的需要。

1. 大型组合运动玩具区

这是一般学前教育机构中的主要放置户外大型玩具的地方,它的地面由草、沙、塑胶等柔软材料铺设而成。这种大型玩具区由滑梯、木质平台、攀登架、网状绳梯等构成,相互之间有连接,比如通过网状绳梯进入,到木质平台,到攀登架,再到滑梯,各个部分不是分割开的,是连在一起的。孩子在玩大型玩具的时候,反复练习着攀登、平衡、走、跑、跳、爬等动作,促进了身体的发展和肢体的协调性。

2. 集体活动区

集体活动区主要为幼儿提供集体做操、集体体育活动、各种体育游戏的场地。该区的地面平整宽敞,地面上可以用点、花朵等做出记号,便于幼儿集体活动时整队和锻炼时列队及变化队形。

3. 运动器械区

这个区域可以在集体运动场上,也可以单独在一个或几个区域,放置一些跷跷板、单独的小滑梯、绳索软爬梯、秋千、沙包、球类,以及一些感统类的零散的运动设施。这些设施由塑料制成,比较轻薄,方便搬移,所以即使在集体运动场地也无碍,在做操时搬移就可以。幼儿园应充分利用场地,如果孩子比较多,集体游戏场地无法满足孩子的游戏需要,就多开辟几处区域,软化处理后放置一些运动设施。

4. 玩沙区

沙是对幼儿进行感官刺激的主要方式。幼儿通过玩沙,运用多种多样的工具和器皿(如铲子、筛子、挖锄、小桶、动物外形的容器等)去练习铲、舀、挖、装、塑模、雕刻、堆、叠等动作技能。幼儿园的玩沙区一般在墙边或者树荫下,居于活动场地的边缘地带。有的幼儿园是沙坑或者沙地,与地面持平;有的是直接购买的沙箱,考虑到干净卫生,沙箱一般都带盖儿或者有遮盖物。

5. 玩水区

一般幼儿园应该有一个戏水池,供幼儿戏水玩耍。在南方主要以戏水为主,而在北方应当考虑一个开放的玩雪区。有的幼儿园将幼儿的戏水玩耍与观赏结合起来,将幼儿园的戏水池变成了小池塘,幼儿可以在池边玩水,水里养着小鱼、小乌龟、蝌蚪、荷花等动植物,桥上有绳索小桥,孩子们晃晃悠悠地在桥上走。玩水区可以与玩沙区紧邻,既方便幼儿玩沙后洗手,还可以为沙地供水,保持沙地的潮湿。

6. 攀爬区

孩子喜欢攀爬,尤其是中大班幼儿,所以应该为幼儿设计专门的攀爬区域。比如利用一面墙体,设计成凹凸不平的造型,比如《恐龙乐园》《海底世界》等,既美观又可以让孩子抓着向上攀登,进行锻炼。有的幼儿园将攀爬区设置在集体运动场边,或者沙池上面,因为集体运动场的地面进行了软化,将攀爬区设置在这里,防止孩子摔伤。

7. 自然区

户外游戏场地应有一个包括树木和各种植物的绿地或自然角,幼儿在户外游玩时能体验到自然的美丽和四季更替时植物的变化,感悟自然界的神奇魅力,满足幼儿亲近自然或独处的需要。这绿色的世界成为幼儿最初的知识源泉,最好的生活课堂。

8. 跑道和车道

跑道可以是平坦的,也可以是有一定坡度的,可以供幼儿在户外游戏时奔跑,感知不同道路需要的速度和力度的差异。车道可以是和跑道合二为一的,也可以是专门的,因为车道要求的坡度可能比跑道小。

9. 休闲区

幼儿园户外游戏场地有许多闲置的空间,如操场(含风雨操场)、长廊、树荫、花棚等,放置有自然装饰而成的桌子、凳子等,它们虽然没有特定的功能,但它们是必不可少的。因为它们可以满足幼儿不同的需要,如长廊下的石板可以是他们玩"娃娃家"的"桌子、床、椅子"等,也可以是他们玩手工时的操作台,还可以是他们户外看书、闲聊或独处的好地方。

(二)幼儿园户外游戏场地的设置

1. 人数与面积

户外游戏区域的多少和面积的大小,应根据幼儿园户外游戏场地的大小以及幼儿的人数适当安排,场地较小的幼儿园可以分时间段活动。区域的设置应当考虑各个区域之间活动性质的合理配合,既要有活动量大的区域,也要有活动量较小的区域。

阿西莫瑞等提出了一个游戏场地规划与人数的指标:

30人以下的幼儿园,每人大约要有14米^{2}的游戏空间;

30人以上的幼儿园,每人要有9米^{2}的游戏空间。

2. 符号与标志

由于户外活动噪音大,动作范围大,一般说来,各个区域应当具有明显的标志和确定的活动范围。标志一般是符合区域特点的图文,如"我勇敢""不挤不推""看谁投得远""我们跳得高"等文字符号,也可以是各种体育动态标志图。而且各个区域之间应当保持一定的距离,以使区域的分布更加明显,减少互相干扰。同时也便于幼儿选择游戏活动,便于幼儿在更换户外游戏时作适当的身体调整。户外游戏场地的设置一旦确定,在短时间内应当保持相对的稳定性。

3. 玩具和材料

(1)适合幼儿户外活动和游戏的需要。如在地面上设计各种不同的格子、点子;提供高低宽窄不一、形状各异、可拼插的平衡木等。还可以考虑幼儿的实际年龄、能力及兴趣的差异,钻爬的障碍物也可以是有高有矮的;单杠、滑梯、秋千等也可以是有高有低的;攀岩可以是有易有难的。

(2)数量充足,种类多样。在户外游戏材料的选择上,一般幼儿园都有球、绳、圈等运动器械,教师还可以投放拉力器、协调板、沙包、小高跷等器械。还可以根据幼儿好动、好打闹的特点,用布为幼儿制作三节棍、集合图形飞盘、彩球、钻爬筒等玩具。

(3)有利于幼儿在活动中保持一定秩序。材料的投放要注意投放的场所、摆放的方式。有的器械可以分类放在箱子、篮子、篓子里,有的器械可以分类放在墙上。总之,教师可以与幼儿共同协商,哪些材料器械应放在哪些地方更加安全、更加方便、更加科学。

(4)及时调整,便于取放。幼儿在预设好的户外游戏环境中自主地选择材料开展活动。但幼儿的兴趣是在变化的,新的兴趣随着活动的展开而不断产生,如果环境构成后被固定保持不变,幼儿就无法开展自主活动,因此教师要在游戏中发现幼儿新的兴奋点和兴趣点,及时调整材料,满足幼儿不断发展的需要。

四、创设幼儿园户外游戏环境应注意的问题

(1)事先考虑幼儿和空间的比例,每个游戏区要有大小不同的空间,让幼儿自由想象的开放式空间和外形;地面表层要有标示区域的范围和界线;还要有户外水龙头和对应的下水道;能够供幼儿奔跑、攀爬、滑行、爬行、跳跃等活动的场地。在规划时应注意小心保存此场地原有的自然风貌,如树、小溪流、台阶等。

(2)游戏器具放置入场地之前,可先将永久性固定的器具安放好。如沙池、围栏、戏水池、自行车道、小石头路、场坪等,还应该事先适当建立些阴凉的遮阳处以及人造的建筑物,如储藏室等。

(3)提供可广泛使用的器具,安排布置器具的位置,应考虑以下因素:
①提供区域以整合跨越两个以上的游戏器具。
②提供充足多样的器具,以便使幼儿自然地投入每一种形态的游戏。
③布置安排零散器材和结构物,以整合跨越两个以上结构物产生的游戏形态。
④安排空间,以便允许幼儿在区域内、在区域间、在出口点和入口点移动、运动。

五、社区自然环境的有效利用

幼儿户外游戏活动的开展离不开适宜的活动场所和多样化的器械设施,《纲要》告诉我们:幼儿教育资源无处不在,以多种途径、多种方式开发与利用丰富的资源,才能促进幼儿全面发展。教师和家长应该确立这种教育意识,有效利用周围的自然环境和社区环境。

社区环境主要包括自然资源和社区设施两部分,它为幼儿提供了广阔、自由的活动场所和空间,有利于各种运动技能的发展,增强幼儿体质。同时,也为幼儿创造了亲近自然、接触社会的机会,促进幼儿的交往能力和良好个性品质的形成。

（一）社区游戏活动是其他游戏活动的延伸和补充

社区游戏活动相对在学校、家庭中开展的活动而言,它为幼儿提供了更广阔的活动空间,更自然的活动氛围,更完善的活动设施,发挥着学校和家庭所不能达到的作用。社区游戏活动的形式是多样的,可以是同伴间的活动,也可以是亲子间的活动。它是其他各类游戏活动空间、时间和形式上的延伸与结合,让幼儿的游戏体验更加丰富。

（二）社区环境促进幼儿对游戏环境的适应能力

社区的自然环境使幼儿能真正接触大自然,呼吸新鲜空气,感受充足的光照,并随意自由地活动身体,让幼儿在自然环境中既体验到游戏的乐趣,又能增强自身体质,也能提高对气候及环境的适应能力。

（三）社区游戏环境能促进幼儿社会交往能力的发展

社区是个开放、综合的大家庭。参加社区游戏活动的幼儿来自不同文化背景的家庭,他们的年龄、发展水平、性格等都有差异。在游戏中,他们尝试互相合作、交流体会、分享获得中的快乐,得到了更多与他人交往的机会,有助于社会交往能力的发展。

第三节　幼儿园户内游戏环境的创设

无论在家里还是幼儿园,幼儿一日活动的大部分时间是在户内度过,所以,户内环境规划尤其重要。现阶段幼儿园户内环境大多以区域形式呈现,适宜的区域环境规划,有利于幼儿按照自己的能力和兴趣,自主地选择区域、玩具和伙伴,主动进行游戏活动、探索活动和交往活动;也有利于教师更好地观察幼儿,更好地组织班级活动,促进师幼良好的互动。

一、区域活动与游戏的关系

现阶段幼儿园户内游戏环境规划,基本以区域即各种区角活动的形式呈现。幼儿的区域游戏活动,既包括幼儿的游戏活动,也包括学习活动,是幼儿在"有准备的环境"中进行的具有

自主选择性的活动,是能够满足幼儿个别需要的、促进幼儿个性化发展的活动形式。

判断幼儿在区域的活动是否是在进行游戏活动,需要认真观察幼儿的现场表现,综合考虑幼儿已有经验和区域材料操作的难度、趣味性以及是否有教师布置的任务等因素。

同一个区域,同样的操作材料可能会引发幼儿不同的活动,例如,超市里的果汁饮料瓶有很多,明明喜欢一个一个认识上面的价格标签,欢欢却喜欢一个一个整齐地码放,妍妍喜欢和小朋友吆喝叫卖……他们操作的是同样的材料,但活动性质却不一样。即使是同一个幼儿,在不同的时间、不同的情境下操作同样的材料,可能是游戏,也可能不是游戏。例如,一名小班幼儿在操作区练习用勺子喂小动物吃饭,如果他仅仅是在重复同样的动作,那就是动作练习,也可称之为工作或者学习;如果他一边做动作,一边说着"吃吧,小宝贝,可香呢!""吃得饱饱的,快快长高啊!""你不吃,我就不和你玩了!"……可以说,这个时候幼儿的活动就是典型的游戏。

所以,区域活动不等于游戏活动,但是区域活动中很多活动属于游戏,幼儿的户内游戏有很多发生在区域中,如果区域设置合理、材料投放丰富、氛围宽松、时间相对自由、幼儿有选择的权利,我们就可以看到幼儿在区域中生动多样的、富有创造性的游戏行为。

二、幼儿园户内游戏环境创设的一般要求

(一)给游戏区环境以清晰的边界和路线标注

将户内游戏活动区域之间的过道清晰、明确地划分出来使其大小适宜,给幼儿以视觉清晰的过道,能促进幼儿投入适当的活动。波洛维研究表明,各活动区之间清楚的边界和路线有助于幼儿集中自己的游戏,并保护他们互动的空间。使游戏区角之间有机联系起来,最有利于维持和延续游戏活动。

反之,如果幼儿活动区划分得不清晰、不明确,幼儿就难以辨别活动的明确界线,就会产生较多的破坏性行为。因此,可以利用家具、分隔物将空间分隔开来,也可以在活动室里画出清楚的线路。

(二)规划通道和空置空间

有效的环境规划需具备充足的空置空间和通道,这些空间及通道应该让幼儿容易辨认,并能使他们在空间里往来无阻。一个明确的通道是宽敞的、延伸的,而且能轻易地辨认出来。明确的通道能引导幼儿在教室的各区域间走动,并且不会让游戏设备侵占了通道,使幼儿在沿途分心。

空置的空间和被覆盖空间的分布情况,是评估活动空间的一个重要指标。根据经验,房间或庭院的二分之一到三分之一的表面不应该被覆盖,以增进空间的效能。人数较多的幼儿团体需要较大的空置空间。教室的总空间和一次可容纳的幼儿人数有关。因此,分出不同功

效的空间,在幼儿游戏时是非常重要的。

(三)划分不同的游戏区

游戏中由于幼儿反映的经验是不同的,有些是反映动态的人际社会,将无形的人际交往通过言行表现出来;有些是反映静态的物质世界,将有形的东西用无形的材料反映出来。这两类经验的反映是不同的,因此,在设置游戏环境时,要把功能、性质相同的主题放在一起,才能有利于促进游戏情节的发展,减少幼儿在经验方面的冲突。

幼儿在游戏中的区域可以分为相对安静的区域(如阅读区、绘画区等)和相对喧闹的区域(如娃娃家、表演区等)。安静的区域为幼儿提供单独游戏或与一两个幼儿一起游戏的独处空间;而喧闹的区域则为幼儿提供激发其产生社会性交往的、互动的小组游戏的空间。

将有冲突的区域分开,以避免幼儿在游戏中发生不必要的矛盾。如绘画区、手工区、阅读区、结构区等是比较安静的区域,应放在一起;而娃娃家、医院、自选商场等是相对喧闹的区域,幼儿的流动性较大,应把它们放置在一起,并留出较大的空间,以供幼儿相互交往。

沃尔林总结了户内游戏不同区域划分的方法:

(1)如果希望降低跑及粗野的游戏,可用分隔物或家具把开放的空间阻隔起来。
(2)在活动室内画出清楚的线路。
(3)将有冲突的角落分开,如吵闹的和安静的;将互补的角落,如娃娃家、积木角放在一起。
(4)运用分隔物及家具将不同的游戏角落清楚地画出范围。

幼儿一天中有长达8~10小时的时间都要和同伴在一起,为他们提供能满足各种需要的空间就显得格外重要。

(四)扩大空间利用率

我国幼儿在园人数多,活动室的空间比较狭小,因此幼儿园应因地制宜安排游戏的活动场所,有效扩大空间利用率尤为重要。首先,可以在活动室利用各个角落设立各种游戏角,如角色游戏区、结构游戏区、智力游戏区等。其次,可以对活动室的设备加以改造,如日托园的卧室利用率低,每日仅供幼儿午睡3小时,幼儿园可以把幼儿午睡的床改建成活动床(折叠式、抽屉式、壁挂式)以空出卧室,改成幼儿园的大型游戏活动室,让幼儿轮流开展游戏活动。最后,充分利用走廊、过道,将吃饭的餐桌加以折叠或以小书桌的方式放置,既可以吃饭也可以游戏,提高户内空间的利用率。

(五)给幼儿留出自由支配的空间

幼儿是游戏的主人,教师为幼儿在游戏中设置的场地,不可能完全符合或满足所有幼儿的需要,为了保证幼儿有充分游戏的权利和可能,要给幼儿留出一定的自由支配的空间和材料,设置一定的区域作为备用区,供幼儿选用。

三、幼儿园户内各类游戏区域环境的规划

1. 生活游戏区

幼儿的生活、卫生、安全等知识行为的获得、自理能力的提高、良好生活习惯的形成,都必须通过自身的实践活动实现。幼儿生活区域的创设为幼儿学会生活、掌握基础的生活习惯创设了一个自主的平台,通过各种各样的操作活动,让他们主动、愉快地学习。

(1)巧手角:这个区域重点培养幼儿的动手能力、生活自理能力。教师可以根据本班幼儿的情况及年龄特点投入适当的材料。如小班提供穿衣服、穿袜子、扣纽扣等;中班提供系鞋带、编辫子、打蝴蝶结、绕毛线等;大班可以继续沿用,也可渗透一些民间艺术活动,如剪纸、刺绣、编麦秆等。

(2)小小工具箱:由于家庭因素和工具本身具有危险性的影响,幼儿对一些家用工具,如瓶起子、榔头、钳子、镊子等,并不是非常了解,但也并不代表他们对此没兴趣,相反,幼儿对这些工具相当感兴趣。教师可以先投放一些塑料工具,指导幼儿认识,然后师幼一起探索工具的使用方法,在掌握正确使用方法的同时还要学会自我保护,不让这些工具对自己造成伤害。

(3)标志角:在我们的生活中,会出现很多标志,而这些标志对我们的生活起着很重要的作用,让幼儿了解这些标志的意义是相当重要和必要的。我们可以投放一些常见的标志。一类是环保标志,如节约用水、禁止吸烟等;另一类是生活常见标志,如超市、银行等。幼儿认识了这些标志以后,可以让他们进行绘画、加工制作,然后张贴在教室里,还可拿回家中向家长宣传环保知识,幼儿通过认识,增强环保意识和对标志的理解力。

(4)回收站:生活中会不断产生一些废旧物品,如何将这些物品有效利用起来,是当今一项重要课题。这个区域环境的建设对幼儿从小建立这样的环保意识有很大的帮助。可以动员幼儿将家中的废弃物品拿到幼儿园来,放在"回收站"里,教师再投放一些辅助工具,如剪刀、胶棒、透明胶等,让幼儿充分发挥想象力,自己动手制作,最终实现"变废为宝"。这样既形成了幼儿的环保意识,又发挥了幼儿的想象力,还可以把制作好的东西用于教学或游戏中。

(5)我家的厨房:教师可以把活动室的一角布置成小小厨房的情境,分类摆放各种厨房用具和材料,如小刀、菜板、微波炉、榨汁机等,让幼儿在这个虚拟的厨房中,学会用具的正确使用方法,并提高自我服务的技能。同时这也升华了幼儿热爱生活的积极情感。

2. 社会游戏区

社会游戏是一种幼儿自愿、自主、创造性的活动过程,幼儿是主宰游戏的主体。幼儿玩什么、怎么玩、用什么来玩都可以由幼儿自主选择安排。此区域的创设是根据幼儿所生活的环境内容,以自主游戏的方式模仿社会生活中的情景,即幼儿对游戏主题的确立、游戏角色的选择、游戏情节的发展等活动,学会如何与同伴合作与友好相处,体验幼儿群体合作的快乐,接

受自己的独特性和优缺点,学会认识社会和成人的劳动。

社会游戏区的设置包括:娃娃家、超市、医院、电信局、食品店(糕点铺、小吃店、烧烤店、水果店等)、饮品铺、花店、理发店、影楼、服装店、百货店、银行等。这些都对幼儿自我意识的良好发展、合群情感的发展、社会化和个性化起到积极的作用。

3. 语言游戏区

幼儿的言语是通过由词所组成的句子表达出来的,其言语发展趋势,是可以从幼儿所说的词汇种类及句子结构类型与句子长度看出来的。该区域的创设的目的是为幼儿提供了具体的语言素材和实践环境,从而激发幼儿说话和阅读的积极性、主动性。

(1)视听角:幼儿园根据条件投放计算机、电视机、录音机、DVD、MP3等视听设备,幼儿从视听中体验各种情感,增进想象力;还可以播放自然界的音响以及动物的叫声;或播放马路上、工地上、厨房里的声音;各种乐器发出的特有声音……只要幼儿感兴趣的声音,教师都可以让幼儿聆听,以培养幼儿聆听的兴趣和习惯,提高对声音的敏感性。

(2)发音角:刚入园的幼儿,由于发音器官相对不成熟,发音不清的现象屡见不鲜。在发音角可以让幼儿学会专注的倾听,区别地方口音与普通话的不同发音,模仿标准普通话发音,幼儿在倾听、欣赏、模仿中学会正确地发音。如开设模仿发音、小小播音员、电话厅、巧用录音机等区域。

(3)图书阅读角:图书角一般设置在一个光线充足的地方,并配有适合幼儿取放图书的书架以及供幼儿阅读的小桌椅。可以摆放各种大小、厚薄、质地的图书,如软纸、硬纸、布书等。大量的图书会让幼儿感受美丽的画面,体会文字的意义,发现语言的魅力,进行创造性的讲述。除了提供图书之外,还可以为幼儿提供多元的语言资料,各种不同形式的书面资料,如报纸、杂志、图片、表单、标示、海报、月历、卡片、书信等,让幼儿沉浸在丰富的语言环境中。

图书要定期补充更换,便于幼儿自由选择。幼儿通过阅读,不仅能接触教学以外的文学作品,而且扩大了眼界。教师还可以乘机启发和鼓励他们相互谈论图书中的角色和情节,以发展幼儿的口语表达能力。

(4)悄悄话角:这是一个相对隐蔽的区角,一般可以制成一个小房子的形状,内部投放一些毛绒玩具。此区的设置为性格内向的幼儿创设宽松的言语表达环境,对于一些内向的幼儿,他们会情不自禁地开口说话,他们可以在悄悄话角里对着玩具轻轻述说。教师也可以进入区域,和幼儿促膝交谈,让他们愿意与人交谈。

(5)拼图讲述角:教师适时适量地投放若干图片,根据幼儿发展水平,可以是主题图片,也可以是系列图片。幼儿可以观察、分析、排列、讲述图片的发生、经过和结果,排出具有逻辑顺序的图片。这种活动有效地促进幼儿连贯语言的发展。

(6)故事表演角:教师可以和幼儿一起根据故事角色、情节制作相关的道具,也可投放各种人物、动物的头饰、木偶、指偶等,让幼儿进行装扮与假想游戏,表演故事、电视情节,从而体验多彩人生,尽情用语言表达自己的愿望和情趣。在故事表演角里,幼儿还可以进行创造性讲述,可以运用操作材料学讲故事,可以改编和续编故事,可以将儿歌改编成故事,提高幼儿改编、续编、创编的能力。

(7)制作图书角:为幼儿提供装订好的空白小册子、废弃画报、剪刀、胶棒等,让幼儿自己剪贴制作新的故事图书,请幼儿自己编故事、画图书,给制作好的图书起名字、编上号,放在图书角里,邀请其他幼儿来借阅。

4. 情绪游戏区

情绪游戏区设置的目的是让幼儿懂得发泄,有地方发泄,并能够自发地、自然而然地将自己的心理感受与问题充分表现出来,最终认识自己,学会控制自己。

(1)心情墙(心情角):墙上有"表情牌",上面画有"高兴、不高兴、一般"等不同表情图,幼儿来园时,可将自己的照片插入相应的表情栏里,教师可以通过心情墙及时了解幼儿的情绪,进行安慰、疏导。

(2)发泄角:为幼儿准备沙袋、海绵玩具、废报纸、涂鸦墙等发泄工具,当幼儿心情不好时,允许他们在发泄角里宣泄自己的情绪,释放心情。

(3)私密角:设置在相对安静、人员往来少的地方,在这里可以做自己喜欢的事情,不用怕别人发现。除了不安全的事,教师不干涉。

(4)聊天吧:在这里,幼儿可以和同伴尽情聊天,想说什么就说什么,放松心情,调节情绪。

5. 数学游戏区

数学游戏区的设置既要符合幼儿学习的特点,又要弥补集体教学活动中的不足。教师可以根据不同年龄班、不同内容,为幼儿准备不同层次的材料,供不同水平幼儿探索。

(1)棋类角:如环保类——植树棋、垃圾回收站棋;交通类——飞行棋、交通规则器;知识类——拼图棋、蛛网棋;传统类——五子棋、八阵图、华容道等。在游戏中,培养幼儿的合作能力、计算能力、量或形的辨别能力,较适合中、大班幼儿。

(2)迷宫角:设计形象可爱、情节吸引人的迷宫图,将数学的要求布置在路途的各个转弯点上。如从有双数的路走,幼儿每次走到岔路口就要思考两个圆点和三棵树哪个是双数,可将点子、实物和数字都蕴涵在图中。根据不同年龄班的不同要求设计成难度不等的迷宫图。

(3)数学操作角:创设接龙、按标志选物、找规则、找朋友、扑克游戏、钓大鱼、有趣的钟等游戏。这几类游戏意在培养幼儿较好的合作精神。

(4)拼拼摆摆:提供大小、颜色不同的几何图形或安全的自然物(贝壳、纽扣等)、操作底板,让幼儿有顺序、有规律地排序。这些材料可反复使用。

(5)自选商场:各种商品都贴有1~10元不等的价格签,幼儿先到"银行"领取一定现金,面值 1~10 元,通过买卖活动复习数的组成和加减。

6. 科学游戏区

为幼儿准备充足、安全,能激发幼儿进行科学探索活动的材料、工具,为幼儿布置好环境。

(1)种植角(自然角):通过幼儿力所能及的播种、管理和收获的环节,了解植物生长的过程,获得种植的经验,知道植物与人类、自然的关系。

(2)饲养角:主要包括小动物的照料和喂养。饲养的小动物应是易养、温驯的,还应注意安全与卫生。

(3)科学制作角:根据简单科学原理自制玩具。培养幼儿动手能力,激发幼儿对科学的兴趣和好奇心。

(4)物候观测:主要观测本地动植物和气象变化的规律以及各种自然现象出现的日期,并做好记录。

(5)实验角:让幼儿在教师的指导下做简单的小实验,从而获得对自然物体的某种特性和现象的认识。

7. 建构游戏区

这是一个便于幼儿移动、建造、分类、创造、展现作品的场所,便于个别幼儿、小组活动的空间。

积木是一种历史悠久的建构玩具,同时还可提供小汽车、卡车、火车等各种交通工具模型,让幼儿自由选择,尽情游戏。

8. 美术游戏区

为幼儿提供多种美术活动的材料和不同类型的活动空间,以满足幼儿的兴趣、个性等各方面发展的需要。

(1)作品欣赏角:提供绘画、雕塑、工艺美术、建筑、幼儿美术、自然景物等作品,让幼儿欣赏和感受,培养审美情感和评价能力。

(2)意愿绘画角:提供多种绘画工具材料,让幼儿自由选择纸、笔,运用线条、形状、色彩、构图等艺术形式语言创造自己喜爱的艺术形象。

(3)手工活动角:运用点、线、面、块状等材料,运用贴、撕、剪、折、塑等手段制作不同形象的物体形象,培养幼儿审美创造力和动手能力。

9. 表演游戏区

请幼儿根据熟悉的童话故事、儿歌和诗歌,加之自己的理解,将人物的形象、故事情节,按一定顺序创造性地表演出来。可设置故事表演区、哑剧表演区、木偶剧表演区、歌舞表演区、分角色阅读表演区、围裙剧表演区等。

四、我国幼儿园户内游戏环境创设存在的问题及对策

(一)目前我国幼儿园户内游戏环境创设中存在的问题

就目前我国幼儿园户内游戏环境创设的情况看,无论是在具体的教育实践还是教育观念中都存在着一些问题。从表面上来看,幼儿园户内游戏环境布置普遍存在着"四少一多"的现象,即操作材料少,自主选择少,自由交往少,环境互动少,纪律约束多。也有研究提出了类似的"四少四多"的问题,即教师设想多,幼儿参与少;相对独立多,与幼儿兴趣结合少;过分强调装饰性的多,可供操作探索的少;固定的多,变化的少。专家认为这些问题从其实质来看反映了创设者在教育目标与观念方面的偏差。具体存在的问题有:

1. 空间低密度成为安全隐患

空间密度是指游戏环境中可供每个幼儿使用的空间大小。研究表明,空间密度会影响幼儿的游戏和游戏中的交往行为,密度减少,就意味着拥挤度增加,相应地必然会减少幼儿的大动作活动,并有可能增加幼儿相互之间的冲突和攻击性行为。

我国很多幼儿园班额大、户内面积小的问题非常突出,师幼比例严重超出《幼儿园工作规程》的规定,如不少大班有四五十名幼儿,这不仅造成教师负担过重、保教质量下降、幼儿活动空间受限、幼儿发展难以保证等一系列问题,而且也会带来很多安全隐患。

2. 环境设置不标准

环境创设重装饰、轻实用。环境创设追求的是教师和家长视野中的"丰富、美和童趣",而没有深入探究其背后的对于幼儿的教育价值和意义、对幼儿发展可能产生的教育影响。

教师没有结合主题教学有目的、有计划和循序渐进地投放和利用材料,教学用具的使用率不高,目标性不强,区域里的教具大多都成了应付参观与检查的摆设,很少与孩子发生真正的互动。有的幼儿园户内虽然划分了不同的活动区,却近乎摆设,平时几乎不让幼儿进去玩耍。有的幼儿园的区域一个学期几乎没有变化,缺乏层次递进性,缺乏挑战性,很难满足幼儿不断发展的需要。

户内游戏环境创设中未能正确利用废旧物品,对废旧物品利用少,而对成品材料利用比较多。装饰材料常用的有吹塑纸、KT板、画纸、卡纸、包装纸等。这些材料在墙面上都是大面积、大范围的使用,一些常见的废旧纸盒只是作为点缀。这种装饰性的"因废旧而利用"已经偏离了"因利用而选择废旧"的要求,从而错失了培养孩子从小养成环保、节约意识的教育良机。

3. 玩具材料单一贫乏

不同的幼儿园,不同的班级,应该有不同的空间设计,幼儿年龄不同,对于空间大小、空间

布置、玩具和材料的要求应该有所区别。但在现阶段很多幼儿园,户内游戏空间设计极为单调,有的幼儿园甚至仅有桌椅板凳和书包,最多还有几筐建构玩具,没有符合幼儿特点和需要的创意设计。教师出于自己工作方便的目的,对户内游戏环境区域的设置、物品的摆放等具有较大的随意性。

这一问题的出现既有观念上对游戏的忽视,也有经济上的制约,现阶段我国很多幼儿园的户内玩具和材料严重不足,甚至有些农村幼儿园几乎没有玩具,仅有书本和作业纸。有的虽有玩具,但类型单一,仅有建构类积木、插塑玩具和拼图类玩具。还有些幼儿园玩具投放后几乎很少有改变,没有随幼儿的发展和兴趣的转移随时补充玩具。也有一些幼儿园动员家长和老师们共同制作了一些玩具,这是很好的做法,但是其中很多玩具仅仅好看却不经玩,幼儿玩不了几次就会坏掉,这也导致老师们不舍得让幼儿玩,不能发挥其应有的价值。

4. 内容缺乏整合性

户内游戏环境布置内容不系统主要是指户内游戏环境内容的组织和呈现缺乏系统的内在联系,未能突出一定的教育及游戏意图。有些班级户内游戏环境布置明显地呈现出了"责任田式"的特征,即依据不同的游戏主题对户内空间进行"责任田式"的、界线分明的划分,各个区域与主体环境之间缺乏系统、整合的联系,不仅各个区域的游戏目标不明显,而且整个环境创设的主题目标不突出。

5. 材料投放随意

教师们对于上课一般比较重视,会通过教研活动共同备课,也会通过观摩、比赛等活动提高自己的教学水平,对于教具的选择也比较慎重,但对于游戏就往往会忽略。一方面表现在一日活动中游戏时间不够、游戏内容的选择和指导不够科学,还表现在玩具和材料投放的随意性上。

很多老师都知道应该为幼儿投放玩具和游戏材料,但在什么班级、什么时候应该投放什么玩具,如何随幼儿发展做出调整,什么样的玩具材料可以促进幼儿认知发展,什么样的玩具材料能促进幼儿情绪情感的发展,什么样的玩具材料能促进幼儿的社会性交往等一系列问题上的认识却很模糊。一般幼儿园为班级配备什么玩具就让幼儿玩什么,或者能找到什么材料就投放什么材料。至于这玩具材料是否适合本班幼儿、是否能够吸引幼儿、是否具有操作性和挑战性、是否能引发幼儿的主动活动等,很少得到老师的认真思考,起码老师们没有像准备教具那样严肃认真地对待玩具材料的准备和投放。

6. 区域界限不合理

目前很多幼儿园户内的区域界限很模糊,有的幼儿园仅在边墙上悬挂几个玩具或者在桌上投放几样操作物品就算区域,区域之间几乎没有界限。也有的幼儿园怕孩子弄乱区域物品,给整理带来麻烦,所以一概不允许幼儿把区域的东西带出本区,这样一来,区域之间的交往活动就被禁止，幼儿的游戏交往活动也因此而受限。

7. 教师观念存在偏差

第一，教师混淆了"孩子参与"和"师生共同合作"的区别。幼儿园户内游戏环境创设从主题的确定到具体的布置，几乎都由教师一手包办，教师既是设计者、指挥者、策划者，也是组织者、实施者，而极少发动和利用集体的智慧与力量共同完成。即使有时候幼儿参与了环境布置，环境规划还是以"教师为主，幼儿为辅；教师设计，幼儿点缀"。形式上以孩子为主，但在实施中却是在老师的引导下，借助孩子的手来实现教师的意图，因此即使孩子们有所参与，也只是一种局部、被动和表面的参与。

第二，教师混淆了"家长参与"和"家园合作"的区别。目前家长参与幼儿园环境创设越来越普遍，如在特定节日让家长自带各种装饰物装点教室以渲染节日气氛，或者有的班级在布置活动室时把家长请到班级中一起布置。但通常家长的参与只是有限参与，许多家长并不真正明白环境布置的确切教育意图和设想，家长的想法和意见也就不可能体现其中。

第三，教师混淆了幼儿园环境的"杂乱"和"丰富"，"空洞"及"有序"之间的区别。很多教师在进行班级游戏环境设置时，把所有与孩子有关或孩子喜爱的物品都堆砌在墙上或各个区域里，以此来显示环境的"丰富性"，而忽视了其实用性和美观性。另外一个极端是有的班级却意外地"整洁"，工工整整、方方正正，户内各区域没有相对独立的空间，站在门口就可以把户内的环境布置"一览无遗"。这样"整洁"的环境也会使幼儿失去探询和创造的兴趣。

（二）创设幼儿园户内游戏环境的有效策略

生态学家巴克在大量实证研究的基础上指出，人总是通过调节自己的行为来适应环境，而环境为人的行为方式提供了线索，但还应提出，人不仅能适应环境，而且可以改变环境，创造有利于自身发展的环境，而良好的环境又会给人以积极的影响，如此形成人和环境之间不断提升的作用。物质环境建设的意义不仅因为它是影响幼儿发展的条件，更是因为环境建设的过程中，通过幼儿的积极参与而产生的互动效应。

1. 创设丰富、开放的物质环境

创设丰富、开放的物质环境也是幼儿有效地进行同伴交往、主动学习能力培养的非常重要的条件。要创造性地为幼儿提供丰富的、具有层次的、可供幼儿根据自己的能力和需要进行选择的材料和游戏环境。

区域活动中的环境创设。区域活动是幼儿自选的，带有小组活动性质的活动形式。在区域活动中，会发现幼儿的交往能力能够淋漓尽致地表现出来。因此，教师应该在班级中开设内容丰富的区域活动，并同幼儿一道投放适当的活动材料供活动时使用、探究和创造。

2. 创设互动、共享的教育环境

环境的游戏性和互动性体现在幼儿园的所有设施都应是可实际利用的，都是以幼儿的发

展为目标的。因此,环境内的所有设施应合理安排,经常向幼儿开放,使有限的资源得到最大限度的利用。充分利用每个班级的游戏环境资源,经常性地开展同伴之间、师幼之间、家园之间、班与班之间、级组之间的开放性活动,有助于实现一定程度的资源共享。如开展相同的主题活动时,平行班之间进行环境设置时可以各有侧重、各有特色,然后每天安排一定的时间向孩子开放。孩子们则可以自由选择、相互参观,这样既可以避免资源的重复和浪费,又可以加强孩子与同龄小朋友之间的交流与分享,扩大与游戏环境互动的范围,使孩子从广泛的资源中获得更多的成长。

3. 引导幼儿参与创设游戏环境

幼儿是环境的主人,应该让他们按照自己的意愿和想法来设计创设幼儿园的物质环境。幼儿园环境首先是幼儿的环境,是幼儿可以参与创设、有发言权的环境。

环境中蕴含了丰富的课程目标,教师应是为幼儿发展而创设游戏环境。因此,要想让孩子学会自主创造,教师首先要放手,最大限度地把与教育目标相符的价值与经验转化为幼儿的需要,这是幼儿主动参与的基本前提,也只有这样才能让孩子参与到环境设计与制作的全过程中来,使幼儿体验到设计与制作的快乐,享受到成功的喜悦。

教师、幼儿、家长在共同收集材料的基础上,共同产生活动主题,并合作进行布置,借助不同的材料,运用不同的方法,充分表达自己的所思、所想、所知,使孩子们在与教师、同伴、家长以及环境的有效互动中不断地发现问题和寻找答案,实现在环境创设的过程中进行探究性学习、获得个人成长的最终目的。

户内游戏环境创设这一过程是教师与幼儿合作,幼儿能以小主人的身份亲自参与的教育过程。仅仅由教师单方面策划、忙碌、布置好之后,对幼儿说"请进"的做法只会在无形中扼杀幼儿的主动性和参与精神。教师在创设环境的过程中,如果采纳和吸收幼儿的意见、建议并邀请幼儿参与环境创设,不仅能给幼儿提供参与活动的机会,满足幼儿自我表现的欲望,而且能发展他们动手操作的能力。

4. 运用多种因素创设游戏环境

充分利用空间、时间进行环境创设。教师可以根据幼儿园的环境特点,将物质环境分为:大环境、小环境、平面环境、空间环境、长期环境及时限环境等,逐步分别地创设。

根据季节的变换、节日的不同来创设户内游戏环境,丰富幼儿的经验储备。

充分利用各种废旧材料进行创设。这不仅能够体现勤俭办学的良好风尚,而且不同质量的材料制作的效果也不同。

5. 为幼儿提供自主、创设与分享的环境空间

不同年龄段的幼儿受其身心发展条件的制约,参与环境布置的方式也是不一样的,因此,教师要为不同年龄幼儿创设自主选择和活动的区域环境,并给予恰当的引导。

如小班的孩子由于知识能力与生活经验方面的欠缺,尚不能充分表达自己的意愿,在环境创设中往往处于被动地位。为此,教师可以让每个孩子在户内安全、卫生的墙面上自由选择一个地方作为表达自我感受的空间,自选材料加以装饰。孩子们可以根据主题的深入和发展,以及自身知识经验的积累不断地增添、自由地变换内容。这样做既可以提高孩子对环境的兴趣与关注度,又可以强化其自主和分享的意识。

6. 有效调整游戏环境,促进幼儿全面发展

幼儿对事物的认识,是通过他自身的感知和活动来形成的,所以物质环境的建设为幼儿通过主动活动获得知识经验提高能力创造了条件,同时,幼儿的活动表现又为物质环境的再建设提供了依据。

在幼儿园班级创设的丰富多彩的区角活动的环境中,幼儿主动活动得到了最充分的体现。孩子们可以自由地选择老师为他们准备的各种材料,通过自发的学习或游戏来获取知识经验,不同能力层次的幼儿都可以通过自己的活动,选择、调整适合自己的学习内容,按照自己的意愿探索、尝试,做自己能力范围内的事情,使自己的能力水平得到了最充分的发挥。而老师根据幼儿的活动情况,及时调整活动环境,使环境能真正有效地促进幼儿的发展。

7. 支持、启发、引导幼儿与环境互动

在幼儿参与物质环境的整个过程中体现了师生互动,人与环境的互动,这样的环境建设便是有更高层次、更深刻内涵的教育作用。不仅在物质形态上更为生动、丰富,更充满童趣,而且升华为一种更高级的精神形态,即形成幼儿良好的精神环境。让幼儿参与物质环境建设,能使物质环境更符合幼儿年龄特点和身心发展规律,更能激发他们对游戏环境的兴趣与注意,满足了他们的心理需要,从而使环境与幼儿、老师与幼儿、幼儿与幼儿之间产生互动作用,形成幼儿和谐的生活空间,从而对幼儿的知识、情感、意志、行为起潜移默化的作用,促进幼儿的健康发展。

在指导幼儿进行探索和游戏活动时,我们要转变以往检查者的角色,关注他们所关注的问题,和他们一同寻找和解答众多的"为什么",了解他们的兴趣和需要,正确判断他们现有的发展水平,这样做才能发挥环境游戏的价值功能。

8. 营造师幼互动的精神环境

首先应建立师生互动型游戏环境。教师应热爱幼儿、尊重并了解幼儿,创造良好的游戏气氛,调动幼儿的活动积极性;其次应建立同伴互动式游戏环境,教师参与建立良好的幼儿群体,建立良好的人际交往与人际关系。

将收集材料和创设环境的过程作为幼儿的学习过程。要给幼儿自主选择和使用材料的权利。给幼儿出错的权利,并找出错误背后的真正原因。支持、启发和引导幼儿与环境相互作用。无论是师生共同准备和创设的环境材料,还是教师根据教育目标和内容提供的环境材料,我们都应积极支持和鼓励幼儿进行探究和操作活动。

幼儿园的户内游戏环境创设是一项复杂的系统工程。要搞好幼儿园的户内游戏环境创设,就必须以"创设不断与幼儿相互作用的环境和材料"的教育理念为出发点,对幼儿的身心发展特点进行全面透彻的了解,充分认识环境材料可能蕴含的教育价值,并用科学的方法引导幼儿和环境材料相互作用,促进幼儿体、智、德、美全面发展,使幼儿园环境创设在幼儿游戏活动中起到一个至关重要的作用。最重要的是能使幼儿在通过与环境材料的互动中,培养其主动学习的能力,探究问题、解决问题的能力,同伴之间的交往能力等。创造创造性的环境,造就创造性的孩子,愿我们以惊人的探索和研究热情、无私的爱和奉献精神,努力使每一块墙面、每一件材料都能与幼儿互动,与幼儿"对话",使孩子们从小学会生活、学会学习、学会创造。这就要求我们幼儿教师根据幼儿的发展特点进行有目的、有计划的实施,为幼儿提供一个有助于游戏、发展的良好环境,让幼儿玩在其中,乐在其中。

第四节 幼儿园游戏的玩具和材料

游戏离不开玩具,它与幼儿的游戏浑然一体,有人说玩具是幼儿的"教科书",这在某种程度上说明了玩具材料影响幼儿的发展。在幼儿园,幼儿用来游戏的材料,既有现成的,如积木、小汽车、皮球、拼图等,也有各种自然物、废旧物品等,如纸盒、饮料瓶、沙、土、水等,所有这些都可以称之为游戏材料。

一、玩具和材料在幼儿游戏中的作用

(一)玩具能刺激幼儿游戏的动机

陈鹤琴先生曾说过:小孩子玩,很少空着手玩,必须有许多东西来帮助,才能满足玩的欲望。对于幼儿来说,玩固然重要,玩具更为重要。这充分说明玩具是游戏的物质基础,没有玩具,游戏就无法进行。幼儿在缺少玩具的情境下,很难将已有的经验调动出来,因为幼儿的思维具体、形象,他们往往受当前事物的影响来做出相应行动,玩具形象具体、生动,正好满足了这一要求,给幼儿以刺激,使其产生联想,将生活中的经验迁移至游戏中,刺激幼儿再度体验其已有的经验。玩具数量的多少也会激发幼儿玩不同的游戏。当我们给幼儿提供不同的游戏材料时,他们会以自己的经验和能力玩出不同的游戏情节。而当缺乏玩具时,幼儿常常出现争抢玩具及无所事事等行为。

(二)玩具能提高幼儿游戏的水平

玩具影响着游戏的内容、情节,支持着游戏的进程。玩具具有多元化的目标,使幼儿可能以不同的方式来游戏,使游戏内容得以丰富;幼儿在游戏中可以不断变换主题、内容,使玩具的多元化目标不断转化,以协助幼儿发展他的能力倾向与兴趣,促进游戏情节的延伸。

幼儿在游戏中,是以玩具作为中介去与周围的人和事物发生互动的,幼儿通过玩具与同伴发生关系,在游戏中表现为以玩具作为某种媒介物,去与同伴交流。如,提着"菜篮子"去"菜场"买菜,以玩具作为某种象征物,假想某种情节。以玩具作为一种中介,在幼儿游戏过程中促进了游戏水平的提高。

（三）玩具能促进幼儿能力的发展

幼儿的发展具有个体差异,有些幼儿可能发展停滞不前,而有的则在某方面发展滞后,表现出在能力上不如别人的现象。游戏允许幼儿以自己的能力去反映现实,允许不同游戏类型的存在,而玩具则为幼儿提供练习某种能力的机会。在游戏中可以发现,有的幼儿在一段时间内,总是选择一种游戏,玩某一类玩具,而对其他一切都不感兴趣,这不是兴趣单一的表现,而正是某种玩具为幼儿提供了机会,当他具备了这种能力后,幼儿就会主动选择其他的游戏和玩具。幼儿正是通过操作、摆弄玩具,学习、尝试、体验着外界事物,玩具促进幼儿能力的发展。

二、幼儿园玩具和游戏材料的配置

由教育部颁发的《幼儿园玩教具配备目录》的通知及附件指导性文件,规定了幼儿园玩教具的具体内容有以下九类:

（一）体育类

体育类主要包括户内外大型活动器械和幼儿活动用的器材,共配备23种体育器材,能够满足幼儿园大、中、小班的体育教学任务。可供幼儿练习走、跑、跳、跃、钻、爬、攀登、投掷和平衡。

（二）构造类

构造类主要包括堆积、接、插、拼、搭、穿、编等造型玩具共6种。

（三）角色、表演类

角色、表演类主要包括扮演各种角色、模仿动作等器具共5种。可供幼儿在游戏中学习、模仿各种事物,发展语言能力,增加幼儿间的感情交流,进行行为规范的教育。

（四）科学启蒙类（包括科学和数形内容）

提供幼儿掌握空间、时间、形体,10以内加减法运算,逻辑思维能力训练等教玩具共29种。

（五）音乐类

每班必备钢琴或手风琴一台供教师组织集体教学使用。幼儿使用的打击乐器:铃鼓、锣、钹、鼓、木琴、沙锤、双响筒、哇鸣筒、木鱼、响板、串铃、碰钟、三角铁,除了按目录准备以上 13 种,可外加:手摇铃、铝板琴、腕铃、脚铃。每种乐器配备的件数是按能够完成一支打击乐而配备的。

(六)美工类

美工类主要包括幼儿的剪、贴、粘、撕、折、捏、画等用具共 7 种。

(七)图书、挂图与卡片类

图书、挂图与卡片类主要是保证幼儿园完成教育任务的辅助教材,如幼儿读物、教学挂图、各种卡片等共 3 种。

(八)电教类

电教类包括电化教育的软件、硬件。根据各类幼儿园的经济条件配备最基本的电化教学设备,如电视机、录音机、幻灯机、投影仪、投影片、录像机、录像带共 7 种。

(九)劳动工具类

主要是让幼儿自己动手进行种植、观察、饲养等活动,从小培养爱劳动的好习惯,配备喷壶、小桶、幼儿铁锹、小铲子、小锤子、幼儿工作台等 6 种工具。

文件明确指出,要研制"安全卫生、坚固耐用、玩教合一的玩教具,供幼儿园选用"。要求各地应结合当地的条件,量力而行,有计划、分期分批地达到配备要求。幼儿园要有一定种类和数量的玩具,在配备玩具时,必须对玩具加以选择,才能达到促进幼儿全面发展的目的。

三、选择幼儿玩具及游戏材料的原则

(一)教育性原则

教育性的玩具应该引发幼儿的好奇心,使其增加经验,能引发幼儿的创造性活动,而不是将现成的结果告诉幼儿、为了降低难度而限制了创造力或游戏活动结果的玩具。教育性的玩具应有利于幼儿身心健康发展,有利于活动身体、启发想象、训练幼儿各种能力和练习技能,其造型、色彩富有审美的意向,装饰美观而富有趣味性,能深深吸引幼儿,并能引发幼儿的快乐情绪。

(二)可操作性原则

给幼儿的玩具应该是活动的、可操作的。如果给幼儿已装备好的电动火车或其他玩具,幼儿只能看其运动,而他的大部分参与游戏的机会被剥夺了。不同年龄的幼儿在选择玩具的过程中,都喜欢活动的、可操作的、实用的玩具。如一套只有文件夹大小的小型组合家具,它

由冰箱、洗碗池、煤气炉等厨房家具组合而成,柜子的抽屉只有火柴盒大小,我们以为幼儿不会喜欢,结果却有80%以上的幼儿首选这套玩具,并在要求的时间内玩。我们发现,因为这套组合家具与别的玩具的不同在于,所有的门、柜、抽屉都是活动的,里面装的东西也都是可以拿出来并摆弄的。

(三)经济性原则

价格昂贵的玩具不一定是好的玩具。越简单的玩具越有价值,因为它没有固定的功能和形状,可以让幼儿依自己的操作去发现、创造,可以一物多用,使玩具千变万化。因此,利用自然物及废旧物品加工成幼儿的玩具,可以充分发挥玩具的可玩性,弥补因价格高而影响购买力的不足。

(四)安全原则

提供给幼儿的玩具,要十分慎重,稍不注意就会发生意外。对于木制的、金属制的及塑胶制的玩具,要检查材料的坚固程度,必须是不会破裂且边、角均已磨圆,表面光滑无棱角、无木渣铁刺、没有钉子的,不会拉伤、割伤幼儿;玩具的零配件应结实,特别是绒布玩具,要检查纽扣制的眼睛和耳朵是否容易脱落,避免幼儿将其误入食管、气管或塞进耳孔鼻孔;玩具的材料及颜色应无毒,特别是用口吹的气球、哨子、喇叭、口琴等。由于玩具材料性质的不同,附着在玩具上的细菌数量也不一样,经卫生部门测查,刚消毒的玩具,其菌数为0,玩24小时后,检测发现:塑料玩具菌数为35,木质玩具菌数为59,布玩具菌数为89,皮毛质玩具菌数为2 348。由此可见,皮毛质玩具都不易消毒且带菌数高,不应给幼儿玩耍。另外,马达或发条装在外面的玩具也不宜给幼儿玩,不可玩爆竹、药品、挥发性物质、电视、电线等。

(五)需求原则

不同年龄的幼儿对玩具的需求是不同的。通过观察我们发现:小班幼儿所选的玩具与具体的生活经验紧密结合,对玩具的形式、色彩要求较高,依据形状选择玩具,见什么选什么、好模仿、无计划,面对新玩具不知所措,因此给小班幼儿应准备促进其发展的、种类相同但数量稍多的主题玩具,以及简单的智力玩具。小班幼儿所选玩具数量在6件左右,最多不超过10件。中班幼儿选择玩具的范围扩大,能依据玩具本身的性能来选择,边玩边选,需要时再去选;数量比小班有所增加。因此,中班幼儿对玩具的种类要求较广泛,喜欢各种主题玩具,多样化的体育玩具及具有一定难度的智力玩具。大班幼儿能根据游戏需要、按游戏情节发展有目的地选择能代表事物特征、反映细节特征的玩具,对各类玩具都有浓厚兴趣,且在体力和智力上要求较高。因此,为大班幼儿应选择各种玩具材料,如多样化、复杂化的体育玩具和具有一定难度的智力玩具。

四、幼儿园玩具材料的管理与使用

(一)幼儿园玩具材料的管理

每学期在班级原有固定资产登记的基础上,拟定计划,有专人购置,将物品统一发放到每个班级,对一些消耗品,也规定使用时间。幼儿园开展特色教育,对特色班需要的东西,是由教师根据需要自己添购,并将购回的物品进行登记。

除了购买的玩具外,教师自制的玩教具非常多,材料大多是不同类型的纸,如卡纸、泡沫纸、即时贴等,当幼儿升班后,教师将原有的东西移交给相应的班级,真正做到资源共享。管理人员定期将班级使用的教学具、自制学具卡片,进行归类保管,教师随时领用。教师根据班级幼儿学习的需求,与同年级的其他班级进行相互调换教学具,做到一物多用,充分发挥玩教具的作用。

(二)幼儿园玩具材料的开发与使用

1. 开发

在我国,各地差异较大,特别是城乡之间,由于经济条件和文化资源的不同,为幼儿园环境创设提供的材料也不同。充分利用自然环境和社区的教育资源,扩展幼儿生活和学习的空间是幼儿园玩具材料开发的基本原则。充分开发和利用它们,既能使它们成为实现高质量幼儿教育所需要的物质条件和人力条件,也可以促进广大教师建立人尽其能,物尽其用的朴素资源观和价值观。

另外,引导幼儿自制玩具,加强对玩具的开发研究,也是幼儿园环境创设的一个重要方面。我们可以专门设置一个幼儿自制玩具区域,在此投入由教师和幼儿共同收集的自然物和废旧材料,让幼儿自由选择,根据游戏的需要制作玩具。

2. 使用

人手一份:凡是参与活动的幼儿必须每人拥有一份操作材料。

数量适宜:数量过多会分散幼儿的注意力,适宜的材料才能保持幼儿活动的兴趣。

逐渐出现:教师不能一下子全部抛给幼儿,而是根据材料操作的难易程度逐渐投放。

先看后玩:当幼儿接触新玩具材料时,要养成幼儿先看后玩的习惯,避免失去对玩具材料的探索欲望和兴趣。

自己取放:小班开始,教师就要注意培养幼儿自己取放玩具的好习惯,逐渐让幼儿学会管理区域中的玩具材料。

幼儿园教具配备见表2.2。

表2.2 幼儿园教具配备目录[1]

编号	名称	规格	单位	参考价格/元	配备教具			学前班	备注
					一类 园大中小	二类 园大中小	三类 园大中小		
一、体育类									
W101	攀登架	限高2米	架	600	1	1	1	1	
W102	爬网	高1.6米,斜网式	架	500	1	1	1	1	
W103	滑梯	高1.8或2米与地夹角34°~35°,缓冲部分高0.25米,长0.45米	架	600	2	1	1	1	
W104	荡船或荡桥	2米×1.7米×1.6米	架	500	1	☆	☆		
W105	秋千	高1.9米	架	300	2	1	1	1	
W106	平衡	长2米,宽0.15~0.2米	对	180	2	1	1		
W107	压板	中间支柱高0.4~0.5米,长2~2.5米距两端0.3米处高把手,缓冲器高0.2米	个	200	1	1			
W108	体操垫	长2米,宽1米,厚0.1米	块	150	4	4	2		
W109	小三轮车		辆	40	8	☆			
W110	小推车		辆	30	4	2			
W111	平衡器		个	15	8	4	4	2	

---

[1] 本目录由国家教委教学仪器研究所编制。

续表2.2

编号	名称	规格	单位	参考价格/元	配备教具 一类 园大中小	配备教具 二类 园大中小	配备教具 三类 园大中小	学前班	备注
W112	高跷	高0.08米,直径约0.1米	副	2	(大)10 (中)5	(大)10 (中)5	(大)5 (中)5	6	1
W113	投掷靶		个	20	4	2	2		
W114	拉力玩具		个	3	8	8	2		
W115	钻圈或拱形门	直径0.5~0.6米	副	16	4	2	2		
W116	球拍		副	4	4	☆			
W117	球	直径0.1~0.2米	个	4	40 40 40	20 20 20	20 20 20	10	
W118	沙包	质量100~150克 直径0.06~0.07米	个	1	10 10	10 10	10 10	10	
W119	绳	长、短	根	4	长4 短20	长4 短20	长4 短20	长1 短10	
W120	体操器械(任选一种)	彩旗、彩圈、彩棒、哑铃	个	3	36×2	36×2	36×2	40	
W121	跳床		个	2 000	1	☆			
W122	滚筒	高1.2米,宽1.8米	个	400	1	1			
W123	钻筒	钻爬式,高0.7米,宽0.8米	个	130	1	☆			

二、构造类

编号	名称	规格	单位	参考价格/元	一类 园大中小	二类 园大中小	三类 园大中小	学前班	备注
W201	大型积木		套	1 000	2	1			
W202	中型积木		套	200	2 2 2	2 2 2	2		
W203	小型积木		套	40	12 12 12	12 12 12	12 12 12	8	
W204	接插构造玩具	各种片、块、管、粒等	套	20	60 40 20	40 40 20	20 20 20	20	
W205	螺旋玩具		件	15	6 6	4 4	2 2		
W206	穿编玩具	串珠、穿线、绣花板等	套	50	14	12	5		

续表2.2

编号	名称	规格	单位	参考价格/元	配备教具							备注
					一类			二类			三类			学前班	
					园	大中	小	园	大中	小	园	大中	小		

三、角色、表演游戏器具

编号	名称	规格	单位	参考价格/元	一类园	一类大中	一类小	二类园	二类大中	二类小	三类园	三类大中	三类小	学前班	备注
W301	角色游戏玩具	医院、交通、商店、工厂、邮局、家庭等自选	套	100	8	8	6	8	8	6	6	6	4		
W302	桌面表演游戏玩具		件	10	8	8	8	4	4	4	4	4	4	2	
W303	木偶	指偶、袋偶	套	4		2			1			1			
W304	头饰		套	30		4			2			1			
W305	模型	人物、车辆、动植物等	套	50		4			2			1		1	

四、科学启蒙玩具

W401	小风车		个	3	8	12		6	10						
W402	陀螺		个	1		8	4		4	2					
W403	万花筒		个	3	2	2	2	2	2	2	☆				
W404	放大镜		个	5	4	4	4	4	4	4	2	2	4		
W405	寒暑表		个	1	2	2	2	2	2	2	2	2	2		
W406	地球仪		个	20	1			☆						1	
W407	磁铁块		块	0.40	30	30	30	30	30	30	30	30	30	20	
W408	沙水箱（池）		个	200	2	2	2	2	2	2	1			1	
W409	沙水玩具配件		套	50	2	2	2	2	2	2	1			1	
W410	磁性玩具		套	100	1			1							
W411	弹跳玩具		套	40	1			1							
W412	滑动或滑轮玩具		套	30	1			1							
W413	计算器	教师演示用	个	10	1	1		1	1		1	1			

续表2.2

编号	名称	规格	单位	参考价格/元	配备教具			备注
					一类 园大中小	二类 园大中小	三类 园大中小	学前班
W414	幼儿计算器		个	4	10 10	8 8	6 6	10	
W415	小型计数材料	100个一盒	盒	15	若干	若干	☆		
W416	几何图形片		盒	8	10 10 4	6 6	4 2	20	
W417	图形投放盒		个	10	2 6	2 4	2 4		
W418	图形戳		套	5	8 8 4	6 6	4 2 2		
W419	数形接龙		盒	8	10 6	8 4	6 2		
W420	巧板	三巧、五巧、七巧	套	2	40（七巧）	30	10	40（七巧）	
W421	图形钉板	0.22×0.22	块	3	10 6	8 4		10	
W422	套式玩具	套人、套塔、套筒、套碗	套	10	4 4	4 4	4 4		
W423	钟面		个	10	2大36小	1	1	1	
W424	简易认知器		套	20	4	4		2	
W425	幼儿棋		套	15	10 4	10 4	10 4	4	
W426	幼儿牌		套	15	10 4	10 4	10 4	4	
W427	天平	吊斗式、挂斗式、托盘	个	15	2 2 2	2 2	3	1	
W428	拼图或图形镶嵌		盒	10	40	40		4	
W429	量杯		套	30	☆	☆			
五、音乐类									
W501	风琴	或与手风琴任选一种	架	400	2 2 2	2 2 2	1 1 1	1	
W502	儿童木琴	或与钢琴任选一种	架	100	1	☆			

续表2.2

编号	名称	规格	单位	参考价格/元	配备教具			学前班	备注
					一类 园大中小	二类 园大中小	三类 园大中小		
W503	鼓		个	40	4	2	1		
W504	锣		个	15	1	1			
W505	钹		个	10	6	4	2		
W506	木鱼		个	5	8	4	2		
W507	三角铁		个	6	4	4	2		
W508	碰钟		对	8	4	4	2		
W509	沙锤		对	20	6	4	2		
W510	哇鸣筒		个	5	4	2	2		
W511	双响筒		个	10	6	4	2		
W512	串铃		个	6	8	4	2		
W513	响板		付	2	10	10	10		
W514	铃鼓		个	12	10	10	10		
W515	钢琴		架	4 500	1	☆			
六、美工类									
W601	小剪刀	安全剪刀	把	2	70 70	70 70	70 70	40	
W602	泥工板		块	1	70 70 70	70 70 70	40	40	
W603	调色盘		个	1	40	40			
W604	彩色水笔、油画棒、蜡笔		套	4	70 70 70	70 70 70	100	40	任选一种
W605	美术面泥		袋	5	100	80	60		
W606	小画板		块	3	☆				
W607	小画架		个	20	☆				
七、图书、挂图和卡片									
W701	幼儿读物		册		人均3册以上	人均2册以上	人均1册以上	人均2册	
W702	教育挂图		套	35	10	10	10	4	

续表2.2

编号	名称	规格	单位	参考价格/元	配备教具 一类 园 大 中 小	二类 园 大 中 小	三类 园 大 中 小	学前班	备注
W703	各种卡片			5	16 16 16	12 12 12	8 8 8	10	
八、电教类									
W801	电视机		台	2 000	1	☆	☆		
W802	收录机		台	400	2 2 2	3	3		
W803	幻灯机		台	200	1	1	1		
W804	投影仪		台	600	1	1	☆		
W805	投影片		套	40	1	1	☆		
W806	录像机		台	2 500	☆				
W807	录像带	系列	盘	20	☆				
九、劳动工具类									
W901	喷壶		把	5	2 2 2	2 2 2	2 2 2	1	
W902	小桶		个	5	8 6 6	6 4 4	4 4 2	4	
W903	儿童铁锹		把	6	40	20	10		
W904	小铲子		把	5	40	20			
W905	小锤子		把	5	2 2 2	2 2 2	2 2 2 2		
W906	幼儿工作台附工具		套	200	1	☆			

【思考题】

1. 幼儿园游戏环境规划的基本要求是什么?
2. 幼儿园户外游戏环境的特点是什么?
3. 简述我国幼儿园户内游戏环境创设存在的问题及对策。
4. 创设幼儿园户外游戏环境应注意哪些问题?
5. 选择幼儿玩具及游戏材料应遵循哪些原则?

Chapter 3 第三章

幼儿园游戏的组织、指导及评价

幼儿园游戏活动的组织和开展，离不开成人的帮助和支持。幼儿园各部门及教师要为幼儿做好游戏开展的各项组织工作，确保幼儿游戏的顺利开展。

第一节 幼儿园游戏的组织

幼儿游戏作为对幼儿进行全面发展教育的重要形式，和幼儿园的其他活动一样都应被教育者纳入有目的、有计划的教育影响过程中。没有教师对幼儿游戏实施的组织，单纯具备游戏环境与条件，并不能保证游戏教育价值和教育任务的实现。幼儿游戏教育实施的组织是真正将游戏纳入有目的的教育过程的体现。

幼儿游戏教育实施的组织从形式上包括自选游戏（常指创造性游戏）的组织和教学游戏（常指有规则游戏）的组织，在内容上包括提供和安排充足的时间、建立合理的游戏常规、拟定游戏实施的具体计划以及游戏实施的家园联系等几方面。

一、幼儿园游戏的组织形式

在幼儿教育的实践中，作为实施幼儿教育的游戏有两种表现，一是作为游戏本身的游戏活动，二是作为正规集体教学手段的游戏，所以，幼儿园游戏实施的组织也有两种形式：

（一）自选游戏的组织形式

自选游戏的组织形式注重让幼儿自由地开展游戏活动，充分发挥游戏的自主性特点，激发幼儿内在的活动动机，产生积极体验，通过轻松愉快的活动过程，促进其身心得到发展，实现游戏本身的发展价值。所以这种组织形式的游戏也称作目的性游戏或本体性游戏。

自选游戏的组织强调幼儿在游戏中的自由自主，在活动组织方式上主要以个别形式、小组形式来进行。以自选游戏的组织形式实施的游戏，在类型上主要是创造性游戏，即角色游戏、结构游戏、表演游戏等。幼儿在自选游戏中更适合也更倾向于选择那些能充分发挥自主性、创造性的游戏。

(二)教学游戏的组织形式

以教学方式来组织幼儿的游戏,是教学游戏的组织形式。这种游戏实施的组织,实质上是以游戏的形式开展活动实施教学,完成特定的教育教学目标,即教学的游戏化。这种游戏的组织,教师的控制程度较大。教学游戏的开展是以集体形式为主。教学游戏的组织在游戏类型上往往表现为成人编定的、有一定规则的游戏,如智力游戏、体育游戏、音乐游戏,这些游戏常常出现在集体教学的活动过程中。

自选游戏和教学游戏在教育实践中要紧密相关,融为一体,既不可相互代替,又不可各自独立。既不能只重视自选游戏的组织,而导致游戏实施的放任自流,又不能只注重教学形式的游戏,导致压抑幼儿自由游戏的主体性发挥。

二、幼儿园游戏的组织内容

幼儿游戏的组织工作必须完成以下几个方面的内容。

(一)提供充足的游戏时间,并合理安排

充足的游戏时间是保证幼儿游戏权利得以实现的决定性条件。剥夺或挤占幼儿游戏和自由活动的时间,会使教育实施成为一句空话。无论是家庭还是幼儿园,在幼儿的每日生活中,都应提供宽裕的时间,让幼儿去自由活动,参与游戏。

在幼儿园的一日生活的作息制度的安排上,上午和下午都可相对固定地安排一段较长的自由游戏和自由活动的时间,都应在1个小时左右,并在制度上加以保证。教师要认真执行作息制度,保证较长、较为集中的自选游戏时间,使游戏能够很好地开展,充分满足幼儿的游戏愿望。

一日生活的其他环节及零散时间,也应尽可能地利用起来开展各种游戏,从而使游戏真正成为幼儿园的基本活动,如幼儿来园后的晨间活动,早餐后的时间以及晚饭后准备离园的时间等,均可用于自选游戏活动;另外,教学活动后及环节过渡中,教师也应注意为幼儿提供部分便于收放的区域活动材料,开展有一定选择的游戏,或是引导幼儿三三两两地做语言趣味游戏、拍手游戏等不需要使用材料的游戏。在较短的其他环节或环节过渡的零散时间和间隙时间里,可进行活动量小、短的简便有趣的游戏。

托班及小班幼儿集体教学的时间较短,可以有更多的时间用于游戏。一日生活中,除开展集体的语言游戏、听故事、手指游戏外,可以有计划地安排一些特定类型的游戏。针对托班和小班幼儿生活经验较少、游戏技能缺乏的实际,教师可分类开展娃娃家、积木游戏、拼图游戏等,分类予以指导,教以某些游戏技能,或是介绍某些活动材料及其玩法,并指导幼儿练习各类游戏的规则,从而为幼儿自选游戏的开展奠定一定基础。

幼儿的自选游戏,应以小组游戏或个人游戏为主,教师组织的集体性游戏为辅,以利于幼儿自主参加游戏,做游戏的主人,使游戏的时间真正属于孩子自己。

(二)建立合理的游戏常规,培养幼儿良好的游戏行为习惯

游戏常规是指在幼儿园开展集体游戏活动时,对幼儿不适宜行为的禁止和适宜行为的允许的经常性规定。它主要包括使用玩具的常规以及对其他游戏行为的规定。游戏常规的建立不是对幼儿游戏的限制和束缚,目的是在于培养幼儿良好的游戏行为习惯,形成规范,从而保证幼儿在群体中的游戏开展得以顺利进行,让班级中的每一个幼儿都能在安全、和谐的游戏氛围中,充分发挥各自的主体性,积极主动地投入到游戏中的创造性活动中去。合理的游戏常规是培养幼儿优良道德品质的需要,也是有效地开展幼儿游戏活动的制度保证。

幼儿游戏的常规一般包括以下几个内容:

1. 爱护玩具

在幼儿园里的玩具是全体幼儿共同拥有和使用的,要让孩子爱护玩具,不能随意损坏、摔打、踩踏,更不能拿来投掷或去打别的同伴。

2. 玩具共享

幼儿在游戏中,只取自己所需的玩具。防止幼儿独占一堆玩具,不让其他幼儿使用。当自己需要玩某种玩具时,不能任意去抢夺别人正在使用的玩具,要学会用语言协商,征得他人的同意后才能拿取。在玩具不够用时,要学会轮流和等待。不要让幼儿私自将自己喜欢的玩具带回家。

3. 学会整理玩具

游戏结束时,要让幼儿逐步学会整理玩具,做到玩后送回原处或放入玩具筐,便于他人下次取用。不要让幼儿玩过后随处乱放、乱扔或散落一地就了事。一般而言,对于小班,教师可请幼儿帮助老师一起收拾整理;对于中班,应以幼儿为主来收拾整理,教师帮助幼儿做困难较大的整理工作;对于大班,要让幼儿养成独立、自觉收拾整理的习惯。

4. 友好合作,不干扰他人

在幼儿共同的游戏活动中,特别是合作性较强的有角色扮演的游戏中,幼儿要学会通过协商来设计主题和分配角色,不能只考虑个人的愿望,要知道主要角色需轮流担任,能够相互谦让,使每个幼儿都有锻炼和表现自己的机会。在各自相对独立的小组游戏和个人游戏之间,幼儿可以相互建议、协商,但不强行干涉别人的设想,不给别人正在进行着的游戏进行捣乱。对别人的游戏成果,如搭建的作品要珍惜。对于那些满不在乎的在同伴的建构物上跨进跨出,或碰撞桌子晃倒或直接动手推倒别人的建构作品的幼儿,教师要予以合理有效地制止。

幼儿游戏的具体活动因游戏类型不同、特点不同、场地和材料不同以及不同年龄幼儿的身心水平不同等,对其具体的常规要求也不同,因此,在实际上,游戏常规的建立要考虑针对不同的游戏活动的性质,也要考虑不同年龄幼儿的发展水平。以上四个内容是游戏常规的一般性内容。

合理的游戏常规,并不只是在组织和开展游戏的过程中建立的,它需要教师在长期的、广泛的教育中逐步地、循序渐进地去形成和巩固。游戏常规的建立和遵守,应以不损害幼儿游戏的主动性和积极性为原则。

(三)幼儿游戏计划的制订

幼儿游戏教育实施计划的制订,是实现将游戏纳入有目的的教育过程的关键,同时,可增强教师开展游戏的目的意识,指导其教育行为。幼儿教学游戏的计划主要是被包含于系统的集体教学计划之中的。因此,幼儿游戏计划的拟定主要表现为教师对幼儿自选游戏计划的拟定。

教师需要根据幼儿教育的学期总目标,以及每日、每周的教育重点,制订游戏计划,从而使游戏与其他形式的教育活动相互联系、渗透,共同实现教育培养目标。同时还需要依据对幼儿行为的观察与评定制订计划,使游戏目标的确定更适合幼儿实际,适合其年龄特点和发展水平,目标制订得更具体。幼儿游戏计划的制订通常以周为时间单位。

1. 游戏计划制订中应注意的问题

教师在制订游戏计划时,应考虑以下问题:

(1)游戏的教育目标如何具体化。

游戏目标的确定是游戏计划制订的首要任务,科学的目标是计划可行性的保证。

①在确定游戏目标时,需考虑幼儿的年龄特点。在幼儿园里,小、中、大班幼儿的发展水平是不同的,游戏计划要适合本班幼儿的年龄特点。例如,一位教师将大班积木区的教育目标定为"能为所建造的物体命名"就显得过于简单,这可作为中、小班幼儿积木游戏行为的要求;对于大班幼儿,教师应引导其行为的目的性,可提出"有主题地搭建,即先确定搭建活动的主题(如搭游乐园、城堡等),再进行搭建"的目标。

②制订游戏计划时,需结合对各游戏类型的教育功能特点的分析,确定侧重点不同的游戏目标。同时,游戏的教育目标一定要有实际针对性,切忌过于宽泛、过于笼统。例如,将科学区的教育目标确定为"培养幼儿的科学探究能力",语言区则为"培养幼儿语言表达能力",这些目标虽正确但还不够具体,不具有针对性,因而难以在教育实践中实施,教师无法在游戏活动中对幼儿的行为给予切实引导和影响,目标也就不容易达到。例如,教师可结合大班一些幼儿对阅读活动的兴趣不高、看书不专心的情况,提出这样的具体要求:"能自始至终看完一本书,看书时能看懂每一页的内容情节,能向别人讲述图书内容等。"这样,指导起来就很明

确了。

③游戏的计划和目标的制定应循序渐进。计划是行动的纲领,是用来指导教师的教育行为的。游戏计划的制订如果千篇一律,各周与各月的计划都相同,这样的计划则毫无意义。教师要通过游戏计划的制订,有目的、有计划地指导幼儿游戏,从而促进幼儿在游戏中得到发展,改变以往随意盲目加以指导的倾向。因此,游戏计划应体现出渐进发展性,各周各月的游戏目标应逐步提高要求。

(2)根据游戏目标设置环境,有计划地投放材料,同时考虑相应的指导方式。例如,某班益智区的目标是"培养幼儿对棋类活动的兴趣",教师为此提供了象棋、飞行棋、跳棋和五子棋等,难度为不同层次的棋类玩具,使不同能力的孩子都可以得到适宜的材料,这样幼儿(尤其是一些女孩儿)就不会由于不擅长某一类游戏而不爱玩了。教师的指导则侧重于"按各类棋的规则下棋",使幼儿掌握基本的玩法,并采取"会玩的幼儿教不会玩的"方式,从而广泛地开展棋类活动,培养幼儿多方面的兴趣和游戏能力。

(3)注意自选游戏与其他教育活动及生活活动的联系,加强与家庭教育的配合。教学游戏是正规教学活动与游戏形式的结合,而自选游戏也要考虑与教育教学的结合、联系和渗透。教师可以使幼儿提前在活动区接触教学中的有关内容,尝试发现,也可引导幼儿在事后反复练习,巩固知识技能,进一步激发探索欲望。例如,中班幼儿近日学习了"神奇的磁铁",科学区就出现相应的材料——磁铁、各种铁制品、木质和塑料材质的各种事物,让幼儿在操作中体验磁铁能吸附哪些材质的物品;大班结合"光与影"的教学,在科学区提供小镜子、彩色玻璃、纱巾、彩色电光纸、放大镜,幼儿可以用来聚光、反光、探究光与影的奇妙关系等。

在开展游戏中,教师还应注意家园同步、紧密配合。将幼儿园中的游戏延伸到家庭中,引导家长学会科学地引导和参与幼儿的游戏。

(4)对计划与目标的实施情况做出反馈。游戏的计划与目标应是教育指导的出发点和归宿。教师需按计划指导游戏,并注意检验计划与目标的达成度,进而为下一轮教育工作提供客观依据。如大班教师在上周计划的效果栏中记录了这样一些反馈信息:"娃娃家由于幼儿经验不足,幼儿在娃娃家往往无所事事。"第二周计划与目标就需针对此做出相应调整,改进幼儿的行为。如"教师在日常教学中要注重丰富幼儿相关经验,并交代幼儿注意家庭中发生的各种生活事件",而在第二周计划的目标中只提"主动使用礼貌用语"就显得不够合理。

2. 游戏计划的内容及书写格式

幼儿游戏的计划宜设计成表格。因为幼儿游戏的计划以周为单位加以制定是较为适宜的,所以每一个游戏计划的表格宜反映一周的本班游戏实施的内容及安排。

在计划表格上方,首先需要将本周教育目标或重点写明,以使教师明了自选游戏是实现教育目标的手段与途径之一,并将其纳入到整个教育过程,通过自选游戏实施来落实总的教育目标。

表格横列按所需提供的活动类型可依次列出。如娃娃家、建构区、美工区、阅读区、表演区等。一般以五六类活动为宜。教师要在分析各类游戏教育功能的基础上,结合幼儿实际,设置有利于幼儿身心全面和谐发展的活动区,而不宜只提供单一类型或同种性质的活动区域。

表格纵列依次为以下内容项目:

(1)游戏目标的确立。通常需依据各活动类型的教育功能与本班幼儿的年龄特点和实际发展水平,同时结合教育的总目标与阶段性重点加以确立。目标的确立要与活动内容的安排(或建议)结合起来考虑。

(2)材料的投入与场地空间的安排。应注意材料的投放与物质环境创设不是一次性的,而需依据上面游戏目标及活动内容的确定,做出相应的安排。

(3)适宜的指导方式。教师需依不同活动的特点与幼儿的不同年龄考虑相适宜的指导方式,并尽可能将游戏与教育教学及生活活动相联系、结合与渗透,对幼儿给予整体性的教育影响。

(4)注意事项。计划中还应包括与家庭教育联系配合的内容,如要求幼儿从家中带材料,请家长丰富幼儿的有关经验,以及个别教育指导的问题等。

(5)效果记录。教师是对计划执行情况、效果如何、幼儿游戏行为如何、有无改进提高等,进行反馈并如实简要记录,从而对本周游戏的教育效果做出分析评价,并作为下一周自选游戏计划制订的依据。通常在周末填写这一栏。通过以上环节的有序运转循环上升,有目的有计划地推动游戏深入开展,促进全班每个幼儿均能在游戏中得到较充分的发展。参见表3.1。

表3.1 第( )周室内自选游戏计划表

本月/周教育重点: 班级_____ 教师_____ 日期_____

活动区域 项目	娃娃家	建构区	美工区	阅读区	其他
游戏目标					
材料的提供、场地空间的安排					
指导方式					
注意事项					
简要记录游戏效果					

第二节 幼儿园游戏的指导策略

一、渗透在环境中的隐性指导

教师将教育的意图有机地渗透在环境中,通过环境对幼儿的影响,来达到有效的指导的目的。

(一)充分发挥标志的暗示作用

标志就是在游戏环境的创设中,通过各种符号、标号、示意图、照片、说明书等直观形象的示范,用以激发、引导和规范幼儿的游戏,一般有实物标志、图形标志、角色标志等。标志对幼儿起着规范行为、提示规则、示意步骤、丰富情节的作用,使幼儿在游戏中能根据标志的暗示而行动。

1. 实物标志

实物标志一般用于规划游戏的场地、营造游戏的氛围,给幼儿此处可以玩耍的许可和自由选择的机会。如果一个场地区域规划相当整洁又没有什么可操作的玩具材料,那这样的环境就不利于幼儿自主的玩游戏;而一个场地区域提供了大量的玩具材料,但其环境凌乱而无序,就可能导致幼儿在游戏中频繁地更换游戏主题。因此,利用实物如桌、椅、玩具柜、地毯、花布等作为标志,将活动室按需要分成几个相对独立而又开放的区域,有利于指引幼儿找到自己感兴趣的游戏区域。

2. 图示标志

图示标志一般用于游戏中玩具材料的摆放顺序、游戏区域的标示、区域进出的规则、人员数量的控制、游戏情节的发展提示、玩具的配对归放以及游戏中角色的选择等。通过各种各样的幼儿常见的、具体形象的图示标志的利用,可以减少幼儿之间来自环境的矛盾和冲突,有利于幼儿形成自觉自律的行为。

3. 角色标志

角色标志可以帮助幼儿增强角色意识,更好地进行角色之间的分工,有利于角色之间的交流和互动,促进游戏情节的发展。一般具体的做法是提供各种头饰、面具、典型的服饰、典型的角色工具(如医疗器具、厨房的厨具等)、代表不同年龄和性别的用品等。

(二)多种质地材料的诱发作用

材料在幼儿的游戏中发挥着重要的作用,由于幼儿的知识经验与能力发展水平的影响,幼儿在游戏中常会受到材料自身功能的制约。如果教师提供的材料比较单一,幼儿的游戏情节就会受到材料的制约。因此,在游戏中为幼儿提供种类丰富的材料,有利于他们通过对材料的探索,获得丰富的感官刺激。幼儿在与材料的互动中利用不同的材料去替代和想象,促进了幼儿发散性思维能力的发展。

我们通过观察研究发现,不同的材料在游戏中的作用是不同的。

1. 纸质的材料

纸质的材料可以使幼儿随心所欲地替代和想象。硬纸板可作为规定的环境所用,例如一个娃娃家的小房子、一辆小火车,或一个动物园的门、一个商店的围墙等,使幼儿在游戏中有相对独立的游戏空间;质地柔软的彩色皱纹纸,可以供幼儿在游戏中做成各种条形、片形或团成大小不等的小球,用来装饰环境或被幼儿想象成游戏中的各种物品。例如:面条、飘带、豆子等。

2. 布类的材料

布类材料包括化纤、棉等各种质地的手帕、丝巾等,由于质地柔软,有一定的尺寸、花纹,而又因为无固定的形状可以千变万化,幼儿在游戏中往往用这些材料来装扮自己或装饰家。这类材料在游戏中较受女孩儿的青睐。

3. 橡皮泥、面团类材料

橡皮泥、面团类材料,质地柔软且可塑性强,可以随幼儿的心愿搓、团、揉、捏出各种形状的东西,且可以还原并反复使用,不仅能满足幼儿无限的想象空间,也可以让幼儿在满足感官需要的同时,获得极大的成就感和自信心,是幼儿百玩不厌的玩具材料。在游戏中提供油泥类玩具材料,可以诱发幼儿不断地与之互动,促进游戏情节的不断发展。

(三)不同场地布局的互动作用

幼儿游戏场地的种类和作用各不相同,合理地布局,并注意它们之间的互动作用,有利于促进幼儿游戏的健康发展。

1. 开放的、封闭的游戏场地

在幼儿园游戏环境的布局上,不仅要考虑为幼儿设计一个开放的、互动的游戏场地,同时也要适当提供隐蔽的空间,以供幼儿独处,在开放的场地中也要有适当的封闭,这样才能使区域与区域之间外部的界限分明,而内部又有相对独立的空间,有利于幼儿在游戏中充分地发挥其想象力。

2. 静态、动态的互补区域

静态是指那些相对稳定的区域,一般固定在活动室的某个地方,不会经常变动,但如果活动室的场地安排都是固定不变的,就会对幼儿在游戏中的社会性交往产生一定程度的影响。因此,动态的区域(如公共汽车、菜市场、鲜花店)等,以及流动的玩具材料——"车"(如婴儿车、小推车、小吃车)的提供可以促进幼儿在玩的过程中,与其他区域的游戏情节之间、幼儿之间发生互动。

3. 既成的、待定的游戏场地

幼儿的游戏经验是多种多样的，游戏中的情节也是千变万化的，教师虽然在观察的基础上提供了能满足他们兴趣和需要的环境，但却不能穷尽幼儿所有的兴趣和经验，有的时候会出现对既有的游戏区域不感兴趣的现象。因此，在游戏中可以留出一两块区域作为自由区或备用区，那里可能备有各种废旧物品或半成品，供幼儿根据自己的兴趣自由选择，满足不同幼儿的需要。

二、参与介入游戏

（一）指导以观察为依据

游戏是了解幼儿的窗口，观察是游戏指导的前提和依据。教师通过观察幼儿的游戏可以发现幼儿游戏的兴趣和需要，了解幼儿游戏的现状及存在的问题，及时调整游戏的材料、场地，适时介入、参与幼儿的游戏，并做出适宜的指导，有效地发挥教师的指导作用；通过观察可以发现幼儿的实际水平，这有利于教育教学计划的制订，将幼儿游戏的经验与教育教学活动中提供的经验相结合，帮助幼儿形成系统的、丰富的经验体系，促进幼儿身心和谐的发展。

教师在幼儿游戏中如何观察幼儿，如何寻找观察内容，如何记录并分析观察结果等内容将在第四章"游戏观察的指导"中做阐述。

（二）确定指导的方式方法

教师在通过细致观察幼儿的游戏并确定了指导的必要性之后，就要考虑用什么样的方式去指导幼儿。教师可采取的指导方式方法，大致可分为以下三种：

1. 以自身为媒介

教师以自身作为影响媒介指导幼儿的游戏，首先要考虑以什么身份介入幼儿的游戏。一般来说，教师可以以两种身份介入幼儿的游戏，即游戏者和旁观者。

（1）游戏者。这是教师以与幼儿同样的游戏者的身份，通过游戏的语言和行为进行幼儿游戏的指导。可采取平行游戏和共同游戏两种方式。

平行游戏：教师通过模仿幼儿的游戏来对幼儿的游戏施加影响。例如：一个男孩在用积木搭"大高楼"，但他把小块积木放在下面，大块积木放在上面，因此"大高楼"总也搭不高、"站不稳"。在这种情况下，教师可以坐到他旁边，也拿一堆积木来搭"大高楼"，一边搭一边说："我把大积木放在下面，小积木放在上面，这样我的大高楼就搭得高了。"采用平行游戏的指导方式，可以传递成人对幼儿游戏关注的态度，增进幼儿游戏的兴趣，同时成人的行为本身成为幼儿可以参照的范例或榜样，便于幼儿掌握游戏技能。它最大限度地避免了指导成为干扰的可能性。

共同游戏：教师直接参与幼儿的游戏中，与幼儿共同游戏，如和幼儿一起下跳棋，和幼儿一起玩捉迷藏，到娃娃家做客等。在有角色扮演的共同游戏中，作为游戏参与者的教师常常可以扮演一个适宜的角色加入到幼儿的游戏。在和幼儿共同游戏的过程中，进一步了解幼儿的想法，调动和激发幼儿的主动性和创造性，帮助他们发现和解决问题或扩展情节，丰富幼儿游戏的内容，提高幼儿游戏的能力和水平。例如：教师扮成"邻居"到娃娃家，假装发现娃娃饿了，并提醒"爸爸、妈妈"应该给娃娃做晚饭了，使原本平淡的游戏情节得以扩展。在"旅游团"的游戏中，教师扮演迷路的游客，吸引导游主动前来介绍旅游的路线，丰富游戏中幼儿的角色对话。

（2）旁观者。教师以旁观者身份对幼儿游戏进行指导，是指教师站在幼儿的游戏之外，以现实的教师身份干预幼儿的游戏。它相对于游戏者身份的指导，更能明确直接地向幼儿传递教育的意图，而且也便于一个教师同时影响更多的幼儿。但是这种指导方式，容易导致对游戏的支配和干预更多，从而不利于幼儿自主性、独立性的实现。因此，在指导的过程中，要特别注意尊重幼儿的游戏兴趣和愿望，切忌以成人的意志来代替幼儿的意愿。在游戏指导中，教师的旁观者身份与幼儿的关系同样也是平等、民主的，而不是领导与被领导、支配与被支配的关系。

教师以旁观者的身份影响幼儿的游戏，可采取多种多样的方式方法，包括言语、非言语混合的方法。

①言语的方法。

言语是教师作用于幼儿的重要影响手段，在作为游戏者身份的游戏指导中，教师的言语往往是游戏中角色的语言表达，是角色的语气、语调。而作为旁观者，教师指导言语则是成人或教育者的语言表达，具有比前者更明显的教育意图和成人期待。

作为旁观者的言语指导可分为两种：一种是直接方式，它表现为教师对幼儿的明确指示、直接教授、具体指挥等。这种方式只有在特殊情况下才可采用，如游戏中出现了较严重的危险因素或违反常规的现象，或者游戏需要教师教授幼儿才会玩，或者幼儿初次玩（如下棋）等。另外，在游戏的开始和结束时也常运用。教师采用这种方式指导，游戏是暂时中止或被打断的。因此，在幼儿正常的自由游戏进行中，一般不宜采用。另一种就是间接方式，重在启发、诱导、暗示幼儿如何去做，它具有普遍的适用性。主要包括询问式语言、建议式语言、澄清式语言、鼓励式语言、邀请式语言、角色式语言和指令式语言等。

a. 询问式语言。

询问式语言是指教师鼓励幼儿用言语描述自己的行为或所发生的事情。例如："你能给老师讲讲你搭的是什么吗？""你在画什么？""发生了什么事？"等等。询问可以帮助教师了解幼儿的想法，同时也鼓励幼儿用言语整理、表达自己的想法与做法。

询问式语言一般以疑问句的形式出现,主要的目的是帮助幼儿将游戏进行下去,及时反馈幼儿的游戏行为。幼儿在游戏中总是要运用自己已有的经验,教师的问题可以帮他们拓展思维的空间,从不同的角度去获取经验,使生活中零散的经验得以整合。询问式的语言并非教师不了解某种游戏的情节,随便问一些幼儿很容易就能回答的问题,而是要根据幼儿游戏开展的情节,在幼儿需要帮助或有指导的必要时,教师有目的地设置问题情景、提出问题。类似的语言有:"你跳来跳去的是在干什么呀?"(用于了解游戏的情节)"车里除了司机以外,还有谁?"(用于帮助幼儿解决争抢角色的纠纷)"如果你想要的玩具没有了,怎么办呢?"(用于引导幼儿学会用替代材料)"你什么时候给你的宝宝做饭哪?"(用于提醒幼儿明确自己的角色,促使幼儿养成做事有责任的习惯)"医生的工作是不是只是打针呀?"(用于帮助幼儿对医生职业的进一步的关注,达到丰富游戏情节的效果)"拿不到怎么办?"(帮助幼儿思考更为合理的方法)当老师发现幼儿需要帮助的时候,不要一厢情愿地直接加以指导或帮助,可以先问问幼儿是否有困难,是否需要成人的帮助,如"你有什么需要帮忙的吗?""用不用我来帮你?"等让幼儿感到自主体验的语言。教师在运用疑问句来提问时,是作为"游戏的真实情况的解说员",把游戏作为教授的媒介,帮助幼儿主动提取已有的经验,用于新的、或不同的情景中。要注意根据幼儿游戏的情节发展需要,根据游戏中存在的主要问题,提出有针对性的问题。这样的语言实际上是把幼儿需要解决的问题描述出来,呈现在幼儿面前,让他们以自己的方式去寻求解决的途径,起到了促进游戏情节发展的功效。

"询问式语言"指导实录

在"快乐的游泳池"游戏讨论中,尝试从三个层层递进的询问式语言,引导语支持幼儿从不同的角度去思考问题,表达自己的想法与建议。

教师首先问:"今天,你有什么快乐的事告诉大家?"此问题的提出能让幼儿简单回忆游戏的情节,又有机会与别人分享快乐。

教师然后问:"你有什么困难需要大家帮助?"幼儿在游戏中对于开放游泳池需要的材料、开放泳池的规则、深水区与浅水区场地的划分等方面存在一些问题,有的幼儿能够自己想办法解决,而有的幼儿可能受经验和能力的限制,离开了教师和同伴的帮助和支持,就不能自己解决问题,从而阻滞了游戏的顺利进行。当教师问:"你有什么困难需要大家帮助吗?"豆豆说:"今天开放泳池,很多小朋友都不排队,游泳池太挤了。怎么办?"大家就这个问题进行讨论并商定了规则。"你有什么困难需要大家帮助?"能鼓励孩子勇敢地表达自己的问题,主动寻求帮助,既有利于合作解决问题与能力的培养,又有利于促进游戏情节的发展。

教师再问:"你还有什么办法要告诉大家?"参加"快乐的游泳池"游戏的每个幼儿对泳池材料的使用、空间的利用、情节的发展等方面都会有自己的想法,此问题的提出又给幼儿提供了一个发表自己建议、展示自己能力的机会,让孩子成为发展游戏的主人。

b. 建议式语言。

教师通过言语试探性地或协商性地要求或暗示幼儿去做什么和如何做,重在对幼儿游戏行为的引导。如:"你们想玩划船的游戏吗?""明明,小羊的角是在头上的,你该戴在头上呀!""娃娃家的娃娃是不是饿了?妈妈是不是该做饭了?"等等。建议可以帮助幼儿确立游戏的主题,明确自己的角色,扩展游戏的内容,开拓幼儿的思路等。

有些建议式的语言也是以询问的方式出现的,与询问不同之处在于它不仅提出问题,而且给予具体的暗示。教师观察幼儿在游戏中的行为表现,当发现幼儿在游戏中情节发展停滞不前或情节发展有困难时,教师给予幼儿的不是直接的指导,而是用建议式的方式"这样试试……""如果不行,再想想别的办法""我觉得有点烫,有冰块吗?""我要……可是没有……"来达到指导的目的。如,当发现一个幼儿试图把娃娃放在堆满东西的桌上而又不方便摆弄玩具时,教师可以用类似这样的指导语言"我觉得如果放在旁边会更好!"当幼儿为了在菜市场里买不到油条而争执时,教师可以建议说:"菜市场里没有油条卖,让我们再开个油条店吧!"当发现一个幼儿用不合适的积木搭建一个东西不成功想要放弃时,教师可以直接拿出合适的积木对幼儿说:"用这块积木来试试,它也许会是你想要的!"这样使幼儿既接受了教师的指导,同时也感受到了自主和尊重。

"建议式语言"在建构游戏中的运用实例

几名男孩手里分别拿着两三只恐龙,甲说:"我要搭恐龙陆战队!"其余两名幼儿同意了他的想法;于是甲拿来了4根圆柱形的积木,他在圆柱体积木上放上了一块长方体的积木;这时乙也拿来了几根圆柱体的积木,他把积木接着甲搭的继续往上加,可没有搭好,就把甲先搭的积木也带倒掉了。这时丙说:"还是我来搭吧!"他拿来3根长积木,然后甲乙轮流把圆柱体的积木往上加;这次他们搭的又全部倒掉了。于是几个幼儿你看看我,我看看你。

这时教师走过来说:"看看你们搭的积木,有什么不一样的地方?""你们觉得哪根积木放在下面当柱子最牢固?"这时乙说:"我们把粗的柱子放在下面吧!"后来几名幼儿轮流把较细一点的积木放在上面,最后他们的"恐龙陆战队"搭好了,还邀请其他小朋友来参观。教师把握了引导幼儿游戏的最佳时机,通过恰当的语言提示促进了幼儿游戏的发展。

c. 澄清式语言。

幼儿的游戏是对现实社会生活的反映,他们自己并不知道筛选,对于游戏中的一些不明白的事情,或幼儿模仿了一些不良现象,教师不能随便评价,而应该引导幼儿来加以讨论、澄清,帮助他们形成正确的价值观。这种语言的运用要建立在充分的观察的基础上,可以当时就用,也可以在游戏讲评中运用。如,有的"法官"去"餐厅"吃饭,不给钱就走了,如果这个问题幼儿不介意也就算了,但是"餐厅"的"收银员"一定要让他交了钱再走,有的幼儿却说"法官"吃饭时可以不给钱的。幼儿由于各自不同的经验碰撞在一起而发生争执,教师就应让大家讨论:"法官买东西是不是不用付钱",以帮助幼儿梳理经验,澄清对法官的不正确的了解。

用"澄清式语言"引导幼儿关注游戏中的"违规"行为的实例

甲、乙两名幼儿选择了"医生"的游戏,幼儿甲脖子上挂着听诊器,幼儿乙手里拿着针筒、体温计,幼儿丙抱着一个奥特曼的玩具领到了"医生"处,用手指着奥特曼对幼儿甲说:"他咳嗽了。"甲看了看丙,用手指着丙所指的地方问:"这里呀?"幼儿丙点点头应了一声:"嗯!"甲随手从乙手里拿过针筒对着所指的地方戳了下去……像这样的游戏行为完全是不符合现实生活中的情景,与我们的生活常规相违背的。但从幼儿的心理上分析,他们认为身体上什么地方不舒服了,就在什么地方上"用药"。观察到这样的场景后,教师没有急于纠正幼儿的问题行为,而是在幼儿游戏结束后,把这样的场景边用语言描述边表演了一遍,然后问幼儿:"你们去医院看病,医生是不是看你哪儿不舒服,就往哪儿打针啊?"幼儿纷纷摇头说:"不是的。""那应该怎么办啊?"有的说:"医生是在屁股上给我打针的。"有的说:"医生是在我手臂上打针的。"在这样场景下的讨论引起了幼儿对自己生活经验的回忆,幼儿把各自零星的与看病有关的体验与同伴分享,在分享的过程中,不断地去反思自己的游戏行为,把有益的经验串成了一条线,使他们逐步形成了一系列完整的经验,为下次游戏的开展提供"新的源泉"。

d. 鼓励式语言。

教师用鼓励式的表扬可以促进幼儿良好行为习惯及规则意识的形成。对于幼儿在游戏中的某些不良行为习惯及违规行为,教师不一定直接指出来,而是可以用一种激励式的正面语言,把希望幼儿出现的行为要求提出来,让他们知道该怎样做。如,看到幼儿把玩具散落到地上,老师说:"×××小朋友就要把散落的蜡笔收拾好了。""×××小朋友自己想办法解决了问题,真能干!""×××今天愿意与大家一起分享他的玩具了。""如果声音再大些,我们就能听得更清楚了。"

教师及时发现并反馈幼儿游戏中的行为表现,可以充分调动幼儿游戏的主动性和积极性。

"鼓励式语言"指导实录

娟娟、菲菲正在医院里给病人看病,只见医生娟娟对护士菲菲说:"快,这个病人要输血。""可我们这没有血啊!"菲菲急忙说道。"怎么办?有了!"只见菲菲跑到"火锅城"借了点红色油泥放到了针管里,就开始给病人输血。这时,小雨抱着娃娃来了,娟娟拿着听诊器听了听说:"发烧了,打点滴吧!"小雨把娃娃放到床上,娟娟拿皮筋绑在娃娃的手臂上并做了一个用针头插入手背的动作,打完点滴后说:"下午还要来啊!"小雨连忙说:"下午我有事来不了了。""那你宝宝的命不要了!""你才不要命了!"小雨很生气地叫道。这时,只见王老师也来到医院边打针边闲聊:"你们的医术都很高明!我真想病能快点好,可是,我下午真的有事来不了了,你看有什么好办法吗?""那我到家里给你打吧。"菲菲说。"太好了,谢谢你!"王老师开心地说。娟娟想来想,拿起了针头来到小雨家,敲了敲门说:"小雨,我来给你的宝宝打针了。"……

鼓励式语言有时能潜移默化地影响幼儿的行为。

e.邀请式语言。

对于游戏中的弱者或无人问津的区域,教师可以运用邀请的方式,如"我们一起去吧!""你可以帮我修自行车吗?""请问你知道游乐场在哪儿吗?"等语言来提高幼儿游戏的兴趣和愿望,带领他们进入游戏情景,促进他们与其他幼儿的交往,让他们体验到参与游戏的快乐和胜任游戏的成就感。

"邀请式语言"指导实录

我班有一名幼儿,一到了玩游戏的时间就处于一种旁观、无所事事的状态,以至于同伴对他也是很少在意和关注。这天,游戏开始后,他又开始在这边看看,那边摸摸的。我走到他面前问他:"你愿意和我一起去小舞台看表演吗?"他看看我,点点头。我邀请他说:"那我们先去超市买点东西吧!"他表示同意。于是他和我手拉手一起到了超市,我拿了两罐汽水,他没说话,也不拿东西。我们又一起来到了小舞台,坐在椅子上看表演。中间和他谈谈"演员"表演的情况,给了他一瓶汽水,他边"喝"边。过了一会儿,我说:"我们一起去小吃店吃点东西好不好?"他拿着汽水笑笑点点头。我们又一起来到小吃店,服务员问我们要点什么。我为了让别的小朋友对他产生关注,我就说:"这是我的朋友,先让他点吧。"就把菜单递到他面前,他看看我,我说:"这里想吃什么就可以点,蛮好的。"

他对着菜单看了半天指了一下鱼,又看着我。我就对服务员说:"我和他一样也刚好想吃鱼了,来两条吧。"一会儿菜来了,我们一起"吃"起来,我还笑着问他:"好吃吗?"他说:"好吃。"吃完了,我提议一起去休闲区看书,我俩一起坐在一起同看一本书……

面对这样的孩子运用邀请式的语言,让他和你一起游戏。在尊重了孩子的自己意愿的同时,会更有效地起到指导的作用。

f.角色式语言。

当发现游戏情节总是处于停滞状态时,教师以角色身份参与到幼儿的游戏中去,如,"我是商场送货的,需要帮忙吗?"不仅会使游戏的情节得以丰富,而且还使幼儿感到亲切和平等。但在运用时要注意把握幼儿已有的经验,切忌超出幼儿的经验范围,露出"导演"的痕迹。

"角色式语言"指导实录

娃娃家里的妈妈小雪从游戏开始时就忙着做菜,爸爸明明在超市和家之间来回的"奔波",看起来毫无"疲惫"之色,娃娃被扔到一旁无人照应。娃娃家游戏的内容显得单调、乏味,难以继续展开情节。见状,老师忙扮作客人进入到了游戏:"请问,家里有人吗?我是到你家里做客的。"小雪和明明看到老师十分高兴:"老师,请进!""谢谢你们,我听说你们的宝宝今天要过生日,我特意送礼物来给他祝贺生日的!"他俩睁大了眼睛,相视而笑,一脸的惊喜。老师又说:"过生日,我们要先准备些什么哪?我来帮忙炖鱼吧,我们的鱼炖得可好吃了!妈妈想做什么菜?""我想去买鸡,做鸡汤给宝宝喝,对了,我还要去叫宝宝的爷爷奶奶来,还要请我们的好朋友来家里做客!""爸爸你呢?""我去买蛋糕和蜡烛。"当他俩手拉手去买东西,又到各个角落去邀请客人时,教师意识到他们已经真正地为生日情节开始忙碌了,于是教师悄悄地退出了游戏。

g. 指令式语言。

当幼儿在游戏中一再地违反了游戏规则或出现攻击性行为时,如当看见一个幼儿正拿着一块积木向另一个幼儿头上砸时,教师别无选择的办法是立即用行为和语言加以制止,"请停下来""不能这样"……然后要明确告诉幼儿这样做的后果,"你不可以用玩具打小朋友的头,这样会很疼的!"以保证幼儿在游戏中的安全和健康。

h. 描述。

描述是教师客观地用言语描述幼儿的行为,使幼儿对自己的行为及行为的意义有更明确的意识,同时,教师的语言也为幼儿描述自己的行为提供了"范例"。这种描述,还可以传递教师对于幼儿活动的关注与理解,起到"肯定"与"鼓励"的作用。使用"描述"策略的基础是对幼儿行为的细致观察和对幼儿行为意图的准确判断,切忌缺乏观察与了解的主观臆测。

案例1

与其说"你拼得很好"(空洞的表扬)或"我喜欢你拼图的样式"(简单地表达了就是个人的喜爱而不能让幼儿明确究竟"为什么好"或"好在哪里"),不如说:"我喜欢你在拼图以前仔细研究每一块拼图的方式"(能让幼儿明白他什么地方做得好)。

案例2

一个幼儿在用纸盒做"书包"。他先用蓝纸把盒子整个包起来,然后再对它进行装饰。他从图片上剪了一只卡通猫,把它贴到了盒子上去,但是贴得位置偏向了左边,他把卡通猫小心翼翼地揭了下来,对准中间位置,贴好。教师一直在关注这个男孩的举动。这时,她走过来,说:"哦,你发现歪了,偏在了左边,所以你又揭下来了重新贴,把卡通猫放在正中间,这样左右两边就对称了,更好看了,对吧?"

通过教师的这种"描述",不仅使幼儿体验到教师对自己行为的关注与理解,而且教师也不失时机地把"对称"这个词介绍给了幼儿。

i. 有变化的重述。

有变化的重述是指教师在与幼儿的交谈中,采用有变化的句子结构,重述幼儿刚才所讲的话,为幼儿提供正确的句子结构,或不同的句型,使幼儿了解到可以用不同的"话"说同一件事。重述具有纠正、示范的作用,但又不会伤害幼儿说话的积极性。

案例3

一个女孩在建构区玩。老师走过去问她:"你在搭什么呢?"女孩回答说:"我搭给大家住了。"老师重述:"哦,你搭楼房给大家住了。"

j. 提问。

提问是指教师采用问题的形式,鼓励和引导幼儿探索、思考与表达。

提问是最常用到的方法,也是最容易误用的方法。一般来说,教师所提的问题可以分为开放式问题和封闭式问题两种类型。前者没有确定答案,后者通常只有一个正确的答案。开放式问题相对于封闭式问题来说更有利于教师了解幼儿的"问题"需要和他们的真正想法,更有利于激发幼儿的思维和想象。所以教师应尽可能多提开放式问题,尽量少提幼儿只需简单回答的问题。例如:"你是怎样变出这么好看的绿色的?""我们怎样才能知道这里有多少块积木呢?""为什么蓝车比红车跑得快呢?"

案例4 磁铁游戏不同阶段的提问

教师可以在幼儿游戏不同阶段针对不同的情况提出不同的问题:

阶段1 "这些东西中哪些会被磁铁吸起来?哪些不会呢?"(激发探索);"想一想,用什么办法可以快速地从大米中把曲别针找出来呢?"(激发表征)

阶段2 "我们怎样能不沾水把这些铁钉从水底捞出来呢?"(激发探索);怎样让别的小朋友知道,怎样能不沾水把这些铁钉从水底捞出来呢?(激发表征)

②非言语的方法。

除了言语的方法以外,教师也要充分利用自己的表情、眼神、手势、动作、身体运动的方向等非言语的手段,来支持和帮助幼儿在游戏过程中的学习。非言语的方法包括不注意和注意、微笑或不悦、身体接触、示范、提供材料等。

a. 面部表情。

教师可以运用自己的面部的各种表情来表达自己对于幼儿行为的态度和看法。例如,注意(注视、倾听)和不注意都是教师对幼儿活动的关注程度,它可以向幼儿传达教师的态度:肯定或否定;支持或不支持;微笑或不悦表明的是教师对幼儿行为的赞许或不赞许;扬眉和张大嘴巴可以表示惊奇;皱眉和瞪眼表示不赞同;叹气可以表示惋惜。

教师的面部表情对于幼儿的行为具有导向、强化的作用。积极的面部表情反馈有利于创造和谐的心理氛围,使幼儿获得心理上的安全感和被接纳感。教师应该更多地运用积极的面部表情反馈,避免消极的反馈如愤怒、嘲笑等。

b. 动作提示。

动作提示是教师运用手势或身体其他部位的各种动作来为幼儿提供解决问题的方法和策略。一个手势或一个点头,在成人眼里看来似乎没多大意义,但对于幼儿来说却具有特殊的作用。特别是在他们遇到困难需要鼓励和肯定的时候,会给他们带来巨大的精神力量和支持作用。

案例5　做头饰

教师让幼儿做头饰，做好了以后可以戴在头上玩。班里有个小女孩，是全班最小的。她按照纸带上现成的印子粘好头饰后，戴在头上，发现头饰太大了，一下子滑到了脖子上。这时，她看着别的孩子已经拿着头饰玩起来了，显得很着急；她用眼睛看着老师，希望得到老师的帮助。可是，老师没有走过来，只是远远地看着她，对她笑着点点头。老师的动作和表情使小女孩明白老师不会过来帮助她，老师希望她自己解决。女孩低下头继续自己摆弄头饰，她不时地抬头看一眼老师，老师每次都是报以微笑。老师的关注使女孩坚持探索。她尝试着用各种方法使头饰适合自己，摆弄了许久，还是没有找到解决问题的办法，小脸憋得通红，她求助般地看老师。这时，教师在远处用手对她做了一个"折叠"的动作，小女孩马上明白了，她把头饰的带子折叠了一小段，弄短了，高兴地把它戴到了头上。老师在远处朝小女孩笑着点了点头。

在这个例子中，教师并没有说一个字，但她却很好地帮助幼儿解决了问题。可见，"教"不一定要用"说"的办法。

在游戏过程中，教师无论是以游戏者的身份，还是旁观者身份，都应根据实际情况，灵活地和综合地运用言语和非言语方法进行指导。

2. 以材料为媒介

除了以自身为媒介去指导幼儿游戏外，教师还可以通过提供材料的方法来影响幼儿，支持和引导幼儿在游戏中的学习和发展。例如，给幼儿提供需要多人合作才能玩的综合型玩具，让幼儿寻找同伴一起玩，促进其游戏的社会性行为水平的提高，或者提供可以一物代替多物的材料，培养和发展幼儿创造、想象的能力等。

3. 以幼儿伙伴为媒介

幼儿与成人的互动固然重要，但它不能取代幼儿与伙伴之间的互动。游戏是幼儿学习与伙伴交流、互动的很好机会，教师要充分利用幼儿伙伴互动这一因素，支持和引导幼儿的游戏和发展。

实际上，在游戏中教师的指导是综合运用多种媒介、多种方法对幼儿游戏施加影响的过程。下面是一个为发展幼儿社会性而设计的有规则游戏，这个游戏中教师综合利用了幼儿同伴以及教师自身、游戏材料等各种因素或媒介的互动。

案例6

为了培养幼儿的合作精神和团队意识，认识到人各有长短，要互相合作，取长补短。老师设计了一个"摘果子"的游戏。两棵树之间拴上一根绳子，绳子上吊着四个筐，筐里有"水果"，每个筐下放着一把小椅子。每四个幼儿为一组，每组中有三个矮个、一个高个的幼儿。

只有高个幼儿站在椅子上才能"摘"到果子。游戏的任务是看哪一组先把果子摘回来。在最初的游戏中,每个幼儿都奋勇争先,都想去把果子摘回来。但是,矮个子的幼儿站在椅子上,怎么踮脚也采不到果子。结果没有一个组能做到把果子全部采回来。有的组采到的果子很少,有的组一个也没采到。于是,教师提出了问题:"怎样才能把果子全部采回来?"幼儿通过讨论想出了解决的办法:我们分工合作,高个子负责采摘,矮个子负责把果子运回来,这样才能又快又多地把果子采回来。这个办法果然管用。通过这个游戏,幼儿对于合作的必要性有了切身的体验。

(三)确定指导时机

教师在幼儿游戏中的指导,除了要注意方式方法的适宜性以外,还要注意指导的时机。幼儿游戏活动开始时的兴趣和愿望的激发、启动,结束时的总结性评论,都是游戏指导的重要环节。而在游戏的进行过程中,教师作用于幼儿同样也有一个最佳时机的问题。在上面谈到"非言语方法"时,我们介绍的"做头饰"的实例,就是一个干预适时而又方法恰当的例子。在女孩欲能而不能,经过了种种努力和尝试之后,教师的一个动作就使小女孩"豁然开朗"。如果教师在女孩第一次不会时,就手把手教,小女孩儿可能体验不到克服困难解决问题后的成功感和快乐。如果女孩没有经过尝试,老师的手势也可能不会发生作用,正如孔子所指出的那样,教师的启发只有在学生"心愤口悱"(心里有话想说但嘴却说不出来)的时候才能奏效。在游戏过程中的"教",也要注意启发教学原则的运用。

(四)把握好指导对象的范围

教师对幼儿游戏的指导既要面向全体,又要兼顾个别。教师应注意避免单一性集体指导和整齐划一的要求(特别是在集体形式的教学游戏开展中),教师需注意指导范围不能局限于某几个幼儿身上,特别是在幼儿自选游戏的开展中,做到对指导对象范围的科学、合理的把握。例如,某班教师按照上周积木区和"娃娃家"游戏存在的问题,确定这两个区域为指导的重点。在自选游戏过程中,教师既要关注各区游戏的全面开展,同时也要深入到这两个活动区,给予具体的和更有针对性的指导。

(五)把握好互动的节奏

教师对幼儿游戏的干预是在与幼儿的互动过程中动态地、连续地展开的。因此,干预时要注意把握好互动的节奏。

在幼儿园的教学过程中,教师常用自己的想法去代替幼儿的想法,不给他们思考、探索的时间,不给他们与伙伴互动、"磨合"的时间,往往指望一提问,幼儿就能立即给出"正确"的回答,一次活动"立竿见影"看到结果。因而造成了幼儿园教学中所存在的肤浅化、形式主义的问题,这种倾向不仅存在于教学活动中,同样也存在于游戏活动中。教师总想按照自己心目中"好游戏"的标准来指导幼儿游戏。

案例7

冬天到了,幼儿园开展冬季锻炼活动,如扔沙包、跑步等。大班有一位老师认为在扔沙包活动中可以教幼儿学会测量。于是她把幼儿带到户外。户外的地面是由一块块方形的水泥砖铺成的。她先让幼儿扔沙包,然后问幼儿:"这样才能知道扔得有多远?"幼儿回答说:"可以数地上的方块。""还可以用什么办法知道呢?"在教师不断的提问和要求下,幼儿举出了可以用棍子、跨步、绳、布条等不同的方法。教师很满意这样的结果,认为教学的目标达到了。然而,整个过程对于幼儿来说,却变得索然无味。

分析: 教师能够把扔沙包和学习测量联系起来,应该说是很好的"创意",她发现了扔沙包游戏的教学潜能。但问题在于她没有把握好与幼儿互动的节奏:急于通过一次活动就达到预订的教学目标,让幼儿说出所有可能的测量方法。于是,本来可以生动有趣的游戏变成了烦闷无聊的"课"。

建议: 当教师把幼儿带到户外去扔沙包时,幼儿最初的兴趣是在扔沙包本身。在扔的过程中,幼儿也许会产生谁扔得远的问题,这时教师可以因势利导地提出"怎样才能知道扔得有多远"的问题。由于地面的关系,幼儿自然首先想到的是利用地面的砖。由于大班幼儿已有较强的"竞赛"心理,教师还可以提供纸、笔等,让幼儿把他们的比赛结果记录下来。这样在活动过程中就自然地产生了"统计"的问题。经过一段时间(可以是1周或2周)以后,教师可以通过更换游戏地点的办法,例如把幼儿带到平坦的土地上扔沙包。这时,由于地面上缺少了可以利用的自然测量标准——方砖,幼儿必然会面对如何解决测量工具的新问题,而且,还可能会产生非标准测量工具的不一致或不可比性的问题,这时教师就可以"很自然"地把标准测量工具介绍给幼儿。所以这个活动应当以渐进式、生成性方法来组织,应当有不断深入的延伸活动,不宜以一次活动解决所有问题的思路来组织。关键是要把握好与幼儿互动的节奏。

(1)要把握好与幼儿互动的节奏,要求教师要站在幼儿的角度,以"假如我是孩子"的心态体验幼儿可能的兴趣和需要,不要仅仅从"我想怎么教"来设计活动;同时,还要求教师在实际活动过程中,敏感地觉察到幼儿真正的兴趣、需要是什么,能够及时地调整自己的活动目标以及步骤。

(2)教师应给幼儿时间和空间去探索、思考,要提供条件,鼓励支持幼儿去验证自己的想法,哪怕是"错误的"想法。要允许幼儿"犯错误",不要急于用成人认为"正确的"方法或观点去框住幼儿的头脑。

(3)教师把学习看作是一个发生在内部的、需要一定时间的渐进的过程。即使是成人也不能通过听一次课就能全部掌握和理解教师所讲的全部内容。幼儿的理解发生在活动过程中,这个过程需要时间,需要重复。因此,不要指望幼儿可以通过一次活动就可以真正理解。人的经验是主动建构的产物,但建构是一个需要时间的过程。

（4）教师必须对互动的效果进行反思。以下问题有助于进行关于干预的速度和互动节奏的决策和反思：

①我对幼儿提供了多少帮助？应当一次性地给予帮助还是分几个步骤进行？
②我所提供的支持和帮助适宜吗？是否抑制了幼儿的独立探索？
③我干预以后，幼儿有没有变化？有哪些变化？
④哪些变化是由幼儿自己引起的，哪些变化是由我的帮助引起的？
⑤哪些方式更容易被幼儿接受？哪些方式对他们的帮助更大？哪些没有满足他们的需要？
⑥我的帮助是导致了幼儿对我的依赖还是促进了他们更加积极地思考？
⑦幼儿还要帮助吗？教师什么时候应该撤出帮助？

总之，教师在幼儿游戏过程中的指导是教师利用游戏教育幼儿、促进幼儿发展的关键环节和重要职责，而保证游戏指导的科学性、合理性的前提和基础则是尊重幼儿游戏的主体性，发挥幼儿的自主性、积极性、创造性。指导游戏需要教师的"童心"、耐心和细心，需要教师对幼儿的尊重、理解与包容。

三、通过讨论的建构指导

建构指导主要是指教师通过引导幼儿讨论游戏中的问题，帮助幼儿自己建构新的经验体系的方法。每次游戏结束后，教师适时的建构指导，不仅可以引导幼儿抒发游戏中的情绪体验，更重要的是能帮助幼儿在相互的对话、讨论中，将零散的经验得以系统化，在相互学习中建构新的经验和知识。

（一）讨论建构的内容和要求

1. 内容

（1）将内容中出现的创意及成功的体验提供给幼儿分享，鼓励幼儿的创造性思维，注重幼儿发现问题能力的培养。

（2）将游戏活动过程中存在的问题，特别是矛盾的焦点，提供给幼儿讨论，鼓励幼儿以自己的方式解决问题，注重幼儿解决问题能力的培养。

2. 要求

（1）幼儿是讨论的主人。教师在引导幼儿进行自主性游戏讨论时，应以幼儿为主，帮助幼儿将外在经验内化为自身的经验，要多问几个"为什么""怎么办"，不要急于将答案及解决问题的方法告诉幼儿。

（2）游戏本身没有好坏之分。每个幼儿都是站在自己已有的经验基础上表达他们对生活的理解，只是表达的侧面不同，李老师不能用游戏开展的好坏来评判幼儿游戏的水平。对于游戏中出现的道德行为方面的问题,应当通过讨论加以引导。

(3)每次讨论要有重点。在讨论中不要面面俱到。游戏中幼儿出现的问题会很多,每次讨论可以重点解决一两个方面的问题。

(二)引导幼儿讨论游戏的方法

运用观察法了解幼儿游戏的情况,确定讨论的内容,然后运用谈话法,引导幼儿集体或个别讨论。

1. 情景讲述法

教师将游戏中观察到的典型事例,以情景讲述的形式提出来,供幼儿讨论,以便帮助幼儿将游戏中的错误经验及违反常规的行为纠正过来。这种讲评比较有针对性,能有效解决存在的问题,但对幼儿自我表达游戏的机会有所影响,可以一段时间用一次,集中解决主要问题。

案例8

幼儿甲跑到一个娃娃家中,说:"我做你家的小狗,好吗?"正在这个时候,幼儿乙也跑了过来,说:"我来做你家的小狗吧。"一会儿,幼儿丙和丁都跑了过来,说了类似的话,希望做这家的小狗或小猫。这样,这个家中就有了5只小狗或小猫,甲和丙两个人手拉手跳着走,走到家的外面,幼儿甲说:"我们家真是太吵了。"幼儿丙说:"就是,我们家的人真是太多了,宠物也太多了。我刚才差点跌跤了。"幼儿甲说:"那我们就到外面去玩一会吧。"教师看到幼儿在"娃娃家"中出现了拥挤的场面,而且幼儿自己也有这样的感受。但是教师并没有立即制止、纠正幼儿的行为。而是在游戏结束后,进行了谈话活动,让幼儿自己对游戏中出现的问题进行一定的反思。

在游戏结束后,教师首先请"娃娃家"的小朋友谈自己的感受,问:"你们对今天的'娃娃家'有什么意见吗?"从幼儿的反馈中得知,大家感到"娃娃家"中的人数太多,比较拥挤和吵闹。面对这样的问题,教师继续将问题抛给大家,问:"那么你们感到是什么原因导致了'娃娃家'的人多了呢?"幼儿讨论后,得知是家中的小动物太多了的原因。教师:"那么,你们觉得该如何使家中的宠物数量减少呢?"有的幼儿说,限制宠物的数量,但遭到了大家的反对。教师继续问:"那有没有专门让宠物呆着的地方呢?"幼儿继续讨论并得出自己的结论:可以开设一个"宠物商店"。在空余的时间里,班级的孩子们制作了宠物的标记并确定了开设"宠物商店"的位置。大家的"宠物商店"就红红火火地开张了,幼儿"娃娃家"中的问题就解决了。

2. 绘画法

绘画法是指教师在讲评游戏时,以绘画的形式来表达自己在游戏中的情况、存在的问题及成功的经验等。让幼儿将想象的东西用图画表达出来,给每个幼儿都提供了表达游戏情况的机会,同时也弥补了幼儿语言表达能力的不足,这样有利于幼儿相互交流、交谈游戏的经验,也有利于教师了解幼儿的真实想法、需要及已有经验;可以引发新主题,有利于有目的地准备玩具材料。这种办法在小、中、大班皆可用,中、大班尤为适用。

案例9

在幼儿游戏活动时,我为幼儿提供了纸和笔,让幼儿进行绘画,内容是:"把你今天玩得开心和不开心的事画下来,也可以画出你想玩或者喜欢玩的游戏……"幼儿稍稍思考后即动笔画。教师巡回观看幼儿作画,从画面上看幼儿的情绪和需要,然后分别请幼儿上台拿着自己的画给大家讲述,教师可适当找一些有代表性的内容,并让这些孩子说,然后有意识地引导,启发幼儿讲述,并带领大家讨论,共同分享其他幼儿的经验。

例如,有一次我看到好几个孩子画面上呈现的都有小舞台的游戏情节,有的是歌舞庆祝会,有的是小魔术,有的是武术表演等。于是就启发幼儿讨论:小舞台可以表演哪些节目,需要哪些服装、道具;哪些是有益的节目,哪些节目不要在舞台上表演(如打斗),等等。孩子们在热烈的讨论过程中得到了这方面的知识。

总之,运用绘画法讲评,需要老师能透过孩子的画面,捕捉一些热点问题,对幼儿进行一些引导、启发,使幼儿得到不同程度的发展。

3. 角色反串法

教师在讲评游戏的过程中,不妨大胆尝试与幼儿互换角色,让幼儿作为游戏讲评的主持人。这本身就是一种社会角色的扮演。幼儿是游戏的主人,他们之间有些东西作为局外人是不太能看透的。因此,在讲评时,偶尔让幼儿充当讲评的组织者,有利于促进幼儿能力的发展。

案例10

老师与幼儿进行角色反串,请一名幼儿当老师组织奖评。问一些老师常问的问题,如,你玩的什么游戏?玩得高不高兴?为什么?等等。老师以小朋友的身份将自己游戏中的体会用举手发言的形式说给"同伴"听,老师的发言其实也是一种隐性指导:一方面分享经验,另一方面幼儿听了也知道自己该怎样谈游戏。角色反串法的优点是培养了幼儿的自信心,锻炼幼儿的组织能力,更充分体现了自主游戏的精神,它使老师更贴近幼儿,老师的指导作用发挥得更隐蔽,但在使用中还应注意阶段性,最好隔一段时间使用一次。

4. 点面结合法

点面结合法是游戏讲评中最常用的方法。指导教师根据幼儿介绍的所玩游戏的主题、游戏的伙伴、游戏的材料、游戏的情节、游戏中的情感态度,对其中的一点引导幼儿进行深入地讨论,讨论的话题可能是游戏中幼儿矛盾问题的焦点,也可能是游戏中热门的话题,也可能是幼儿与"最近发展区"想接近的问题等。

案例 11

下面以一事例来加以说明。如在一次游戏中出现了"新娘子"这一游戏主题,这是一个新出现的主题,具体的主要情节有女孩把自己打扮起来,去找男孩子结婚,紧接着后面的好几次游戏连续地出现了这一主题,并有许多女孩子把自己用彩条纸装扮起来,扮起新娘子……这一主题和出现的情节成为这几次游戏的一个"热门",当老师观察到这个情况时,在讲评中有意识地让幼儿引出此话题。其中玩这一游戏的幼儿说:"今天我玩新娘子游戏的,我和张诵白结婚的。"顺着她的话,老师问:"那你是怎样扮新娘子的?"她说:"马瑞帮我在头上戴了许多彩色纸。"老师又问:"你们有没有见过新娘子?"这是大家异口同声地说:"见过。"这个说我家的舅妈结婚当新娘子,那个说我阿姨做新娘子……顿时孩子讨论活跃了,个个都想说自己见过的新娘子。老师又进一步加以引导:"那你们说说你们见过的新娘子是什么样的好吗?"有的说穿白色的长裙,有的说手里拿着鲜花,有的说耳朵上戴着耳环,有的说头上插着鲜花、披着纱……通过这样的讨论,孩子们有了一个对新娘子的穿着打扮方面的全新的认识,把自己一些零星的知识经验与同伴分享、交流,获得了对自己已有认知经验进行补充和修正的机会。

最后,对某一问题或某一点讨论结束后,为了让更多的孩子有表述自己感受和体验的机会,请每个幼儿找朋友或找老师进行相互交谈,以提供全体幼儿都有表述、表达的条件,满足幼儿发展的需求。

第三节 幼儿游戏的评价

幼儿游戏的评价,是指对幼儿游戏行为本身的评价,主要包括两个方面:对游戏教育作用的评价和对幼儿现有游戏发展水平的评价。

一、对幼儿游戏教育作用的评价

评价游戏对幼儿发展的教育作用是否得以实现或幼儿通过游戏是否得到教育,是评价幼儿游戏是否成功的关键。而评价游戏教育作用的大小或游戏是否成功的根本出发点就是:幼儿是游戏的主人。具体包括以下几个方面:

(一)幼儿按照自己的意愿做游戏,在游戏中感到轻松、愉快,发挥了创造性

游戏是否成功或游戏的教育作用是否得以充分的实现,根本取决于游戏是否充分体现了幼儿主人翁的地位。好的游戏能充分体现游戏的特点,即幼儿能主动、自愿、愉快地根据自己的意愿、经验开展游戏。

(二)幼儿游戏很认真,能克服困难,能遵守游戏的规则,游戏有较强的组织

性和独立性

在好的游戏中,幼儿出于对游戏的极大兴趣,能克服困难坚持进行游戏。在成功的游戏中,幼儿即能遵守游戏规则,与同伴合作表现出一定的组织性,也有一定的独立游戏的能力。

(三)会正确创造性地使用玩具并爱护玩具

在成功的游戏中,幼儿不仅能正确地使用玩具,而且能创造性地使用玩具。在游戏过程中和结束后,不争抢玩具,能正确收放玩具,爱护玩具。

(四)在游戏中对同伴友爱、谦让,能与同伴合作并不妨碍他人游戏的进行

无论是独自游戏还是合作游戏,在游戏中都存在与同伴的关系问题。成功的游戏中幼儿能与同伴友好合作,能正确处理玩具、场地、角色等问题,并有组织地分工合作开展游戏。

(五)游戏内容丰富、积极向上,有益于幼儿身心发展

成功的游戏中,幼儿游戏内容丰富,能广泛地创造性地反映他们对周围世界的认识,且内容健康向上,有利于幼儿身体、智力、品德的全面发展。

以上五项评价标准是评价游戏是否成功的基本标准,适用于各年龄班。但由于各年龄班幼儿游戏水平有差异,各类游戏特点不同,因此在具体评价某班某种游戏时,应结合幼儿游戏水平和特点以及不同种类游戏的教育功能特点进行评价。

总之,对游戏教育作用的评价必须从有益于幼儿身心发展出发,不可随意以成人的好恶来评价游戏,必须以幼儿是游戏的主人为出发点,对幼儿在游戏中的表现进行评价,而不应用场面大小、热闹程度等表面形式来评价。只有掌握正确的评价标准,才能明确指导的方向和重点,才能使游戏真正地促进幼儿全面发展。

二、对幼儿游戏的一般性发展水平评价

正确地了解幼儿现有的游戏水平,可以更科学地指导幼儿游戏,促进幼儿游戏水平不断提高。

评价幼儿游戏的发展,可以了解幼儿身心整体发展的一般状况,特别是了解幼儿个性和社会性功能的发展特点。通过评价幼儿游戏一般性发展,还可以检验教育者组织和指导游戏的效果。

教师可以利用表 3.2 所列的标准,在对幼儿游戏全程观察的基础上,对其自选游戏情况、能否确定主题、活动中材料的使用、与人关系、活动持续性等做出评价,从而了解本班幼儿能力水平和特点的整体情况,同时掌握每个幼儿的具体特点。根据实际的观察评价,制订本班幼儿发展目标和计划,这样会更有针对性,会更加客观和具体。

教师在学期初、末对本班幼儿进行一次幼儿游戏一般性发展评价,将材料加以汇总统计后,前后两次对照,就可以判断本学期幼儿的发展一般状况,明了取得的教育效果和质量。同

时也可以对评价量表中的各方面加以分析,掌握本班幼儿各方面的发展特点和取得的进步。

表3.2　幼儿游戏一般性发展评价表

项目	评价标准	评分
1. 自选情况	不能自选 自选游戏玩具 自选活动及玩具	
2. 主题目的性	无意识行为 主题不确定,易受他人影响而变换 自定主题,能很快进入游戏情境	
3. 材料使用	不会用或简单重复 正确熟练常规玩法 材料运用充分,玩法多样复杂	
4. 常规	行为有序;基本遵守规则;行为混乱,不守规则 轻拿轻放,爱护玩具;基本爱护;不爱护,乱丢玩具 及时收放,认真整理;部分做到;不能整理	
5. 社会参与	独自玩 平行活动 联合游戏 协作游戏	
6. 伙伴关系	积极交往:互相谦让,轮流合作,协商解决问题 一般友好交往:交谈逗趣,请求询问,追随模仿 消极交往:独占排斥,干扰破坏,攻击对抗	
7. 持续情况	交往频繁(记录次数) 有一定坚持性,完成一项活动后再变换 始终持续一项活动	
8. 其他	是否参与环境创设,与教师交往情况及能否正确评价游戏	
总体印象		

三、幼儿游戏环境创设的评价

对幼儿游戏环境创设的评价能为教师和幼儿园增强游戏环境创设的目的性和针对性,提高环境育人的意识和技能水平。幼儿游戏环境的评价包括对场地、各活动区、游戏材料或玩具投入等方面进行评估,既要对室内游戏环境(场地)进行评价,也要对室外游戏环境(场地)

进行评价,可以先单就每个或每类活动区分别评价,然后综合地对游戏环境整体效果进行评价。

对于幼儿游戏环境创设的整体效果评价可参考表3.3各项目进行。

表3.3 游戏环境创设的整体效果评价量表

肯定评价	5	4	3	2	1	否定评价
1. 活动区的设置有利于促进幼儿身心全面发展,类型与数量适宜 2. 各活动区位置适宜 3. 各活动区提供的材料、种类、数量适当 4. 活动区的设置与幼儿年龄特点和实际水平相适应 5. 能依计划投放和更换材料,变换玩法,激发幼儿新需要 6. 各活动区之间关系协调 7. 因地制宜充分利用场地 8. 幼儿有机会参与环境创设 9. 结合游戏规则的建立,增强环境中的自治因素 10. 自选游戏与集体教学适当联系,相互配合促进 11. 保证集中游戏时间,并充分利用零散时间						1. 活动区的设置类型单一、不足或更多 2. 位置不当,如图书角设在了楼道 3. 材料不足或更多,未体现教育意图 4. 活动区的设置与幼儿年龄不符 5. 材料投放一次性,无变换 6. 各活动区关系不当,相互干扰 7. 场地利用率低,未依需要加以调整 8. 环境创设由教师包办,幼儿无参与机会 9. 环境中无自治因素,幼儿游戏混乱 10. 自选游戏孤立进行,未注意与正规教育教学的配合 11. 时间安排不足或游戏时间无保证

四、对教师在游戏过程中指导的评价

在幼儿游戏实施的过程中,做好对教师指导的科学评价可直接促进幼儿教师树立科学的游戏观和游戏指导意识,改进游戏的指导。对于教师在游戏过程中指导的评价可以是他人评价,也可是教师自评。

评价教师在游戏过程中的指导,既要注重教师作为教育者的主导作用发挥程度,又要强调教师对幼儿主体地位的尊重,做到科学、全面、合理。另外,在评价中要注重对教师工作的激励,调动和保护教师对游戏正确指导的积极性和创造性。

对幼儿教师在游戏过程中的现场指导的评价内容可以参考以下方面:

（一）引导游戏的进程

引导幼儿选择活动开始游戏，如教师可先介绍材料、提出行为要求等，启发引导幼儿自选活动；参与幼儿的游戏过程，激发幼儿探索环境与操作材料，鼓励幼儿与同伴交往；依照幼儿的不同需要给予适当的帮助；游戏结束时引导幼儿简评游戏。

（二）教师与幼儿的相互作用

教师在与幼儿相互交往时，应注意多运用中性与积极肯定的态度，尽量减少否定性交往接触。注意以自己积极饱满的情绪参与游戏，影响感染幼儿。例如，教师可多运用鼓励、赞许、肯定，表现出对游戏活动的兴趣，可以表扬幼儿的良好行为，或是用眼神、表情等身体语言做出赞许的表示，尽量避免强行控制、禁止、批评等，教师的积极态度会促进幼儿的努力和进步，鼓励幼儿去创造和发现。

（三）教师指导的对象和范围

应注意重点与一般结合，在照顾全体的同时，特别注重对幼儿个体的指导，针对幼儿的不同特点，给予具体指导；又应注意逐渐增加对幼儿活动小组的指导，从而激发小组内幼儿之间的积极互动。避免单一性的集体指导和整齐划一的要求。

（四）探索和运用多样化的指导游戏的方法

教师应注意在教育实践中，探索多样化的指导方法，如及时呈现适宜材料、建议、提问、启发和丰富知识经验、共同参与、行为示范，教授或指导具体技能，利用幼儿之间相互影响互教互学等，从而促进游戏的不断深入。教师要根据具体情况，采用适当的指导方法，并注意综合运用多种方法指导游戏，才能发挥良好的效果。

（五）激励式指导方式

教师应在尊重幼儿的基础上，运用启发激励式指导方式，创造一种民主平等的心理环境和气氛，激励幼儿的积极活动，鼓励幼儿的探索创造，如设置问题情境，提供机会并鼓励幼儿自己克服困难解决问题等，切忌强制包办和随意放任式指导，要注重培养幼儿的支柱精神。此外，教师在具体指导过程中，要关注常规的培养，让幼儿通过执行游戏常规，逐渐形成行为自律和自我鼓励能力。

教师对游戏过程指导情况的评价表见表3.4。

表 3.4　教师对游戏过程指导情况的评价表

项　目	内　容	评　分
1. 引导游戏进程	依游戏计划引导游戏的整个过程(开始、中间、结束),使游戏顺利开展	
2. 教师与幼儿相互作用	教师积极参与游戏,增加与幼儿的接触交往,多运用肯定互动,减少否定性接触	
3. 指导的对象和范围	重点与一般相结合,游戏过程中以面向个人的指导为主,逐渐增加对小组的指导,班级教师均参与指导	
4. 指导方法的运用	能结合幼儿年龄和各类游戏的特点,选择适宜的指导方式,能运用多样化的指导方法(如及时提供材料,共同参与,行为示范,指导技能,利用幼儿之间相互影响)	
5. 指导类型或方式	指导方式为激励式,注意引导幼儿发现和学习,促进幼儿游戏的深入和活动质量的提高	
6. 游戏常规的建立	依幼儿不同年龄,引导幼儿在活动中建立必要的游戏常规,结合环境中的自治因素,引导和监督幼儿执行常规,逐渐培养幼儿在行为方面自律、自治	

总之,在教育中对幼儿游戏的评价,既可以针对幼儿游戏本身,也可以针对幼儿游戏教育实施方面,既可以是有侧重性的单项评价,也可以是全面的综合评价。它可以为幼儿教育和幼儿游戏的实施提供科学的参照和依据,并和游戏环境条件创设、组织、指导等环节共同构成游戏教育实施的完整过程。

【思考题】
1. 教师在制订幼儿园游戏计划时应注意哪些问题?
2. 结合幼儿园游戏指导的实例说一说教师应如何参与介入游戏的指导?
3. 请举例说明引导幼儿讨论游戏的方法有哪些?
4. 教师在游戏过程中的评价应关注哪些方面?

第四章
Chapter 4

幼儿游戏观察的指导

观察是教师了解幼儿的主要手段,通过采用一定的观察策略对幼儿游戏进行观察,可以使教师更加清楚地了解幼儿的兴趣、需要、情感态度和认知水平等,可以为指导幼儿的游戏提供必要的依据。

第一节 游戏观察的意义

一、观察是了解幼儿游戏的最佳途径

游戏是儿童最喜爱的活动,在游戏中幼儿可以自由地活动,充分地表现自己的一切。通过观察幼儿的游戏,教师可以评价一个幼儿的各种能力,如匹配能力、确认因果关系的能力,以及利用工具的能力等。另一个重要的作用是,教师还可以了解到幼儿人格和社会化的发展。一个总是独自游戏的幼儿,或一个明显有破坏性和攻击性表现的幼儿,或者一个总需要成人关注的儿童,都是有某种心理障碍的表现。更为精细的是,在做模仿家庭活动的游戏中,一个儿童对角色的扮演可以使我们了解他与父母或家人的关系。

二、观察是对游戏实施有效指导的前提

《幼儿园工作规程》指出,"游戏是对幼儿进行全面发展教育的重要形式。应根据幼儿的年龄特点选择和指导游戏。根据幼儿的实际经验和兴趣,在游戏过程中给予适当指导,保护愉快情绪,促进幼儿能力和个性的全面发展。"通过观察,可使教师了解并提供给幼儿游戏的必要条件,如游戏的时间是否合适、空间是否足够、玩具材料恰不恰当、游戏经验的丰富程度如何等。只有那些经常花时间仔细观察幼儿游戏的教师,才不会打扰幼儿的游戏,才能够把握机会选取适当时机指导幼儿游戏。

三、观察是对游戏进行正确评价的保证

对幼儿园游戏的评价必须建立在对游戏的观察上。只有观察了游戏的过程,对幼儿游戏的情况有大致的了解,知道游戏存在的问题,才能找出解决问题的有效办法,才能对游戏形成正确的认识和评价。而只有建立在幼儿游戏事实基础上的评价,才是有效的、积极的。

四、观察是制订下次游戏计划的依据

游戏计划的制订,不是教师凭主观想象去安排幼儿游戏,而是根据幼儿的兴趣和需要在观察幼儿游戏的情况后,根据游戏中存在的问题及幼儿的行为表现,制订出下一次游戏的计划。

第二节 游戏观察常用量表

量表是观察幼儿游戏行为的良好工具。游戏评价量表可以帮助研究者和广大幼教工作者理解幼儿的游戏行为,了解幼儿游戏的兴趣和需要,及时发现存在的问题并给予适当的指导。

一、帕顿、皮亚杰的社会-认知二维联列量表

20世纪70年代中期,鲁宾及同事将帕顿的社会参与评定量表和斯米兰斯基改进的皮亚杰的认知游戏分类结合起来,使两个游戏发展的维度可以进行同时评估,从而形成了帕顿、皮亚杰社会性-认知二维联列量表(以下简称"帕顿、皮亚杰量表")。

帕顿、皮亚杰量表是一种整体评价幼儿游戏发展水平的实用性工具。它打破了原有的评价模式,容纳了认知水平和社会性水平的12项游戏评价条款,并加入了非游戏行为的项目,见表4.1。

表4.1 帕顿、皮亚杰量表

游戏的社会——认知内容:12项			
	孤独的	平行的	集体的
基础游戏	孤独——基础游戏	平行——基础游戏	集体——基础游戏
结构游戏	孤独——结构游戏	平行——结构游戏	集体——结构游戏
角色游戏	孤独——角色游戏	平行——角色游戏	集体——角色游戏
规则游戏	孤独——规则游戏	平行——规则游戏	集体——规则游戏
两项非游戏行为:无所事事,旁观			

（一）帕顿、皮亚杰量表的操作定义

1. 认知水平

（1）基础游戏：重复肌肉运动，用玩具或不用玩具。例如：跑和跳，伸和缩，操纵玩具或材料，非正式规则游戏。

（2）结构游戏：使用玩具（积木、积塑小玩具等）或材料（沙子、橡皮泥、颜料）构造一样东西。

（3）角色游戏：角色扮演与假扮转换。例如：

①角色扮演：幼儿扮演现实生活中的某一角色（父母、医生、教师）。

②假扮转换：把身边的某种东西假想成另外一种东西，例如：拿竹竿当马骑，拿盘子当汽车的方向盘等。

（4）规则游戏：承认、接受并遵奉确立的规则，例如：棋类游戏、踢球等。

2. 社会性水平

（1）孤独游戏：孤独地玩，与周围孩子使用不同的材料。虽然同伴处于可说话距离，但无谈话。

（2）平行游戏：参加周围其他孩子类似的活动，或玩与其他人差不多的玩具，但没有与其他孩子一起玩的倾向。

（3）集体游戏：跟其他孩子一起玩，角色被指定或未被指定。

3. 非游戏行为

幼儿的非游戏行为经常表现为无所事事、旁观或者在不同游戏活动间来回转换。

4. 非游戏活动

由教师或幼儿自己选定的任务或学习活动。例如：看童话书、涂色、使用教育性玩具等。

5. 根据操作定义对幼儿游戏行为进行译码

（1）一个孩子用积木搭一样东西，无其他孩子在附近。（孤独——结构游戏）

（2）一个孩子单独玩，用玩具电话假装打电话。（孤独——角色游戏）

（3）两个孩子正在玩娃娃家，各自假装煮饭或炒菜。他们清楚各自的活动，但无交往。

（4）几个孩子在图书角看书。（非游戏活动）

（5）一些孩子在一起用积木搭一条高速公路。（集体——结构游戏）

(二)帕顿、皮亚杰量表的观察记录例表(表4.2)

表4.2 帕顿/皮亚杰量表的观察记录例表

姓名_____ 观察日期_____

		认知水平			
		基础	结构	角色	规则
社会性水平	孤独				
	平行				
	集体				
非游戏		行 为		活 动	
	无所事事	旁 观	频繁换场		

(三)使用帕顿、皮亚杰量表的具体方法和注意事项

1. 熟悉操作定义

在实际使用该量表之前,必须熟悉表内各项行为的操作性定义。只有这样才能在现场观察时比较准确地判断幼儿游戏行为的性质并对它们进行归类。

2. 坚持一个幼儿使用一张观察表

如果要同时对多个幼儿进行观察,必须为每一个幼儿准备一张观察表,参见表4.2,可以采取在小格内划"正"字的方式来记录。

3. 采用多次扫描 - 时间取样的方法

每一次对一个幼儿观察的时间是15秒,依次对每一个被试进行观察。15秒是比较适宜的时间,一方面,这个时间的长度已够观察者判断幼儿行为的性质;另一方面,它也正好短到在一个观察间隔时间内幼儿不太可能改变他的游戏性质。

在结束对第一个幼儿的观察和开始对第二个幼儿的观察之间可有5秒钟的时间间隔,作为下一次观察的准备。因此,大约在1分钟之内可观察三次。依此类推,则每4分钟可对12名幼儿观察一次,20分钟内可对12名幼儿进行五次观察。

4. 观察顺序的确定

在观察之前,可以混合所有幼儿的游戏观察记录表。然后再随机抽取观察记录表,以保证观察顺序的随机性和公平性。从混合后自然产生的第一张观察表开始。

在对所有确定的观察对象进行了第一轮的观察以后,可以开始新的一轮观察。观察顺序

同前不变。

5. 资料的分析和解释

在对每一个幼儿进行了 20~30 次游戏观察以后,对所收集到的资料作简单的统计分析后,就可以很清楚地看出每个幼儿游戏的特点。

在解释观察所收集到的资料时,要注意幼儿所表现出来的游戏的发展水平是否与其年龄应有的发展水平相吻合。

一般来说,两三岁的幼儿如果常常独自游戏、无所事事、旁观或不停地转换活动,是不足为奇的。但是,如果在一个四五岁的幼儿身上观察到很多这一类行为,则表明其游戏的社会性发展水平不高。在这种情况下,成人一方面应当注意提供适宜的指导或干预,培养幼儿与伙伴共同游戏的兴趣和技能;另一方面,可以使用豪伊斯同伴游戏量表,进一步深入地观察和理解幼儿游戏的社会性发展情况。

从认知发展的角度来看,一般来说四五岁的幼儿应当有较多的结构性或象征性游戏。如果一个四五岁的幼儿较少进行较高层次的认知性游戏而停留在对物体的简单操作摆弄的水平上,成人就有必要通过适当的干预来帮助幼儿提高游戏的认知发展水平。

二、豪伊斯同伴游戏过程量表

豪伊斯根据幼儿之间接触的密切程度把幼儿的社会性游戏分为:①互不注意的平行游戏;②互相注意的平行游戏;③简单的社会性游戏;④互补的社会性游戏;⑤互补互惠的社会性游戏。在豪伊斯的分类中,各种游戏行为之间区分度比较明显,在实际应用时不致发生不好把握的问题。

豪伊斯的同伴游戏量表(表 4.3)吸收了帕顿的"独自游戏"和非游戏行为条目,并增加了"教师参与"和"游戏地点与材料"各一项,可以比较清楚地说明幼儿游戏的状况。

表 4.3 豪伊斯同伴游戏观察量表

次数 \ 种类	水平(0)	水平(1)	水平(2)	水平(3)	水平(4)	水平(5)	非游戏活动	旁观无所事事活动转换	教师参与	游戏地点与材料
1										
2										
3										
⋮										
总计										

与帕顿、皮亚杰的量表用法相似,也需要一张表格只记录一个幼儿,每次观察15秒,时隔5秒。豪伊斯同伴关系量表的操作性定义如下:

(1) 水平0:独自游戏。

(2) 水平1:互不注意的平行游戏。幼儿之间没有出现眼神和言语的交流,都在专注于自己正在进行的游戏。

(3) 水平2:互相注意的平行游戏。幼儿在玩游戏时有眼神的来往,但没有出现社会性交往。例如:在一起搭积木的小朋友,偶尔会注意一个别人所搭的东西。也可能一个小朋友模仿另一个小朋友搭积木。

(4) 水平3:简单的社会性游戏。幼儿出现简单的社会性行为,但没有进行合作。例如:微笑、触碰、发出声音、攻击行为等。

(5) 水平4:互补的社会性游戏。幼儿在游戏中能意识到自己和同伴的角色,有跟同伴合作的倾向,但无对话或其他社会性交流。

(6) 水平5:互补互惠的社会性游戏。幼儿在游戏中表现出了分工合作等实质性的交流。

通过该列表观察幼儿的游戏,可以帮我们了解每个幼儿在伙伴游戏时需要哪些帮助,可以了解每个幼儿的兴趣、喜爱的游戏材料、与教师的交往状况等。掌握这些情况,有助于教师采取更适合幼儿的指导方法,提供幼儿的游戏水平。

三、斯米兰斯基社会性主题角色游戏量表

社会性主题角色游戏是指两个或两个以上的幼儿,分配角色并将自己所扮演的角色与别人所扮演的角色联合起来,形成有主题有情节的角色游戏。这种游戏对幼儿的语言、认知和社会性发展有相当高的要求。因此,这种游戏被认为是一种重要的游戏类型。斯米兰斯基社会性角色游戏量见表4.4。

表4.4 斯米兰斯基社会性角色游戏量表

姓名	角色游戏	假扮的转换			社会互动	语言交流		坚持性
		物体	行动	情境		无交流	角色交流	
1								
2								
⋮								

斯米兰斯基社会性角色游戏量表与帕顿、皮亚杰,豪伊斯量表的不同之处在于:一是观察对象数量不同,斯米兰斯基社会性角色量表可以同时观察多名幼儿。而帕顿、皮亚杰量表,豪伊斯量表一次只能观察一名幼儿。二是取样方法不同,在帕顿、皮亚杰量表,豪伊斯量表中,

都采取15秒观察时间取样的方法。而斯米兰斯基社会性角色游戏量表采用事件取样的方法，需要较长观察时间，根据幼儿年龄不同，观察时间大约在5~10分钟。

斯米兰斯基社会性角色游戏量表的操作性定义如下：

1. 角色扮演

幼儿在游戏中扮演某一角色，并表现出与这个角色相应的行为。如，一个幼儿扮演"医生"给另一个扮演"病人"的幼儿看病。

2. 假扮的转换

幼儿用玩具等物体代替现实生活中的实物。如，用积木代替宇宙飞船。幼儿用语言假设一种情境。如，"我们现在都在船上。"幼儿用动作代替真实的行为。如，双手来回转动，装成握住方向盘开车的样子。

3. 社会互动

幼儿在游戏中根据游戏的主题、角色、情节、动作等进行直接的互动或交流。

4. 语言交流

幼儿通过语言对有关游戏的情节、角色进行交流。幼儿在游戏中经常在自身真实的角色和假扮的角色间相互转换。如，"我们来玩个游戏吧，我当司机，你当病人……"（真实角色）"你发烧了，我来给你打针吧。"（假扮角色）。幼儿在计划游戏或制订游戏规则时所说的话是真实的，而在角色扮演游戏中假扮某种角色，并说出与该角色相应的话是假装的。

5. 坚持性

坚持性是指幼儿游戏持续时间的长短。不同年龄的幼儿持续游戏的时间也是不同的。有关研究指出，小、中班的幼儿的游戏可持续5分钟左右，大班幼儿的游戏至少可维持10分钟左右。此外，自由游戏时间的长短也是影响幼儿游戏持续时间长短的一个相关因素。如果自由游戏时间短于15分钟，幼儿游戏的持续时间就要短一些。

第三节 游戏观察的程序与策略

一、游戏观察的内容及流程

（一）游戏观察的内容

在游戏的观察中，主要围绕"人"和"物"两方面，把游戏主题、材料、行为习惯等方面作为主要的观察内容，具体表现为游戏中幼儿与幼儿之间的关系，游戏中角色与角色、角色与材料之间的关系。

1. 主题方面

主题方面包括幼儿已有的游戏主题(游戏中相应的语言、表情、动作、交往能力等)及新出现的主题,如果出现与近阶段教学内容相联系的主题,则作为观察的内容。

2. 材料方面

材料方面包括已有的材料、新投放的材料、环境创设等。观察幼儿与材料的相互作用、幼儿与幼儿之间怎样通过材料进行交往以及环境创设对幼儿游戏的影响。

3. 行为习惯方面

行为习惯方面包括日常生活常规及幼儿间相互交往的规则。

观察了解游戏的流程,也就是教师在运用各种观察方法观察不同的游戏时所走的不同的路径,每次游戏由于观察的主题和重点不同,其路径也就不同。

(二)游戏观察的流程

1. "伞状式"流程

教师以一个中心带动周围其他区域的路径来实施观察,新出现的主题或矛盾较多的区域是教师观察的中心或重心,教师主要是在这个区域里实施定点观察,同时对其他区域进行扫描观察,这样可以避免顾此失彼的现象发生。

2. "钟摆式"流程

教师以对相关主题的观察为重点,来回于既定的两三个区域实施定点或追踪观察,而对其他区域只是远距离的扫描,这样可以使教师较为详细地了解幼儿在相近经验游戏中的互动情况,为帮助幼儿提升、分享游戏的经验做准备。

3. "卷毯式"流程

幼儿游戏时,教师对每个游戏的区域都给予关注,在每个区域巡回地进行扫描或追踪观察,这种路径在教师并无观察重点时使用,其特点是面面俱到,但可能出现蜻蜓点水的现象,使观察结果流于表面。

4. "自由式"流程

观察时并无任何的重点,可以不受线路限制,想看什么就看什么,想用什么方法就用什么方法,范围不一定面面俱到,其特点是可能顾此失彼,但却能发现一些不寻常的事情,更好地了解幼儿的发展趋势。

二、各年龄班游戏观察的重点

从幼儿能力发展来看,各年龄班幼儿在游戏方面的表现是不同的。因此,在观察时各有重点。

小班:主要处于平行游戏阶段,满足于操纵、摆弄物品。对物品的需求是"别人有的,我也要有,"对相同物品要求多,矛盾的焦点主要在幼儿与物品的冲突上。

因此,小班观察的重点在幼儿使用物品上。

中班:随着认知能力的发展、生活经验的丰富,游戏情节较小班丰富,处于角色的归属感阶段,虽然选择了一个角色,但想做多个角色的事情,想与人交往但尚无交往技能,人与人交往出现冲突的多发期。因此,观察的重点应该是在幼儿与幼儿的冲突上,不管是规则上的、交往技能上的,还是使用物品上的。

大班:随着生活范围的进一步扩大及能力的增强,幼儿不断产生新的主题,因新主题与原有经验之间的不和谐而产生冲突,运用已有经验在现有的基础上去创新,成为游戏观察的重点,同时相互交往、合作、分享、解决矛盾也成为游戏观察的另一个重点。

三、游戏观察计划的制订

教师根据本班幼儿情况,每学期可系统观察每个孩子2～3次,观察计划主要来源于三个方面:

(1)本学期计划及现阶段教学内容。

(2)上次游戏的情况及存在的问题。

(3)本次游戏预备做哪些准备,包括材料准备、经验准备、具体要求等。

以上三方面,教师在制订计划时可以灵活选用,根据情况有重点地选择,而不一定每次都面面俱到。计划的目的是更有利于孩子的发展,而不是流于形式。计划来自幼儿的实际情况,而非教师凭空想象。

下面以角色游戏为例,我们对观察计划做了较为系统的总结,仅供参考。

小班:能认识游戏玩具、材料及环境;对游戏有兴趣,愿意选择和扮演自己喜欢的角色,会反映角色的简单生活情景;练习并形成开展游戏的良好的行为习惯;在教师的启发引导下,具备初步讲评游戏的意识。

中班:通过创设简单的游戏情境,尝试并掌握分配游戏角色的方法;能在一定的时间内担任某个角色,了解角色的职责,增强角色意识;会操作玩具材料,积极表现较丰富的生活情节;能评价自己的游戏行为;基本形成开展游戏的良好的行为习惯。

大班:会创设游戏情境,熟练地掌握并运用分配角色的方法;有目的、持久地担任某个角色,共同构思游戏情节;会制定并遵守游戏规则,创造性地表现丰富多彩的生活情节;会自制玩具材料;能评价自己和他人的游戏,巩固良好的行为习惯。

教师在观察幼儿游戏前,可以自己制订游戏观察表格,不同的观察方法运用的记录方法不同。游戏观察记录可参见表4.5。

表4.5　游戏观察记录

> 儿童姓名：_____　　　　　　　日期：_____
>
> 　　为了维持和增进观察技巧,教师应该定期评估游戏环境(室内和室外),并观察幼儿游戏。一个导向特定,针对相关问题的观察轶事记录报告,将能引导这样的活动。
>
> 　　说明：在自由游戏时间里,选择一个目标幼儿(室内或室外),观察30分钟,同时在每一项目作轶事记录。开始观察记录前,先浏览以下的问题：
>
> 　1. 游戏场地是否适合？
> 　2. 游戏器材或器具是否适合？
> 　3. 叙述目标幼儿的社会性游戏行为。
> 　4. 叙述目标幼儿的认知性游戏行为。
> 　5. 辨认象征游戏的内容。
> 　6. 叙述目标幼儿与同伴和成人的互动情形。
> 　7. 目标幼儿在游戏中的持续性如何？

在游戏观察前,应注意随机性与计划性、全面性与个别性相结合。所谓随机性与计划性相结合,即每次观察都要有目的、有重点,但由于游戏的主人是幼儿,他们不是为了满足观察者需要而游戏,有时计划好了这次要观察"娃娃家"的游戏,可偏偏出现了没人玩的现象,因此观察者必须视游戏情况,随时调整观察的重点。所谓全面性与个别性结合,从游戏的主体来看,指全体幼儿,也指个别幼儿；从游戏的主题来看,指全部游戏主题,也指个别主题。观察每次都应兼顾全体与个别,对每个幼儿的情况做到心中有数,同时也要重点地观察个别幼儿游戏的情况,做到游戏观察的面与点相结合。观察的目的,不是为观察而观察,要针对观察到的情况,从中抓出关键性的问题,加以分析,寻找原因,及时改进,以便更好地促进幼儿的发展。

四、游戏观察的方法

常用的观察方法有三种,分别是扫描观察、定点观察、追踪观察。教师可以根据观察的需要和幼儿年龄特点等灵活选择观察方法。

(一)扫描观察

扫描观察主要是在观察全体幼儿游戏时使用。使用时将观察的时间均分给每名幼儿,即在相等的时间内对每名幼儿进行轮流观察。教师可以通过扫描法大体了解全班幼儿的游戏情况。例如,幼儿在游戏中使用了何种材料,开展了哪些主题游戏,扮演了哪些角色等。此法经常在游戏的开始或结尾时使用。运用扫描法进行游戏观察通常采用表格记录观察结果。

游戏观察流程如下：

(1)观察者应事先根据要观察的内容设计好观察表格。

(2)确定观察对象和顺序。

(3)观察时,以5分钟或10分钟为一个观察时间单位,按照一定顺序轮流观察幼儿,并用统一的方式进行记录。

案例1

扫描观察

拼图游戏观察记录(一)

观察时间: 2013年10月29日

开始时间: 上午10点　**结束时间:** 10点30分

观察地点: 大三班活动室

观察对象: 大三班全体幼儿

观察教师: 周老师

幼儿每人一份由20块小图组成的拼图和一份完整的对照图。孩子们很快把小图拆开摆在了桌子上,可是一时又不知道从哪下手,都瞪大了眼睛,看了又看。过了2分钟,有的孩子开始说:"老师,我不会拼啊!这个怎么拼呀?"于是教师提示幼儿仔细观察,参照图来拼。又过了5分钟,几个幼儿失去了兴趣,开始收拾拼图,不想拼了。陆陆续续地其他幼儿也不拼了。只有远远、小宝两位小朋友对拼图产生了兴趣,丝毫没有收起的意思。10分钟后,小宝成功地完成了拼图,远远只拼了一半。

拼图游戏观察记录(二)

观察时间: 2013年10月30日

开始时间: 上午10点　**结束时间:** 10点30分

观察地点: 大三班活动室

观察对象: 大三班全体幼儿

观察教师: 周老师

孩子发现拼图拆开后,混在一起很难辨出哪块是你的,哪块是我的,恰恰小朋友第一个想出了在拼图背后做记号的办法。于是在游戏开始之前,小朋友都在给拼图做记号。游戏开始后,孩子们比昨天专注了很多,都认真地观察着对照图,再仔细拿起拼图一块块对照。大约5分钟后,还是小宝第一个拼好。又过去了大约5分钟,远远和鹏鹏也拼好了。游戏开始20分钟后,大多数幼儿都完成了拼图任务。仅有个别小朋友拼起来还是很吃力,需要教师多次指导。

分析:

(1)幼儿的观察力、动手能力的发展是因人而异的,有的孩子发展得快,有的孩子则较慢。

(2)幼儿遇到问题时,应先让他们自己想办法,教师多在一旁鼓励。案例中恰恰幼儿能积极主动地想办法解决问题,这点是难能可贵的。

(3) 在幼儿不明白游戏规则的时候,教师应给予正确的引导,帮助他们开展游戏。

(二) 定点观察

定点观察是在游戏中教师选取一个固定地点观察幼儿,只要在此地点的幼儿都是观察的对象。这种方法适用于了解多个游戏主题或多个区域的幼儿游戏情况,了解幼儿在游戏中使用材料的情况、交往的情况以及游戏情节的发展等动态信息。定点观察通常采用实况描述法进行记录。

游戏观察流程如下:

(1) 观察者应事先确定好所要观察的游戏区域,即进行"定点"。

(2) 观察幼儿在游戏中的各种表现,如,游戏行为、语言、表情,使用的游戏材料,对游戏的专注度及与同伴的关系等。

(3) 可用描述法做观察记录。为了避免观察时间不充足或不能进行详尽的描述,观察时可以利用照相机、摄像机等辅助记录。

案例 2

定点观察(一)

观察时间: 2013 年 1 月 10 日

观察对象: 大一班 5 名幼儿

观察地点: 娃娃家活动区域

观察教师: 徐老师

当教师宣布分组游戏时,欣欣和彤彤被分到了娃娃家区域。欣欣拿起杯子和勺子,用勺子在杯里搅拌,一般搅拌一边喊:"豆浆,豆浆,谁喝豆浆?"彤彤走过来问:"你在干什么?"欣欣答道:"我在熬豆浆。"

彤彤:"豆浆也不好喝啊。"

欣欣:"豆浆有营养,小朋友都得喝。"

彤彤:"你做火锅吧,火锅里有肉还有菜也有营养。"

欣欣:"行,我给你做火锅。"

欣欣拿起锅放在炊具台上,一边做一边说:"没有菜啊,我去买菜。"说完就离开了娃娃家区域。宁宁过来了,她拿回来了绿色的玩具,并将玩具倒进了锅里。彤彤也拿起了"肉片"(红色的纸片)倒进锅里,还和其他两个同伴说:"这是羊肉片,可好吃了。"欣欣拦住了他:"不行,水还没开哪。"又过了大约 2 分钟,宁宁说:"可以吃了,我都闻到香味了。"也是,三个小朋友就"吃"了起来。小雨和小鹏也来到了娃娃家区域,他们受到了宁宁、彤彤和欣欣的欢迎。五个小朋友一起像模像样地涮起了火锅。

分析: 幼儿对角色游戏很感兴趣,通过平时的观察能模仿真实生活中涮火锅的情形。尤其是欣欣,她说的"水还没开呢"反映出她就具备一定的生活经验。三名幼儿在游戏中合作默契,分工明确。在整个游戏中,幼儿游戏态度积极,坚持性好,同时也能够推动游戏情节的发展。教师通过观察也发现,该区域的材料不够丰富,"菜"还得现买。如果在买菜的过程中幼儿又被别的游戏所吸引了,可能就会中断"涮火锅"的游戏。教师应在角色游戏区放置一个"百宝箱",给幼儿提供多种多样的材料,使幼儿有多种选择的可能。

定点观察(二)
经营不善的理发店

理发店游戏开始,而其中却只有一男一女两个孩子,一个是老板娘,一个做店员。理发店生意冷冷清清,只有老板娘在擦她的吹风机,还时不时地朝娃娃家观望,一副无所事事的样子。教师走到理发店,男孩对教师说:"老师,我们的理发店已经有好几天没有顾客了。"教师到小吃部去吃饭,并邀请那里的点心师和她一起去理发,对老师带来的顾客,老板娘很高兴,要给点心师洗洗头。于是教师退出了游戏,但是不久点心师也走了,老板娘一脸无奈的样子。教师见状询问:"为什么他走了?"她回答:"我也不知道。"

分析:

(1)该游戏区域的游戏开展状况不尽如人意,生意清淡,并且这样的状况已有数日,该主题需要教师的指导和帮助。教师在此游戏中有指导,但缺乏启发性,使该区域的幼儿被动接受帮助。

(2)该区域的游戏材料还不够丰富,仅限于梳子、剪刀和吹风机。幼儿游戏缺乏积极性,不知怎么使游戏进行下去。因此可提供一些半成品或是在游戏中可以用来替代的材料、道具等,放在柜子中供幼儿自由选择,同时也可引导幼儿发挥想象力,使角色游戏更生动、有趣。

(3)面对理发店没有生意的状况,男孩有想要解决问题的意识。

(4)该游戏主题有待教师通过环境创设、建构讨论等方式使其顺利开展。

(5)在该游戏中的女孩,对游戏投入的程度不够,缺乏自己解决问题的主动性和积极性,教师需注意引导。

(三)追踪观察

追踪观察法可以理解为定人不定法。教师确定一至两名幼儿为观察对象,在游戏过程中,幼儿走到哪里,教师就追踪到哪里,即固定观察对象而不固定观察地点。通过这样的观察,教师可以更加全面深入地了解幼儿。使用时可伴随图示法和实况描述法进行记录。

游戏观察流程如下:

(1)观察幼儿在自由游戏情境中的游戏状态。

(2)幼儿走到哪,教师就"追踪"到哪。

(3)观察时可以采用图示法将幼儿游戏的轨迹记录下来,同时伴随实况描述的方式,将幼儿的游戏过程记录得更加具体,其中可以包括教师对幼儿游戏的分析。

案例3

追踪观察

一次午饭后,安格斯发现我们班上有一辆平衡车,于是就把平衡车搬到了走廊上去玩,但他不知道怎么玩,以为只要用手去推,然后人跟着车走就行了。但推出去几步后,他觉得很没趣。

他似乎观察到平衡车上的两个脚踏板了,他尝试着把一只脚放上去,另一只脚往后蹬,车子向前滑动了。这样一来,他似乎觉得有趣多了。老是用脚往后蹬是很累的,玩了一会儿,他就得停下来喘喘气。他尝试着将另一只脚也放在踏板上,并小心地用手扶着车的把手。这样做并不容易,重心没把握好,他整个人就向前倒了。他尝试了一次,还是不行。他又反复尝试了几次,都没能让两脚在平衡车上站稳。

悠悠过来了,她看见安格斯不能在平衡车上站稳,就给他做了一个示范。她还告诉安格斯一个诀窍:要先把一只脚放在较低的踏板上,双手要扶稳扶手,然后再把另外一只脚也放上去,要像骑车一样,双脚上下蹬踏板。

看了悠悠的示范,照着悠悠的指示,安格斯再次作了尝试。这下果然有效果了,安格斯踏着车开始慢慢地向前进了。平衡车虽然走得很慢,但安格斯似乎觉得也比刚才好玩多了。虽然悠悠只有4岁半,但她却像个小老师,在旁边不断地鼓励着安格斯:"对了,就像这样子,慢慢就行了。"

安格斯的感觉越来越好了,他已经能够站在平衡车上,他开始挑战自己,加快了蹬车的速度。

分析:

(1)安格斯是动作发展比较弱的一个孩子,在参与和动作相关的活动中往往信心不足,因而一遇到困难就轻易放弃。但在这个玩平衡车的案例中,可以发现安格斯的动作发展仍有很大的潜力,虽然遇到困难,但在同伴的帮助下,他重振信心,勇于尝试,从而获得了成功的体验。因此问题并不在于孩子的发展水平怎么样,而在于有没有机会让他去发展。

(2)这个案例告诉我们,在学习过程中,同伴的帮助和示范很重要。这不仅是因为同伴之间的互动是在比较接近的发展水平之上,使幼儿的学习更为有效,而且也因为这样做有益于发展幼儿的社会性,使他们在合作中共同学习。

案例4

追踪观察之行为核对表观察

观察日期:2013年5月18日

开始时间:中午12:50　　结束时间:下午1:05

成人数量:1　　　　　　幼儿数量:4

幼儿姓名:Karla　　　　　年龄:4岁6个月

目标：观察一位 4 岁半的幼儿对其所做的任务有多专注；这些幼儿在没有成人干预的情况下怎样合作性地玩耍。

环境：幼儿园中 4 个幼儿用棋盘和骰子玩"蜗牛赛跑"的台面游戏。行为核对表可参见表 4.6。

表 4.6　追踪观察之行为核对表观察

时间	有任务专心	有任务不专心	无任务安静	无任务分神
12:50	√			
12:51			√	
12:52			√	
12:53	√			
12:54			√	
12:55	√			
12:56			√	
12:57	√			
12:58			√	
12:59	√			
13:00			√	
13:01	√			
13:02	√			
13:03			√	
13:04	√			

结论：游戏进行了 15 分钟，参加的幼儿有大量的合作。他们表现出较好的社会化和语言的使用（虽然这些无法从上面的观察记录表中看出）。绝大部分游戏时间中，幼儿轮流掷骰子和移动蜗牛，以正确的方式进行着游戏。

评价：Karla 在玩游戏的时段里，绝大部分时间都全神贯注。她与同伴合作得很好，这一点是 4 岁半幼儿的典型表现。她能够按秩序等着轮到自己，并以合乎情理的方式参与游戏。与其他幼儿相比，她的注意力持久性是比较好的。

建议：Karla 的注意力持久性很好，因此教师可以鼓励她进行更多的前阅读和前书写活动，以便维持和培养其专注水平，进而为下学期的学习做好准备。

案例5

追踪观察之图示法

观察时间:2013年1月15日
观察地点:中一班活动教室
观察对象:A:小霞   B:小羽
观察教师:崔老师

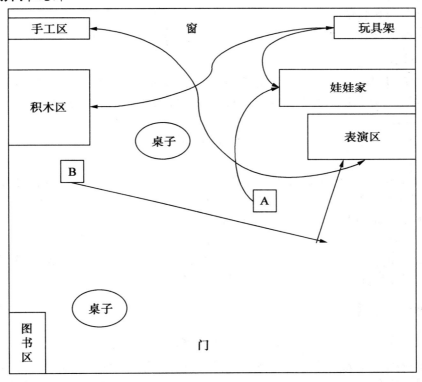

分析:

图示法的最大特点是结果的直观性。图中A、B在游戏中的路径可以直接被观察到(箭头代表行走的方向)。图示法要求将游戏区域的布置画在纸上,将观察记录的结果从平面上一目了然地显示出来。这种方法不仅可以观察到幼儿在游戏时的兴趣点和同伴交往情况、场地布置和游戏材料提供情况,还可以让教师及时发现幼儿在游戏中出现的问题,并全方位地考虑解决对策。

(四)其他观察方法

1. 描述记录法

描述记录是指教师采用叙述性的语言将幼儿在游戏中的表现记录下来。可以选取集中反映幼儿认知水平、社会性行为、身体发展状况等的事件进行记录。记录时应注意以下几点：

(1)记录事件、地点、人物和基本活动。
(2)记录关键人物的对话和动作。
(3)按照事件发展的顺序进行记录。
(4)记录应该客观、正确，不能以主观臆断来代替幼儿的实际行动。

2. 多媒体记录

随着时代的进步，数码相机、摄像机、网络摄像头等多媒体已经被广泛地运用于记录幼儿的游戏。观察者可以利用这些多媒体工具将有代表性的游戏记录下来，供日后反复观察、研究，其优势主要体现在以下几点：

(1)多媒体记录的方式可以不受时间的限制。将摄像机置于教室的各个地方，连续对幼儿游戏进行记录。

(2)更加真实。人为的记录可能受观察者主观因素的影响，更可能遗漏一些细节。而摄像记录是最真实客观的，它将幼儿游戏的表情、对话、动作等各种细节都记录下来。这样在日后回放的时候，教师可以用其补充自己的记录。

(3)提高观察技能。幼儿在游戏中的表现往往具有不稳定性，也许在这次游戏中，观察者没有预测到幼儿的某一行为，而这一行为以后也很难出现。而摄像的内容，教师可以反复观察。教师可以利用这种记录方式，练习观察技巧并熟练使用各种观察量表。

五、游戏观察中的指导

(一)幼儿的想法与做法违反生活常规时的指导

当孩子的做法与想法违反生活常规时，教师可用亲切温和的语气询问，以了解其真实想法。如"你想干什么？""你要干什么？"等，目的是引起幼儿的思考，逐渐学会辨别是非，作出正确的行为判断。如，"娃娃家"有个幼儿(中班)，把布娃娃放进洗衣机里，说是给娃娃洗澡。教师看到这种情况后，不是马上制止，而是通过询问，了解到这个幼儿是把这个情节中的布娃娃等同于她家里的玩具布娃娃了，而她的妈妈曾经就是把布娃娃放在洗衣机里洗干净的。这是她生活经验的再现。教师要引导她回忆起母亲给她洗澡的情节，帮助她了解怎样给娃娃洗澡，而不是将现成的答案告诉她。

(二)游戏情节处于停滞状态时的指导

当观察到游戏情节长时间处于停滞状态时，教师可以通过"提供材料""引导观察""参观""个别谈话""讨论""讲评"等方式,了解幼儿游戏的想法及存在的问题,促进幼儿积极观察、思考,以积累新的经验。如,在"小舞台"的幼儿一直处于听音乐做动作的情节,兴趣一直不浓。教师在幼儿观看魔术表演、已具备这方面的经验后,在"小舞台"提供了"帽子""布""布袋""筐子"等材料时,幼儿出现了变魔术的情节,游戏情节发展了,来此玩的幼儿也多了。

(三)关注幼儿个体的指导

当某个孩子已经有某种特殊强烈的兴趣,而又不愿与其他小朋友交往时,教师可有意识地引导他来"讲讲"或"展示"其成品,引起全体幼儿对他的关注、了解,促进交往。如,某个孩子特别喜欢凶猛动物,自己常常一个人独自玩动物玩具,教师可让他在全体幼儿面前展示其玩法,这样既培养了他的自信心,也增进了他与其他伙伴的相互了解,使其他伙伴愿意与他一起玩。

(四)幼儿的行为习惯与成人的要求不符时的指导

在游戏过程中幼儿的行为习惯出现了不符合成人的要求时,教师不要急以成人的经验及眼光去对待,应先了解孩子的想法,再做出判断。如,某个幼儿用开水浇花,是因为听妈妈说喝自来水会肚子疼,他怕小花喝自来水会肚子疼,所以才给花浇开水,这是他自身经验的再现。如果成人不了解孩子的想法及游戏的情况,就容易错怪孩子,影响游戏的开展。

(五)幼儿之间发生争执时的指导

当观察到幼儿出现争玩具,游戏进行不下去,或向老师索取材料时,要考虑通过提供"百宝箱""寻找替代物""共同制作、收集""幼儿自带"等多种途径解决幼儿对游戏材料的需求。

(六)游戏中生发出新主题时的指导

当观察到游戏中生发出新的主题后,教师要有意识给幼儿提供材料,为新主题的进一步发展做准备。如,当教师发现幼儿有了用卡取钱的情节时,可适时地为幼儿提供自动取款机或相关的半成品材料等待幼儿去探索、发现和创造。又如,当观察到幼儿有去西餐厅吃饭的情节时,教师可适当提供有关材料,促进情节的进一步发展。

(七)幼儿游戏的内容不恰当时的指导

当观察到幼儿玩一些如"死人""上吊""暴力""封建迷信"等不健康内容的游戏时,应以"转移注意""个别指导"等方式加以引导,而不适合用讲评的形式,在集体面前指导。

【思考题】

1. 幼儿园游戏观察的意义是什么?
2. 请依据各年龄班游戏观察的重点,以表格的形式尝试制订一份游戏观察的计划。
3. 在游戏的开始或结尾处通常选用哪些观察方法?定点观察多适用于哪些游戏情况?其流程是什么?

第五章
Chapter 5

不同类型游戏活动的组织与指导

组织和指导幼儿开展各种不同类型的游戏,满足幼儿开展各种类型的游戏的需要和愿望是幼儿园教师教育和教学工作的基本任务。角色游戏、表演游戏、结构游戏和规则游戏是幼儿园游戏的典型样式。每类游戏都有其自身独特的特点,对幼儿的身心发展具有重要的影响,幼儿园教师应根据各类游戏的结构特点和幼儿身心发展的水平特征组织和指导幼儿开展游戏,充分发挥各类游戏的教育价值,发展幼儿的多种能力,促进幼儿的健康成长。

第一节 幼儿角色游戏的指导

角色游戏是幼儿根据自己的兴趣和意愿,借助模仿和想象,通过扮演角色创造性地反映其生活环境、生活体验和生活感受的游戏。在幼儿参与的各种游戏活动中,角色游戏最受幼儿的喜爱,它在幼儿两三岁时产生,在学前晚期达到高峰,其后逐渐为有规则游戏所取代。角色游戏是幼儿不可缺少的重要活动形式,是幼儿成长中的一个必经过程。

一、角色游戏概述

(一)角色游戏的基本特点

1. 高度的自主性

幼儿是角色游戏的创造者,也是角色游戏的主人,他们对游戏拥有绝对的自主权。幼儿玩什么主题,情节如何进行,确定多少个角色,采取什么玩法,使用什么玩具,遵守怎样的规则,都由幼儿依照自己的意愿、兴趣、经验、能力来进行。角色游戏从开始到结束的全过程,均由幼儿自行确立、设计、编定。正是因为如此,角色游戏从产生到发展,都是自由自发的过程,而没有成人的有意引导和组织,在幼儿期也普遍存在,并成为最受儿童喜爱的、愉快而又自愿的活动形式。

2. 社会性

角色游戏的主题、情节、角色、规则等来自幼儿周围的社会生活,幼儿自身社会经验的丰富程度也会直接决定游戏内容的丰富和游戏情节的变换。如幼儿在玩"超市"的游戏中,付费结算的环节不是很复杂,但是一名幼儿把自己的超市购物的经验加入到了超市游戏中,丰富和扩展了游戏情节,她对同伴说:"这边排队的人太多了,还不能刷卡,我们还是去那边能刷卡的排队吧。"

3. 特殊的想象活动

想象活动是角色游戏的支柱。幼儿的角色游戏是在想象的条件下,真实地反映现实生活中人与人之间的关系,但又不是刻板地、机械地反映,而是创造地、自由自在地反映。在游戏中,以一种物品代替多种物品,在主题、角色等方面均富有独特性和创造性,儿童即使是玩同一主题的游戏,其玩法上也不尽相同。

幼儿角色游戏的特殊想象活动贯穿游戏的整个过程,并体现在角色游戏的各个构成要素中。

(二)角色游戏的基本结构

角色游戏的基本结构主要包括角色游戏的主题,角色游戏中的人、物、动作、情节以及内在规则。

1. 主题

角色游戏的主题是指角色游戏的内容和真正由儿童实现的游戏过程。角色游戏主题来源于儿童的生活经验,即幼儿在家庭、幼儿园和社会活动中获得的生活经验,以及他们从文艺作品、电影、电视中获得的经验。这些经验越丰富、越广泛,游戏的主题也就越多、越丰富。

2. 角色

角色是角色游戏的中心。幼儿在角色游戏中所扮演的各类角色往往是幼儿熟悉的角色,如扮演爸爸妈妈、老师、司机、警察等。幼儿借助语言、表情、动作等来重组头脑中已有的人物表象,创造新形象,展现自己对社会角色的认识和体验。这种对于周围生活和成人世界的反映过程充满了儿童的想象活动。

3. 物

角色游戏中的物是指游戏中的玩具、材料和物品。角色游戏离不开游戏材料的辅助和支持,特别是幼儿对游戏材料和物品的假想。如小椅子一会儿当汽车,一会儿当火车,一会儿又当娃娃的床,这种替代正是儿童创造性想象活动的结果。角色游戏中用来以物代物的东西,总与原来物体有外形上的相似,但由于幼儿的生活环境不同,他们对同一物品的假设也会存在差别,如一块积木,不同的幼儿有不同的用途,有的把它当作面包,有的当作枕头,有的当作砖头。因此幼儿想要共同游戏，就需要通过交流使游戏中对游戏的材料和物品的假想达成一致，如雪花积塑片当作饼干，小椅子当马等。

4. 情节和动作

角色游戏中的情节是指幼儿对游戏动作和情景的假想。幼儿通常借助操作游戏材料来假想游戏情节，如用玩具面包、刀叉给孩子做饭，用自制的羊肉串、烤箱给客人烧烤食物等。随着幼儿年龄的增长，其生活经验不断丰富，对事物和场景的想象能力也不断提高，角色游戏中的情节也不断丰富和发展。如可以把自己的游戏和他人的游戏建立相互联系，娃娃家的父母给孩子打扮以后，带孩子去医院看病、去邻居家串门等。

幼儿的游戏动作具有一定的概括性，如父母给孩子做饭、医生给病人看病、客人在餐厅点餐等，这些都是幼儿对周围生活的概括性反映。不同历史时期、不同文化和地域背景下的幼儿，他们的概括性反映也会体现出一定的历史性变化和地域性差异。

5. 内部规则

角色游戏中的规则有别于其他游戏中的规则，其他游戏规则是为了保证游戏的顺利实施而由大家规定的，如奇妙的口袋只能用手摸，不能用眼睛看，如捉迷藏中准备去抓别人的幼儿不能睁眼睛看等，这些规则可以预先规定，也可以在游戏中改善，是外显的游戏规则。但是角色游戏中的规则是幼儿为了真正表现社会生活中的角色而设定的，例如，妈妈如何照看宝宝、医生如何给病人看病、司机如何为乘客服务等，幼儿在角色游戏中必须按照相应社会角色的行为以及人物之间的社会关系来展开游戏情节，这种游戏规则来自现实生活中的角色定义，这种规则是内隐的。虽然幼儿明知是"假装"的，如我们会听到5岁的幼儿在角色游戏中常说："我们假装……"，但是他们总是尽可能按照他们所观察到的社会生活中的人物行为来再现社会生活。

（三）角色游戏对幼儿发展的特殊意义

角色游戏对于幼儿发展的特殊意义在于，首先，角色游戏是幼儿按照自己的意愿进行的活动，它为幼儿带来极大的快乐，对其积极的情绪，主动性和独立性的培养有着重要的作用。其次，在角色游戏中，幼儿独特的想象活动为幼儿创造性的发挥和发展开拓了广阔的空间。而且这种想象活动，是对儿童原有知识、经验的运用和巩固，能促进其认知能力的发展。再次，游戏中的角色扮演和对现实人际关系的反映，有力地推动了幼儿社会化的进程，促进了良好品德和行为习惯的形成。最后，在角色游戏中，言语作为交际的工具和游戏进行的必要组成部分也得到了发展。这些都表现出角色游戏发展价值的独特性。

总之，角色游戏的活动是幼儿全身心投入的过程，是获得动作、语言、情感、认知、社会性等各方面能力的综合性实践活动，全面推动着游戏发展价值的实现。

二、幼儿角色游戏的组织与指导

角色游戏对幼儿的身心发展具有重要促进作用,为了充分发挥其教育价值,成人应加强对角色游戏的组织和指导。从游戏条件及环境的准备,到游戏兴趣和愿望的激发,再到游戏中各个环节的适度干预,以及游戏结束时的总结和评价,都在教育的指导范围之内。角色游戏的指导必须结合幼儿角色游戏的不同年龄特征和不同儿童的个性、能力差异等来进行。

(一)做好开展角色游戏的准备

为幼儿角色游戏的开展做充分的准备,就要为儿童创设和优化适合角色游戏活动的环境与条件,这是指导角色游戏的首要任务。

1. 丰富幼儿的生活经验,拓宽角色游戏的内容来源

角色游戏是幼儿对现实生活的反映,幼儿的生活经验越丰富,角色游戏的内容也就越充实、越新颖。丰富的生活经验是发展角色游戏的基础。

幼儿的生活经验大多来自家庭和幼儿园的生活和学习。教师要在上课、日常生活、劳动、参观、郊游、看图书等多种活动中,拓展幼儿的视野,丰富幼儿对周围生活的知识和经验,积累生活印象。

幼儿园里的每日活动都要安排得新颖、生动,使儿童感到充实、有趣。同时还要帮助家长安排好儿童的家庭生活,使儿童在家庭中也能获得广泛的知识经验。教师也要引导和组织儿童多观察和了解周围的社会环境。例如,带领幼儿散步或外出参观时,沿途引导幼儿观察警察叔叔如何指挥交通,行人如何遵守交通规则,红绿灯的作用等。幼儿园有定期的体检,教师可以通过引导幼儿注意观察医护人员与幼儿的活动,丰富幼儿关于医院的生活经验等。

在丰富幼儿对周围生活的印象时,教师还要注意引导幼儿认识成人劳动的社会意义和人与人之间的关系,以加深对周围生活的理解。否则,幼儿只是简单地模仿成人社会中的生活活动,而不能反映成人社会生产的意义,结果只能是内容贫乏,索然无味。如:在参观汽车站的时候,只介绍了汽车、汽车站、售票厅等实物,并没有介绍司机和售票员工作对于我们的生活的意义。因此,幼儿在参观汽车站后,玩"汽车站"游戏的兴趣仍然不是很大,后来老师重新向幼儿介绍了汽车站上人们的活动及其社会意义,这一次幼儿们深刻地理解了劳动意义,进行"汽车站"游戏的兴趣大增。在游戏中幼儿不仅体验了汽车站的活动过程,也在游戏扮演的过程中体验到了成人劳动的乐趣。

2. 提供适合的场所、设备及丰富的游戏材料

游戏的场所、设备和玩具材料是幼儿进行角色游戏的物质条件。这些物质材料对激发幼儿的游戏愿望和兴趣,发展幼儿的想象力有重要作用。

（1）要为幼儿设置相对固定的游戏场所和设备。

固定的游戏场所和设备能吸引幼儿进行游戏，也便于幼儿开展游戏。所以，教师应在活动室或户外设定固定的游戏场地。如室内设"娃娃家"，并布置有娃娃家的床、娃娃、厨房用具、生活用品等。也可以放置不同样式的衣服、帽子、鞋等衣物。这些家具和衣物会带领幼儿进入一个生动、鲜活的游戏情景中。

（2）为幼儿提供丰富多样的游戏材料。

丰富的游戏材料可以激发幼儿的游戏兴趣，满足幼儿的游戏要求。教师可以为幼儿提供部分逼真的玩具，如娃娃、餐具、听诊器等，也应注意为年龄稍长特别是中大班幼儿提供真实程度较低的简单物品和材料，以发展幼儿的想象力，也可补充玩具的不足。如木棍、小玻璃瓶、空的药盒、易拉罐、纸盒等，这些都是幼儿可以用来进行游戏的材料，它可使幼儿开展更多种类的角色游戏。

角色游戏的物质条件的创设，并不只是教师自己的任务，教师可以激发和调动幼儿共同布置游戏场地，制作玩具、游戏材料等。另外，还要注意让幼儿形成并遵守玩具设备的使用常规，确保游戏的安全开展，充分发挥游戏物质材料的教育作用。

3. 提供充足的自由活动时间，保证幼儿角色游戏的深入开展

充足的自由活动时间是幼儿深入自主地开展角色游戏的决定性条件。教师要保证幼儿每天上下午都有一定的自由活动时间。在幼儿园或家庭中，除了保证每天有一定的自由活动时间，让幼儿自主自发地开展角色游戏外，还要保证每次自由活动时间不少于30分钟，因为角色游戏的开展所需时间较长。只有在较长的时间里，幼儿才可以发现游戏伙伴、分配角色、准备材料、计划游戏等。如果游戏时间过短，幼儿不能在教师指定的结束时间完成游戏，这既影响了游戏的结果，也影响了幼儿以后进行角色游戏的积极性。因为在经历了多次未完成的游戏活动后，幼儿很容易放弃进入角色游戏的努力。

（二）角色游戏过程中的现场指导

在具体的游戏过程中，幼儿会出现各种各样的问题，教师需要充分观察幼儿的游戏现状，根据幼儿的年龄特点及各年龄班幼儿的游戏水平，在尊重幼儿主体性的前提下，有针对性地指导幼儿深入、自主地开展角色游戏，促进幼儿个性的健康发展。

1. 鼓励幼儿按照自己的意愿确定游戏的主题

陈鹤琴先生曾经说过，"游戏是儿童的心理特征，游戏是儿童的工作，游戏是儿童的生命。"游戏是儿童的内在需要而非外力强加。只有经过幼儿自主选择的游戏，幼儿才能真正全身心投入，游戏才能发挥其应有的作用和价值。

（1）幼儿按自己意愿提出游戏主题的过程是幼儿思维活动发展的过程，不同年龄幼儿有着不同的发展水平。3岁多的幼儿有着模仿成人活动的愿望，但不会明确提出玩什么游戏，只停留在动作的模仿上,因此需要教师更多地利用玩具以及富有情感的语言,启发幼儿游戏的愿望,帮助他们确定主题,并去实现它。如教师看到一个幼儿在起劲儿地做面包,便可启发说:"你这么忙着做面包,给谁吃呀?""你会做面包,也会做饭吗?"目的在于帮助幼儿思考做面包这一模仿动作,应包含在哪种主题的游戏中。幼儿答:"我给宝宝做面包!"老师可以接着问:"你是宝宝的妈妈吗? 你可真是个好妈妈呀! 宝宝的爸爸没在家吗?"这样的对话和问题可以引导参加游戏的幼儿,逐渐明确自己游戏的主题,明确自己的活动是包含在娃娃家这一主题游戏之中的。

(2)当幼儿能按照主题进行游戏之后,应进一步启发幼儿独立地提出游戏主题。如让幼儿先想一想要玩什么角色游戏,或者和几个同伴商量共同提出主题。幼儿提出的主题,教师要热情支持,对其中不够健康的内容,应采取商量、建议或转移的方法予以改变,切不可简单地否定,以免挫伤幼儿的主动性和积极性。教师也可以用建议的方式提出一些新主题,如过完中秋节,教师组织了关于中秋节的谈话,在征求了幼儿的意见后,教师可建议幼儿玩"过节"的游戏。教师的建议只起着启发与参考的作用,不必强迫儿童采纳。教师的建议也不宜过多,应鼓励幼儿独立设定游戏的主题。

2. 教会幼儿分配和扮演游戏的角色

(1)引导幼儿明确游戏中角色的身份。

幼儿喜欢玩角色游戏的主要原因是在游戏中可以扮演他们感兴趣的各种社会角色。但在最初玩角色游戏时,幼儿只是热衷于模仿某一角色的动作或活动,并不能真正明确该角色在游戏中的身份;因此教师需要适当地启发幼儿,从而使幼儿能更好地模仿所扮演的角色。如一名3岁多的幼儿在小椅子上开汽车玩,教师问他:"你在玩什么?""你是汽车司机吧?""你的车要开到哪里去呢?""你的车是拉货物的还是坐人?"通过这些问题,可以帮助幼儿把兴趣从模仿动作转向扮演角色。小班幼儿在游戏过程中还时常忘记自己所扮演的角色,因此教师要随时用游戏的口气给予提醒。如一个当汽车售票员的幼儿离开了汽车,到处乱跑,教师找回幼儿并提醒她:"售票员可不能离开汽车啊,乘客来买票,你要负责接待啊!"有时教师也可以直接向小班提出角色,让幼儿自行选择角色。如在超市的游戏中,主要角色尚有缺额,于是教师可提示说:"我们的小超市还缺少个结算员,谁愿意来当啊?"

(2)教给幼儿分配角色的方法。

幼儿对自己扮演什么角色很关心,但年龄稍长的幼儿角色意识已很强烈,他们往往只考虑个人的愿望而不善于分配角色,因此教师可以教给幼儿一些分配角色的方法,如自己报名、推选、轮换等。教师要教会幼儿与同伴共同商量分配角色,轮流担任主要角色,这样不仅使幼儿学会了谦让,也能使每个幼儿都有扮演不同角色和锻炼自己的机会。

（3）启发幼儿扮演好角色。

幼儿在明确自己的角色之后，教师还要启发幼儿理解角色、表现角色，富有创造性地扮演角色。如扮演"妈妈"的幼儿最初只知道抱娃娃，经过教师的启发，幼儿知道了"妈妈"还要收拾房间、买菜、做饭、给宝宝洗衣服、带宝宝去医院检查等，这样使游戏的内容和情节更加丰富、生动。

3. 观察幼儿在游戏中的表现，给予适当指导

（1）教师要善于观察幼儿的游戏活动，了解幼儿的游戏意图、能力及行为表现，根据幼儿不同的个性特点给予适当的帮助和指导。

如一个总爱充当主要角色的幼儿，她的组织能力很强，主意又多，也会支配别人做事情，但对人态度不够和气。教师通过观察了解到这一情况后，一方面鼓励她继续发扬她的长处，另一方面帮助她克服缺点。教师可以以游戏的口吻提醒她："你这个超市的小经理可真能干，要是说话再和气一些，来你们超市的顾客就更多了。"扮演"经理"的幼儿在老师的引导下，说话的语气有了明显的转变。

（2）当幼儿在游戏中无所事事或游戏内容贫乏时，需要教师通过启发、诱导进一步发展与深化游戏。

幼儿由于个人社会经验有限，有时游戏内容过于单调贫乏，有的幼儿由于性格原因，缺乏与他人交往的技能技巧，虽然自身准备较好，但是因为缺乏其他游戏伙伴的参与，导致游戏情节无法正常开展。教师需要结合不同情况予以及时的启发诱导。如小班幼儿自我调节活动的能力较差，往往长时间从事一种活动。一个扮演建筑工人的幼儿，装运玩具累得满头大汗，不知休息，教师发现这种情况后，建议他去当"交通警察"，坐在岗亭里看红绿灯，使其得到了休息。

（3）观察幼儿在游戏中的表现，给予适当的支持、鼓励和表扬，对不正确的行为，应在不打扰幼儿游戏进行的前提下加以纠正。

幼儿在游戏过程中难免会遇到一些问题或意见不统一的时候，有些问题，幼儿可以自行协调解决，而有些问题，单靠幼儿自身的能力难以独立解决，这时需要教师及时介入，给予指导。如两名幼儿都想用娃娃家中的餐具玩做饭的游戏，两人争抢互不相让，老师走进娃娃家说："彤彤，亮亮是小妹妹，先让她玩行吗？"彤彤很不情愿的把手里的玩具让给了亮亮。教师见状灵机一动，对亮亮说："今天我要去你家做客，亮亮给我炒菜，彤彤给我做羊肉串吧！"彤彤高兴地接受了老师的建议，愉快地投入到了游戏中去。

如观察小班幼儿的娃娃家游戏，发现有的幼儿将娃娃夹在腋下，或将头朝下抱着，教师不是直接地纠正，而是装作听到了娃娃的哭声，问幼儿娃娃为什么哭了，启发幼儿自己发现问题之所在，自行纠正。

(三)角色游戏的结束工作

游戏的结束环节既是本次角色游戏的结束,也是下次游戏的准备和开始。教师应十分重视游戏的结束环节。

1. 愉快地结束游戏,保持幼儿再做游戏的愿望

使幼儿愉快地结束游戏是教师组织指导角色游戏的重要环节。因此教师要掌握结束游戏的恰当时机,即在幼儿的游戏兴趣尚未低落时结束游戏,一方面使幼儿愉快地结束游戏,另一方面可使幼儿保持继续游戏的积极性。

在游戏结束前,应提前提醒幼儿,使幼儿有思想准备。结束游戏的方式也很多,可视游戏的内容和情节的发展灵活掌握。有时,可以个别提醒,如:请收玩具、整理场地需要时间较多的那组游戏先结束,也可请情节不再发展的那些游戏早些结束。有的游戏开展得很好,幼儿兴趣很浓,如场地条件允许,可让幼儿继续玩完这一游戏。总之要使幼儿从容、自然、愉快地结束游戏,切忌简单命令停止游戏。

2. 教育、鼓励幼儿认真收拾和整理好玩具、游戏材料及场地

游戏结束后,引导幼儿收拾玩具、整理场地既是本次游戏的完整结束,也为顺利开展下次游戏提供了必要的基础和条件,同时还可以培养幼儿独立做事、有始有终的良好习惯。针对不同的年龄特点,教师引导幼儿时应具有年龄差异性:培养小班幼儿整理游戏环境的意识,以教师为主,可给予幼儿部分帮助;培养中班幼儿整理游戏环境的能力,教师只是在必要时给予帮助;培养大班幼儿独立整理游戏环境的能力,教师只是在必要时给予一定的督促。

3. 组织幼儿评论游戏

评论游戏是间接指导游戏、提高游戏水平的方法之一,要根据教育要求和游戏特点对游戏进行的情况,主要是游戏的内容和幼儿的表现进行简短的、恰当的评论,及时表扬表现好的幼儿和水平高的游戏,也要指出游戏中的不足。评论游戏要有针对性,不必面面俱到,要具体,不要泛泛而谈。如:你在游戏中遇到了哪些问题?以后出现类似的问题该怎样解决?如果两个小朋友都想玩同一个玩具应该怎么办?通过评论,幼儿可以一起分享游戏经验,为下次游戏打下良好的基础。

评论的形式可以是全班集体评,也可以是小组评、个别评。评价的主体可以是教师,也可以是幼儿,特别是大班幼儿,由于其语言及思维发展已具有一定的水平,教师可以鼓励幼儿开展自我评价。对游戏的评价并不是每次游戏后的必需环节,可酌情适当地进行。

根据角色游戏的典型特点,我们可以从游戏主题的确定、幼儿如何以物代物及其扮演角色的行为方式、游戏中的相互交往关系、社会性水平,以及主题情节及材料运用的全新性等方面,对幼儿角色游戏的能力做出评价。具体评价可参照表5.1。

表 5.1　幼儿角色游戏能力评价表

项目	评价标准	评分
1. 主题的确定	听从教师建议或指令 看到别人玩什么，自己也玩什么 独立确定主题，并能很快进入游戏情境	
2. 材料的运用	用模拟实物的玩具 运用替代物游戏 运用替代物并能以言语运用替代	
3. 角色表现形式	重复个别动作 系列动作行为态度符合角色要求 角色意识明确并有相应动作，能协调角色间关系	
4. 创新性	主题情节及材料运用有新颖性、独创性	
5. 社会性水平	独自游戏 平行游戏 联合游戏 合作游戏	
6. 伙伴游戏	友好相处，积极交往	
7. 组织能力	在别人带领下游戏 会出主意使游戏玩下去 能带领别人玩或教别人玩	
8. 持续性	游戏呈间断性（时常走出主题或情境） 游戏呈分节型（仍为间断性，但每次游戏持续时间较长） 游戏呈连续性	
9. 常规	遵守游戏规则，行为有序	

（四）不同年龄班角色游戏的特点及指导

幼儿的游戏水平具有年龄差异，在角色游戏中，小班幼儿以模仿为主，大班幼儿则以创造为主。教师应针对幼儿的年龄特点和游戏水平，有侧重点地进行指导。

1. 小班

特点：小班幼儿处于独自游戏、平行游戏的高峰期。对模仿成人的动作或玩具感兴趣，角色意识差；游戏的主要内容是重复操作、摆弄玩具；游戏主题单一、情节简单；儿童之间相互交往少,主要是与玩具发生作用,玩与同伴相同或相似的游戏。

指导:鉴于小班幼儿的游戏内容主要是重复操作游戏材料,教师的指导重点在于如何使用游戏材料。教师根据幼儿的游戏特点和社会经验为幼儿提供种类少,但同一种类数量较多的成型玩具,避免幼儿因相互模仿而争抢玩具;以游戏者的身份介入游戏,引导幼儿;培养幼儿的规则意识,让幼儿逐渐学会在游戏中进行自我管理;通过游戏评价不断丰富游戏经验。

2. 中班

特点:中班幼儿由于认识范围的扩大,游戏内容、情节比小班幼儿丰富多了;处于联合游戏阶段,想尝试所有的游戏主题;已有与别人交往的愿望,但却还不具备交往的技能,常常与同伴发生纠纷。中班幼儿在游戏中有较强的角色意识,有了角色的归属感,他们首先会给自己找到一个角色,然后带着这个角色去做所有想做的事。表现出游戏情节丰富,但游戏主题不稳定,幼儿在游戏中有频繁换场的现象。

指导:教师应针对中班幼儿的特点,根据幼儿的需要提供丰富的游戏材料,鼓励幼儿玩多种主题或相同主题的游戏;在游戏中注意观察幼儿游戏的情节及发生纠纷的原因,以平行游戏或合作游戏的方式指导游戏;通过讲评游戏引导幼儿分享游戏的经验,以丰富游戏的主题和内容;指导幼儿在实际操作中,学会并掌握交往的技能及相应的规范,以便帮助幼儿进一步与同伴交往,学会在游戏中解决简单的问题。

3. 大班

特点:大班幼儿游戏经验相当丰富,在游戏中能主动反映多种多样的生活经验;游戏主题新颖,内容丰富,能反映较为复杂的人际关系;游戏处于合作游戏阶段,喜欢与同伴一起游戏,能按自己的愿望主动选择并有计划地游戏;在游戏中自己解决问题的能力增强。

指导:教师指导幼儿一起准备游戏环境,侧重语言引导,培养幼儿的自主性;认真观察游戏,给幼儿提供必要的联系机会以及适当的引导;允许并鼓励幼儿在游戏中进行创造,培养幼儿的创造性;通过多种形式开展游戏讲评,让幼儿在分享中取长补短、开拓思路,提升游戏水平。

第二节　幼儿结构游戏的组织与指导

结构游戏,是一种儿童利用各种建筑、结构材料如积木、积塑、沙、土、金属部件等,进行建筑、构造的游戏。因此,结构游戏也是一种造型活动,也是幼儿创造性地反映现实生活的游戏。

一、结构游戏概述

结构游戏和角色游戏都是通过儿童的想象,创造性地反映周围生活。不同的是,结构游戏是通过建筑和构造各种建筑物或物体来反映他们对周围生活的印象的,而角色游戏是通过扮演角色来反映周围生活的。在实际活动中,结构游戏和角色游戏的关系十分密切。结构游戏常在角色游戏开始或进行过程中产生,有时成为角色游戏的内容之一,又发展成为角色游戏。

(一)结构游戏的基本特点

1. 材料是结构游戏的物质基础

结构游戏从其材料看,是一种素材玩具游戏。离开了游戏材料,结构游戏也就无从谈起。结构游戏的材料本身是指没有任何意义的各种零部件,通过幼儿的操作、构建,这些无意义的元件便组合成一个整体,并借助幼儿的想象被赋予了多种意义和形象。如一堆不同形状的积木,经过幼儿的拼搭、镶嵌组成了一辆小汽车。

2. 建筑、构造是结构游戏的基本活动

在结构游戏中,幼儿必须通过直接动手操作,通过自己的建筑和构造活动来反映对周围生活的认识和感受。也正是这种亲手操作的造型活动可以使幼儿的活动要求得到满足,给幼儿带来愉快。但并非所有的材料都适合作为结构游戏的材料,那些具有明显三维空间特征,具有有效接触面或具有可堆叠的材料往往会成为结构游戏的最佳材料。

3. 结构游戏是一种带有浓厚认知成分的操作活动

幼儿结构游戏的水平往往反映了幼儿认知发展的水平。幼儿从刚开始的对单一结构材料的摆弄,然后是对多个结构材料的堆放、排列、垒高,再后是规则拼搭、简单造型,以至复杂造型。这些都反映了幼儿认知发展水平的提高。幼儿在操作结构材料的过程中感知事物的大小、形状、空间方位等,经常进行结构游戏能促进幼儿认知水平的提高。

(二)结构游戏的发展阶段

幼儿用积木建构物体的能力是随同年龄阶段逐步发展起来的,这种发展历程表现为以下几个阶段。

第一阶段:搬弄——这通常是2岁以下儿童的典型行为,只把积木拿来拿去,并不搭建什么东西,似乎主要是感知积木的重量和触摸积木,或试图探索抓取积木的方法等。

第二阶段:重复——当儿童刚刚开始"搭"积木时,通常用的是一样大小的积木。只是简单地把它们一块块往上叠起来,或者一块接一块地平铺成一列,试图将积木堆高,然后再推倒,重复进行,他们往往并不注意重叠或排列整齐,只注意能垒多高的"楼房",能铺多长的"铁轨"。渐渐地,孩子开始更细心地重叠或排列,并有时将这两种形式结合起来玩。

第三阶段:搭建——约3岁左右,儿童开始探索用一块积木把其他两块积木连接起来,搭成一个可让火车开进开出的"门"。类似技能的逐渐发展,使幼儿可以搭成"桥""楼房"等结构。

第四阶段:围封——幼儿发现,几块积木可以围起来,形成一个封闭的空间。于是,小动物的"家""动物园""学校",便在孩子的手中诞生了。

第五阶段:模型——幼儿自己发现并利用对称和平衡的原理来建造模型。渐渐地,他们所建造出来的模型越来越复杂,他们也特别乐于运用已有的经验来改进模型,使其外观更加具有美感。

第六阶段:再现——幼儿自己为所建造的东西命名,使它成为现实世界中某种物体的象征性代表。在建造模型之前有了再现某种东西的设想或计划,如,"我要来造个游乐场"。复杂的再现型建造还可涉及多个幼儿共同合作,导致结构游戏中的社会性交往活动。

(三)结构游戏的结构技能

结构游戏的结构技能根据材料的不同而不同。主要的结构技能有:排列、组合、接插、镶嵌、编织、黏合和旋转。

(1)纸、线、绳以及竹、木、布等物品材料需要编织、黏合等技能。

(2)积木等块状几何图形需要排列组合、铺平、延长、对称、加宽、加长、加高、间隔、围合、盖顶和搭台阶等技能。

(3)形状多样的各类积塑需要接插(如,一字插、十字插、整对插、环形插、正方形插)、镶嵌、整体连接、端点连接、围合连接等。

(4)塑料或木制的螺丝系列需要捶打、敲击、旋转等技能。

二、结构游戏的组织与指导

幼儿结构游戏的指导,必须在充分发挥幼儿游戏主体性的基础上,结合结构游戏的特点及幼儿结构游戏的不同发展水平,为幼儿创设结构游戏的良好环境和条件,并在游戏中给予恰当的指导,以提高幼儿游戏的水平,充分实现结构游戏的教育作用,体现结构游戏的组织和指导的科学性。

(一)丰富和加深幼儿对周围环境的认知

幼儿对周围生活中的物体和建筑物有较细致的了解和丰富而深刻的印象,这是开展结构游戏的基础。因此在日常生活和教育活动中,应经常引导幼儿对多种多样的物体及建筑物进行细致的观察,引导幼儿认识物体各部分的形状和结构特征、色泽特点及各部分名称,抓住外形特征。也可让幼儿观察有关的玩具图片、照片等,以补充直接观察的不足。

(二)为幼儿提供结构游戏的材料、时间和场地

1. 游戏材料

游戏材料是激发幼儿游戏兴趣,保证游戏顺利进展,促进幼儿创造性发展的物质基础。

投放结构游戏材料时要注意以下几点:第一,教师要为幼儿提供丰富多样、符合幼儿年龄特点和个性差异的结构材料。如小班需要色彩亮丽、体积较大、形状简单的材料。中班需要种类多样,有一定难度的材料;大班需要有难度,更富有变化性的材料。第二,有的结构材料数量较多,比较零碎,为便于收拾和摆放,养成幼儿良好的行为习惯,教师可以准备一些整理箱、整理盒,便于幼儿分门别类地整理、取放。第三,教师除了购置成品玩具,还可以广泛搜集废旧物品自制游戏材料。自然物和无毒无害的废旧物品不仅经济实惠,而且富有变化性,能够一物多用,促进幼儿想象力和创造力的发展。第四,幼儿经常操作同样的玩具会失去新鲜感,为了保持幼儿对游戏的兴趣,教师还需及时更换、补充结构材料。但更换材料的频率不能过快,否则幼儿只关注材料的更迭而无法深入操作材料,失去了材料应有的价值。第五,教师应将材料放在幼儿便于取放的地方,允许幼儿在自由游戏时间内自由取放,以引起幼儿对结构游戏材料的兴趣并愿意使用它。此外,教师除了给幼儿提供游戏材料之外,在某些构造活动中,还要给幼儿提供必要的辅助工具及材料如小剪刀、彩笔、黏合剂、螺丝刀等。

2. 游戏时间

充足的游戏时间是保证幼儿结构游戏顺利开展的重要条件。教师应保证幼儿享有充足的游戏时间,可以结合幼儿园的活动安排为幼儿提供相对充裕的游戏时间,也可以充分利用入园、离园等时间组织幼儿开展小型的结构游戏。

3. 游戏场地

教师应为幼儿提供适宜的游戏场地,尽可能拓展幼儿的游戏空间。游戏场地可以在活动室,也可以利用寝室的活动空间开展游戏,同时还可以充分利用走廊等外部活动空间。有条件的幼儿园还可以创设专门的结构游戏室。

(三)引导幼儿认识结构材料,学习建构技能

教师可以引导幼儿认识结构材料,如大小、形状、颜色等特征,激发幼儿的建构兴趣,在兴趣指引下学习结构技能,如排列组合、拼插镶嵌、拼搭连接、黏合造型等。随着幼儿经验的不断积累,教师还可以引导幼儿逐渐学会看盘面图形、分析结构范例,在模仿结构范例的基础上加以创新。

(四)依据各年龄班的特点进行指导

1. 小班

(1)特点。

小班幼儿对建构动作感兴趣,"重复""摆弄""堆高""推倒"等是常见的动作;结构时无目的,不会事先构思要建构什么,只有当别人问起时,才会注意并试图给构建的物体一个名称;小班幼儿多靠材料的形状来理解材料的用途,如圆形的积木就是鼓,三角形的积木就是三角

糕。小班后期在教师的指导下虽有了一定的游戏主题,但不够稳定,且不会利用自己的建构物开展游戏。

(2)指导。

第一,教师要引导幼儿认识结构材料,有意识地搭简单的物体给他们看,也可以带领他们参观中、大班幼儿的建构活动,引起幼儿对建构活动的兴趣。

第二,建构活动开始时,要给幼儿安排结构场地和准备足够数量的结构元件。结构元件应每人一份,使他们在建立最初常规时能彼此不妨碍地开展游戏活动。

第三,在游戏中指导幼儿学习建构技能,并鼓励幼儿独立尝试建构简单物体。

第四,教师要经常有意识地让幼儿说出自己建构的物体的名称,也可以根据幼儿搭出的形象给予适当的名称。引导幼儿理解和明确建构的目的性,发展他们的想象力,使主题逐渐稳定。

第五,建立结构游戏的简单规则,如要爱护结构材料,游戏结束后应整理好建构元件等。

第六,教会幼儿整理和保管玩具的最简单方法,使他们能参与整理玩具的部分工作,培养爱护玩具的习惯。

第七,提供积木和大型轻质积木等适合小班幼儿特点的结构材料。

2. 中班

(1)特点。

中班幼儿结构的目的性较小班明确,有了初步的简单的结构计划;对操作过程及结构的成果都感兴趣;能按主题进行结构,主题相对稳定;对结构材料熟悉,能围绕结构物开展游戏;具有独立整理结构玩具的能力。

(2)指导。

第一,教师应设法丰富幼儿的生活经验,为他们的建构活动打下基础。孩子们的结构活动是他们对周围生活经验的反映,因此,教师应结合各科教学和利用散步、参观等各种活动,加强幼儿对事物建构造型方面的了解。

第二,培养幼儿设计结构方案,学习有目的地选材,学会看平面结构图。

第三,着重指导幼儿掌握建构技能,并会运用这些技能去塑造各种物体,进行分工,把平面图形变成立体的图形。

第四,组织小型集体结构游戏活动(3~4人),经过他们共同讨论,制订方案,进行分工,友好合作地游戏。

第五,组织幼儿评议建构活动,鼓励他们独立地、主动地发表意见,肯定幼儿的发明创造,能自己表述建构物,促进幼儿创新性思维的发展和结构水平的提高。

第六,由于中班幼儿建构水平有所提高,所以中班幼儿的建构材料数量要增加,在型号上也应有所加大。

3. 大班

（1）特点。

第一，建构的目的性、计划性和持久性增强。

大班幼儿建构的目的性、计划性增强了，能较长时间地围绕一个主题进行建构活动，直到达到目的为止；有一定的独立的构造能力，能事先进行一定的设想、规划；能围绕结构物进行情节复杂、内容多样的游戏。

第二，能合作选取丰富多样的材料。

大班幼儿能快速地选定材料，目的明确，并且不再满足于积木材料的使用，对其他游戏材料也产生了需要，使游戏材料更丰富，如橡皮泥、各种废旧物等。

第三，建构技能日趋成熟。

随着建构技能的提高，大班幼儿搭起积木来更加得心应手。他们自然地向围建过渡，能将各种技能积极地运用，搭建出更丰富的造型，如坦克、堡垒、舰艇等。大班幼儿的建构造型构建紧凑，有许多小积木被用于其中。技能的成熟使幼儿能将精小的材料更合理、充分地用到一个综合化的作品中，注重反映事物的细节特征。大班幼儿非常容易进入角色，通过协商与合作，他们能始终从事搭建活动，并且会不停地添加、修改，或是根据新的角色游戏的情节继续在原有的作品上进行建构。如，两名幼儿搭幼儿园，共搭了三层，结果商量决定第二层是做游戏室的，第三层是做寝室的，之后两名幼儿又商量着搭上了床。随后有小朋友来睡午觉，他们又在床上加了一个长方形的小木块来当作枕头。当有小朋友问起他们从哪儿下楼时，他们又开始搭楼梯。

第四，根据游戏情景需要，不断产生新的建构主题。

大班幼儿在搭建前不但明确自己要搭什么，而且很自然地将积木游戏带入到一定的角色情境中，建构物品成为游戏中的道具；建构者自始至终处在一个角色游戏中，还会与其他区角的幼儿相联系，让积木游戏很自然地融入一个大的游戏活动中。但大班幼儿共同设计游戏情节的能力还比较弱，往往是追随着少数幼儿的情节而游戏。

（2）指导。

第一，培养幼儿建构的能力，并要求按计划、有顺序地进行构造。

第二，让幼儿在围绕一个主题进行建构时，学习表现物体的细节和特征，能准确表现游戏的构思和内容，会使用建构材料和辅助材料。

第三，在欣赏自己和同伴作品的过程中，逐渐发展自我评价和评价他人的能力。

第四，鼓励幼儿集体进行构造活动，共同设计活动方案，确定规则，分工合作，开展大型结构游戏。

第五，提供适合大班幼儿特点的建构材料，如大型积木、中小型积木。

（五）室外结构游戏的指导

幼儿园除了开展室内的桌面结构游戏和大型结构游戏外，还要充分利用不定型的材料如沙、水、雪等，开展室外的结构游戏——玩沙、玩水、玩雪游戏。

玩沙、玩水、玩雪游戏的结构材料虽然不同，但沙、水、雪有其共同之处，即它们是不定型的材料，变化很多，可随意操作，很受幼儿喜欢。幼儿在随心所欲地玩沙、玩水、玩雪过程中，想象力和创造力得到充分发展，并给幼儿带来快乐，特别是夏天玩水、冬天玩雪，对幼儿身体健康十分有益。也正是在操作这些不定型的材料中，幼儿认识到它们的特性及有关水、雪、沙的知识。在条件允许的情况下，幼儿园应广泛地开展这类游戏以促进幼儿发展。

对幼儿玩沙、玩水、玩雪的指导应注意以下几点：

1. 为游戏的开展创造条件

为玩沙游戏提供沙箱或沙池，沙箱和沙池要设在向阳地，沙池面积要大些，便于幼儿活动。沙土应有覆盖物，保持一定湿度，并保持沙质清洁松软。要配备必要的玩沙工具如小桶、小铲和辅助材料，如树枝、小棍等。

夏季开展玩水游戏是适宜的，有条件的幼儿园可备有小水池，没有水池的幼儿园可配备大盆装水供幼儿游戏。还要配备大小不一的软硬塑料品，如小桶、球、小碗等。

玩雪游戏只适宜在北方的冬季开展，开展玩雪游戏主要选择较平整的雪地进行，并提醒幼儿穿衣适当，既便于活动又不至受寒生病。

2. 为使幼儿在安全、卫生的前提下自由开展游戏，应为游戏制定必要的规则

在玩沙游戏前，教育幼儿玩沙时不揉眼、不扬沙，不用沙打人，不把沙弄到箱外、池外。使用工具要小心，游戏结束要收好玩沙工具及辅助材料并洗净手。为了防止由于拥挤引发矛盾和不安全事故的发生，有必要限制玩沙幼儿的人数，从而在保证幼儿在安全、卫生的前提下，愉快地游戏。

教育幼儿在玩水时，不向他人身上洒水，不是故意把水洒到地上或盆外，不向水里乱扔东西。玩后要擦干、收好玩具。玩雪时，教育幼儿不用力推人，防止滑倒。

3. 针对幼儿游戏发展水平，给予恰当的指导

在玩沙游戏中，小班幼儿没有明确的目的，往往是独自玩，以一些简单、重复的动作为主，如挖沙、拍沙、倒沙。为此教师要培养其目的性，提供玩沙工具和辅助材料以丰富其游戏内容。中大班幼儿的游戏目的性增强，游戏内容丰富，并会创造性地使用辅助材料。此时应重点培养幼儿游戏的合作性和创造性。

玩雪游戏作为冬季户外游戏，活动量较大，每次玩的时间不宜过长，要针对幼儿的发展水平去开展恰当的活动。小班幼儿主要是在教师带领下,在雪地上走走、跑跑,体验一下雪的性质,也可将雪带回室内看雪的变化,中大班幼儿可以玩堆雪人、打雪仗、滚雪球,用雪做科学小实验等。

总之,在开展玩水、玩沙、玩雪游戏时,既要提供游戏的条件,建立必要的常规,也要针对幼儿身心发展水平对幼儿游戏给予恰当的指导,以实现其教育作用。

三、对幼儿结构游戏的评价

对幼儿结构游戏进行观察并做出评价,可以为教师指导结构游戏提供依据。对幼儿结构游戏的评价,主要是对幼儿运用定型材料(如积木、积塑)的结构游戏进行评价。可以从幼儿对材料的选择、运用、建构方式的运用技巧、主题的目的性、建构过程中的专注程度、社会性行为水平等方面进行,具体标准参照表 5.2 所列举的内容来拟定。

表 5.2 幼儿结构(积木)游戏水平评价表

项目	评价标准	评分
1. 材料运用	只拿着玩,不会搭 对积木形、色有选择,意识不强 有意识选用材料,反复尝试 迅速选定材料,并能综合运用材料,运用有特色	
2. 建构形式	简单排列、堆高、铺平 能架空搭门 能围封建构 造型比较复杂,能命名但形象不逼真 按特定形象逼真建构,运用对称并能装饰	
3. 主题目的性	无目的无主题 目的不明确,易附和他人 能确定建构主题,但会出现变化 主题明确,能坚持并深化开掘	
4. 情绪专注力	注意水平低,情绪呆滞 一般情绪状态,注意力易分散 情绪良好,注意力集中 情绪积极,能专注,持续时间长	

续表 5.2

项目	评价标准	评分
5.社会性水平	独自搭建 平行搭建 联合搭建 合作搭建	
6.常规	遵守玩积木规则 爱护玩具 能收放整理,动作迅速	
7.创造表现力	建构主题与造型方式富于创造性	

第三节　表演游戏的组织与指导

表演游戏是幼儿根据故事、童话内容进行表演的游戏,即儿童表演作品中的角色,用对话、动作、表情等富有创造性的表演,再现文学作品。由于表演游戏是通过表演来创造性地再现文学作品,所以也是一种创造性游戏。

一、表演游戏的特点、类型及教育作用

（一）表演游戏的特点

表演游戏的特点可以从它与角色游戏和文艺表演的比较来说明。

1. 表演游戏是幼儿根据文艺作品的内容来表演的游戏

表演游戏和角色游戏都是通过模仿和想象扮演角色的活动,并以扮演角色的活动为满足。但二者的区别在于:表演游戏中,儿童按照童话或故事中的情节扮演一定的角色,按作品规定的内容进行创造性表演,而角色游戏是儿童根据自己的生活经验来创造性地反映周围生活。

2. 表演游戏是以文艺作品为依据的创造性自娱活动

表演游戏和文艺表演都以童话故事周围表演为依据。但不同的是,表演游戏是幼儿主动自发的创造性活动。而文艺表演是在教师组织下,严格按照故事、童话的情节、语言进行表演的。如果说文艺表演是演给别人看的,那么表演游戏则是幼儿的一种自娱活动,不以演给别人看为目的,具有更大的主动性和随意性。

(二)表演游戏的类型

表演游戏在幼儿园主要是幼儿根据文学作品的内容来进行表演,包括故事表演、童话剧、歌舞剧等,是幼儿园主要的表演游戏形式。随着儿童年龄的增长,表演游戏呈现出不同的特点。3~4岁的幼儿只能表演自己看到的、听到的作品中印象最深的情节,表演简单而缺乏内在联系,只能是作品中片断的反映。5~6岁的幼儿则具有计划性、组织性,表演前能先理解故事内容、情节发展、角色的动作与对话,按作品中人物分配角色、准备道具,并能自编自演,把带有部分创作的故事加以戏剧化地表演。

幼儿园还有一种是幼儿利用各种材料辅助他们进行表演的形式,其具体分类如下。

1. 桌面表演

幼儿在桌面上运用各种玩具或游戏材料,以玩具或材料来代替文艺作品中的角色,用幼儿的口头语言(独白、对白)和对玩具的操纵来再现文艺作品内容的一种表演游戏形式。这种游戏以个人游戏为主。

2. 木偶表演

木偶本意是用木头制作的玩偶。在幼儿园中,用各种材料(木、布、纸等)制成的人物、动物及植物造型的玩偶,都称作木偶。用木偶来进行表演的就称作木偶戏。

木偶戏的木偶可分为布袋木偶、提线木偶、棍杖木偶和手指木偶等几种形式。目前广大幼儿园又出现了借助于各种小瓶制作的简易木偶。棍棒木偶和提线木偶制作、操作都比较复杂,适合成人表演,让幼儿观看。布袋木偶主要是通过幼儿的手指、手掌活动来进行操作表演,可以有一个或几个幼儿表演,手指木偶是在幼儿的手指上套上一个简单头饰或直接画一个头饰在手指上进行表演。

3. 影子戏表演

影子戏表演是根据光学原理,通过光的作用,利用物体的阴影来进行表演,一般有:人影和手影,即以人身体的侧身造型和手的动作造型所形成的影子进行表演;头饰和手饰影子戏,也就是将影人造型戴在头上或手上,以头和手的动作操纵影人进行表演;纸影和皮影戏,即以纸盒皮革为材料,制成侧身造型的影人,用杆子或绳子进行操纵表演。

4. 小舞台区表演

"小舞台"属于游戏里常见的一个游戏区域。幼儿园里很多班级的游戏区域里都会含有一块表演区,它通常是 4 米^2 左右的场地,配合一定的辅助材料(如纱巾、头饰等),幼儿在音乐的伴随下进行各种表演。当然,也有少数幼儿园的"小舞台"以儿童自己创编的或来自文学作品的故事为线索展开的游戏活动来进行故事表演、木偶戏等表演。

(三)表演游戏的教育作用

(1)表演游戏和角色游戏一样,是创造性游戏。通过创造性的表演,不仅促进了幼儿创造性和主动性的发展,而且童话、故事以文艺形式生动、形象地反映典型生活,对幼儿更具感染力。

(2)通过表演加深了幼儿对文学作品的理解,更深刻地体会人物的思想感情,并受到熏陶和感染,更易于培养幼儿良好的品德。例如,表演《萝卜回来了》,小动物之间互助、互爱、关心他人的行为,会给幼儿提供积极的学习榜样。

(3)表演游戏对幼儿口语发展有特殊的作用。儿童通过表演再现出故事或童话中优美、生动的语言,提高了他们的言语表现力,学会使用语调的变化,生动形象地、创造性地表达情感和对人对事的态度,这也是其他游戏所缺乏的。

(4)儿童进行表演游戏需要足够的勇气和自信心,因此对儿童特别是对那些胆小、怯懦的儿童,让他们担任角色可以促使他们克服性格上的弱点。

二、表演游戏的组织与指导

(一)表演游戏环境的创设

1. 舞台和布景

(1)幼儿表演的小舞台和布景。

幼儿表演的小舞台可以是专门设计制作的舞台,有幕布、灯光、音响设备;也可以是简易的,只要用两张椅子将一块场地划分为台上台下即可。布景可以是专门制作的大布景,也可以是由教师、幼儿自己搭建、绘制的简易布景。

小戏台的环境布置可以激发幼儿的表演欲望。这种环境布局有两种:一是按作品主题创设的小戏台环境,如按童话故事"灰姑娘"所涉及的皇宫环境,有王子的城堡布景和皇宫舞厅的场景等,幼儿进入这样的环境就会自动地参与表演。这类环境要根据表演内容的不同,定期更换。二是只向幼儿提供表演的道具、服装、录音带等材料,给幼儿以角色扮演的启示。这类环境布置能给幼儿的表演提供更广阔的创作空间。

(2)木偶游戏的舞台和布景。

木偶游戏的舞台要有一块幕布能把木偶操纵者遮住,台口高度以小观众站起来看不到后台的演员为准。舞台可以利用幼儿园课桌椅做成(桌子后面演木偶戏),也可以利用幼儿园的黑板架、毛巾架装饰而成,有条件的幼儿园可以专为幼儿制成木偶小舞台。

木偶游戏的布景设计应根据表演内容做到少而精,力求简单概括,夸张鲜明。布景可用硬纸板做,也可用布料制成正式布景。布景应安放在一个立式的木架上,上有夹子可固定布景。布景有远景、中景、近景之分。我们可将远景放在小演员演出位置的背后,中景布置在舞台的演出位置处,近景则摆在舞台口。

(3)影子游戏的舞台与布景。

皮影架、皮影箱就是影子游戏的舞台。它的结构包括:银幕架框,可用白色透明的布做幕布(布须拉紧),在架框上方装上一日光灯(灯源必须在演员之前)。侧幕(左右各一),可用板或纸制成,侧幕上均装有道具袋。

可用纸、皮、涤纶片做成布景片,并将其紧贴在皮影架的幕布上,这样就形成了影子游戏的布景。

2. 道具、服饰

幼儿表演用的道具和服装应是象征性的,不必追求真实性,只要能反映角色的显著特征就行了。幼儿表演用的道具和服饰主要包括各种头饰、花卉、椅子、彩带和各式服饰。

(二)表演游戏的指导

不同年龄班幼儿表演游戏的水平不同,教师要根据表演游戏的特点,结合幼儿表演游戏的水平进行恰当的指导。

1. 教师示范表演

教师把故事、童话、诗歌等文艺作品,以戏剧、歌舞、木偶、皮影等形式,在小舞台上向幼儿们示范性演出,不仅能激发幼儿的表演欲望,而且能将各种表演技巧进行示范,供幼儿模仿,同时也为幼儿选择和积累表演游戏的素材提供了帮助。这是指导幼儿表演游戏的重要形式。

2. 帮助幼儿选择和熟悉表演内容

表演内容的选择对于幼儿表演游戏的成败关系极大。幼儿的表演内容一般是以文艺作品的内容为依据,因此选择易于为幼儿理解又便于表演的作品,是开展表演游戏的前提,也是教师指导游戏的首要职责。

选择文艺作品要符合两个基本要求:一是要有便于幼儿理解、富有教育意义的内容。为此,教师要根据本班的教育任务,选择内容健康活泼,富有教育意义,同时符合儿童的生活经验,便于幼儿理解的童话、故事。二是作品要有表演性,即作品易于为幼儿掌握和表演。首先作品要有一定的场面和适当的表演动作。但场面和动作要适合幼儿年龄水平,小班幼儿以一个场面和简单重复的动作为宜。中大班则可相应地增加场面和动作。其次,角色的对话易于用动作表演,对话与动作相配合,可使幼儿边说边做,增加表演的吸引力和生动性。如故事《萝卜回来了》中的拔的动作就是和故事角色中的语言表述是同时进行的。而静态对话、静态描述过多的作品则不适于幼儿表演。最后,故事情节起伏较大,情节发展的节奏快,按一条主线发展,重点突出,这样,既便于理解,对幼儿的吸引力也大。

适合幼儿用来表演的文艺作品,应有特定的场景、性格明显的角色、生动有趣的情节、简明形象的语言和动作等。这些作品是短小精悍的,其内容在说明一两个极其简单的道理。教师对这些作品的中心事件、矛盾冲突、主题思想等应有全面了解,并应利用讲故事、看图书、谈话等方式指导幼儿熟悉作品中的人物、剧情,帮助幼儿理解作品内容。

3. 通过编制练习性游戏使幼儿掌握表演技能

幼儿的表演技能一方面是在他们玩表演游戏的过程中逐渐积累的,另一方面是通过一系列练习性游戏的训练而获得的。教师为了让幼儿掌握某一方面的表演技能,常常把某一类表演技能集中起来,编成练习性游戏。幼儿通过这些练习性游戏的反复训练,就能较为熟练地掌握表演技能。

4. 通过参与幼儿的表演对游戏进行指导

教师参与幼儿的表演,即教师和幼儿同台演出,是教师对表演游戏进行间接指导的重要形式。

教师在表演游戏中所扮演的角色应当是能把整个表演组织起来的角色,或者是幼儿尚不熟悉、扮演有困难的角色。在游戏中,教师以角色身份出现,通过和幼儿一起商讨演出程序,选择、使用道具,布置环境等一系列活动给幼儿以一定的启示,使他们进一步理解作品内容,塑造出各种生动活泼的艺术形象。同时,对于游戏中幼儿自己创编的各种形体动作和表演语言,教师应及时地加以收集和整理,并在以后的游戏中介绍推广。

5. 以观众身份在表演外指导

幼儿喜欢教师看他们演戏,他们会以最大的热情和最好的表演来向教师汇报,因此,观众的身份给教师的指导提供了极有利的条件。作为观众,教师的指导必须符合观众的身份。

首先,教师必须认真、全身心地欣赏幼儿演出。教师的这种态度不仅是对幼儿演出的支持、鼓励,更是为幼儿提供如何以正确态度对待别人演出的一种示范。

其次,教师可以观众身份,用提问、建议等方式指导幼儿顺利演出,并对幼儿的演出加以评价,提出改进的建议。如,教师观看两个孩子在玩木偶,他们在同一木偶台上,但各自玩着自己手中不同的木偶。这时,教师可以说:"你们是在演木偶戏吗?你们能先报一下幕,告诉观众戏的名字吗?"于是这两个孩子看看自己手中的山羊木偶,商量后说:"好吧,就演《小山羊的角真厉害》的节目吧。"这是孩子即兴想出的题目,教师加以鼓励并以极大兴趣看完了演出。她感谢孩子们的表演,并建议:"这个小山羊长了个犄角就这么骄傲,你们能帮它改掉缺点吗?"孩子们又商量了一下,把剧名改为《肯改缺点的小山羊》,并再一次要求教师当观众。这样,教师的提问和评价就使孩子的表演获得了成功,并起到了激励幼儿创作和表演的作用。但应指出的是教师的这种提问、评价应尽量不要影响幼儿的主动演出,不要把教师的观众身份改为导演身份。

总之,表演游戏虽然以作品为依据,但又是创造性游戏,不同于文艺表演。在游戏中,儿童可以自导自演,以表演为乐趣,而不必十分注重表演的效果,这也是表演游戏的特点,即以表演过程为满足。因此,在对表演游戏的指导中,既要求儿童反映作品内容,更要尊重幼儿的创造性和主动性,鼓励儿童主动、自然、创造性地表演,不应强调严格按作品来刻板地表演。

案例1

表演游戏:三只小猪(大班)

一、游戏目标

(1)积极参与《三只小猪》故事结尾的创编,能大胆提出自己的想法和建议。

(2)尝试与同伴合作构思,表演故事结尾。

(3)能运用所选择的材料表现故事情节。

二、游戏准备

1. 知识经验准备

(1)幼儿:能够按照原有故事情节进行表演,具有初步的记录能力。

(2)教师:了解幼儿现有的表演水平。

2. 物质材料的准备

(1)表演游戏"三只小猪"所需的游戏材料:纸箱、"猪鼻子""猪尾巴"头巾,其他可利用的各种废旧物品。

(2)记录表(见表5.3),上一次表演游戏的照片、电脑、照相机、摄像机、投影仪。

表5.3

	小猪打败狼	所用材料
1		
2		
3		

(3)环境的准备。

创设区角"百宝库",用蓝色即时贴分割出四个表演区域。

三、游戏过程

(1)歌舞表演"三只小猪",导入故事主题。

(2)看记录表,回顾游戏,提出新任务。

①讨论上次游戏中的问题,猪妈妈的头巾总是掉怎么办? 故事中的大灰狼每次都是被开水烫死,总这样演没意思,怎样调整更好?

②提出新问题,分组创编故事结尾。思考:大灰狼又会想什么坏点子? 小猪们又将怎么样打败大灰狼呢? 需要什么材料来进行表演?

③分组表演。

第一次分组表演:分配故事角色,选择、准备表演道具。

第二次分组表演:幼儿分成表演组与评议组,交替进行表演、评议,教师做记录。

④播放录像,展示照片,师幼共同讨论。

幼儿观看第一次表演的录像和照片,进行集体交流:你喜欢这个小组创编的故事结尾吗?为什么?你觉得什么材料选择得巧妙合理?你有什么好的建议?

四、游戏延伸

(1)在表演区,鼓励幼儿继续创编有创意的故事情节。

(2)丰富"百宝箱"的材料,为丰富幼儿的创造性表演做好准备。

第四节　规则游戏的组织与指导

规则游戏是由成人选编的以规则为中心的游戏。规则游戏是幼儿园教学的有效手段和形式,在幼儿园有组织的教学实践中被广泛运用。

一、规则游戏的结构及分类

(一)规则游戏的基本结构

规则游戏包括四个基本因素:游戏的任务和目的、玩法、规则、结果。其中规则是核心,是游戏顺利进行的前提,也是评价规则游戏是否有效的依据。

1. 游戏的任务和目的

规则游戏有明确的任务,指游戏时对幼儿所提出的要求,要便于幼儿理解和实现,直接指向游戏的过程。不同的游戏,其任务也不同,可以促进幼儿智力(如观察力、记忆力)的发展,也可发展幼儿动作或提高音乐感受力等。游戏的目的是成人通过游戏想要达到某些教育方面的要求,直接指向游戏的结果,是教师在选编游戏时,根据教育要求和游戏的类型而确定的。

2. 游戏的玩法

游戏的玩法就是对游戏的计划和构思,包括游戏的全过程,即游戏的开始、过程和结束。游戏的玩法虽各不相同,但应能激发幼儿游戏的兴趣和积极性,愿意主动地去完成游戏中提出的任务。游戏的玩法也包括了游戏中利用什么材料,做什么动作等,充分体现游戏性的特征。如,"奇妙的口袋"就是要求幼儿在封闭的口袋或箱子里摸各种事物,运用触觉在已有经验的基础上判断是什么东西,以促进幼儿的感知、记忆、思维的发展。

3. 游戏的规则

游戏的规则是防御动作顺序以及在游戏中被允许的或被禁止的活动的规定,是由成人事先规定好的。游戏的规则必须被遵守,才能完成游戏任务,并提高游戏的趣味性。

4. 游戏的结果

游戏的结果是幼儿在游戏中所追求的目的,是判断幼儿是否完成游戏任务的标志。游戏达到满意的结果,不仅能使幼儿获得快乐和满足,还能激发幼儿游戏的积极性。

有规则游戏的构成要素是互相联系、密不可分的,缺少了某一因素,则会失去游戏的性质和教育作用,变成利用玩具或直观材料的学习或练习活动。从下面一则游戏中,可以看到有规则游戏过程的四个方面是贯穿游戏活动全过程的。

案例2

《听听谁在叫》

任务: 分辨几种动物的叫声。

玩法: 请一个幼儿站在前边,由教师给他戴上一个动物头饰,其余幼儿按动物头饰发出相应动物的叫声,由戴头饰的幼儿猜自己头上戴的是什么动物头饰。

规则: 戴头饰的幼儿不能看头饰,其他幼儿只能发出动物的叫声,不能说出动物的名称。

结果: 猜对了得胜,可戴着头饰回到座位去。

(二) 规则游戏的分类

幼儿园有规则游戏比成人世界中的有规则游戏简单,大多运用事物或带有情节。常有的有规则游戏如下。

智力游戏:成人根据一定的智育任务而设计的有规则游戏,它也是一种教学形式,将教学因素和游戏形式紧密结合起来,使儿童在活泼、愉快的情绪中,轻松、自然、有兴趣地进行学习。其形式多种多样,按游戏材料分,可分为图片棋类游戏、操作游戏;按游戏的作用,可分为感官游戏、记忆游戏、比较异同的游戏、分类游戏、推理游戏、语言游戏和数学游戏。

体育游戏:指以促进身体正常发育和机能协调发展为主要目的的游戏。它作为体育活动的一种有趣的形式,具有锻炼身体、促进生长发育、富有娱乐性和竞赛性的特点,对培养幼儿对体育活动的兴趣有重要作用。

音乐游戏:是在音乐伴奏或歌曲伴唱下进行的游戏,具有音乐和动作相配合的特点。游戏动作要符合音乐的内容、性质、节奏、节拍和力度、速度的变化,能按照音乐的节奏开始、改变及停止动作等。游戏分为主题及无主题两类。前者有主题、情节、角色,要求幼儿根据音乐表演角色形象,用动作、表情来表现音乐。后者无主题、情节和角色,常有追逐或竞赛因素。

有规则游戏最大的特点是把学习的任务和游戏的形式结合起来,它符合幼儿学习兴趣性强,目的性、坚持性较差的特点,使幼儿以愉快的情绪,在轻松、有趣的气氛中积极、主动地学习。同时在积极主动的学习中培养幼儿集中注意力、爱动脑筋的良好学习习惯。有规则游戏也能培养幼儿遵守规则和具体要求以及与同伴协调一致、互相合作的良好品质。由于许多有规则游戏带有竞赛的性质,这对培养幼儿勇敢、上进等个性品质有积极作用。

教师在组织幼儿活动时,不仅要给予幼儿充分的自由游戏时间,鼓励幼儿积极开展自选的创造性游戏,也要把有规则游戏作为重要而有效的教育手段,广泛地运用到幼儿的各科教学之中(特别是年龄越小,用得越多),顺利而愉快地完成教育任务,从而促进幼儿的全面发展。

二、规则游戏的指导

(一)选择和编制适合幼儿年龄特点的规则游戏

为幼儿选择和编制规则游戏要顺应他们身心发展水平,循序渐进,既要考虑幼儿的生活经验,智力、动作的发展水平,也要适合幼儿接受能力,又要有一定的难度。首先,要根据教育任务和幼儿发展水平确定游戏的任务,其次选择合适的玩法和规则。形象玩具和与动作相联系的游戏较适合小班幼儿,而根据已有的经验或以语言进行的游戏则适合用于中大班。对小班幼儿来说,游戏的规则要简单,易于操作,而中大班幼儿游戏规则难度应提高。

(二)教会幼儿游戏的玩法,教育幼儿遵守游戏规则,积极开展游戏

有规则游戏有一定的玩法和规则,幼儿只有学会了玩法,明确了规则,才能顺利地开展游戏。因此,在开始一个新的游戏之前,教师要以简明生动的语言、适当的示范,帮助幼儿学会游戏的玩法,掌握游戏的规则。教师讲解的方法很多,可以借助多媒体课件展示,可以老师示范展示,也可以在和幼儿玩游戏的实践过程中边玩边教。在幼儿学会后,要鼓励幼儿独立地、积极地开展有规则游戏。在游戏中,教师要注意督促幼儿遵守规则,以保证游戏的顺利开展和游戏任务的完成。

(三)保证幼儿充足的游戏时间,确保场地和材料

教师要保证幼儿充足的时间、场地来开展自由的、自选的创造性游戏。教师还要根据游戏的性质和内容,确定合适的游戏场地,体育游戏和音乐游戏一般需要相对宽敞的场地,以保证幼儿获得足够的活动空间,保证游戏取得预期的效果。同时,教师还要根据幼儿的特点尽可能选取丰富、合适的游戏材料,激发幼儿游戏的兴趣,减少幼儿消极等待的时间。

(四)根据不同年龄班的特点,进行有针对性的指导

教师在指导幼儿游戏时,要针对各年龄班幼儿的具体特点,有侧重地进行指导。

小班:教师讲解时要注重语言讲解和动作示范相结合,语言要形象、生动、简洁,在幼儿游

戏过程中逐步提出游戏规则。

中班:教师进行语言讲解时仍需结合动作示范,在游戏实践中提醒幼儿注意双手游戏规则,关注游戏结果,可根据情况适当开展竞赛游戏。

大班:随着幼儿语言的发展,教师可以多用语言讲解,尽可能减少对幼儿游戏的参与,要求幼儿独立游戏,严格遵守游戏规则,争取最好的游戏结果;简单评价自己游戏的过程和结果,可开展稍复杂的游戏竞赛。

在游戏结束后要引导幼儿收拾游戏材料和场地,根据幼儿游戏情况做出必要的评价,保持幼儿继续游戏的兴趣。

总之,教师既要创造条件保证幼儿有充足的时间、场地来开展自由的、自选的创造性游戏,同时也要有计划、有组织地进行有规则游戏,为系统的集体教学活动服务。

【思考题】

1. 结合结构游戏的指导方法,尝试对幼儿的结构游戏进行一次跟踪指导。
2. 请用文中表演游戏《三只小猪》(案例1)进行一次表演游戏的实践。
3. 请结合角色游戏的指导策略,对以下案例进行分析并提出指导策略。

娃娃家游戏《小市场》(小班)

一、情景说明

小班角色游戏娃娃家开展一段时间后,在幼儿的提议下,游戏中增设了一个"小市场"的环节,随着游戏情节的开展,问题也随之出现了。

问题一:娃娃家的"妈妈"出来买菜,随后"爸爸"也出来了,到"小市场"里两人都买了许多蔬菜和水果,娃娃家里堆满了各种蔬菜和水果。

问题二:"爸爸"和"妈妈"一起出门,途中不断争抢篮子。"爸爸"对"妈妈"说:"你回家做饭吧,我去买菜,把篮子给我!""妈妈"却说:"我是妈妈,我去买菜,你去照顾宝宝吧。"两人协商未果,一直争论到"小市场"里。但是,到了"小市场"后,"爸爸""妈妈"买菜时却能彼此商量。

问题三:经过调整后,"爸爸""妈妈"知道只能有一个人去市场买菜,家里需要有一个人看家和照顾"宝宝"。结果"妈妈"一个人到"小市场"买了大量的蔬菜和水果,但是离开时却没有付钱,而"小市场"的"售货员"只一味地给客人拿东西,自己一个人沉浸在"卖菜"的乐趣中,根本不记得要收钱。

二、问题分析

小班幼儿在经过一段时间的游戏后,角色意识越来越强了,对游戏的兴趣也越来越浓。在整个游戏过程中,许多幼儿能根据经验自发地提出新的游戏内容。《小市场》就是这样出现的。但是在增设这一新的内容后,幼儿的兴趣完全体现在"买菜"上,却不知道怎样处理这些买来的蔬菜。在问题二中,可以看出小班幼儿的游戏仍以自我为中心,不会通过协商解决矛盾。而在问题三中,可以看出,小班幼儿对于新角色很有兴趣,虽然"小市场"里的材料还是原来娃娃家里的材料,而当幼儿的角色和游戏情节改变后,材料对他更有吸引力了,让幼儿的游戏兴趣更高,只是对于新角色的职责,却被完全忽略了。

三、指导策略

1. 通过情景回放让幼儿自己发现问题

教师可以将幼儿的游戏过程摄录下来,让幼儿看一看发生了什么问题,启发性地说一说应该怎样做,鼓励幼儿用自己的方式来解决问题。

2. 教师要引导幼儿明确游戏中角色的身份,启发幼儿扮演好角色

教师可以启发幼儿回忆和家人一起去商店买东西时看到的营业员是怎样工作的,客人买了东西要不要付钱,使幼儿明确营业员的工作职责,以及顾客买东西需要付钱的道理。

3. 教师通过评价引导幼儿学会合作和谦让

教师对于幼儿在游戏中的表现要给予适当的评价,对不正确的行为,在不打扰幼儿游戏进行的前提下应加以纠正。教师可以以游戏中角色的身份介入游戏,如扮演另一位售货员,建议"爸爸"和"妈妈"下次买菜前先商量好,到底谁来买菜,谁在家照顾"宝宝";或者建议"爸爸""妈妈"可以轮流来买菜,使幼儿学会合作和谦让。

Chapter 6

游戏与幼儿园课程

幼儿教育不同于其他年龄阶段的教育,幼儿园需要营造出一种生动活泼的、适合幼儿成长发展的氛围。而游戏是最适合幼儿的活动方式和学习方式,因此,幼儿园以游戏为基本活动。幼儿园课程是幼儿园教育的载体,只有把游戏纳入到幼儿园课程的设计与实施中,实现游戏与课程的融合,才能真正发挥游戏的教育价值,才能创设出符合幼儿特点并有效促进幼儿发展的课程。

第一节 幼儿园以游戏为基本活动

在我国,《幼儿园工作规程》和《幼儿园教育指导纲要》明确了游戏在幼儿园教育中的法规地位。而在实际的幼儿园教育中,人们对游戏有着不同的理解及实践。

一、游戏在我国幼儿园教育中的法规地位

(一)《幼儿园工作规程》首次提出

1996年颁发的《幼儿园工作规程》(以下简称《规程》)在第二十一条明确提出:"以游戏为基本活动,寓教育于各项活动之中"是幼儿园教育工作的原则之一。并在第二十五条对幼儿园游戏作了规定:"游戏是对幼儿进行全面发展教育的重要形式。应根据幼儿的年龄特点选择和指导游戏。应因地制宜地为幼儿创设游戏条件(时间、空间、材料),游戏材料应强调多功能和可变性。应充分尊重幼儿选择游戏的意愿,鼓励幼儿制作玩具,根据幼儿的实际经验和兴趣,在游戏过程中给予适当指导,保持愉快的情绪,促进幼儿能力和个性的全面发展。"《规程》的颁布直接影响学前教育界对游戏的研究,在学前教育界主要发生了以下几个方面较大的变化:

第一,在政策法规、观念上开始强调对幼儿游戏权利的保障。

第二,在理念上探讨了游戏的功能及其在学前期的意义,尝试建立我国本土的幼儿游戏理论。

第三,在研究游戏问题上采用科学的方法,注重对游戏现状的调查研究。

第四,在幼儿园游戏实践研究中,积累了越来越多的比较好的、可以推广借鉴的经验。

《规程》颁布之后,游戏在幼儿园中的地位越来越重要了。虽然《规程》在游戏的指导要求、游戏创设以及教师在幼儿游戏中的作用等有所规定,但是在具体实践层面,幼儿园教师对游戏的实际开展仍感到迷茫,"重上课,轻游戏",而且缺乏对幼儿游戏的指导,游戏只是幼儿的自发游戏,没有与幼儿园的其他活动联系上。

(二)《幼儿园教育指导纲要》再次强调

1999年《幼儿园教育指导纲要》(试行)(以下简称《纲要》)颁发,再次强调"以游戏为基本活动"。在《规程》的基础上,《纲要》对幼儿园游戏需要解决的问题进一步加以阐释,主要体现在以下几个方面:

第一,再次强调幼儿园"以游戏为基本活动"的精神,强调尊重幼儿的身心发展规律,强调以游戏来促进幼儿的发展。

第二,再次强调"游戏是对幼儿进行全面发展教育的重要形式",不再只是把游戏从形式上作为教学的调味品,而是强调幼儿园的整体环境要能够引发幼儿以游戏的方式与环境相互作用,能够支持幼儿的游戏和各种探索活动。

第三,强调寓教育于游戏中,游戏不只是幼儿的自由游戏,我们可以在幼儿的游戏中挖掘隐含的教育价值,在游戏中教育幼儿。

《纲要》再次强调幼儿园"以游戏为基本活动",对游戏给予了更充分的重视,这进一步奠定了游戏在我国幼儿园教育中的法规地位。

二、解读"幼儿园以游戏为基本活动"

要理解"幼儿园以游戏为基本活动",首先需要理解什么是幼儿园游戏。在此基础上,我们从目的和保障两方面来理解"幼儿园以游戏为基本活动"的含义。

(一)幼儿园游戏的含义

在实践中对幼儿园游戏的理解存在以下误区:

误区一:认为幼儿园游戏就是幼儿的自由游戏。一些教师认为游戏就是户外活动的自由游戏和室内活动的桌面游戏。从幼儿园的一日活动时间表就可以看出,一些幼儿园已经人为地把幼儿的一日生活分为教学活动、自由游戏活动、区域活动等。这样一方面致使幼儿的自由游戏活动时间没有得到应有的保证,另一方面也忽略了其他活动时间活动中的游戏因素。

误区二:认为幼儿园游戏是一种休息、娱乐,是为了满足幼儿好玩的天性,和教育关系不大。例如,一些教师在幼儿进行户外游戏活动时除了注意幼儿的活动安全之外对幼儿放任不管,忽略了幼儿游戏中的教育因素。

误区三:认为幼儿园游戏和教学是两码事。一些教师将游戏和课程教学在时间、空间上截然分开,一段时间开展游戏,一段时间开展教学活动。出现这种误区的结果就是幼儿也自然而然地将幼儿园的生活划分为上课和玩,甚至有的幼儿会这样说:"老师,我不想上课,我想玩会儿。"

误区四:认为幼儿园游戏就是教学游戏,以有规则的游戏如智力游戏、音乐游戏、体育游戏等来代表幼儿园的游戏活动。教师在组织教学游戏时,将教学内容以游戏的形式加以传授或复习。在整个游戏中,教师规定了幼儿怎么玩游戏,幼儿处于被动地位,体会不到游戏的自主和快乐。

由此可见,在一些幼儿园中,游戏在幼儿的一日生活中被人为地割裂开来。而对幼儿园游戏的理解直接影响到幼儿园教师对游戏的组织和指导。究竟什么是幼儿园游戏,这需要加以澄清:

首先,幼儿园游戏应该以幼儿为活动主体,是幼儿自愿发起的活动。幼儿园游戏开展得好坏,关键要看是否体现了幼儿的自主性,并让幼儿体验到了快乐。幼儿自发的游戏是本体意义上的游戏,是幼儿最喜欢的活动。经常参加这类活动,有助于幼儿的心理健康和个性的和谐发展。因此,幼儿园必须给予幼儿充分开展这类游戏的机会。

同时,幼儿园是一种教育机构,幼儿园游戏必定要体现一定的教育性。在幼儿园游戏中,环境和材料是经过教育者选择和设计的,游戏环境中蕴含着一定的教育目标。幼儿园游戏与幼儿的发展密切相关,通过游戏应该更好地促进幼儿的发展。幼儿园也是一个小型社会,幼儿在和同伴的游戏中进行着初步的社会交往,在游戏中学习并发展着社会交往的规则,如分工、沟通、协作等。

(二)幼儿园以游戏为基本活动的目的

幼儿园以游戏为基本活动的目的是要保障幼儿的游戏权利,创设适宜的幼儿园生活,进而促进幼儿的主动学习。

1. 保障幼儿的游戏权利

游戏是幼儿的基本权利,《幼儿权利宣言》《幼儿权利公约》都把游戏规定为幼儿的基本权利之一。游戏是幼儿身心发展的需要,游戏中蕴含着幼儿发展的空间。幼儿在游戏中的表现往往要好于他平时的表现。例如,性格胆小、平时语言表达不流畅的幼儿在游戏中也会很自信地说话,自如地和小朋友进行交流,在游戏中幼儿自觉不自觉地发展着他的语言交往能力。所以,幼儿园以游戏为基本活动就是要承认并保障幼儿游戏的这种权利,就是要通过游戏使幼儿身心全面健康地发展,满足幼儿身心发展的需要。

2. 创设适宜的幼儿园生活

幼儿园以游戏为基本活动的一个重要目的便是创设适宜的幼儿园生活,从而保障幼儿的游戏权利,满足幼儿游戏的需要。

游戏是童年生活的特征。而在现代化、城市化的进程中,幼儿游戏的场所越来越少,原来以游戏为纽带而构成的庭院或邻里儿童团体正在消失,童年生活中的游戏特征正日益受到环境的限制。而幼儿园正是人们根据一定的社会需要和教育需要创造出来的机构和生活场所,幼儿园从本质上讲要创设符合幼儿发展需要的生活,弥补并延续幼儿正在消失的以游戏为特征的庭院幼儿文化。因此,幼儿园必须坚持以游戏为基本活动,鼓励和支持幼儿游戏,才能创设适宜的幼儿生活环境。

游戏与儿童文化紧紧关联,它行使着一种愉快的功能,而这往往与我们自己的教育关注点是相反的。幼儿园越来越变得"教育化"和"功利化"。一些幼儿园变成了小学的预备,人们过早地把功利目的加在了本应该无忧无虑享受童年生活的幼儿身上。一些望子成龙的家长对幼儿园的价值竟然有这样的认识:"我送孩子来幼儿园受教育,学知识,不是送他来玩的。"在这样的教育观下,幼儿的需要和兴趣被忽视了,一些幼儿园变成了实现这种"功利化"目的的教育机构。幼儿的游戏越来越少了,幼儿上的"课"越来越多了。例如,一些幼儿园为了迎合家长的需要和所谓的建设园本特色课程的需要,每天上午两个教育活动,下午一个英语活动,一个教育活动,教师忙着"上课",幼儿忙着"学习"。教师对幼儿的生活有了这样的感慨:"天天忙着给孩子上课,每天要完成的教育活动很多,只能挤出一点时间让孩子玩儿。"人们对学前教育的所谓重视正在剥夺幼儿的游戏时间,牺牲幼儿的快乐童年。

幼儿园的生活应当是适合幼儿发展需要和特点的生活,而绝不是小学化、用以满足成人期望和需要的生活。游戏是幼儿的生活方式,游戏能满足幼儿身心发展的需要,以游戏为基本活动正是幼儿生活的特点。幼儿园一方面要满足幼儿游戏的需要,创设适宜的幼儿园生活,使幼儿有幸福快乐的童年,另一方面要寓教育于游戏中,促进幼儿的学习与发展。正如联合国第二十七届特别会议报告特别指出:"我们有信心共同建立一个能够让所有女孩和男孩享受童年的世界。他们的世界将是游戏和学习的时光,受到爱护、尊重和珍视,他们的权利没有任何差异地受到促进和保护,他们的安全和福祉高于一切,他们将健康、和平、尊严地成长。"

3. 促进幼儿的主动学习

随着20世纪90年代主体性发展的教育目标的提出,学前教育越来越重视幼儿的主动学习。一般来讲,幼儿园活动包括游戏活动、生活活动和集体教学活动。而游戏活动是最能体现和激发幼儿主动性、创造性的主体性活动。游戏是幼儿积极主动、真实自然的学习活动,游戏活动天然地具有材料、选择、疑问、探索、想象、假设、发现、交流等能够激发幼儿主动学习的因素。充分利用这些因素为幼儿的主动学习创造有利的、发展适宜性的环境和条件,正是幼儿园教学以游戏为基本活动的目的。例如,在角色游戏中,从游戏主题的确定、角色分配、活动材料选择再到游戏过程中发生矛盾冲突等,幼儿一直在与同伴进行对话交往,并在交流、协商中发现人与人之间观点的差异性,学习适应别人,形成社会交往的初步态度与技能。在整个游戏过程中,幼儿既运用到已有的经验,又在游戏中与人和物的相互作用中不断主动建构着新的学习经验。幼儿园以游戏为基本活动,能够更好地将游戏的形式和精神渗透到幼儿的一日生活中,最大限度上发挥幼儿的主动性,促进幼儿主动学习和创造性学习。

(三)幼儿园以游戏为基本活动的保障

为了确保幼儿园实现以游戏为基本活动,我们需要从时间安排、环境及游戏材料的创设、教师的支持和引导上来加以保障。

1. 时间的保障

《纲要》中提到"科学、合理地安排和组织一日生活""保证幼儿每天有适当的自主选择和自由活动时间",这其实是从法规上对幼儿自主游戏时间的保障。同时,集体活动"要能保证幼儿的积极参与",要使幼儿有尽可能多的选择自由,也必须是游戏化的,充分考虑到活动的趣味性和可操作性,寓教育于游戏中,增加幼儿的相对游戏时间。

2. 环境的保障

要使教育最大限度地发挥游戏的功效,调动起幼儿的在游戏中的自主性和创造性,关键是创设宽松、自由的游戏环境。教师应为幼儿的游戏提供相应的场地、游戏材料等,以保证、促进幼儿游戏的开展。例如室内游戏环境要留出幼儿自由支配、自由发挥想象的空间和材料,过于精致、真实的环境布置会限制幼儿的创造性发展。再如幼儿"邮局"要开业,但却没有"邮筒",幼儿四处找不到合适的东西代替,教师帮忙去找来一个装方便面的箱子来做邮筒。

3. 教师的有效引导

要实现"幼儿园以游戏为基本活动"这一目标,这对教师的要求很高。一些幼儿园的游戏徒有"游戏"之名,在幼儿的游戏中教师导演得多,控制得多。这样完全丧失了游戏的本来意义,忽略了幼儿在游戏中的主体地位,幼儿也得不到本该有的无拘无束和快乐。教师首先要在观念上明确:在幼儿园游戏中,幼儿才是游戏的真正主人。只有幼儿成为游戏活动的真正主体,才可能使游戏成为幼儿园的基本活动。

幼儿教师应充分认识自发性游戏对幼儿的重要作用,支持并鼓励幼儿进行自发性游戏。有的教师只重视教师组织的游戏,不重视幼儿的自发游戏,甚至对幼儿的自发游戏放任不管,这种游戏观是错误的。缺少了幼儿的自发游戏,不管教师怎样组织教学游戏,都不可能使游戏成为幼儿的基本活动。教师要给幼儿充足的自主游戏时间,让幼儿充分地享受到游戏中的乐趣。在幼儿的自发游戏中,不仅要注意到幼儿的游戏安全和活动常规,还应加强对幼儿游戏的观察和指导,注意挖掘幼儿游戏中的价值。教师要关注幼儿在游戏中的表现和反映,敏锐地觉察到幼儿的需要,最低限度地进行指导和干预。

教师还应不断观察幼儿游戏的兴趣,根据幼儿的需要组织多种游戏,丰富幼儿的游戏内容,这样才能使游戏成为幼儿的基本活动。例如有的幼儿想玩角色游戏,有的幼儿想玩结构游戏,即使是同一种游戏,幼儿关注的重点、感兴趣的侧面也有差异。教师应为幼儿提供各种各样的游戏,注意到幼儿的个体差异,满足幼儿的需要。

第二节 游戏在幼儿园课程中的地位

游戏在幼儿园课程中应当是什么地位,现实中又是什么地位呢?这需要我们首先明确游戏与幼儿园课程的关系,并从国外与国内的不同视角来了解游戏在幼儿园课程中的地位。

一、游戏与幼儿园课程的关系

游戏与幼儿园课程的关系是与课程观密切相关的,即游戏与幼儿园课程之间的关系与我们对幼儿园课程是什么的理解密切相关,不同的课程观导致人们对游戏与幼儿园课程关系的不同理解和实践应用。长期以来,人们把课程理解为"教学科目",强调系统知识的传授。受这种知识本位的课程观的影响,"游戏归游戏,上课归上课",游戏与课程是脱节的。游戏或被用作上课时的手段,教师重视游戏形式,忽视游戏实质,游戏是为了调动幼儿学习的积极性;或被看作单纯的休息娱乐活动,教师对游戏放任自流。在这种课程观下,幼儿的游戏与幼儿园课程无关,游戏在幼儿园的课程中没有独立的价值和地位。随着人们对课程认识的进步,出现了以"人"为本位的课程观。这种课程观关注到了人的需要、发展和幸福,关注到了幼儿的生活和童年的快乐幸福,从而非常关注游戏,并注重挖掘游戏对于幼儿的主动学习和经验建构的价值。在这种课程观下,游戏成为幼儿园课程生成和发展的重要源泉。这种以"人"为本位的课程观让我们开始重新认识游戏与幼儿园课程的关系。游戏既是幼儿园课程的重要内容,也是幼儿园课程实施的重要途径。

(一)游戏是幼儿园课程的重要内容和源泉

幼儿园课程是帮助幼儿获得有益的学习经验,促进其身心全面发展的各种活动的总和,包括游戏活动、生活活动和教学活动。在游戏中,幼儿不断获得有益的经验,游戏对幼儿发展有重要的作用,主要包括认知、情感和动作技能三个方面。在认知方面,涉及幼儿学习、思维和理解的所有技能和过程。在情感方面,包括幼儿学习适当行为、建立关系、社会交往、表达和控制情绪、发展自我感觉以及理解别人需要的所有技能和过程。在动作方面,包括身体结构和功能发展的所有方面。可以说,游戏中包含着幼儿各方面发展的可能性。教师可以通过观察幼儿的游戏来了解每位幼儿的发展水平,为课程的生成、实施提供依据,使课程自然生成于幼儿的游戏活动之中。可以说,幼儿园课程包含游戏,幼儿的游戏又影响着课程内容。

（二）游戏是幼儿园课程实施的重要途径

游戏是幼儿园课程实施的重要途径,游戏有益于幼儿进行幼儿园课程各领域的学习。游戏活动可引发幼儿的好奇心,提高幼儿的学习兴趣。游戏本身符合幼儿身心发展的需求,是孩子们特有的一种学习形式。我们可以据此为幼儿创造宽松自由的游戏环境,凸显幼儿的主体精神,让幼儿在游戏中得到快乐和发展。例如,可让幼儿在游戏中进行探索,通过运用已有知识、操作各种材料来进一步丰富幼儿的知识经验,并增强幼儿科学探究的能力。

案例1

大班科学活动:磁铁找朋友

一、活动目标

(1)巩固认识磁铁吸铁的特性,初步感知磁铁两极"同性相斥,异性相吸"的特性。

(2)巩固学习操作的记录方式,通过记录提炼认知经验。

二、活动准备

人手三块磁铁(一个彩色磁铁,两个环形磁铁),两份记录纸,红、绿水彩笔和即时贴

三、活动过程

1. 激发幼儿的探索兴趣,引发活动课题。

(1)小朋友,你们看过天线宝宝吗？它们四个好朋友你爱我,我爱你的时候会怎么做呢？

(2)(教师出示彩色磁铁)你们看这是什么？它也有自己的好朋友呢！它找到好朋友的时候也会和好朋友紧紧地吸在一块儿。你们猜黑板是不是彩色磁铁的好朋友？(教师演示实验,并引导幼儿学习记录的方法)如果是它的好朋友就画上绿点,如果不是它的好朋友就画上红点。

(3)出示第一张记录纸。彩色磁铁还想找朋友呢,猜一猜哪些东西会是它的朋友呢？到底这些东西是不是彩色磁铁的好朋友呢？我们一起试一试并且把它记录下来。

(4)小结。你发现哪里有彩色磁铁的朋友？(总结出磁铁能吸住铁做的东西)

2. 引导幼儿发现磁铁的两极

(1)彩色磁铁能和铁做的东西做好朋友,那它能和环形磁铁做好朋友吗？是不是环形磁铁的两个面都是彩色磁铁的好朋友呢？我们来试一试。(交流幼儿的发现。)

(2)我们发现环形磁铁有一面是彩色磁铁的好朋友,一面不是。那我们怎么记录下这个发现,告诉大家哪一面是彩色磁铁的好朋友,哪一面不是呢？(引导幼儿在是朋友的一面贴上绿色即时贴,不是朋友的一面贴上红色即时贴。)

(3)幼儿根据实验在两个环形磁铁上贴上相应的即时贴。(教师验证幼儿贴得是否正确。)

3.引导幼儿发现磁铁两极"同性相斥,异性相吸"的特性

(1)刚才我们发现环形磁铁都有一个面是彩色磁铁的好朋友,一个面不是。那环形磁铁和环形磁铁是不是朋友呢?是不是每个面都能做朋友呢?

(2)出示第二张记录纸,绿点和绿点的一面会是好朋友吗?红点和红点的一面会是好朋友吗?红点和绿点的一面会是好朋友吗?(幼儿猜想并把猜想记录下来。)

(3)到底我们的猜想是否正确呢?我们一起来实验,并把实验结果记录下来。

(4)小结。你发现了什么现象?(引导幼儿总结"同性相斥,异性相吸"的特性。)

4.结束

今天我们用磁铁玩了找朋友的游戏。你还会用磁铁怎么玩呢?幼儿自由玩磁铁。

在案例1中,"磁铁找朋友"的游戏贯穿活动始终。幼儿在玩磁铁的游戏中获得了有关磁铁的知识经验,包括发现磁铁能吸住铁做的东西、知道磁铁有两极并感知理解磁铁两极"同性相斥,异性相吸"的特性。幼儿游戏的过程同时也体现了科学探究中猜想、验证、记录的过程。

二、游戏在国内外幼儿园课程中的地位

游戏与幼儿园课程相互渗透,游戏在幼儿园课程中应当有着重要的地位。然而纵观中外,游戏在幼儿园课程中的地位有所不同。以下我们将分别阐述游戏在国内外幼儿园课程中的地位,其中对国外部分各种游戏课程模式作以简略介绍。

(一)游戏在国外幼儿园课程中的地位

在外国幼儿教育发展史上,很多先驱虽然对游戏的认识不尽相同,但都在不同程度上研究了幼儿园课程游戏化。古希腊哲学家柏拉图强调自然快乐并以身体、道德、游戏等为主要内容的和谐教育。柏拉图认识到游戏符合幼儿的天性,是体现了幼儿创造精神的自主活动,但游戏的内容和方法要经过选择,要符合法律精神。亚里士多德认为游戏和听故事构成了幼儿的主要活动,幼儿的教育以游戏为主,应保证幼儿有充分的游戏活动,但要对游戏进行指导,使之与将来的工作相联系。

古罗马教育家昆体良也强调了游戏在幼儿发展中的地位,他认为游戏不仅是一种休息,也是一种重要的教育手段,游戏有德育和智育的价值。他提出在课程设置上把学习和休息、游戏相结合,幼儿应进行有节制的游戏活动。

夸美纽斯在幼儿游戏教育理论上也提出了自己的主张:游戏是符合儿童天性的能量的散发,游戏是组织愉快的幸福童年的手段,游戏是儿童的一切力量和才能所借以发展的重要的智力活动,游戏是生活的预备,成人要领导或参与儿童游戏。

德国教育家福禄贝尔首次提出幼儿园是幼儿游戏的乐园。福禄贝尔以游戏作为幼儿教育的基础,是教育史上最早系统论述游戏在儿童发展和教育中意义的教育家。他认为游戏是童年生活中最快乐的活动,是表现和发展儿童的自动性和创造性的最好的活动形式。成人既应允许幼儿自由尽情地游戏,又必须注意观察和指导幼儿的游戏,从而通过游戏增进幼儿的体力和智力,并利用幼儿与同伴的游戏来进行道德教育。福禄贝尔还创造设计了一套供儿童使用的玩具——恩物。他认为,通过这些恩物,可以帮助儿童循序渐进地认识复杂的大千世界,了解自然及其内在规律。法国教育家卢梭强调人的自然教育,他强调了幼儿游戏的重要意义。

意大利教育家蒙台梭利否定了幼儿的游戏,认为幼儿不需要游戏,幼儿需要"工作"。但她所说的"工作"其实也是幼儿的游戏,因为"工作"具备了游戏的两个基本特征:自主选择和愉悦性。

20世纪60年代以后,在国外学前教育领域出现了幼儿园课程模式多样化的局面。弗罗斯特等根据各种课程对游戏的重视程度把西方幼儿园课程分为非游戏模式和游戏模式两大类型。苏联幼儿园的课程模式则是既不同于非游戏模式,也不同于游戏模式的教学游戏化模式。

1. 非游戏课程模式

教师给孩子布置了练习本作业,并准许先完成作业的孩子可以去建筑区玩积木。一个男孩没有写完作业,他只能看着他的同伴在高兴地玩积木。

这位教师把游戏用作孩子完成任务的奖励,把愉快的游戏看作是学习活动的动力。这便是非游戏课程模式,其理论基础是行为主义的强化原理。这种课程模式以传授知识技能为主要目的的直接教学活动为中心,把游戏作为"奖励"来鼓励儿童完成相对枯燥乏味而且有压力的学习任务。总之,这种课程模式认为学习比游戏更重要,学习与游戏截然不同、互相排斥,游戏处于课程的边缘地位。

行为主义课程是非游戏课程模式的典型代表。行为主义课程一般比较注重为幼儿入学做好必要的知识技能方面的准备。因此,幼儿的学业知识技能和社会交往技能是课程的重要内容。因为幼儿喜欢游戏,游戏便被作为一种强化手段来鼓励支持幼儿学习。例如,案例中玩积木的游戏只是对完成作业的奖励。有的行为主义课程如"直接指导模式"中更是没有任何形式的游戏,儿童的一日生活只是完成严格的学习任务。行为主义课程虽然在短时间内能达成学术性课程目标,但是儿童的社会性、创造力和内部动机等方面的发展受到阻碍。

2. 游戏课程模式

游戏课程模式分为不干预性游戏课程模式和干预性游戏课程模式。

(1) 不干预性游戏课程模式。

案例 2

医院表演游戏区

一间幼儿园教室被分成七个不同的学习区域,两个孩子选择在其中一个区域进行游戏,这是个被精心布置成医院的表演游戏区。当孩子们讨论游戏主题,选择想象的角色,然后表演出来时,教师就在远处观察。他记录了孩子的语言和社会性行为,研究他们对医院游戏主题的情感反应。孩子们对医院道具或者游戏表演感兴趣呢,还是这些物品让他们难受了呢?两个孩子能够通过游戏释放出他们就医经历中的焦虑并能够战胜它们吗?

在确认两个孩子正在玩丰富的和有意义的游戏后,教师选择不用任何方式去打扰他们并且让他们玩了一个多小时的假想游戏,甚至推迟了吃点心时间以使他们能够获得一个满意的结尾。

在案例2中,教师为孩子创设了丰富的游戏环境和游戏材料,鼓励孩子们独立自主地进行游戏。这便是不干预性游戏课程模式,其理论基础是以人格结构论为基础的精神分析学派游戏理论。这种课程模式注重游戏的情感价值,强调游戏的情感功能和治疗价值。在这种课程模式中,孩子们可以花大部分的时间利用玩具和艺术媒介来表达自我,在游戏中孩子们进行假想、搭积木和绘画。教师是孩子活动的观察者和记录者,注重记录孩子们社会性和情感的发展,只在孩子们需要关注、安慰或者帮助时热情地回应孩子。总之,这种课程模式中游戏与课程初步融合,课程中大量纳入了游戏,游戏即课程。但是,不干预性游戏课程模式对课程的理解较模糊,对游戏在课程中的意义的认识较片面。大多数游戏研究者还是认为成人要以某种形式参与到儿童游戏中。

(2)干预性游戏课程模式。

20世纪70年代以来,游戏研究空前繁荣。受皮亚杰、维果茨基等为代表的游戏认知发展理论的影响,这些研究重视游戏对于儿童认知发展的作用。另外,受社会文化历史学派论的影响,游戏被认为是一种需要成人指导的活动,游戏的教育价值取决于成人对游戏的指导。干预性游戏课程模式就诞生于这种背景之下。该模式强调游戏对儿童认知、社会性发展的作用,强调课程中应大量纳入游戏,注重教师对游戏适度的有针对性的指导和帮助。

根据教育目标定位的不同,干预性游戏课程模式又可分为单一目的的游戏课程模式(注重特殊类型游戏)和多重目的的游戏课程模式(注重各种类型游戏)。

①单一目的的游戏课程模式。

案例 3

表演游戏区

一间幼儿园的教室被分成若干个学习区域。教师为孩子们提供游戏材料和活动,并鼓励孩子们独立进行游戏。偶尔,他也会走进表演游戏区并介入游戏。两个5岁的孩子很消极地坐在那里,一个孩子抱着一个玩具娃娃在摇着,另一个孩子重复地在一个假炉灶上的小锅搅动着一把汤勺。两个孩子互不讲话。在观察了几分钟后,教师走向他们。"嗯,"他咕哝了一声,在一张小桌子边坐下,"闻起来好香。我饿了。吃饭时间到了吗?"

"什么?"炉灶边的孩子问道。

"饭快好了吗?"教师重复道。

"哦,是的,"这个孩子说道,他开始在面前的桌子上摆放饭菜,"我们今天吃意大利面。"

"意大利面,好极了。"教师评论说。然后教师又转向摇椅上的孩子问道:"我猜你的孩子肯定也饿了。她这么大可以吃意大利面吗?"

摇椅上的孩子很快加入进来。"是的。孩子能吃意大利面了。我可以喂她。"

"好极了,"教师回答,"我们为什么不现在吃呢?就当我们是一家人。"

"太好了,我来当妈妈。"一个孩子回答道。

"我也当妈妈。"她的同伴补充道。

这位教师在努力提高孩子们角色扮演的游戏能力,他在与孩子的互动中只重点关注角色扮演这一类型的游戏。这便是单一目的的游戏课程模式,强调某一类型的游戏,课程目标和课程实施围绕着特定类型的游戏而展开。

单一目的的游戏课程模式比较典型的有以色列心理学家史密兰斯基(Smilansdy)的社会性表演游戏(即假想角色游戏,make-believe role playing)和以皮亚杰理论为基础的凯米(Kamii)和德沃里斯(DeVries)提出的凯米-德沃里斯课程。

a. 史密兰斯基的社会性表演游戏。

史密兰斯基认为社会性表演游戏与社会性发展、认知发展和学校成功有关,低社会经济地位的儿童在社会性表演游戏能力上的缺乏可能就是他们以后学业困难的原因。因此,史密兰斯基的游戏课程模式强调社会性表演游戏,主要为以色列低收入移民儿童设计使用。她认为成人应对游戏中的儿童进行适度的干预以提高社会性表演游戏的质量和数量。史密兰斯基的干预策略包括四个步骤,见表6.1。

表6.1 史密兰斯基的社会性表演游戏干预策略

步骤	例子
步骤1:为儿童在游戏中的表演提供独特的经验,向儿童提供丰富的实地考察经历,为社会性表演游戏提供素材	教师带着全班儿童去医院进行参观
步骤2:在教室里创设相关的社会性角色表演区	在表演区布置诊室,提供看病的各种道具

续表6.1

步骤3:观察儿童在游戏中的表现,识别需要帮助的儿童,如有些儿童不与同伴互动,有些儿童的角色换来换去等	教师注意到一个孩子坐着,没有参与到游戏中
步骤4:教师介入儿童游戏中,对需要帮助支持的儿童进行干预。教师可以扮演一个角色从游戏主题内来介入游戏,还可以问有趣的问题、提供新的活动材料在游戏主题外来介入游戏	教师假装成一位病人,询问那个孩子能否帮他看病

研究表明,史密兰斯基的社会性表演游戏干预方法提高了游戏的频度和复杂程度,能够促进儿童一般认知能力、语言、学业成就和社会性的发展。同时许多研究也提出了一个问题,即是否要只关注这一种类型游戏,社会性表演游戏只是有价值的娱乐性游戏之一。

b. 凯米－德沃里斯课程。

凯米－德沃里斯课程的基本活动包括日常生活活动、传统的规则游戏以及专门设计的游戏活动。该课程模式非常重视幼儿的实际生活和游戏活动,注意让幼儿在实际生活和游戏活动中通过与环境、材料、伙伴的相互作用来建构自己的经验。受皮亚杰的游戏和发展理论的影响,凯米和德沃里斯提倡在课程中加入传统的规则游戏。他们认为规则游戏在认知和社会性方面具有挑战性,幼儿在规则游戏中必须思考并遵守规则,还要考虑同伴的观点。

案例4

玩　　牌

三个5岁的孩子刚刚结束了一个传统的游戏。"我赢了!"一个孩子说道。

教师走过来问:"你怎么计算出你赢了最多的牌?"

"因为,"这个孩子解释道,他一只手拿着一叠牌,把它们和另一个孩子的一叠牌比较了一下,"看见没? 我的更多!"

"你们都同意吗?"教师问道。

"等一下!"另一个孩子抗议道,"让我看看。"他把他的牌在地上排成一行。这行牌太多了,从数学区一直延伸到教室中央。他把其他同伴的牌也照这样排开。

教师看着这一切问道:"你怎么想?"

"看见了吗?"他回答,"我的牌排得长,我赢了。"

"你们都同意吗?"教师问大家,"还有其他办法能算出谁赢了吗?"

在教师的鼓励下,这个小组继续尝试解决问题的办法,一直持续到吃点心的时间。

在案例4中,幼儿所玩的是传统的纸牌游戏。在游戏中,幼儿必须遵守约定的规则,不遵守规则会打断甚至会破坏游戏。当有幼儿对游戏的过程或结果有问题时,教师要通过提问来指导孩子解决问题或冲突,引导幼儿创编游戏及商讨规则等。教师在幼儿游戏中的干预必须以孩子正在做的事情为基础而不是打断他们。

凯米－德沃里斯课程中的规则游戏有助于培养幼儿社会性道德方面的发展,但也引来了人们关于游戏中竞争的担忧。这种游戏课程模式对教师的游戏策略也提出了很高的要求。

②多重目的的游戏课程模式。

与单一目的的游戏课程模式不同,多重目的的游戏课程模式强调多类型的游戏,课程目标和课程实施围绕着更多类型的游戏而展开。

案例5

区域活动指导

在一间幼儿园的教室里,孩子们早晨的大多数时间都在各个区域里进行游戏。一个4岁孩子在搭积木。一个教师在旁观看。这个孩子搭了一个农场,用积木做成篱笆围了一圈成了一个畜舍,里面他放上塑料家畜。教师走过来了,问:"告诉我你在建什么?"

"一个农场,"孩子回答道,"看见了吗?农场里有动物。"

"是的,我看见了。"教师热情地回应说。她停顿了一下,接着问:"这些猪在围栏里面还是外面?"

"嗯……"孩子看了看他的建筑和动物,"在里面。"

"在围栏里面。我知道了。"教师重复道。她离开了一会儿让孩子自己玩。

她然后走向两个绘画的孩子。她看了一会儿他们的作品,然后说:"告诉我你们在做什么。"

"这是一个皇后住的城堡。"一个孩子指着自己的画回答道。

"我的也是。"另一个孩子说。

"你们在画两个城堡。"教师评论说。

"对。一个、两个。"一个孩子数道。

"你们两个城堡有什么不同呢?"教师问。

"哦,看,我的很大,"一个孩子回应,"看见了吗?它很大。"

"你的城堡比萨拉的大?还有其他什么不同吗?"

"我知道,"另一个孩子说,"有更多绿色。我的有更多绿色。"

"你的有更多绿色,萨拉的有更多蓝色。"教师总结说。之后她又观察了一分钟,然后悄悄地离开了艺术区。

这位教师为孩子提供了许多游戏机会,介入到了建筑区、艺术区等。这便是多重目的的游戏课程模式,强调所有类型的游戏对孩子的发展都有帮助,游戏应当成为幼儿园课程的主要内容。采用这类课程模式的教师在游戏中提供大量的材料,积极干预游戏活动,以此来提高儿童各种各样的概念与技能,包括游戏技能、数学能力、语言能力及社会能力等。

属于多重目的的游戏课程模式比较典型的有银行街课程(Bank Street)、高瞻课程(High/Scope)和瑞吉欧课程。

a. 银行街课程。

银行街课程(又叫银行街学校)先后受杜威理论、精神分析学派理论、皮亚杰认知发展理论的影响,一直重视幼儿的情感、社会性和自我发展,20世纪六七十年代以后更多地关注幼儿的认知与语言能力的发展。银行街课程把游戏作为教育的基本途径,注重为幼儿创设有教育意义的、富有变化的游戏环境。幼儿的一日活动包括个人的、小组的和大组的游戏和学习,这种安排是灵活的。教室划分成各种活动区,幼儿能在各活动区自主地选择活动材料进行活动。例如书写区提供了期刊、空白书、可移动字母表和拼写卡片,倾听区提供书的录音和孩子们自己讲述故事的录音,数学区和科学区提供了现成的和购买的材料给孩子自己动手做实验以及解决问题。游戏环境的空间布置也会定期进行调整以满足幼儿的具体需要。受埃里克森的人格发展理论的影响,该课程注重相互信任的师幼关系,强调教师要给幼儿安全感、信任感,在此基础上,教师帮助幼儿调整行为。随着对智力目标的重视,该课程特别强调对幼儿活动的语言阐述。教师在游戏中与幼儿互动的教学策略有:观察并评估幼儿的思维水平,对幼儿的表现用语言做出回应、阐述或纠正,给幼儿提出更具挑战性的问题去解决等。

案例6

画　　画

一个孩子在画架上绘画。教师看了她一会儿然后说:"告诉我你画的是什么。"

"红花。"孩子喃喃自语。

"我知道了。你在画红花,一、二、三朵。"

"是的。"孩子自豪地回答。

"你会画整个花园吗?"教师问。

"什么?"

"你会画整个花园吗? 里面有很多花。"

"哦,是的。"孩子回答。

"你的花会是不同颜色吗?"教师问。

"是的。我马上会用黄色。"孩子说。

"还有蓝色和绿色?"教师问。

"是的。还有灰色。一个大花园。"孩子说着,又选择了一个新的颜色继续画画。

这是一个典型的银行街课程中师幼间游戏互动的例子。教师一直在扩展幼儿的思维和语言(从"红花"到"你在画红花"),并给幼儿提出一个挑战性的问题(画整个花园)。这位教师不仅是要通过游戏来促进幼儿绘画方面的发展,还要提高幼儿的认知能力和语言能力。

与传统幼儿园中的孩子相比,参加银行街课程的孩子与同伴的互动更多,有更高水准的认知表述。也有研究者提出质疑,教师对幼儿语言的修正、思维的扩展会向幼儿传递这样一种信息,他们没有很好地表达自己的想法,他们没有很好地解决问题。

b. 高瞻课程。

高瞻课程是当今在世界上具有广泛影响的幼儿课程模式之一,是美国最流行的以游戏为本的幼儿课程之一。该课程以皮亚杰的认知发展理论为理论基础,是一种颇具特色的幼儿认知发展课程,其主导思想就是让幼儿在主动的游戏活动中学习并获得发展。该课程主要围绕幼儿认知发展应获得的49条关键经验展开,教师为幼儿创设环境、提供条件,帮助幼儿在其活动中逐步获得这些经验。这49条关键经验涉及幼儿认知发展的各个领域:主动学习、语言、经验和表征、分类、排序、数概念、空间关系和时间关系。该课程为幼儿创设了一个具有丰富刺激而又井然有序的学习环境,根据幼儿的兴趣以及材料的特点把教室分成积木区、娃娃家区、美工区、安静区、木工区、音乐和节奏活动区、沙水区、动植物区等活动区。

该课程的一日生活安排主要包括七个环节:计划时间、操作活动时间、整理和打扫时间、回顾时间、小组活动时间、户外活动时间和集体活动时间。在计划时间,幼儿决定在操作活动时间玩什么游戏,教师则鼓励幼儿说出计划,帮助他们思考和充实他们的计划。例如"你看起来还没想好要做什么,那我们就到各活动区去看看,你再决定做什么好吗?我们先去积木区看看吧。"制订计划可以采用多种多样的方式,如让幼儿对着话筒和教师通话,告诉教师自己想做什么;制作教室地图以及代表幼儿的小脚印,让幼儿把自己的小脚印放在地图相应的位置上来表示自己的计划;还可以让幼儿围成圈,用点数的方式,轮到哪个幼儿就让他说出自己的计划等。在回顾时间,幼儿在教师的启发下回忆和表征他们在操作活动时间的活动,展现他们的作品,交流他们的经验。帮助幼儿进行回顾同样也采用不同的方式,除了提问之外,可以让幼儿先将自己的作品归类,如哪些作品是用颜料的,哪些作品是不用颜料的,然后再帮助幼儿描述、表征他们的活动。

该课程中,学习和游戏始终贯穿在幼儿一日生活中,教师通过鼓励、支持和丰富幼儿的选择和游戏活动来促进幼儿的学习。教师把游戏作为幼儿获得关键经验的工具。教师或通过提问来启发幼儿的思维,或给幼儿提供新材料来协助幼儿进行计划,教师还可以组织参观或郊游活动来丰富幼儿的生活经验。在本节内容多重目的的游戏课程模式下面举的游戏案例便是高瞻课程教师干预的一个例子。案例7反映了该模式的游戏干预方法。

案例7

约翰的计划

一天早上,约翰的计划是在积木区搭一个加油站。他用积木先搭了一辆汽车,然后在周围找方向盘。忽然他不想找了,看起来似乎想放弃原来的计划,这时教师走了过来。

"你能用什么东西来做方向盘呢?"

"它必须像这样(约翰用手比划着方向盘的转动)。"

"它必须能转动,对吧。"

他们一起在教师里找。对约翰来说,一块圆柱形积木是不能充当方向盘的,因为不符合他给方向盘留的空间位置。

"用什么东西刚好能装进去呢?"

"娃娃家区的扫帚!"

约翰很实际地说:"但是还需要有一个圆盘。"

他们又继续寻找。他们能找到的圆的东西是一个纸盘子。

"你怎么能把它装上去呢?"

"我知道,中间打一个洞。"

在教师的协助下,约翰成功地完成了他的计划,并邀请许多小朋友来坐他的汽车。

研究表明,高瞻课程对幼儿的发展具有长效的积极的影响,但是众多批评也指向教师过多干预幼儿游戏,认为教师的问题打乱了幼儿的行为和思维。

c. 瑞吉欧课程。

瑞吉欧课程承袭了杜威的进步主义教育思想和皮亚杰、维果茨基等建构主义的理念,并把这些理论与自己的实践结合起来,在实践中验证和提升自己的理论。瑞吉欧课程是为了促进幼儿所有领域的发展而不只是游戏本身。该课程被人们讨论最多的是其方案教学。方案教学是一个教和学互动的过程,是教师和儿童共同展开研究性学习的过程。方案教学是一种"弹性计划",计划只提供一个基本框架,教师可根据活动中幼儿的反应以及活动的进程来确定活动的发展方向,课程的设计和实施常常是开放性的,是教师和学生共同建构、共同协商的结果。瑞吉欧课程实际上是一种生成课程。值得一提的是,瑞吉欧课程最大的特色便是特殊的游戏——艺术表现。瑞吉欧的教师把自己与幼儿的互动称为是在"打乒乓",教师接过幼儿扔过来的球,然后把球扔回给幼儿,促使幼儿继续玩下去或者开展新的游戏方式。这形象地说明了教师的主要任务就是维持游戏的进行,教师可以在技巧上给予指导,可以在材料上有所调整,同时又保证幼儿充分体验游戏的快乐。案例8表明了该课程的教师在幼儿游戏中发挥的作用和角色。

案例 8

画 蝴 蝶

第一天

一个孩子走向教师说:"你知道吗?我要做一只蝴蝶。"

"好极了。你是要去画蝴蝶吗?"教师回答。

"是的。也许是用蜡笔和记号笔。"孩子回答。

"你知道,我有一本漂亮的书,上面有很多不同种类蝴蝶的图片,"教师告诉孩子,"如果你想,可以去看看,它或许会给你一些帮助。"

"好的。"孩子热情地回答。看了教师的书后,她画了第一只蝴蝶。她的作品吸引了同在艺术区的另外两个孩子。他们也都去看了书并且画了画。

第二天

教师和画了蝴蝶的三个孩子坐在一块儿,和他们谈论书上的图片和他们的画。"你画了第一幅非常有趣的蝴蝶画稿。"她说。

"画稿?"其中的一个孩子问道。

"是的。艺术家有时画些东西,过后再看看,然后再重新画。每次他们画的画就叫作画稿。有时他们会不停地画同样的东西,直到他们完成为止。"

"好,"另一个孩子激动地说,"我再画一个。"

"我也会!"一个同伴回应。

"先让你们看一些东西,"教师说着,打开了蝴蝶书,"你们注意到真正的蝴蝶不像人一样有脸和笑容吗?看见了吗?没有脸。"她指向一幅图。"再看看这个。看见翅膀是怎么伸出的吗?"她指着蝴蝶翅膀上的一角,"你发现翅膀是怎么出来的吗?"

"好!"一个孩子回应。三个孩子都画了新的、更加准确的蝴蝶的画稿。一个孩子还又多画了两张。

第三天

教师又和这三个孩子坐在一起,指导他们用颜料给他们的蝴蝶上色。一个孩子立刻开始在她的最后一稿上涂色。但是另一个说:"我今天可以休息一下不画吗?"第三个孩子则表示他想画一只更大的蝴蝶。教师给了他一个幻灯片,还准备了一个高射投影机来帮助他。"你可以在这上面画你的蝴蝶,"她拿着幻灯片提议说,"然后你就可以在屏幕上展示它。"

"好的,但是我还是想先画一只新蝴蝶。"孩子答道,他在画和投影之前完成了终稿。

三个孩子完成了不同的最终作品,所有的作品都比原先的要精致。

从非游戏模式到游戏模式,游戏在西方幼儿课程中的地位经历了一个从无到有、从小到大的变化过程。游戏取向课程在幼儿课程中的分量越来越重,从不干预性游戏课程模式到干预性游戏课程模式,游戏与课程之间进一步相互渗透融合,游戏在幼儿课程中发挥着越来越强大的生命力。从各种课程模式也可以看出西方学者对游戏功能由浅入深的认识。在非游戏模式中,人们注重游戏的娱乐功能;在不干预性游戏课程模式中,人们注重游戏的情感价值;在干预性游戏课程模式中,人们注重游戏的认知价值以及对幼儿身心发展各方面的价值。由此,游戏在幼儿课程中的地位越来越高,出现了各种游戏课程模式百花齐放的局面。

3. 教学游戏化模式

教学游戏化模式主要存在于苏联的幼儿园教育实践中。从20世纪50年代开始,苏联学前教育界强调有目的、有计划进行的教学在学前儿童身心发展中的重要作用,游戏成了教学的重要手段,教师预先设计好教学游戏来调动幼儿参与教学活动的积极性。幼儿园的游戏分为两类:一类是幼儿创造性地反映现实生活的游戏,是由幼儿构思的,包括角色游戏、建筑游戏、表演游戏等;一类是教学游戏,是教师为了完成教学任务而设计的,按教学科目来划分,如语言游戏、数学游戏等。

因为强调"知识本位"的直接教学,苏联的教学游戏化模式中实际上不存在幼儿真正的"游戏"。在幼儿的创造性游戏中也过于强调教育目标而忽视幼儿的游戏愿望和需要,教师成了游戏的"导演",将幼儿自发游戏的内容和方式方法纳入教师预期的框架中。因此,教学游戏化模式由于忽视幼儿在游戏中的主体性而受到众多批评。我国幼儿园的教育教学实践深受苏联的教学游戏化模式所影响。

(二)游戏在我国幼儿园课程中的地位

回顾历史,游戏在我国幼儿园课程中的地位经历了沉浮,理论研究与实践间仍存在着较大的差距,实现"幼儿园以游戏为基本活动"仍然任重道远。

1. 从清末到新中国建立以前

从1904年颁布的《奏定蒙养院章程及家庭教育法章程》中可以查到,游戏是幼儿园课程内容之一。但由于当时教学方法小学化,游戏忽略了幼儿身心特点,违背了游戏的本来意义。

20世纪三四十年代,我国幼儿园课程研究中的一个重要课题便是幼儿园课程的游戏化。陈鹤琴倡导的"活教育"和张雪门倡导的行为课程都在很大程度上反映了游戏在幼儿园课程中的价值。1932年,陈鹤琴等专家学者借鉴西方学前教育思想并结合中国国情编订了《幼稚园课程标准》。在该课程标准中,游戏是作为幼稚园课程的"必修科目"或重要组成部分出现的。该课程标准强调了游戏是活动的重要来源,强调了在幼儿的自由活动发现"题材"来展开适当的活动。然而在当时的幼儿教育实践中,游戏主要还是作为教学的手段,幼儿的自主游戏没有得到应有的重视。

2. 20世纪五六十年代

20世纪五十年代以后,我国引进了苏联的教学游戏化模式。但是在理论向实践的应用过程中产生了许多问题。苏联儿童游戏的理论强调游戏对于儿童发展的重要作用,游戏应当具有丰富的内容和目的性,强调教师在幼儿的游戏中起主导作用,这对我国的幼儿教育产生了深远的影响。当时许多幼儿教师把自身角色定位成幼儿游戏的"导演者""指导者",忽视幼儿自己的游戏愿望;注重游戏中的集体教育,忽视幼儿的个体差异;注重幼儿在游戏中获得经验和一定的结果,忽视游戏的过程;习惯利用教学游戏来唤起幼儿的动机和参加活动的兴趣,游戏成为变相的"作业"。在照搬苏联教学游戏化模式的过程中,游戏在幼儿园课程中的作用一度被削弱,游戏成了课程的点缀物。

3. 20 世纪 80 年代

1981 年教育部制订了《幼儿园教育纲要(试行草案)》对幼儿园课程分为八个方面,幼儿园的教育教学继续采用分科教学的模式,游戏是教学的手段之一。

20 世纪 80 年代以后,关于游戏在幼儿园课程中的地位和作用的研究重新受到重视。理论研究者认为:游戏是幼儿的基本活动,游戏是幼儿身心发展的需要;幼儿园的各种活动都应当体现幼儿的主动性、独立性、创造性,尤其是幼儿的创造性游戏;教师不能用上课的方法来指导幼儿的游戏等。而当时的理论研究和实践运用相脱节,广大幼教实践者仍在沿用苏联的旧模式指导幼儿游戏。实践中普遍存在重上课、轻游戏,重教师编制的教学游戏、轻幼儿自发的自由游戏的倾向。幼儿园游戏在课程中的地位远不如教学活动,游戏被视为可有可无的活动。游戏成为教学手段,教师控制幼儿游戏的现象普遍存在。

4. 20 世纪 90 年代以来

1989 年我国开始试行《幼儿园工作规程(草案)》,1996 年正式颁布《幼儿园工作规程》,2001 年正式实施《幼儿园教育指导纲要(试行)》。围绕着"幼儿园以游戏为基本活动"的基本原则,我国幼儿教育理论研究与实践探索开始了新的征程。

1998 年 12 月在广州举行了"全国幼儿园游戏、课程与教学关系研讨会"。这是中国学前教育研究会儿童游戏与玩具专业委员会成立以来举行的第一次学术研讨会。会上,刘焱教授在《当前儿童游戏研究的现状和存在的问题及游戏、课程与教学之间的关系》的报告中指出:应该用整体的、系统的观点看待游戏与幼儿园课程之间的关系,游戏不仅是幼儿园课程的重要组成部分和实施的重要途径,而且游戏也具有生成课程的重要功能。冯晓霞教授指出应从课程概念的分析来看游戏在幼儿园课程中地位的变化,游戏既是幼儿园课程的内容,也是幼儿园课程的实施途径,游戏重在对儿童主体性的培养。2004 年 12 月在厦门召开了第二届"全国幼儿园游戏与课程、教学关系研讨会"。冯晓霞教授和刘焱教授进一步指出,幼儿园游戏的目的和幼儿园课程的目的具有一致性,游戏与幼儿园课程应执行相互融合的发展策略。

在理论研究的基础上,我国幼教实践初步形成了包括以游戏为基本途径的幼儿的探究性学习、以玩具和游戏材料为中介的支架式教学和教学游戏的合理运用等在内的幼儿园以游戏为基本活动的教学实践模式,以及游戏生成课程、课程生成游戏的以游戏为基本活动的幼儿园课程建构模式。

当前,我国广大幼教工作者对游戏和幼儿园课程的关系在认识上有了根本性的改变,但是在实践中还存在着"重上课轻游戏"、多集体游戏少自由游戏、多教师控制少幼儿自主的倾向。例如,教师经常在创设游戏环境上忽略幼儿的自主性,让全体幼儿玩指定的游戏材料或内容,教师介入幼儿游戏较多等。如何处理好游戏与幼儿园课程的关系,如何使游戏与幼儿园课程进行真正的、有效的整合还需我们进一步探索。

第三节 游戏与幼儿园课程的整合

在明确游戏与幼儿园课程的关系的基础上,我们需要将游戏与幼儿园课程进行真正的、有效的整合。本节从整合的途径和具体形式来探索游戏与幼儿园课程的整合。

一、游戏与幼儿园课程整合的途径

游戏与幼儿园课程整合的途径包括:游戏生成课程,课程生成游戏和游戏与课程相互融合。

(一)游戏生成课程

游戏生成课程,即课程源于幼儿的游戏。游戏是幼儿园课程的重要内容和源泉,我们可以通过游戏来生成课程。游戏生成课程是指我们根据幼儿在游戏中表现出来的兴趣和需要,从游戏中生成相关的教育活动,引导幼儿进一步探索和发现,使幼儿获得有益的学习经验。

1. 保证幼儿有充足的自由游戏时间

游戏生成课程,首先要保证幼儿在一日活动中有充足的自由游戏活动时间,幼儿有更多的自主选择、自由活动的机会。幼儿愉快的自由游戏活动是生成幼儿园课程的肥沃土壤,给予幼儿充分的自由游戏活动时间是游戏整合幼儿园课程的前提。尽管现在的教师们从理念上认可游戏是幼儿的基本活动,但在当前的幼教实践中,集体教学活动仍占主导地位,幼儿的自由游戏活动时间相对来说比较少,经常存在幼儿自由游戏时间让位于其他活动的现象。例如,集体教学活动可以拖延时间,游戏成为"上课"后的休息,游戏成为幼儿"上课"的奖励。这样也逐渐导致了幼儿把幼儿园的生活划分为"上课"和"玩"。为保证幼儿充分的游戏时间,需要科学合理地安排幼儿一日生活,保证幼儿有较长的游戏时段来进行高层次的游戏活动。

2. 在幼儿游戏中寻找课程新的生长点

游戏生成课程的关键在于教师对具体班级和每位幼儿的特点和学习兴趣、需要的了解,主动积极地在幼儿游戏中寻找课程新的生长点。首先,教师应根据幼儿的年龄特点和兴趣需要,为幼儿提供丰富的、有趣的游戏环境和游戏材料,使幼儿能够积极地参与游戏。在幼儿的游戏中,幼儿能够自己决定玩什么、和谁玩以及怎么玩。其次,教师在幼儿游戏中要扮演好观察者、引导者、支持者的角色。有些教师认为,游戏是幼儿自己玩的,只要不出问题,教师就可以放任不管。其实观察幼儿真实自然的游戏不仅能使教师更加深入地了解幼儿游戏的兴趣和需要,还能有的放矢地指导幼儿游戏。教师必须善于观察幼儿,从游戏中了解幼儿的兴趣和需要,从而找到课程的生长点。幼儿在游戏中自由地探索身边的环境和材料,在游戏的过程中产生各种各样的问题或讨论,这些都是教育的契机。教师从旁必须能够敏感地觉察到幼儿游戏中的教育契机,并适时适宜地加以引导或支持,帮助幼儿拓展、深化相关的学习经验,使课程基于幼儿的兴趣和需要在游戏中获得进一步发展。在幼儿游戏之后,教师应该为幼儿提供回忆与交流的机会,在幼儿的表述中更清楚地知道幼儿在游戏中做了什么,获得了什么。教师可以在幼儿的交流和讨论中找到课程的生长点。

案例9

超市里的"归类"

在小超市的游戏活动中,教师通过观察,发现营业员给客人拿东西时要找很长的时间,原来他们不知道要把蔬菜和水果分开来摆放。教师及时抓住一个顾客买东西的机会,问营业员,你知道为什么你找起来这么慢吗?营业员马上低头寻找答案,又抬起头来看着教师,眼中充满了疑惑。于是教师通过示范,将水果和蔬菜分开摆放,随后又问营业员,这回看上去怎么样?这次再来找找感觉如何?在教师的语言提示和游戏情境观察中,营业员马上意识到可以将东西"归类"摆放的道理。

在案例9中,教师在观察幼儿玩超市游戏的过程中敏锐地发现幼儿游戏的问题——营业员给客人找东西慢,并抓住教育契机询问扮演营业员的幼儿找东西慢的原因,引发幼儿思考。基于幼儿游戏中的兴趣和需要,教师示范如何给物品归类,使幼儿在游戏中理解了"归类"的实际应用。正是在游戏中,教师及时给予引导和支持,帮助幼儿获得了有益的学习经验。

在游戏中生成的课程可以指向于个别幼儿,可以指向几位幼儿(小组),也可以指向全班幼儿。案例10和案例11分别是在幼儿区域活动中和户外游戏中教师针对不同对象进行指导的案例。

案例10

给美羊羊穿衣服

玉玉和欣怡是好朋友。今天两人都拿了一套美羊羊拼图挨着坐下玩了起来。这套拼图是为美羊羊穿衣服,每套衣服的帽子、上衣、裙子、鞋有着相同颜色和样式。两人拿着拼好的美羊羊给我看,原来是两个美羊羊穿了一样的衣服,但是上衣和裙子不是一种颜色,我笑着说:"穿的衣服一样哟!"过了一会儿,两人又拿着拼好的美羊羊给我看,玉玉说:"双胞胎!"我笑着欣赏起来。第三次两人找我看拼图时,我鼓励她们:"能让美羊羊的鞋子和衣服一样颜色吗?"两人回去重新拼了起来。一会儿两人又兴冲冲地过来,我看着她们拼好的美羊羊,虽然整套衣服颜色都是粉色,但是上衣是有格子的,裙子没格子,于是我说:"去找找有没有格子裙子?"两人拼好了又给我看,我笑着点了点头。两人开心地说:"接着拼!接着拼!"

案例 11

滑滑梯时的发现

梵梵把自己的鞋子脱掉放在滑梯上,鞋子滑了下来,她兴奋地拍手大叫起来:"鞋子滑下来了!"这时小朋友们都围了上来想看看究竟。站在一旁的我心想何不让孩子们探索一下呢?于是,我拿出了小朋友们平时喜欢玩的小石子放了滑梯上,小石子慢慢地滑了下来。站在一旁的小朋友都尖叫起来:"哇!滑下来了!"接着我又拿出了装满沙包的塑料盆让孩子们端端看,小朋友都说很重,端不动。这时,我把塑料盆放在滑梯上,塑料盆从滑梯上也滑了下来。孩子们发出了惊叹的声音。于是我不失时机地说,工人叔叔在装卸很重的货物时就是用一个小滑梯来帮忙的,梵梵大声说道:"老师,我看到过,是用一块长板。""对,这样工人叔叔就会很省力地装卸货物。"我应声道。

在案例 10 中,两位幼儿进行的是益智区的合作游戏。同伴间的交流有助于增强幼儿游戏的兴趣,促进其游戏活动中灵感的迸发。两位幼儿就是在一起玩的过程中发现了让同种拼图玩具变成"双胞胎"的玩法。教师在她们的游戏中作为支持者和引导者,始终抱着肯定和欣赏的态度,并适时点拨幼儿尝试有规律地给美羊羊穿衣服,提升幼儿的游戏经验。在案例 11 中,一位幼儿的鞋子从滑梯上滑了下来,这引起了全班幼儿的兴趣。教师抓住教育的时机,使幼儿在滑滑梯的游戏中明白了滑梯的原理。幼儿在游戏中会随时闪现渴望知识、寻求他人帮助的火花,这时教师要以游戏者的身份介入,发现幼儿游戏中所隐含的教育价值,恰当地给予帮助,促进幼儿的发展。

在游戏生成课程的过程中,教师需要注意以下问题:首先要保证幼儿在游戏中的主体性,不能把幼儿的游戏变成了成人要幼儿做的游戏。幼儿要能够自主选择游戏材料,自己决定游戏主题和游戏方式。教师要让幼儿成为游戏的主人,尽量减少不必要的干预,更不能包办代替或导演幼儿游戏。其次,要保证幼儿游戏中的愉悦性,不能让成人的意愿削弱了幼儿游戏的乐趣。

(二)课程生成游戏

游戏是幼儿园课程实施的重要途径,我们可以通过课程来生成游戏。课程生成游戏是指我们根据预设课程的目标与内容,增加游戏主题,创设丰富的有意义的游戏环境,精心设计游戏活动,在游戏中引导幼儿的发展。

1. 课程生成游戏的方式

从游戏内容来看,课程生成游戏可以采用筛选、改编、创编的方式。

(1)筛选。

游戏是幼儿的自然活动,但并不是所有的游戏都符合教育目的和要求。筛选即要根据课程内容进行游戏的筛选,选择合适的符合幼儿年龄特点的游戏,布置游戏环境和投放游戏材料。例如,在中班主题活动"过新年"中,教师将剪窗花、做灯笼、舞龙等具有中国节庆特色的游戏纳入到课程中,既能够使幼儿了解到传统的过年习俗,也符合中班幼儿的能力水平。

(2)改编。

现成的游戏不一定能够满足课程的需要,有必要设计与编制出更符合教育意图的游戏,为课程目标所服务。改编游戏便是在幼儿自然游戏及传统民间游戏的基础上,结合课程目标和内容,对其中的游戏因素加以改造和运用,创造出更符合教育意图的游戏。例如"抬花轿"(见案例12)原本是一个体育游戏,是为了训练幼儿的身体平衡能力。而教师的教育意图是让幼儿根据歌曲节奏的变化调整步伐,于是教师便将这个体育游戏加以改编,配以歌曲《大花轿》,把体育游戏改编为音乐游戏,让幼儿在游戏中随音乐节奏变化调整步伐。

案例 12

中班音乐活动:抬花轿

一、活动目标

(1)体验歌曲的内容与旋律所带来的愉快情绪,并将这一情绪贯穿整个活动当中。

(2)在熟悉旋律的基础上,学做抬花轿的动作,感受艺术形象的夸张特征。

(3)表演时尽量与同伴保持一致的步伐。

二、活动重点

在熟悉旋律的基础上,学做抬花轿的动作,感受艺术形象的夸张特征。

三、活动难点

表演时尽量与同伴保持一致的步伐。

四、活动准备

与歌曲内容相符合的图片、歌曲录音、录音机,幼儿表演用扇子、纸棍。

五、活动过程

1.熟悉歌曲旋律,体验歌曲的内容和旋律带来的愉快情绪

(1)边看图片边复习歌词:还记得这个有趣的儿歌《抬花轿》吗?我们看着图片说给老师听听吧!

(2)听着歌曲旋律念歌词:我们配上音乐说起来肯定更加好听,试试看!

(3)在教师的带领下尝试唱歌曲:我们能把它唱出来吗?肯定行!(第一遍)我们把儿歌

变成好听的歌曲了,真棒!再来试试!(第二遍)

2.尝试表演抬花轿的动作

(1)我们也来玩抬花轿的游戏吧!那花轿怎么抬?引导孩子表现花轿上上下下摇晃的情景:双手叉腰,膝盖随音乐节奏屈伸。

(2)我们变成一个长花轿来玩,后面的孩子搭前面一个孩子的肩膀。在教师的带领下,边念儿歌边表现膝盖屈伸的动作。能不能走起来?我们来试试!边念歌词边尝试按节奏向前屈膝走。

(3)表演歌曲内容。

a.示范表演:歌曲里面是谁在抬轿子?(两只小狗)请上两个孩子。是谁坐在轿子里?(一只老虎)请上一个孩子扮演老虎。我们这里有纸棍,可以做轿子。来看看他们的表演!在歌曲伴奏下表演一遍。

b.请幼儿重点模仿小狗动作的变换以及老虎摇扇、下滚等动作。

3.游戏:《抬花轿》

(1)请幼儿结伴游戏,先请扮演老虎的孩子,站到"轿子"中间。再请抬轿子的"小狗":找个好朋友和你一起抬轿子吧,跟着音乐边唱边表演一遍。根据幼儿表现做小结并再次表演。

(2)两只小狗抬着太累,我们试试四只小狗抬轿子吧!先请一组幼儿尝试表现,重点指导四只小狗怎么拿棍子以及合拍地走。请幼儿五个为一组进行游戏两次。

4.结束

小花轿可以上下摇晃,还可以左右摇晃,像摇篮一样,坐在里面更加舒服呢!下次我们来试试好吗?请幼儿带上教具离开活动室。

六、活动点评

抬花轿是幼儿喜欢的体育游戏,经改编后将艺术想象的夸张特征性渗透到音乐游戏中,幼儿接受掌握得较好。游戏激发了幼儿参与活动的兴趣,幼儿在抬花轿的游戏中感受到了艺术形象的夸张性。游戏是本次活动的高潮,幼儿在热闹、愉快的气氛中感受并表现美,很好地达到了活动目标。

(3)创编。

创编是教师根据课程目标和内容自主设计游戏,很大程度上体现了教师的创造性。案例13是一则教师创编的小班数学活动案例。

案例13

小班数学活动:小海豚的礼物

一、活动目标

(1)知道"许多"可以分成"1个、1个、1个……","1个、1个、1个……"合起来就是许多。

(2)对操作活动感兴趣,能按要求边说边操作。

二、活动重点

在操作中理解"许多"可以分成"1个、1个、1个……","1个、1个、1个……"合起来就是"许多"。

三、活动准备

音乐《小鱼游》、海底世界布景、盒子、珠子、袋子、小吉他、示范背景图、多用插板、白瓷板、底纸《小海豚的礼物》、组块、磁贴、小筐。

四、活动过程

1. 以"海底寻宝"为情境,初步感知"许多"和"1"的关系

(1)情境导入。

①音乐《小鱼游》响起,教师带幼儿学小鱼游进教室。

②师:我们学了小鱼游,想不想和老师一起去海底世界看一看?怎么看呀?

兜兜:安静地看。

师:对,安静地看,要不然会吓跑小鱼的。

③师:我们看看海底世界有什么呀?听海龟爷爷说,海里还藏着宝贝呢,你们想不想找大海里的宝贝呢?小手轻轻地找,小脚轻轻地走,不要吓跑小鱼哟!请你仔细地找一找,海里有什么宝贝?引导幼儿找出宝盒和神秘袋。

(2)初步感知。

①欣赏宝盒里的珠子。

师:宝盒里有多少珠子?(许多)你们想不想拿到手里仔细地看一看珠子?给你一个,再给你一个,再给你一个……把珠子收回宝盒里,收了一个,又收了一个……宝盒里又有了多少珠子?(许多珠子)

目的:使幼儿初步感知"许多"和"1个"的关系。

②欣赏神秘袋。

师:神秘袋里有多少小吉他?(许多)

2. 以"到小海豚家做客并送礼物"为情境,理解"许多"和"1"的关系

(1)情境介绍。

师:小海豚邀请我们去她家里做客,你们想不想给她送礼物?你们送她什么礼物呢?送她小吉他好不好?

师:我们到了小海豚的家,和小海豚说什么?(你好,小海豚!我们把礼物送给她!)小海豚说谢谢小朋友。小海豚非常开心收到礼物,想把礼物放到贝壳上来看一看。我们来看看有多少小贝壳。(许多)我们来帮小海豚放礼物好不好?

(2)演示规则。

①发礼物。

师：谁愿意帮忙放礼物？请个别幼儿上前放小吉他。边放教师边引导幼儿一起说拿了一个，再拿一个，再拿一个……

目的：用语言表述强化幼儿对"许多"变成"1个"过程的感知。

师：原来有许多小吉他的袋子里现在还有小吉他吗？是怎样没有的？（一个一个拿走了）

师：现在每个贝壳上有了多少小吉他？（一个！许多！师：每个贝壳上有多少小吉他？儿：许多！师：看看这个贝壳上有多少吉他？儿：一个！师：再看看这个贝壳上有多少吉他？儿：一个！师：每个贝壳上有一把吉他。）那我们是怎么在贝壳上放小吉他的呢？（一个一个地放）

目的：理解"许多"可以分成"1个、1个、1个……"。

②收礼物。

师：小海豚非常喜欢你们的礼物，现在我们要帮小海豚把小吉他一个一个收回到袋子里。一个一个收回去，袋子里的小吉他会多起来吗？请个别幼儿上前收小吉他。边收教师边引导幼儿一起说——收了一个，又收了一个……袋子里又有了许多小吉他。

师：怎样收小吉他？一个一个小吉他合起来就变成了多少小吉他？

目的：理解"1个、1个、1个……"合起来是"许多"。

3．幼儿分组操作材料，教师观察指导

（1）强调规则。

师：老师给小海豚也准备了礼物，出示白瓷板和组块。我们也帮小海豚把礼物放到贝壳上来看一看好不好？今天的游戏名字叫《小海豚的礼物》。小朋友先放礼物到小贝壳上，一边拿一边说——拿了一个，再拿一个，再拿一个……请小海豚看一会儿礼物后，再接着把礼物收到小筐中，一边收一边说——收了一个，又收了一个……全部收完说小筐里又有了许多礼物。

目的：强调游戏名称和操作规则，提示幼儿边说边操作。

师：今天的游戏叫什么名字？说一说怎么玩？

目的：强化幼儿对游戏名称和规则的记忆。

又请一名幼儿上前完整地按照规则操作。

（2）观察指导。

①全体指导。

提示幼儿操作规则，重点强调一个一个地拿、一个一个地收和边说边操作。

（如果你玩了一次小海豚的礼物，你可以再玩一次。）

②分层指导。

对不理解操作规则或不按操作规则操作的幼儿：重申操作规则，并做示范。

对操作正确但不表述的幼儿：你可以边玩边说吗？

对操作正确并边说边操作的幼儿：你是怎么把许多礼物放在小贝壳上的？你把礼物一个一个收起来是多少礼物？

提示完成组块操作的幼儿换组进行平行游戏。

目的:在操作中加深对"1和许多"的理解,发展最初的"分解与组合"能力。

4. 交流评价

(1)交流。

师:我们刚才还给小海豚送小球了,我请一位小朋友到前面来玩一次。

师:今天的游戏你是怎么玩的?你是怎么说的?放礼物的时候说什么?收礼物的时候说什么?

(2)评价。

师:哪些小朋友学会了把"许多"变成了"一个又一个",把"一个又一个"变成了"许多"?哪些小朋友是边玩边说的?

(3)奖励。

师:小朋友表现特别棒。小海豚也给你们准备了礼物。是什么呀?有多少小口哨?怎么把许多小口哨变成一个一个?请一位幼儿发哨子。

五、活动点评

教师围绕活动目标,创设了一系列相关的游戏让幼儿感知理解"1"和"许多"的关系。先是创设"海底寻宝"的游戏情境,让幼儿在欣赏宝盒里的珠子的过程中初步感知"1"和"许多"。再以"到小海豚家做客并送礼物"为情境,让幼儿在发礼物的游戏过程中理解"许多"可以分成"1个、1个、1个……",在收礼物的游戏过程中理解"1个、1个、1个……"合起来就是许多。一系列游戏环环相扣,让幼儿在游戏中加强了对"1"和"许多"关系的理解。

注:教案框架参考《通向数学》课程。

2. 课程生成游戏的重要中介——区域活动

区域活动是教育者依据教育目标和幼儿的兴趣,将活动室的空间分为不同区域,并在每个活动区投放相应的活动材料,让幼儿自主选择活动区及活动材料,在其中通过操作活动材料、与教师及同伴的互动而获得个性化的学习与发展。区域活动本质上是一种自主性游戏活动。因此,课程生成游戏的一个重要方面便是根据课程目标来设置活动区和指导区域活动。教师可以结合课程的目标与内容为幼儿创设适宜的活动区环境和活动材料,并结合幼儿在区域活动中的表现和兴趣对幼儿进行及时的引导和支持,使区域活动既成为课程的教学形式,也成为课程的内容。可见,区域活动是游戏与幼儿园课程的重要中介。

3. 课程生成游戏需要注意的问题

在课程生成游戏的过程中,教师需要注意以下问题:首先,并不是用游戏完全来代替教学,而是强调教学应渗透游戏的精神。不能单单注重游戏的形式而忽略了教学的目的。其次,活动前构思好游戏,包括游戏的目的、开始、展开和结束。游戏构思要能引起幼儿的游戏兴趣和积极性,能激发幼儿主动地去完成游戏中的任务。

(三)游戏与课程相互融合

从游戏与课程的融合程度来看,游戏与课程的整合有分离型、交叉型和融合型三种形式。在这三种形式中,游戏与课程的融合度逐渐提高。

1. 分离型

分离型是指在课程实施中,游戏活动和教学活动在时间安排、形式上相对分离,各自独立存在。在幼儿一日生活中一段时间内安排集体游戏活动,在另一段时间内安排集体教学活动。集体游戏多为教学游戏,是专门为教学而设计的音乐游戏、体育游戏、语言游戏等,如体育游戏《老狼老狼几点了》《小孩小孩真爱玩》等。

2. 交叉型

交叉型是指在教学中插入游戏,或在游戏中插入教学。以在教学中插入游戏为例,游戏是作为教学活动的一个环节出现的。游戏可以是导入环节,用来激发幼儿的活动兴趣。例如,用手指游戏"五只猴子荡秋千"(幼儿用手指依次表现一只猴子、两只猴子、三只猴子、四只猴子、五只猴子荡秋千)作为数学活动"5 的组成"的导入活动。游戏可以是教学活动的操作环节,让幼儿在游戏中进行探索。例如,在科学活动"冰的融化"中,教师先给幼儿展示一些材料,包括小锤子、毛巾、棉花、杯子、热水等,让幼儿讨论怎样让冰快一点融化。幼儿说出自己的想法后,教师请幼儿自主地选择材料按照自己的方法进行尝试。幼儿在自由活动后,教师再将幼儿组织起来进行小结。游戏也可以是教学的结束活动,用来巩固幼儿的相关学习经验。例如在关于分类的数学活动结束环节,教师请幼儿玩"找朋友"(如穿裤子的小朋友找穿裤子的小朋友、长头发的女孩找长头发的女孩等)的游戏来巩固分类的知识。

3. 融合型

融合型是指游戏与教学在活动时间、空间、内容、形式上有机融合,整个教学活动或课程游戏化,很难区分二者之间的界限。这种形式中游戏与教学融会贯通,游戏内容和形式具有趣味性,并且很好地实现了教学目标和内容。案例 14 是一则小班数学活动教案,活动注重利用生动有趣的游戏情境来吸引幼儿,较好地将教学和游戏有机融合在一起。

案例 14

小班数学活动:分饼干

一、活动目标

(1)巩固对圆形、正方形、三角形的认识。

(2)能够按形状分类,并按要求找出相应颜色和形状的图形。

(3)体验数学游戏的快乐。

二、活动准备

1. 幼儿经验

在儿童发展评估中发现本班大部分幼儿能够区分圆形、正方形、三角形,并能够区分红色、黄色、蓝色。

2. 活动材料

圆形、正方形、三角形三种形状的大图形各1张;大书1本;盖布1个;箱子1个;正方形毛巾、硬币、平面形状玩具若干;红黄绿三种颜色,圆形、正方形、三角形三种形状的小图片若干;分别带有圆形、正方形、三角形标记的放置图片的饼干盒子各三个;不同形状的饼干、果盘。

三、活动过程

1. 图形宝宝和它们的好朋友

(1) 熟悉图形宝宝。

教师用书挡住图形宝宝,逐一慢慢出示图形宝宝,请幼儿区分辨认。出示后立体展示给幼儿。

"图形宝宝来找小朋友玩了,小朋友你们猜猜这是哪个图形宝宝?"

目的:吸引幼儿注意力,巩固对圆形、正方形、三角形的认识。

(2) 找找图形宝宝的好朋友。

请幼儿先从神秘箱中摸出一个物体,再说一说是哪个图形宝宝的好朋友。

"这里有一个神秘箱,里面有好多图形宝宝的好朋友,谁想过来找一找图形宝宝的好朋友呢?"

(对说不出来形状的幼儿可以采取和图形宝宝比对的方式。)

目的:吸引幼儿注意力,引导幼儿感知生活中真实物品的形状,巩固对圆形、正方形、三角形的认识。

2. 帮小象分饼干

(1) 看看小象超市的饼干。

①情景引入。

"小象超市来了一些饼干,可是饼干混在一起了,还不能卖呢。小象想请小朋友帮忙分饼干,小朋友愿意吗?"

②请幼儿看一看说一说有些什么饼干。

"小朋友们先来看看有什么饼干?这是什么形状的?是什么颜色的?这是一块红色的圆形饼干。"

目的:引导幼儿区分饼干形状及颜色,并能够跟着教师将饼干的颜色和形状一起说出来。

(2) 分饼干。

①教师示范分饼干。

"现在我们要帮小象分饼干了,怎么分呢?这里有三个饼干盒,这个饼干盒上有个圆形,就把圆形饼干放到这里,这个饼干盒上有个正方形,应该把什么形状的饼干放这里呢?谁想来试一试?这个饼干盒上有个三角形,应该把什么形状的饼干放这里呢?谁想来试一试?"

目的:示范并使幼儿理解分类的方法。

②幼儿分组分饼干。

准备三组材料,引导幼儿分成三组,每个幼儿一份活动材料,教师各指导一组幼儿分饼干。

目的:引导幼儿将不同形状的饼干按形状分类。

(3)卖饼干。

请听课教师找分好饼干的幼儿买饼干,如:我买一块红色的圆形饼干。

目的:增强师幼互动,引导幼儿找出相应颜色和形状的饼干。

(4)吃饼干。

"小朋友真能干,帮小象分好了饼干。小象请小朋友去它家吃饼干,你们说好不好?"

请幼儿说出自己喜欢哪种形状的饼干,教师分发相应的饼干。

目的:使幼儿体验数学游戏的快乐,并再次认识形状。

游戏与幼儿园课程整合的过程是教师与幼儿共同建构课程的过程。在建构课程的过程中,游戏生成课程;教师再根据课程目标进行创设激发幼儿游戏的环境,从而实现课程生成游戏。游戏与幼儿园课程整合的最佳状态应该是游戏与课程互为生长点的循环往复的过程。

二、游戏与幼儿园课程整合的具体形式

游戏与幼儿园课程整合的具体形式就是鼓励与支持幼儿的游戏与幼儿的一日生活相融合,主要体现为游戏与生活活动有机整合、游戏与教学活动有机整合、游戏与幼儿主题活动有机整合。

(一)游戏与生活活动有机整合

游戏与生活活动有机整合,就是指在幼儿的生活活动中,利用游戏因素,借助游戏的情境以及游戏化的口吻,以简单有趣的游戏方式来组织幼儿的生活活动。

1. 用游戏的情境组织生活活动

教师创设游戏的情境能够使幼儿更积极地参与生活活动。例如,一些幼儿搬椅子时声音很大,教师便在请幼儿准备搬椅子时说:"小朋友现在都变成小花猫了,我听听谁像小花猫一样搬椅子时一点声音也没有!"小朋友们一听,走路都变得蹑手蹑脚,能够轻轻地搬放椅子了。需要注意的是,并不是幼儿的一日生活的每个环节都要创设游戏情景,游戏化的口吻也可以给幼儿带来愉快的体验。

2. 用游戏的方式组织生活活动

教师可以利用生动有趣的游戏进行幼儿一日生活的各个环节,调动幼儿活动的积极性,增加活动的趣味性,让幼儿在游戏中形成良好的行为习惯。例如,托班幼儿总是洗手前忘记卷袖子,怎么办呢?教师就请幼儿在洗手前玩卷空心菜的游戏,并伴以儿歌:"卷卷,卷卷卷,卷出一个卷心菜,卷卷,卷卷卷,卷出两个空心菜"。这样幼儿一边说着儿歌,一边玩卷空心菜的游戏,不知不觉地就养成了洗手前卷袖子的习惯。

3. 在幼儿一日生活过渡环节给幼儿自选游戏时间

幼儿一日生活的过渡环节也是促使幼儿发生自发游戏活动的好时机。在幼儿园一日生活的过渡环节中,为了减少动作快幼儿的消极等待,教师可以给幼儿自选游戏的时间。例如幼儿玩自带玩具或者进活动区游戏等。

(二)游戏与教学活动有机整合

教学活动是课程目标实现的最基本途径和活动形式,而游戏活动是幼儿园课程实施的主要手段。游戏与教学活动的有机整合不仅体现在集体的教学活动以幼儿喜爱的游戏形式进行组织,还体现以游戏活动的方式进行教学活动的延伸。

1. 用游戏形式组织教学活动

教学活动要丰富提升幼儿的知识经验,又要吸引幼儿参与活动。用游戏形式来组织教学活动便可以激发幼儿参与活动的兴趣,让幼儿在教学活动中体验快乐。作为教学组织形式的游戏有着明确而特定的教学目标和任务,教师在教学活动中注重把教育目标渗透在游戏中,让幼儿在游戏中学习。一方面,我们应做到"心中有目标",将教学目标从有形转化为无形。另一方面,在幼儿的游戏中少一点教学操控的人为因素和预先设定性,给幼儿多一点自主自发性。

案例 15

小班社会活动:蛋宝宝为什么哭

一、活动目标

(1)学习一个一个有序地进出门。

(2)体验有序进出门带来的安全感。

二、活动准备

(1)物质准备:圣诞礼物若干,圣诞老人的装扮,糖果罐6个,熟鸡蛋和鸡蛋网(与幼儿人数相同),圣诞节音乐 CD。

(2)经验准备:幼儿在进出门时遇到或者亲身经历过拥挤、摔倒的情况;认识并喜爱圣诞老人。

三、活动过程

1. 创设节日气氛,引发幼儿想得到圣诞礼物的愿望

教师:今天圣诞老人要给我们小二班的小朋友送圣诞礼物,我们到门外去找他吧。

幼儿去门外找圣诞老人领取礼物。

圣诞老人:你们这样出门太挤啦,我真害怕你们会挤受伤。我不能发给你们礼物了。

2. 提出问题,师生共同讨论

教师:圣诞老人生气了,他说我们太挤了,拥挤是会受伤的。你还在什么时候看到过拥挤的现象,有没有人受伤呢?

幼儿讨论。

3. 师生共同游戏,探索并交流有序拉出瓶中蛋宝宝的方法和好处

教师:我们今天就拿这个罐子做比方。有这么多的蛋宝宝都在罐子里,都要从这个小小的罐口里取出来,我们该用什么方法,才能又快又不挤破蛋宝宝呢?

幼儿提出方法:方法一,同时将蛋宝宝拉出来;方法二,同时用力将蛋宝宝拉出来;方法三,一个一个将蛋宝宝拉出来。师生共同探索,共同游戏。

教师:哪种方法成功了呢?

幼儿分享游戏经验,并尝试正确的拉蛋宝宝的方法。

4. 迁移游戏的经验,学习有序地进出门

教师:蛋宝宝要一个一个拉出来才不会被挤破,那我们小朋友该怎样进出门才安全呢?

幼儿讨论。

教师小结:当进出门的人多时,我们要一个一个地走才能保证大家的安全,这就叫作有序出门。

5. 接受礼物,尝试有序地进出门

教师:既然我们已经知道该如何安全出门了,圣诞老人一定会在门外等我们,让我们去找找他吧!

幼儿有序进出门。

圣诞老人夸奖幼儿学会了正确进出门的方法,分发礼物并与幼儿共同舞蹈。

四、活动反思

在《蛋宝宝为什么哭》这个生命保护活动中,教师通过"拉出蛋宝宝"游戏迁移幼儿的经验,让他们在游戏探索中学习一个一个有序出门,体验有序进出门带来的安全感。"拉出蛋宝宝"游戏选取的游戏材料是幼儿生活中经常食用的鸡蛋,并通过游戏的形式,让幼儿在游戏过程中学习探索合适的、安全的方法。教师采用游戏形式,把幼儿在游戏中的认知转换为幼儿对生活规则的认知,并伴随语言和动作,幼儿在玩一玩、拉一拉中,情不自禁地学习正确安全进出门的方法。

2. 用游戏活动作为教学活动的延伸

集体教学活动针对全体幼儿，常常无法在时间和空间上满足个别幼儿深入探究的需要，这就需要集体教学活动后的延伸活动。教师可以在集体教学后在活动区中投放相应的游戏材料，吸引幼儿继续探究。在延伸活动中，教师可以结合幼儿的表现进一步引导幼儿开展游戏活动，对集体教学进行辅助、支持和拓展。

案例 16

科学活动《寻宝》的延伸活动

进行科学活动《寻宝》（利用磁铁寻找爆米花中的曲别针）后的第二天，我在区域活动时给幼儿提供了筷子、勺子、磁铁，请幼儿在集体活动后进一步地看看用哪种工具可以更快地找到爆米花里的曲别针。

钟承纲直接用磁铁吸起爆米花中的曲别针，他兴奋地告诉我："看我找到好多曲别针！""你是怎么找的？""我一钓就钓上来了。"我接着问："那你是用什么钓上来的呢？"他想了想，说："我这么快就找到了，是用磁铁找到的。"我继续问道："你是隔着爆米花吸上来的吗？"钟承纲一脸茫然。我示范给他看磁铁从一堆爆米花吸起曲别针的过程："是隔着爆米花吸上来的吗？""是隔着的！"

傅千越的磁铁掉进爆米花里了，我赶紧问他们："磁铁掉进爆米花里，你有什么好办法可以把磁铁找出来？"洪子钦说："用筷子夹。"钟承纲说："把爆米花拿走。"他开始一点一点地把爆米花拿到盒子外面。我接着问道："不用筷子，也不用拿走爆米花，怎么找到里面的磁铁呢？"钟承纲拿起吸着磁铁的曲别针说："用曲别针！"洪子钦、傅千越纷纷模仿钟承纲的做法。

在科学课后我继续引导幼儿在区域游戏中进行深入操作，既巩固了集体教学活动，又拓展了集体教学活动。由于在科学课中没有明确提到磁铁隔物吸物的特性，我在区域活动时对幼儿进行了有针对性的提问。幼儿对提问不理解，我又做示范让他理解"隔物吸物"。磁铁偶然掉进爆米花，我马上询问幼儿怎样找到里面的磁铁。幼儿在游戏活动中发现有趣的现象，教师可以进行随机教育，提出有挑战性的问题，使幼儿能够进一步地进行探究。

（三）游戏与主题活动有机整合

主题活动的开展可以是主题游戏开展的过程。游戏与整个主题活动的进展紧密结合，幼儿在其中获得快乐与发展。这是游戏与幼儿园课程整合中教师容易操作实践的方式。

1. 游戏与主题活动互为生长点

教师可以从幼儿的自主性游戏中发现幼儿的兴趣点，发掘活动的主题，并在主题活动的开展过程中密切注意幼儿的反应和动向，及时更新游戏活动内容和方法，使主题活动的开展成为各种游戏活动的开展过程。例如，在下面的案例中，教师抓住了幼儿在自发游戏"踩影子"中的兴趣,根据幼儿讨论的问题生成了关于"影子"的主题活动。在"影子是什么样子"的游戏活动中,幼儿又发现"影子会变",在游戏中进一步探索影子。整个活动体现了游戏与主题活动互为生长点的循环往复的过程。

案例17

主题活动《影子》

今天,孩子们又来到操场上玩踩影子的游戏,操场上顿时一片沸腾。子豪就要踩到瑶瑶的影子了,忽然,瑶瑶的影子不见了,原来是瑶瑶跑到了树荫下。子豪大声喊:"老师,瑶瑶怎么没有影子了呀?"这一声喊引来了其他孩子的驻足观看,他们也纷纷提出了自己的疑惑:怎么有时玩踩影子的时候看到小朋友们的影子都是长长的,很容易被踩到;而有时玩的时候却看到小朋友的影子只有一点点,刚好踩在自己的脚下,所以很难踩呢?听着孩子们的讨论,我既吃惊又高兴,他们的观察力是那么强。为了促进孩子们进一步探索,我和班里教师抓住孩子们的兴趣,开展了一系列探究"影子"的活动,让孩子们通过探索了解影子的一些特性。

"影子是什么样子的"

我们为孩子设立了一个影子墙。孩子们午饭后常常三五成群地跑去观看,时常为各自先前天真的想法而觉得好笑。但渐渐地孩子们看出问题来了,开始窃窃私语:雯雯的影子是圆圆的,佳乐的影子是方形的……我们抓住时机把孩子们集中起来讨论。我说:"影子是黑色的,但它长的什么样子呢?"大家有的说像老师画的就是对的,有的认为爸爸画的是对的,大家一时争论不下,最后我让孩子们想想办法,证明自己的说法是正确的。

第二天,孩子们从家里带来了验证材料,有手电筒、玩具、娃娃、皮球、图书等。大家开始忙碌着做实验了,有的把图书横着放,有的竖着放,有的把书打开放。我引导孩子们把实验过程一一记录下来。在集体讨论后,大家一致认为:影子的形状跟被照的物体的轮廓是大致相似的,通过摆弄物体,就能改变影子的形状,变出各种形态各异的模样来。孩子们对这一发现高兴得欢呼雀跃,对影子也产生了更浓厚的兴趣了。而讨论中,张鸣有了新发现:影子有时还会变大变小,影子是会变的。"影子会变"这一发现再次把孩子们的探索欲望推向高潮。

"会变的影子"

"影子会变吗?"带着疑问,孩子们迫不及待地拿起材料继续验证。一些孩子围在教师的身边,跟着教师一会儿把手电筒举得高高,一会儿把手电筒紧贴玩具,一会儿又把玩具和手电筒拿高、放低。在反反复复的实验中,孩子们相继看到了会变的影子。教室里孩子们的欢呼声此起彼伏……

2. 主题活动和区域活动互为生长点

教师可以把主题活动和区域活动中幼儿的自由游戏相互补充、互相促进。可以结合主题活动的需要增加或改造活动区,将幼儿在主题活动中的探索兴趣延伸到区域活动中。这样幼儿在主题活动和区域活动中获得的经验会持续互动,有利于教师把幼儿在区域活动中自主性游戏生成的内容和主题融合起来,使主题活动和区域活动不断丰富。

案例 18

主题活动《学做小学生》

在《学做小学生》的主题活动中,幼儿对做小学生充满了向往。在自由活动中,教师发现有的孩子做起了小学生的游戏。何不满足幼儿的愿望,为幼儿创设游戏环境来支持幼儿的行为呢?于是,我们将小课堂搬进了区域活动中。在孩子们的创意下,玩具橱变成了课桌。孩子们想象着自己是语文老师、数学老师或是学生的角色。他们凭借着参观小学的经验制作了可以活动的课程表,收集了绿领巾佩戴在胸前,还自己学着包书、卷铅笔、写字。每次游戏都会吸引新的孩子参加,每次游戏都会有新的内容产生。孩子们游戏的自主性增强了,知识经验得到了体验,创造潜能得到了发展。正是区域活动使幼儿的游戏内容更趋丰富,促进主题活动向纵向、横向发展,使《学做小学生》的主题活动生成了许多的活动内容。

在案例18中,主题活动《学做小学生》的开展引发了幼儿玩小学生的游戏,根据主题活动的需要,教师将主题活动加以延伸,生成了小课堂的区域活动。在区域活动中,幼儿进行了各种各样的自主游戏,游戏内容不断丰富,从而又生成了主题活动的内容。由此主题活动和区域活动紧密结合,形成互为生长点的良性循环。

【思考题】

1. 怎样保障幼儿园以游戏为基本活动?
2. 试述游戏与幼儿园课程的关系。
3. 请列举国外几种典型的游戏课程模式。
4. 试述游戏与幼儿园课程整合的具体形式。

第七章 Chapter 7

幼儿传统游戏在幼儿园的开发和利用

传统游戏是人们在民族传统文化的基础上经过不断加工而形成的,具有浓烈的地方特色和生活气息,能满足不同年龄、性别和不同性格的幼儿的需要,深受幼儿喜爱。它经过一代又一代人的传扬和发展,积淀了丰富的文化底蕴,已成为我国优秀民间文化的一个重要组成部分。传统游戏承载了民族传统文化,对幼儿群体发展和个体成长特别是社会化的发展有着重要的价值。由于种种原因,许多传统游戏从它的载体到它所表达的人文精神正濒临失传与流散的境况,幼儿园更是对这种重要的文化教育资源开发与利用不够。我们应该对传统游戏进行深入的研究,并将其作为幼儿园可利用以及对幼儿成长发展至为重要的教育文化资源,加以开发和利用,使幼儿园的教育更紧密地与幼儿的实际生活状况,与幼儿所处的社会共同体的文化相联系,从而更具实效。

第一节 传统游戏与幼儿

一、幼儿对传统游戏的内在需求

说到幼儿传统游戏,年长的人都会津津乐道,捉迷藏、打弹珠、丢手绢、跳皮筋、丢沙包、跳房子、抽陀螺、老鹰抓小鸡等,这些游戏伴随着几代人度过让他们难忘的童年时光,深刻印在他们童年的记忆中,成为一生最宝贵的精神财富。

对于幼儿来说,游戏是幼儿的一种内在的需要。而传统游戏以活生生的感性形态存在于时空之中,它来自民间、来自大众,植根于民族传统文化,与幼儿的现实生存状态紧密相连,是由人们在生活中根据需要、经验而创编的幼儿喜闻乐见的游戏活动。因此,传统游戏与幼儿的自然生活状态、与幼儿生活的实际更为贴近,更多地呈现出教育的原生态,从而更多地体现出幼儿的内在需求。

二、幼儿传统游戏的特点

（一）生活性和地域性

幼儿传统游戏来自于幼儿的生活，或者是幼儿对于成人的社会生活的创造性再现，带有浓郁的地域特色。在我国，不同地区都有自己不同的传统游戏。有很多游戏与当地的民俗文化息息相关，生活气息浓厚。如抬花轿、过家家等游戏，虽然南北方都有这些游戏，但是玩法不一。

（二）趣味性和娱乐性

幼儿传统游戏陪伴了一代又一代的人，成为他们童年最美好的回忆。最主要的原因就是这些游戏有趣、生动、活泼，如木头人、瞎子摸拐子、捉迷藏等游戏，都充满了孩子的幽默；又如摔泥炮、打弹珠等游戏，则显示了孩子之间的竞争；再如跳皮筋、跳房子、踢毽子、老鹰捉小鸡、丢手绢、放风筝等游戏，则动感十足，能让孩子奔跑、跳跃，满足其爱动的需要，这样的游戏幼儿一定是感兴趣的。

幼儿传统游戏的有趣之处还在于，在游戏中幼儿可以自己做主，可以自选游戏内容和伙伴，自己准备游戏材料，协商游戏规则，决定游戏情节的发展，充分表现自己的游戏才能。因此，传统游戏充满了趣味性，给幼儿的生活带来了无限欢乐。

（三）群体性和活动性

在幼儿传统游戏中，很多游戏都是需要两个或者两个以上幼儿在一起才能玩，如藏猫猫、跳皮筋、老鹰捉小鸡、丢手绢等，这些游戏既是一种群体性游戏，有合作有竞争，同时又充满了活动性，幼儿可以充分调动身体的各部分器官参与游戏，所以深受孩子们的欢迎，流传至今。

（四）童谣与游戏相伴

"小皮球，架脚踢，马兰开花二十一，二五六、二五七、二八二九三十一……"，这是大家印象最深的小女孩跳皮筋时吟唱的童谣；又如"拉大锯，扯大锯，姥姥家门前唱大戏……"；"你拍一，我拍一，一个小孩坐飞机；你拍二，我拍二，两个小孩扎小辫……"。

从以上童谣中不难看出，这些传统游戏大多是节奏性分明，趣味十足。可以说，没有游戏就没有这些朗朗上口的童谣，童谣又丰富了游戏，二者相辅相成。

（五）随机性强

幼儿传统游戏对场地、空间要求很少，不需要太广阔的场地，也不需要高档的设施设备，在家门口、操场、胡同、沙场等，只要孩子有伙伴，就可以随时开展游戏。有不少游戏，两人可以玩，三人也可以玩，更多的人也可以玩，所以也没有人数的限制。时间要求可长可短，只要幼儿有兴趣，哪怕仅仅几分钟，在简陋的场地上，就可以三五成群、自由自在地玩耍。

（六）玩具成本低

幼儿传统游戏也需要玩具和游戏材料，但玩具一般都极其简单。跳绳游戏只需要一根绳，翻绳游戏需要几根小皮筋，跳皮筋只需几根长皮筋，丢沙包只需几个沙包，打弹珠只需玻璃珠子等，所有这些游戏都可以因地制宜、就地取材，幼儿也可以加入到玩具的制作之中，而且玩具充满变化，既能节省财力，又能使幼儿感到其乐无穷。这些是现代成型玩具进行游戏所不能替代的，这也是幼儿传统游戏值得在大多数幼儿园，特别是农村幼儿园开展和推广的重要原因之一。

也有许多传统游戏，是不需要玩具就可以玩的，如跳房子，在地面上绘画出格子就可以游戏；再如老鹰捉小鸡、木头人，还有很多手指游戏、拍手游戏等，虽然都不需要玩具，但却趣味横生，引人入胜。所以，作为传统文化的一部分，我们应当关注幼儿传统游戏。

三、传统游戏对幼儿成长的意义

（一）游戏精神促进幼儿社会化成长

幼儿游戏对我们的启示在于其中体现出一种游戏精神。在约翰·胡伊青加看来，游戏精神主要从两个方面体现出来：一是平等的原则。游戏双方要承认对方作为一个平等对手的资格，而绝不把对方视为较自己低劣的对象。二是公平竞争的原则。它包括：游戏规则的制订或接受，游戏规则的遵守，游戏规则的监督。这些不仅仅是游戏与竞赛所要遵循的规则，其实也是人类共同生活与活动的一种基本精神和准则。从这个意义上来说游戏精神应是人类个体都应努力寻求的精神食粮。

这个观点还提示我们：游戏与人类的文化是密不可分的，游戏对文化的产生和发展有着不可忽视的作用，游戏精神对于人类的今天和未来的发展，对于人类个体的成长都是一种宝贵的品质和需要着力追寻的。在传统游戏中幼儿受到自身传统民族文化的熏陶，并在轻松愉快的游戏过程中认识、了解、学习和掌握民族文化，学习与实践对人类来说至为重要的游戏精神，这一切，对幼儿社会化发展，对其所处民族共同体的发展，乃至人类美好的明天，都有着重要的意义。

（二）传统游戏是幼儿学习传统文化的重要途径

幼儿游戏与人类的文化有着天然的联系，一定民族共同体的文化亦与其游戏密不可分，其文化的产生与发展更受到游戏因素的影响。在传统游戏中幼儿更能得到自身民族文化的熏陶，并在轻松愉快的游戏过程中认识、了解、学习和掌握本民族文化。也可以说，游戏既是幼儿一种独特的文化生活方式，又是幼儿成长的历程。而传统游戏是更能体现他们成为民族共同体合格一员的内在发展需求的独特文化生活方式，是幼儿内心最真诚的呼唤。

幼儿浸润于某种文化土壤中，传统游戏是他们接触和学习本民族文化、认识本民族独特的文化符号的重要途径。其实文化就是一种独特的符号系统，符号系统是一个民族文化的独特层面。而传统游戏由于其大量的民族文化内涵而使这一作用突出出来。因此,传统游戏让幼儿接触和学习本民族文化,特别是认识本民族独特的文化符号。比如,苗族民间游戏"顶牛"中便有着丰富的苗族文化内涵。顶牛是男孩子们模拟斗牛的一种游戏。孩子们上山放牛时,在山坳处聚在一起进行顶牛比赛。两个男孩先面对面站在一边,然后手撑地面,膝着地,鼓足气,慢慢向中间靠拢,寻找进攻的机会。突然,两人的头紧紧地顶在一起,一下前进,一下后退,来回周旋,直到一方把对方顶翻在地。这种传统游戏使苗族幼儿在游戏过程中通过了解、接触本民族独特的文化符号学习民族文化。汉族民间游戏中也有这种例子,如在巴渝地区流传甚广的城门城门几丈高、翻花绳、抓籽、跳皮筋、滚铁环、冰糕猫等富有乐趣的民间游戏即是如此,它们可帮助幼儿了解巴渝地区传统文化的独特符号,又成为幼儿了解、接触、学习巴渝地区民间民族文化的重要途径。因此,传统游戏承载了传统文化,对幼儿群体发展和个体成长有着不同寻常的意义和价值。

(三)传统游戏贴近幼儿生活,具有浓郁的地方色彩

传统游戏具有鲜明的地方文化特色,贴近幼儿的生活,有着自身突出的特点,这一切都为其成为幼儿园可资利用的课程资源奠定了基础,使教育与幼儿鲜活的生命、充满活力的生活状态紧密相连,使教育更加亲切,更加富有实效。在我国,不同地区都有着自己不同的幼儿传统游戏,并且在游戏的过程中所配的多是当地的方言,这就使传统游戏具有明显的地方特色。而且浓郁的地方特色游戏,用地方方言来表现,更具游戏性,更深入地方乡土文化的内核以及幼儿的内心世界,使幼儿乐在其中。

传统游戏具有浓郁的生活气息,它们来源于民间,来源于生活,人们将日常生活中劳动的情节、尊老爱幼的良好品质融入民间游戏中,让游戏更容易贴近幼儿的生活,使游戏与幼儿的生活紧密相连,帮助幼儿在轻松、有趣的游戏过程中丰富和拓展生活经验、获得知识、增长能力。如游戏《老鹰捉小鸡》,母鸡为了不让老鹰吃掉自己的孩子,竭尽全力保护,从中可以折射出中华民族伟大的母爱之情,幼儿在游戏过程中,既感受民族精神,享受劳动的快乐,又乐在其中、悟在其中,在潜移默化中感受民族文化的独特魅力。

(四)传统游戏融趣味性、随机性和简便性为一体

传统游戏过程富有趣味性。许多传统游戏内容生动、具体,形式活泼、轻松且伴有节奏,许多游戏还配有儿歌、口令,幼儿边游戏边吟唱,情趣盎然,始终沉浸在欢乐中。幼儿在游戏中,始终处于主动、积极的活动之中。因此,传统游戏可以称为幼儿快乐的源泉。

传统游戏的开展具有随机性。一般情况下,传统游戏的开展不受人数、时间、空间等条件的约束,不要求严格的整段时间,也不苛求场地的规范和豪华。不管在何时何地,只要幼儿有兴趣、愿意玩,哪怕只是闲暇的一小段时间,在简陋的场地上,他们亦可三五成群地自由玩耍。因此,传统游戏的随机性为幼儿提供一个宽松的游戏氛围,使幼儿能随时随地尽兴地玩自己

喜欢的游戏。

传统游戏所需玩具材料具有简便性。民间游戏的玩具大多取材于生活、取材于自然的材料,如竹筒、木棍、野果、水、石、沙等。这些材料经济实惠、随时可取,而且没有固定的形式,不具体代表某一物体,幼儿在游戏时能根据自己的兴趣和需要,随意地将玩具材料加以制作或创造想象。还有些传统游戏随地可寻玩具材料,既能节省财力,又能使幼儿感到其乐无穷,这是利用现代成型玩具进行游戏所不能替代的。这也是传统游戏可以在大多数幼儿园开展和推广的最重要的原因。

第二节 幼儿传统游戏在幼儿园的开发和利用

一、幼儿传统游戏的搜集

（一）根据文献资料进行搜集

文献资料是进行传统幼儿游戏搜集与整理的重要来源。可以通过购买、借阅、复印、查阅、网上检索等多种形式,搜集较多的传统幼儿游戏素材,为整理和开展传统幼儿游戏打下坚实的基础。

（二）发动社会热心人士帮助搜集

传统游戏发源于民间,散见于民间各地,因此,我们搜集的重点应在民间。一是主动与社会上研究传统文化的社会机构及个人联系,发挥他们的优势,请他们利用各种机会帮忙搜集或者请他们把已研究的成果无私奉献给孩子。二是发动家长资源帮助收集。为了提高搜集的有效性,可以召开家长会,明确搜集的意义和方法,使他们积极参与到游戏资料搜集工作中来。

（三）组织教职员工积极搜集

教职员工是最直接的资源。一是平时注意观察幼儿自发的游戏,发现有属于民间游戏的内容马上记录。二是要求教职员工深入生活实践、深入民间,去学习与挖掘民间游戏的内容。三是要求每位教职员工利用身边的关系网,即发动自己的亲戚、朋友、邻居等帮助搜集。四是利用教研活动时间组织教职工集体回忆搜集。因为每一个人都有过童年的游戏生活,玩过许多民间游戏,大家坐在一起,边回忆边记录边相互补充。采用这种形式不仅能搜集到许多有趣的游戏,还能把老师带回美好的童年生活,使他们获得了愉快的情绪体验。

二、幼儿传统游戏的选编原则

（一）科学性

随着社会的不断发展,人们的生活方式、价值观念以及社会习俗等都在发生着变化,这就使原有的传统幼儿游戏在内容和形式上有可能存在着时代的局限性,有的甚至夹杂着一些不健康、不安全的内容,因此,我们需要对搜集来的传统幼儿游戏进行改编,取其精华、去其糟粕,使其符合幼儿的身心发展水平和时代要求。例如"捉鬼"游戏,其中的"鬼"不利于对幼儿进行科学教育,我们就把"捉鬼"改为"捉影子",这样既科学又不影响游戏的趣味性。

(二)趣味性

在选编传统幼儿游戏时应将其是否能使幼儿产生愉悦的情绪作为重要的因素考虑。具有较强娱乐功能游戏的一般要求是:内容生动具体,形式活泼轻松,并配有朗朗上口的儿歌童谣。具有娱乐功能的游戏必然是幼儿能积极参与到其中的游戏,这样的游戏最能满足幼儿好动、好玩、好模仿的心理特点。如"过家家"的游戏,幼儿通过扮演角色、模仿角色的行动,在游戏中边玩边吟唱,始终处于积极愉快的情绪之中。有些传统儿童游戏对于现在的孩子来说,玩起来并不那么有趣,这就需要教师在内容、形式和玩法等方面进行改编,以重现它们的生命活力。如"踩高跷"游戏,幼儿拽着绳子,踩着高跷走来走去,时间长了会变得单调乏味,为此,我们对它进行了改编,在它原有的玩法基础上增加了走法,并编写了儿歌,从而增加了游戏的趣味性。

(三)时代性

要体现时代性原则就应做到以下两点:一是要求不断增加反映时代气息的新的游戏内容。二是要求不断赋予传统幼儿游戏新的内容和形式,使之更加适合现代孩子的需求和实际。

例如,传统游戏《炒黄豆》

传统玩法:两人相对而立,手牵手,边念儿歌,边有节奏地向左右协调摆手。儿歌念叨最后一句时,两人举起一侧的手臂来共同翻转身体180°。再念儿歌,再翻转身体,还原姿势。游戏反复进行。

创新玩法:在游戏中可利用烙饼、翻饼、葱花饼等为主题创编儿歌。幼儿在熟练掌握翻转动作后,可变成3人翻、多人翻或连续翻。

附儿歌:"炒、炒、炒黄豆,炒熟黄豆翻跟斗。""炸、炸、炸油条,你一半、我一半,我们一起翻一翻。"

(四)需求性

选择传统游戏要适合幼儿的需要、年龄特点和能力,无论从哪个角度选择,都要把幼儿装进心里,这是根本出发点。例如,老鹰捉小鸡的游戏,小中大三个年龄班都可以玩,但在玩的过程中,教师要根据幼儿的特点做出一些调整,使游戏更适合本班幼儿,更有利于幼儿参与游戏并感受游戏带来的乐趣,从而在游戏中得到发展。

三、幼儿传统游戏的组织策略

（一）在幼儿园一日环节中贯穿传统游戏

幼儿传统游戏的开展不要求有整段的时间，只要幼儿愿意随时可以自由玩耍。根据我们的经验，下面四个时间段较有利于幼儿玩民间游戏：一是在户外体育活动中穿插传统游戏，如玩"开火车""丢手绢""转圈"等以巩固动作为主要目的的游戏。二是在自由活动中玩"剪刀、石头、布""打弹子""捉老鼠"等训练小肌肉动作或手眼协调能力的游戏。三是在区域活动中玩"翻图片""接龙皮影戏""东西南北"等发展幼儿智力、语言的游戏。四是在过渡环节的零散时间玩"翻绳""点豆豆""猜拳"等简单有趣、便于收拢的游戏。总之，在一日生活的各个环节，只要时间允许，都可以玩传统游戏。

（二）针对幼儿年龄特点开展传统游戏

幼儿传统游戏种类繁多、内容丰富，玩法各不相同，规则难度也不一样。因此，应考虑幼儿的年龄特点及身心发展规律，有针对性地组织与开展传统游戏。一是针对不同年龄幼儿的发展特点，选择不同的游戏。以幼儿动作发展为例，小班幼儿的大肌肉动作正处在较迅速的发展时期，我们可开展"老鹰捉小鸡""丢手绢""捉迷藏"等旨在提高大肌肉动作机能的游戏。中班幼儿的小肌肉动作发展较快，我们可选择有助于训练小肌肉动作的灵活性游戏，如"抽筷子""抓石子"等。大班幼儿动作的力量、复杂性、灵活性发展较好，我们可开展如"玩陀螺"这类既需要一定技巧又要求幼儿手臂具有一定力量的游戏。二是针对同一年龄不同发展水平的幼儿选择不同内容的民间幼儿游戏，提出不同的动作要求和不同的游戏规则，提供不同的角色和不同的玩具或替代物，随时调整游戏的难易程度，以使每个幼儿在其原有水平上得到发展，如"接龙"游戏，玩法是统一的，但对不同能力的幼儿在排列小布球的要求上可以不同，如既可一个隔一个排，也可两个两个间隔排，还可三个三个地排，以使每个幼儿都能尽其所能，乐此不疲。

（三）循序渐进地开展传统游戏

各年龄班每学期都应该选择一项游戏内容作为重点进行练习。如：小班重点开展以说唱为主的传统游戏；中班重点练习在小范围内的传统游戏；大班重点练习跑、跳、钻、爬等大活动量的传统游戏。如：在练习踩高跷时可以先组织幼儿一只脚踩，然后再逐渐学习两只脚踩，当幼儿学会后再进行动作组合。学习踢沙包，就可以在沙包上缝上布条，先练习拉着沙包踢然后慢慢学会直接用脚踢。跳绳的难度也比较大，为让幼儿尽快掌握跳绳的基本动作要领，可以采用分步练习法，先练习空手甩绳起跳动作，等幼儿的空手跳基本协调后再用绳练习，由单个跳到连续跳，由双脚到单脚、双脚交替跳，一步步加深难度，这样循序渐进能够使幼儿逐步学会难度大的动作。

（四）采取多种方式指导传统游戏

在幼儿园开展传统游戏的过程中，教师应改变"传统游戏是民间流传的，幼儿都懂，让他们自己玩"的错误观念，树立既要尊重幼儿的主体地位又要发挥教师的主导作用的理念。首先，通过敏锐观察，捕捉游戏中的各种信息，判断幼儿对游戏的掌握情况，及时做出必要的调整，不断完善游戏的玩法。如在玩"摸瞎"游戏时，我们发现幼儿乱追乱跑，躲得很远，使眯眼者无从逮捉，而眯眼者又总是不自觉地睁开眼偷看，这就不能达到游戏的目的。于是我们启发幼儿给游戏增加了辅助材料——面具或布条，让捉人者戴上面具或蒙上布条，并规定逃跑者不准跑出指定范围，同时为游戏配上儿歌。这样不仅丰富了游戏内容，而且使游戏更加有趣，更能达到设计的目的。其次，采取灵活的指导方式，拓展游戏内容，促进幼儿游戏不断深入。我们采用的主要有参与式指导与启发式指导两种形式。参与式指导是指教师作为幼儿的伙伴，以平等的身份参与到游戏中，通过情绪、态度、语言和行为对幼儿的游戏施加积极的影响。如玩"捉老鼠"游戏，幼儿对怎样把手帕折成一只老鼠无从下手，这时教师可以同伴的身份参与游戏，拿出一条手帕和他们一起讨论折法，并一步一步将手帕折起来。通过平行活动，教师对折老鼠的方法给予隐性的示范，促使游戏得以展开。启发式指导是指教师通过设置问题情景的方式，启发幼儿思考，让他们在亲身实践中发现问题，解决问题，从而推动游戏的进程。

附：幼儿传统游戏举例

1. 骑马

玩法：三人一组，一人站立作马头，另一人在他背后双手搭他双肩弓身俯首作马身。第三人为骑马者，骑在作马身者的肩上。玩时三人同时口喊"嘿！嘿！嘿……"，数匹"马"竞相跑步向前，比谁跑得快。

2. 点豆豆

玩法：两人面对面坐着，其中一人伸出右手，手心向上；另一人用右手食指在对方手心一边点一边念儿歌，念到最后一个字时，迅速收回食指，被点的幼儿则收拳抓其手指。如抓不到，必须等儿歌念完后才能把手收回，两人互换角色。

附儿歌：点点豆豆，红豆绿豆，你拿我拿，一抓一大把。

3. 丢丢鸡

玩法：幼儿(左)右手抓捏另一手背，被抓捏的那只手去抓同伴的手背，叠在一起，边念童谣，边游戏。每念一句，最底下的手伸到最上面抓捏手背，保持中间不中断。

附歌谣：丢丢鸡，引铜锣，东三街，四妗婆，拿交椅，满(摘)仙桃。

4. 滚铁环

玩法：器具是一个水桶大小的铁环(旧时农村常用废旧水桶铁箍)，一支1米左右小竹竿，竹竿一头插进以粗铁丝弯成的U字形弯钩。玩时手持竹竿一端,以另一端的U形铁弯钩推着铁环在地上滚动前进。多人玩时,看谁跑得快,且铁环不倒下。

5. 踢鸡毛毽

玩法:鸡毛毽的制作简单,取一鸡翅膀上的粗羽毛,剪下一小截中间空的羽毛柄,往其空管中插进一束细鸡毛,再以布捆扎后固定在一个或两个铜钱中间的孔中,使鸡毛不至脱落即可。可一人以脚掌踢出各种花样,如踢至膝、肩、背、头等各部位;也可多人互相传递踢出各种花样。竞技时,以踢的数目多者为胜。

6. 老鹰抓小鸡

玩法:一人扮老鹰,一人扮母鸡,其余人数不定,扮作小鸡。一"小鸡"在"母鸡"背后抓住"母鸡"衫尾,其余"小鸡"也都各牵住一人的后背衫尾,形成一列纵队。玩时,"老鹰"尽力设法要抓住"母鸡"后面的"小鸡",扮"母鸡"的则张开双臂拦住"老鹰",保护"小鸡"不被抓,众"小鸡"也在"母鸡"后面不断躲闪。若有"小鸡"被"老鹰"的手摸到,便算被抓住,就得退场。达到一定时间后,"老鹰"抓到的"小鸡"超过"小鸡"数的一半,则"老鹰"胜;不到一半则"母鸡"胜。老鹰、母鸡、小鸡由游戏孩童抽签轮流担当。

7. 抛沙包

玩法:器具是5个4厘米见方的布缝沙包。玩时,先把全部沙包放桌上(或地上),以右手先取一个往上抛,同时抓起桌上的一个沙包在掌心,再接住落下的沙包;然后再往上抛一个,同时抓起两个桌上的沙包,再接住落下的沙包。如此接着抓起三个桌上的沙包。第二遍玩时上抛两个沙包,第三遍三个沙包。接住下落的沙包时,若有沙包跌落为失败,则换另一人玩。往上抛沙包数多者胜。有的地方不用沙包而用小石子,称为"打五子",玩法一样。

8. 做屋

玩法:先在地上画一个类似两个品字一个日字垒叠起来的2米长、1米宽的图形,每人持一小瓦片。玩时,一人先"做屋",即以小瓦片丢在最面前的"日"字中的最前一格,然后以单腿自面前向远处格跳,每格只能落一只脚,横向两格的双脚同时落下,各踩一格,有瓦片的不能落脚,只能跨跳过去。一直跳到顶端时双脚落地,然后跳回到起步处,再把瓦片丢到第二格,照样跳到顶格转回来,再丢瓦片至第三第四格再跳,横向双格的丢瓦片顺序为先左后右。一直跳到瓦片丢到"天宫"返回后,便可做一座"屋",即随意选上一格画上圈圈,算是属于自己的"屋",再跳时可双脚同时落在"屋"中,但对方的脚不能踩进此"屋",得跨跳过去。若在跳的过程中踩线,或跌倒,或瓦片丢出界外,都属失败,应退出,改由对方跳。如此循环,做"屋"最多者为胜。

9. 跳四方

玩法:四人一组站在一起,分别面向东、南、西、北四方,后背相向,各自左脚站地,右脚向后勾起,使四只脚掌相互交叉结合成一个"井"字,使之不会分开。然后四人同时单脚跳跃,双手拍掌打节拍,以统一跳的节奏。坚持时间最长者为胜。

10. 踢毽子

玩法:踢毽子是城乡幼儿少年中最常见的一种游戏。毽子是一种用脚踢的玩具,由几枚麻钱(铜钱)包布,线缝裁剪成寸许大小做毽底,一面栽上五颜六色的公鸡翎毛,看上去很美观,这就是毽子。玩者三五人不等,可进行单人或双人比赛。踢毽子有踢对、滑划、炮蹴、称将等花样。一般游戏规则是每方要踢十对、八滑、五炮、三将。踢技高者也可以比赛十对、十滑、十炮、十将,这需要很好的技巧和耐力,比赛双方以先完成者为胜。

11. 跳方(又称跳河)

玩法:方或河是划在地上的长方形条格或连接的圆圈,有三格、五格,每格大小不一,一格最小,五格最大。在玩的过程中,双方以计百分定输赢,分数够所规定的数,可划其中的一格为自己的赢方。游戏规则为跳方者手中拿一小块瓦碴或石片,从一方开始跳起。首先投石片于方内,屈起一脚悬空,用站地的一脚跳入方内,再把石子踢出,踢出界外或踩了方线,就称"死了"。对方再跳,如此反复。过黄河或对方已赢去的方时,要单脚跳过,有一定的难度,在自己所赢的方内可双脚落地歇息。

12. 斗鸡(又称顶牛)

玩法:斗鸡者,拐起自己的一腿,双手抱脚,膝头为角,相互顶斗。两人单斗,也可多人群斗。斗倒对方或所抱腿脚落地为输,不可用手去推对方,最后不败者为将军。斗鸡是一种锻炼身体平稳及耐力的活动,热闹激烈,过去很受青少年们喜爱。

13. 翻花绳

玩法:绳儿是一根三尺长短的绳线,两端挽结成圈。为两人游戏,多是女孩子们玩。一人把线圈拉套在两手上,用手指穿拉出一个花样,对方挽到自己手上,形成一种新的图案,对方再挽,自然又成一种形式,如此反复挽。有上翻、有下翻和左右翻。挽有样式走向,而且讲究先后顺序,章法规矩。心灵手巧者能挽出簸箕、筛子、斗、花面旗、长条旗、斜面、方块、雨伞等花样。

14. 拣石子或拣沙包

玩法:拣石子游戏,又称"抓石子儿"。多是女孩玩耍,通常在二三人至数人间进行,用五个石子戏耍。开始前先确定顺序,然后每个人依次完成所规定的九种耍石程序,最后以最先完成"上楼儿"的为胜。若一个回合完不成可继续玩几个回合,直至决出胜负。拣石子方法是:把五个石子同时撒到地上,看石子图形任意拾起一子,作为抛子。掷时将一子抛到空中,用抛石子的手在地上抓其他石子。抓石子儿的九道程序中,一至五按数目称之。抓一,每次抓一子,四次抓完。抓二,每次抓二子,两次抓完。抓三配四,第一次抓起三子,第二次把手中三子放在地下一子处,然后全部抓起。抓五,抛起一子,四子于地上,然后一次抓上。背六,抛起五子,用手背按住,能接住几子算几子;再用手背抛起,用手心全部接住。七挖,同背六一样,只是手背抛起子要反挖在手心。八把蛋,抛起一子撒四子于地,先拾起一子,放于手心,然后上抛一子,在拾地上一子的同时把手中一子从小拇指后放到地上(这一动作称为"把蛋"),要求旁蛋不能碎,否则按违例论处。地上三子把完后,抛起一子,把手中一子放于地(也不能碰撞其他子),最后抛起一子,把地上子一次抓起。九跳楼,抛起一子,放回子于地上,第一次跳抓最远两子,第二次抓中间两子。十上楼,抛起一子,放回子于地上,然后连抛三次子,把地下另一子放在三之上(上楼),最后全部抓起。就这样抓一、抓二、抓三配四、抓五、背六、挖七、把蛋、跳楼、上楼,全部完成为一次,背几个,挖几个,就算几个,可继续二次,三次……最后依总背、挖的数字定胜负。难度逐渐增大,经双方协议,例如上楼取消三次,靠拢必须一次完成等。

15. 挤牙膏

玩法:寒冷的冬天,几个幼儿靠墙而立,用肩部的力量向中间挤,被挤出的人向旁边去,再向中间挤,如此反复进行。如果让幼儿边念儿歌边游戏,更能增添情趣,并培养协作精神。

16. 拉"大锯"

玩法:两人对坐,双脚自然盘曲,双手对握,随儿歌节奏做拉锯似的前俯后仰动作。

17. 蚊子叮手

玩法:游戏者随儿歌,将做捏东西状的手叠放至另一人的手背上,依次叠高,直到无法够着为止。

18. 堆馒头

玩法:游戏者边念儿歌,边轮流伸出右手大拇指(其余四指呈抓握状),第一人伸出后,第二人握住第一人的拇指,第三人握住第二人的拇指……直到最高处。

19. 捉蜻蜓

玩法:参加者一人将手掌掌心朝下向前伸。其余幼儿每人伸出一食指顶住伸掌者的手心,念儿歌。儿歌念到最后一字时,伸掌者迅速抓握掌心中的食指,伸食指者要尽快逃脱,被抓住食指者就做下一次游戏的伸掌者。

20. 木头人

玩法:参加者两人念儿歌,儿歌念完后,立刻静止不动,不说不笑地对视,谁先忍不住动或笑了,就算输。

21. "警察"捉"小偷"

玩法:幼儿平均分为两组,一组为"警察",一组为"小偷"。场地上,分别画两个圈为各自的"家"。游戏开始,"小偷"出来活动,四散跑开,"警察"出来捉"小偷",把"小偷"捉回"警察"的家,未被捉住的"小偷"如果跑回自己的"家","警察"就不能再捉了。

22. 拍手背

玩法:两名幼儿以猜拳来决定谁先拍。拍者掌心向上,并将手放在对方的手心下面,看准机会,撒手从上面去拍对方的手背。如能成功,则继续拍,一旦拍空,两人交换。

23. 扎手绢

玩法:几位幼儿手拉手,成一个圆圈。甲乙两位幼儿在圈外相对的地方分别将手绢扎在圈上幼儿的手腕上;然后以最快的速度往顺时针方向跑,将对方扎的手绢解下,扎在前一位幼儿的手腕上;扎好再往前跑去解前面的手绢……若另一位幼儿还未扎好被追上则为输者,与被扎幼儿换位,游戏继续开始。

24. 种西瓜

玩法:四人一组站成圆圈,然后,依次把脚钩在前一个人的脚弯里,形成脚搭成的圆圈。大家一起拍手边念儿歌,单脚跳着绕圈前进(此游戏适合较大的幼儿玩)。

25. 切西瓜

玩法:几位幼儿手拉手围成一个大圆圈(做"大西瓜")。一位幼儿做"切西瓜",边念儿歌边绕着圆圈走,并做"切西瓜"的动作",念到最后一个字时,将身边两位幼儿拉着的手切开,然后站在被切开的位置。被切到的两位幼儿则必须立即朝不同方向跑一圈,再回到原位,先到达原位者即为再次游戏的"切瓜人"。

26. 舞龙灯

玩法:利用稻草、竹筒或雪碧瓶制一个象征性的"龙头",再制出"龙身"(用稻草扎成大约20厘米长的草扎若干个,中间穿上一根绳子,若给小班幼儿玩可不穿绳),用小竹竿或木棍插进"龙头""龙身",让幼儿举着舞,可以两条"龙"嬉戏,乐在其中。

27. 跑框

玩法:参加游戏的幼儿分为两组,一组幼儿为守框者,一组为跑框者。守框者站好位置,集中注意力守候在自己的活动范围内,阻拦跑框者闯入自己的管辖区内(如甲在甲框内,乙在乙框内,丙在丙框内……),跑框者必须乘其不备,灵活躲闪才能闯框,若被守框者触及,则算输。跑框者必须闯过所有的关才算胜利。人数多时可加画跑框。

28. 红灯、绿灯,马上开灯

玩法:请一位幼儿背朝众幼儿做开灯者,站在场地的另一端,众幼儿朝前随意行走或做各种姿势的动作。当开灯者大声说完"红灯、绿灯,马上开灯"转回头时,众幼儿必须立刻如木头人一般静止站立,直至开灯者再转回头。若在此间有人控制不住而动了,将被请出。游戏反复进行,谁能坚持到最后一个则为胜者,然后由胜者当开灯者。

29. 地雷爆炸

玩法:游戏前先用猜拳决出一个为追逐者,其余幼儿为逃跑者。逃跑者可以四散跑,追逐者只要能捉到一个人就算胜利。逃跑者保护自己的办法就是,快被捉住时,可以立即蹲下说"地雷":追逐者就必须停止追他,另找目标追逐。而"地雷"只能原地不动地蹲着,等其他人来拍一下,并喊"爆炸",才被解救,继续做逃跑者。被捉住者为第二轮游戏的追逐者。

第七章 幼儿传统游戏在幼儿园的开发和利用

30. 捉龙尾

玩法：游戏者中选一人当"龙头"，一人当捉"龙尾"者，其余幼儿一个接一个地拉住前一位的后衣摆接在"龙头"后面做"龙身"，最后一人当"龙尾"。"龙头"带着"龙身"左右移动跑，让"龙尾"躲避捉拿。注意"龙身"不要脱节。如"龙尾"被捉，要自动退下，倒数第二人自然成为"龙尾"。此游戏具体玩法与"老鹰捉小鸡"相似。

31. 炒黄豆

玩法：两个幼儿相对站立手拉手，左右摇动，同时念儿歌："炒、炒、炒黄豆，炒好黄豆翻跟斗。"念完后立即高举一手，两人的头向里钻，同时转体360°（转体时要钻过举起的手，相背时两手高低交换），游戏反复进行。

32. 手推车

玩法：三人猜拳决胜负，胜者先趴下做"车"，其余两人分别把胜者的小腿抬起，夹在身体的一侧做"推车"人，"推车"人不能过分用力，做"车"人要双手撑地走，注意要选择平整而清洁的地面进行游戏。

33. 脚尖脚跟脚尖踢

玩法：幼儿双手叉腰，边念边跳。"脚尖"（右脚尖朝后点地），"脚跟"（右脚尖朝前点地），"脚尖踢"（将右脚尖朝左前方点地，接着向右前方踢）。第二遍换左脚，依次反复进行。

34. 锤子、剪刀、布

玩法：四人参加游戏，两人一组，一人做猜拳人，一人做走步人，走步人站在起点线上。猜拳双方相对而立，边原地跳边说"锤子、剪刀、布"，当说到"布"时，双方用脚做出想做的动作（"锤子"为两腿并拢，"剪刀"为两腿一前一后，"布"为两腿向两侧张开），以动作决出胜负，胜者一方的走步人向前跨一大步。游戏反复进行，直至走步到达终点，先到终点为胜方。

35. 孵小鸡

玩法：游戏者中选一人当"鸡妈妈"坐在凳子上，凳子下放几个"蛋"（可放石头代替），表示"鸡妈妈"正在"孵蛋"。其余游戏者做"耗子"，"耗子"在"鸡妈妈"身边钻来钻去，伺机取"蛋"。"鸡妈妈"可以自由转动保护身体下面的"鸡蛋"，但不能离开凳子。"耗子"伸手取"蛋"时，"鸡妈妈"要迅速拍"耗子"的手臂，被拍到的就不许再取"蛋"。游戏可玩到"鸡蛋"被取完为止。

36. 吹羽毛

玩法：在桌上放根羽毛，参加游戏的两个人各站在桌子的两侧，同时吹羽毛，将羽毛吹到对方的一侧落下为胜。

37. 爬楼梯

玩法：此游戏为两人游戏。游戏开始时，其中一人伸出一手臂，另一人则分别用自己双手的大拇指和食指从手腕关节处开始，环捏着对方的手臂，边念儿歌："升级、留级、补考、跳班"

195

边逐级向上移至手肘关节处,若到了肘关节处,儿歌刚好念到哪个级,对方即为哪个级,如上移至手肘关节处时,儿歌刚好念到留级,此人即为留级生。

38. 挑冰棒棍

玩法:此游戏可为两三人或数人轮流游戏。游戏前,以锤子、剪刀、布的形式决定游戏顺序。游戏开始时,第一个参加游戏的人将一把冰棒棍撒在地上后,再逐一拾起冰棒棍,在拾的过程中,可用先拾起的冰棒棍做辅助工具,但在挑动时不能碰动其他根,若碰动了,则由下一人用剩余的冰棒棍以相同的方法继续游戏,如此依次进行,最后以手中拾得的冰棒棍最多的为胜者。

39. 跳圈

玩法:约2米×2米平整场地1块,随意画上10个格子,并分别任意标注数字1至9,第10格不必标注数字。将扁圆石子等放在第1格,单脚跳同时将石子送入下一格,跳至最后一格后,站立,并将石子踢入任意一格,格子上显示的数字即是游戏者的分数。游戏过程中,若器材落在格子线上,为失败。在单脚跳的过程中,若双脚落地,为失败。几轮游戏(游戏前可定好轮次)结束后,得分多者为胜。

40. 打陀螺

玩法:用绳子绕住陀螺后,降低身体,用力将绕在陀螺上的绳子拉开,使陀螺在地上快速旋转,然后不停地用绳子抽打陀螺。陀螺旋转时间最长者为胜。

41. 点油

玩法:在平整场地上画一个约10米×5米的游戏区域,并分别在相隔3米处画上3个宽为0.5米的防守区域。将游戏者分为进攻方和防守方,进攻方集中起点处,防守方分成3组分别站在防守区域,进入游戏准备状态。进攻方想办法冲过防守方,进入防守方的第3区域时,用一只脚点防守区域(俗称"点油")后返回。防守方想办法将进攻方控制住,阻止进攻方点到油。如进攻方在冲入防守区或点油过程中,被防守方触摸者,则被罚出场,其他同伴可继续游戏,点到1次油可救1同伴继续游戏,直到最后一名进攻者结束游戏,一轮游戏结束后,攻守双方交换角色,再次进行游戏,防守方只能在防守区域活动,如果超出区域,则被罚出场。

42. 捉迷藏

玩法:参加游戏的几个幼儿,用剪刀、石头、布的方法来定输赢,谁赢谁就藏在指定区域里,输的人就来找藏起来的人,找之前要从1数到10,然后开始找,找到就算胜利,谁赢谁就亲对方一下。

43. 捞大鱼

玩法:两个幼儿两只手拉在一起当渔网,其他幼儿做鱼。游戏开始的时候,渔夫将手举起,边念儿歌"一网一网捞不到鱼,两网两网捞不到鱼,三网尾巴尾巴捞到一条大鲤鱼。"边套那些从渔网下游过的鱼(孩子)。如果哪个孩子被套住了,就会被放在假设的菜板上,渔夫在他肚子上拉一下,用手在他腿、脚部做出切的动作。

44. 搔痒痒

玩法:一男孩手掌心朝上,放在一女孩的左手上。一面唱童谣,一面配合着节奏做动作(女孩右手的动作):炒萝卜,炒萝卜(在男孩手掌上做炒菜状),切——切——切(在男孩胳臂上做刀切状);包饺子,包饺子(将男孩子的手指往掌内弯),捏——捏——捏(轻捏男孩子的胳臂);煎鸡蛋,煎鸡蛋(在男孩子手掌上翻转手心手背),砍——骨碌头!(孩子伺机向对方搔痒)。

45. 踢沙包

玩法:幼儿每人拿一个沙包,用手拉住沙包上面系的绳子,然后用相反位置的脚踢沙包,踢得多的小朋友即获胜。

46. 丢手绢

玩法:一幼儿做丢手绢人,其余幼儿围成一大圆圈,游戏开始时,幼儿一边唱歌,丢手绢人沿着圈外走或跑,当唱到"轻轻地放在小朋友的后边"时,丢手绢的幼儿悄悄将手绢丢在圈上一幼儿身后,并迅速离开,当唱到"快点快点抓住他"时,被丢的幼儿立即起身去追丢手绢的人,丢手绢的幼儿则迅速跑到被丢者的位置上蹲下,若丢者被抓捉,则继续做丢者,若未被捉,则交换角色继续游戏。

47. 手指谣

玩法:可一人玩或多人一起玩。一边念儿歌一边做手指动作。

①这是一个大木偶(左手掌弯曲成筒状);
②桶上有个盖,盖上有个孔(右手平盖于左手上,食指与中指稍分开);
③让我看看是什么(将眼靠近右手,对着孔看);
④原来躲着毛毛虫(左手食指蠕动,穿过右手食指与中指间)。

48. 扔墙布

玩法:数名幼儿站在起始线上,朝墙掷铜板,比比谁掷的铜板反弹后离墙最近,最近者为胜(也可为输)。

49. 偷步

玩法:一人当哨兵,在距离大家数米远的地方,背向大家站好,吹哨子三下,吹时其他人起步向哨兵方向偷偷迈步向前,哨兵吹完三声时回头监视,若发现有人偷步,被发现者应退回起点处。此游戏以先拍到哨兵者为胜。

50. 坐轿

玩法:三人一起玩。两人先用自己的左手握住自己的右手,然后再互相用自己的右手抓握对方的左手,形成两个口字格,然后蹲下,另一个人将两脚伸进口字格内,把自己的手搭在前两人肩上,被前两人送到指定地点再换人。

【思考题】
1. 简述幼儿传统游戏的特点。
2. 如何搜集幼儿传统游戏？
3. 幼儿传统游戏的选编应遵循哪些原则？

第八章
Chapter 8

亲子游戏

亲子游戏是指家庭内成人,主要是父母与幼儿之间发生的游戏。它是幼儿游戏的一种重要形式,也是亲子交往的一种重要方式。著名的幼教专家陈帼眉教授说过,家长对幼儿的教育,第一就是培养他良好的生活习惯,第二就是跟幼儿做亲子游戏。开展亲子游戏,是家长与幼儿的需要,也是完成幼儿教育使命、促进幼儿身心健康发展的需要。亲子游戏为亲子间沟通架起了桥梁,是构建良好的亲子关系的重要途径,更是促进幼儿健康成长的重要教育资源。

第一节　亲子游戏及其影响因素

一、亲子游戏的发生与发展

父母亲(或看护者)是幼儿日常生活的主要照料者,也是幼儿直接接触与交往的最早的对象,影响着幼儿的生活与发展。而幼儿无时无刻不在进行着游戏,游戏就是幼儿的生活,是幼儿身心发展中不可或缺的营养素。

在新生儿阶段,母亲给幼儿喂奶、换尿布时,常常跟幼儿说话、微笑、抚摸,有时候还会做一些夸张的动作或者发出夸张的声音,甚至模仿幼儿的一些动作,在这种亲子接触与交往过程中,这便是最早的亲子游戏。

4个月左右,幼儿已经能够区分妈妈和陌生人的声音了,因此,当母亲跟幼儿说话的时候,幼儿的脸蛋儿明显地有了表情,朝自己的妈妈微笑,甚至有时候会出现回应性的模仿动作。幼儿欢乐的表情与动作,会激起父母亲与之交往嬉戏的更大热情。早期的亲子游戏比较简单、短暂,但可以使幼儿学习社会性交往的基本规则,如参与、等待、轮流、重复等。

到6、7个月左右,幼儿会主动逗引成人,主动和成人玩游戏,如幼儿模仿成人示范过的动作与声音,可以和成人玩极短时间的"藏猫儿"游戏。当成人为幼儿准备一个可爱的玩具,如拨浪鼓、摇铃、小毛绒玩具等,把它悬挂在幼儿身体上方,幼儿也会用手去抓,这些动作配合着声音的嬉戏使幼儿感到惊奇和快乐。在这种游戏中，成人往往向幼儿介绍玩具或物品的名称、颜色、形状等，并且向幼儿示范动作方式。这种游戏虽然简单，但可以让幼儿练习抓握，锻炼小肌肉的灵活性，并带有较明显的教育性质。从这时起，我们可以把亲子游戏划分为以下两种类型：

（一）娱乐性游戏

娱乐性游戏以触觉、肢体运动为中心，目的在于情感上的交流和情绪上的满足，带有浓厚的"亲情"性质，如挠痒痒、举高、藏和找、追和跑等。

（二）教育性游戏

在这类亲子游戏中，成人往往为幼儿提供一些带有浓厚的社会文化特点的玩具和材料，如积木、彩笔、图书等，以教给幼儿某种知识、技能或解决问题的策略。

亲子游戏中，幼儿游戏的主动性是逐渐增强的。首先，婴儿扮演被动的角色，而且当父母同他们玩耍时，表现出享乐和注意；大约8个月大时，婴儿开始扮演主动的角色；1岁前后，当幼儿偶然发现了某种自己感兴趣的游戏时，他（她）会主动地发起并构建游戏，对父母表现出"我要和你玩"的意愿，例如故意把小物品扔在地上，让成人捡回，再扔……到了两岁，父母在游戏中的角色从直接参与者逐渐转变为游戏的边缘人；2岁以后，幼儿更愿意与同伴游戏而不是与成人一起游戏，同伴游戏逐渐取代亲子游戏。但目前中国独生子女占主体地位，由于兄弟姊妹及同伴的缺乏，亲子游戏会一直占据幼儿游戏的重要地位。

到了幼儿期，幼儿在亲子游戏中不愿意成人干预，但是，这并不意味着幼儿不需要或者不喜欢与父母共同游戏，由于年龄因素，幼儿对游戏技能相对缺乏，更好地进行游戏需要家长的参与和指导，在家长的支持和鼓励下，游戏往往会激起幼儿的兴趣，会乐此不疲地玩下去。

二、亲子游戏的特点与意义

亲子游戏既是家庭氛围的良好"润滑剂"，也是促进幼儿健康成长的重要教育资源。以亲情为基础的亲子游戏中成人和幼儿结成了两种关系，一种是横向的、对等的玩伴关系，一种是纵向的、不对等的应求关系。这样两种关系，使亲子游戏具有情感性和教育性两个特点。这两个特点，正是亲子游戏的价值所在。

（一）亲子游戏的特点

1. 以亲子感情作为基础

在亲子游戏中，成人与幼儿是横向的、对等的玩伴关系，共同游戏和娱乐。由于这种玩伴关系以共同生活中积累起来的亲子感情作为基础，因此这种游戏带有明显的亲情性质，具体表现为游戏中有较多的身体接触与视线交流以及无拘束的欢笑。这点使得亲子游戏不同于成人与幼儿游戏的另一种类型——师幼游戏。

2. **寓教育于游戏之中**

成人是成熟的社会成员,具有丰富的社会生活经验。事实上,他们不仅是幼儿的玩伴,还是幼儿的保护者、教育者。他们在和幼儿游戏的过程中,自觉不自觉地会"寓教育于游戏之中",用自己的知识经验、观念去影响幼儿的游戏。因此,除了对等的玩伴关系外,成人和幼儿在游戏过程中还结成了纵向的、不对等的应求关系。由于这种关系的存在,亲子游戏在促进幼儿发展,尤其是心理发展方面具有极其重要的价值,使得亲子游戏具有明显的教育性特点。

(二)亲子游戏的意义

1. **亲子游戏能够促进亲子依恋的正向发展**

亲子依恋是父母与子女之间形成的双向情感联系,亲子之间的感情虽然有先天的血缘关系作为基础,但是后天的共同生活是这种感情发展的土壤,母爱或父爱都需要在后天培育。由于亲子游戏以亲子之间平等的玩伴关系为基础,因此,亲子游戏能够促进亲子关系的发展,密切亲子之间的情感联系。当父母看到幼儿能回应自己发出的游戏信号、和自己一起游戏时,会感到莫大的喜悦与安慰,忘却育儿的烦恼。子女对父母依恋的形成,不仅需要父母满足他们的生理需要(如食物、水、温暖舒适、解除痛苦),也需要感受父母的爱与关注,需要与父母的交往与交流。亲子游戏可以强化子女与父母之间的情感联系,是亲子交往的最好方式。

2. **亲子游戏能够促进幼儿认知能力的发展**

成人能够敏感地觉察到幼儿对游戏方式的情绪与体力反应,采取适合于幼儿发展水平与能力的方式来构建和调整游戏,使游戏有利于幼儿的安全、健康与发展,有助于幼儿增长见识、拓宽视野。亲子游戏中,幼儿在父母的参与(如安排游戏机会、监督幼儿游戏中的互动行为)过程中所获得的知识、经验和技能往往比在独自游戏和伙伴游戏中获得的知识、经验和技能更丰富,更有益于认知发展。此外,亲子游戏还具有许多特殊的意义,如亲子间的假想游戏有利于幼儿建构其对社会的认识;父母重视幼儿的游戏并参与其中有助于幼儿的创造力发展;3~5岁幼儿的竞争能力和胜任能力会因成人积极参与他们的游戏而有较大的提高。

3. **亲子游戏能够促进幼儿社交能力的发展**

经常与幼儿一起游戏、生活愉快的父母在促进幼儿的社会性发展方面起着重要作用;而那些缺乏与父母一起游戏的机会、生活不愉快的幼儿在游戏活动中则不善于与他人交往。4岁以前,当幼儿与同龄伙伴一起游戏时,往往是独自游戏和平行游戏。但在亲子游戏中,由于有成人的引导与帮助,幼儿能够很好地承担游戏合作者的角色,因而社会性交往水平高于伙伴游戏中的交往水平。父亲积极发起并参与幼儿游戏,尤其是体育游戏,母亲参与并指导幼儿的游戏都与幼儿的同伴交往能力呈正相关,这些幼儿在幼儿园中普遍受到同伴的欢迎,并具有一定的交往技巧。

4. 亲子游戏能够促进幼儿的语言发展

在亲子游戏过程中,伴随着大量的言语交往。尤其在幼儿出生后的第一年里,父母与婴儿之间的游戏包含的丰富的语言结构因素,为婴儿语言的学习提供了有利环境。斯特恩对母婴游戏中母亲发音的音调、强度、速度、停顿等方面进行了细致的分析,指出母婴间的有声对话是一种超常对话,它更像是母亲在想象的对话形式中的独白,因为,虽然婴儿少有回声,母亲一般都当作他回答过了。正是在这种对话中,婴儿从母亲那里接触了说话-停顿的时间模式和成熟的时间结构,从而学到了怎样按正常对话交流所要求的那样去依次讲话,一般到婴儿3个月大时,婴儿与母亲就可以形成一种交替讲话的模式。

5. 亲子游戏能够促进幼儿良好情绪的发展

婴幼儿与成人的社会游戏包含相互的参与、轮流和重复的动作,如来回推拉玩具、扮鬼脸等,这其实是一种社会互动,并以游戏的方式在进行,不论是语言表达还是非语言表达都处在一种愉快、欢笑的气氛中,因此有一种不带期望、夸张的或异于寻常的正向情感的交流,有助于婴幼儿良好情感的发展。早期的亲子游戏蕴含一种情感调整的过程,即如何跟他人一起玩并分享快乐,这种情感调整过程对婴儿来说是充满乐趣的。大量研究已证实,愉快的、相互参与的互动正是良好的亲子关系的特征,亲子游戏有助于婴儿形成积极的安全依恋。母亲在面对面亲子游戏中的愉悦和积极表达使婴儿表现出微笑和跳跃行为,到9个月大时,婴儿就基本上形成了安全依恋。安全依恋与游戏中获得的快乐体验,有助于幼儿人际交往兴趣的形成与发展,有助于幼儿活泼开朗性格的形成。

亲子游戏不仅有益于亲子之间的情感交流,增近亲子关系,有益于幼儿的发展,而且,对于幼儿的实物游戏和伙伴游戏也具有重要的促进和影响作用。幼儿在亲子游戏中获得的对待事物的态度、方式、方法以及人际交往的态度、方式、方法会迁移到幼儿的实物游戏和伙伴游戏中去。反过来,幼儿在实物游戏和伙伴游戏中获得的经验又会进一步丰富亲子游戏的内容。

三、当前我国亲子游戏存在的问题

随着社会的发展,人民生活水平的提高,以及家庭结构的变化,家长越来越重视对子女的教育。但由于现代父母并没有获得足够的机会和条件来接受如何教养子女的训练,缺乏科学的育儿观念和知识,使得家庭教育现状不容乐观,家长的亲子游戏观念、态度以及游戏水平等方面存在很多问题。

(一)家长没有充分认识到亲子游戏的价值

受工作、家庭关系、教育理念等因素的影响,总体上看,我国幼儿家长没有正确认识成人在幼儿游戏中的价值。他们往往忽视甚至拒绝亲子游戏,而满足于幼儿的单独游戏,其原因在于幼儿家长对于亲子游戏的理论及实践意义认识不足,以为"树大自然直",学前幼儿只要玩儿得好、身体好、吃得好就行,至于文化知识的学习,那是幼儿园和学校教育的事情。

另外,还有一些家长把幼儿教育等同于智力教育,把识字、背诗、计算、拼音、学外语当作幼儿教育的主要课程,错误地认为幼儿有了知识就有了未来的一切,而忽视了亲子游戏对幼儿的品德、意志、兴趣、性格等非智力因素的培养。

实践证明,非智力因素对于一个人未来事业的成功有着极其重要的影响。过度重视智育而忽视非智力因素的培养,不但影响幼儿良好品德和健康人格的形成,更会阻碍幼儿德、智、体、美的全面、和谐发展,甚至导致幼儿人格的缺失,给幼儿的一生带来不良影响。

(二)亲子游戏中家长干涉过多

在进行亲子游戏时,幼儿的很多做法可能让父母感觉困惑,尤其当幼儿玩一些父母认为不恰当的游戏或者父母认为幼儿可以将游戏进行得更好时,有的父母急躁地跑去干涉幼儿,直接指导幼儿进行游戏的方法和程序。游戏是幼儿学习知识和技能的最佳途径,也是培养幼儿良好性格、行为方式的最佳方法。父母应在保证安全的前提下,最大限度地给予幼儿对亲子游戏内容和方式的选择权利,让幼儿充分发挥他的想象力与创造力,做游戏的主人。当幼儿在游戏过程中确实出现无法解决或可能对他产生不良影响的问题时,父母才有必要介入,并科学地对幼儿加以引导。

(三)亲子游戏中父亲参与积极性不高

多数家庭中,亲子游戏中幼儿的游戏伙伴以妈妈为主,父亲的参与率很低。家长普遍认为女性在幼儿的成长过程中起主导作用是最为合适的,忽视了父亲对幼儿身心发展的重要教育价值,从而导致一些幼儿胆小、拒绝男性等心理障碍。正确认识父亲在亲子游戏中的价值,把握亲子游戏的基本特点,是实施完满家庭教育的必要条件。

(四)违背幼儿的年龄特点进行游戏

不同年龄段的幼儿对游戏有着不同的兴趣与热情。比如,故意让手中的物品掉落在地面,家长拾起来,他再去扔……,这是1岁左右幼儿喜爱的游戏。但如果与2~3岁的幼儿玩这个游戏,他们就会觉得索然寡味,反而他们会对玩具更感兴趣。因此,父母应该遵循最近发展区原则,引导不同年龄段的幼儿进行适合他们的游戏,这样才能使他们感兴趣,在更高的层次上促进幼儿身心的健康发展。

第二节 幼儿园亲子游戏的开展

一、幼儿园开展亲子游戏的意义

亲子游戏既是幼儿游戏的一种重要形式,也是亲子交往的一种重要方式,是促进幼儿健康成长的重要教育资源。幼儿园开展亲子游戏,对亲子游戏进行科学指导,除了能够促进幼儿身心发展,改善亲子关系,对于提高亲子教育和家园共育质量也具有特殊意义。《幼儿教育指导纲要(试行)》在总则中提出:"幼儿园应与家庭密切合作,综合利用各种教育资源,共同为幼儿的发展创造良好的条件。""家庭是幼儿园的重要合作伙伴。应本着尊重、平等、合作的原则,争取家长的理解、支持和主动参与,并积极支持、帮助家长提高教育能力。"任何一位家长对幼儿在幼儿园学什么、干什么,都是十分关注的。尽管他们关注的方式各有不同,但望子成龙、望女成凤则是共同的心态。幼儿园亲子游戏是家园合作的主要形式之一。

(一)幼儿园开展亲子游戏对家长的意义

家长们之所以在幼儿教育的过程中存在这样或那样的问题,在于家长关于亲子教育的理论及实践知识过于缺乏;同时也在于社会对亲子教育的舆论及宣传工作十分苍白,因此,亲子教育势在必行。幼儿园亲子游戏是幼儿园亲子教育的主要实施途径。它以其生动活泼、别具一格的充满活力的活动,为幼儿、家长和教师创造了共同活动的空间,成为幼儿园和家庭之间建立的一种特殊互动、信任和交流的方式,因而越来越受到人们的关注。

(1)在亲子游戏中,家长能更直接地了解到自己的孩子在集体中的表现,正确评价其社会性、独立性、合作性等的发展水平。

(2)家长亲自参与幼儿园的教育活动,能够对幼儿园教育及幼儿教育的目标、内容、方式方法等有更准确地把握和更深入的了解,从而更有的放矢地进行家园合作。

(3)另外,在亲子游戏中,家长在增进亲子间的感情交流及合作的同时,教师还可以及时对家长进行指导,促进家长科学育儿理念的提升及科学育儿方法的改进。

(二)幼儿园开展亲子游戏对教师的意义

每个幼儿都有独特的个性,每位家长都对幼儿园有着不同的要求和期待,每个家庭都有自己的教育方式和理念。老师只有对每个幼儿的家庭背景有足够的了解,才能更有效地开展工作。而幼儿园一日活动中,教师与家长接触的机会并不多,因此,开展亲子游戏是教师了解家长、对家长进行沟通并进行亲子教育的有效途径。

(1)教师可以通过对亲子游戏的观察,更清楚地了解到幼儿的个体发展特点和个体需要,从而更好地进行因材施教。

(2)教师可以在亲子游戏进行的过程中,及时了解到家长的幼儿观、教育观及对幼儿的指导方法,及时调整自己的教育理念与方法,更好地做到因材施教,使家园共育工作更顺畅。

例如:在某幼儿园开展亲子游戏的过程中,教师发现中班阳阳的姥姥在游戏"过独木桥"时总是用双手若即若离地保护着阳阳,在亲子手工活动时本想代替幼儿做,但又做不好,宁愿难为情地找老师也不让幼儿自己面对困难。可见阳阳在家肯定也是在过度保护的环境中成长的。阳阳在幼儿园里也很娇气、胆小、爱哭。针对这种情况,幼儿园教师多次与阳阳的父母进行交流,并向幼儿的奶奶委婉地表明了培养幼儿自理能力和独立性的重要性。并在幼儿园,为阳阳提供一些锻炼的机会,保证家园教育的一致性,从而使阳阳慢慢地有了很多改变,自理能力也提高了。

二、幼儿园开展亲子游戏的形式

《幼儿园教育指导纲要(试行)》提出:"幼儿园应与家庭密切合作,综合利用各种教育资源,共同为幼儿的发展创造良好的条件。""家庭是幼儿园重要的合作伙伴。应本着尊重、平等、合作的原则,争取家长的理解、支持和主动参与,并积极支持、帮助家长提高教育能力。"幼儿园在开展亲子游戏时,可以结合运动会、节日活动或主题活动开展亲子游戏。

(一)亲子运动会

幼儿与家长一起参加运动会,需要家长与幼儿亲密配合、相互协调才能完成游戏。幼儿与家长一起进行运动项目的竞赛,不仅能够使幼儿体会在幼儿园与父母一同游戏的快乐,更能够锻炼身体,增强体质,培养亲子间的合作能力。

在组织亲子运动会时要注意以下几方面内容:

(1)要调动家长的积极性,邀请家长代表当裁判员、颁奖嘉宾等工作人员,一方面能增加游戏的趣味性,更重要的是能够减轻教师的负担,使教师有时间和精力处理其他事物。

(2)要处理好各个运动项目的时间、场地及各个运动项目之间的衔接工作,避免时间的浪费。

(3)竞赛中除设立一、二、三等奖外,还可设立文明、勇敢、智慧、助人为乐等奖项。

(4)设计安全预案,一旦发生摔伤、擦伤、出血等意外,要有专人及时处理。

案例 1

大班六一亲子运动会

一、活动目标

(1)通过集体亲子体育竞赛游戏的形式,密切家园之间的联系,加深幼儿对六一节的印象。

(2)在亲子体育竞赛活动中,渗透"友谊第一,比赛第二"的道理,培养集体荣誉感,增强集体凝聚力。

二、活动准备

（1）场地安排：在凹字型场地正前方的墙上悬挂大型横幅——六一亲子运动会。在凹字型场地中间的地面，相距15米处各画1条起跑线。全级幼儿均匀地坐在凹字型场的边上。

（2）录音带《运动员进行曲》《中华人民共和国国歌》和有动感的幼儿歌曲。

（3）冠亚军奖旗、运动项目牌以及入场用的礼仪班牌。

（4）游戏材料若干。

三、活动过程

（1）播放《运动员进行曲》。各班一礼仪幼儿高举班牌领头，小运动员与家长列队跟在其后精神抖擞入场。

（2）举行升旗仪式，奏《中华人民共和国国歌》。

（3）班长简单致辞和讲述此次活动的意图与要求，同时介绍裁判与记分员。

（4）全班幼儿进行早操表演。

（5）进行亲子体育运动竞赛（齐来拍球、快来跳绳、运乒乓球、开健身车、奥运标志、协力同行、齐齐参与）。

（二）节日活动中的亲子游戏

节日是一种文化，各类节日中所蕴含的文化特点、情感体验精彩纷呈。在节日庆祝活动中，幼儿园可以节日活动的特点组织家长和幼儿一起开展一些具有民族特点或节日传统的亲子游戏，既可以增加节日的欢乐气氛，又可以使幼儿在游戏中感受中国的传统文化。如元宵节的"做花灯""闹元宵"，端午节的"做香囊""赛龙舟""百变粽子节"，劳动节的"劳动最光荣"等。

除了传统节日以外，幼儿园可根据幼儿的兴趣和需要、幼儿园的实际情况设计一些园定节日，如读书节、独立节、健康节等。在园定节日中，教师、家长和幼儿一起深入了解节日，为迎接节日做准备，通过亲子游戏的方式快乐地庆祝节日，评价和总结节日活动，在放松的同时，对幼儿和家长起到无形的教育作用。例如：在读书节中组织亲子阅读与亲子游戏相结合的方式进行，让家长与幼儿共同参加角色参与故事的表演。

案例2

小班亲子游戏《大熊山》活动

在幼儿和家长一起阅读《大熊山》故事后，家长和幼儿分别扮演大熊山和小老鼠，在教师讲解和引导后，最后小老鼠爬上了大熊山上（家长的背上或腿上）睡着了。

案例3

大班亲子游戏《我帮妈妈来打扮》活动

针对很多幼儿独立性不强,到了大班还叠不好被子、不会拉拉锁、不会系鞋带等现象,幼儿园可在独立节中设计"我帮妈妈来打扮"的游戏。

游戏时,我们有意识地把生活能力强的幼儿和生活能力弱的幼儿安排在同一组比赛。当能力弱的幼儿给妈妈穿衣服扣不上扣子,穿鞋系不紧鞋带,而看到别人已经把妈妈打扮好时,急得眼泪都快流出来了。于是有的幼儿就埋怨妈妈平时什么都不用他做,什么也不教他干。通过这次活动,许多家长认识到了过分包办代替的后果;不少幼儿也开始认认真真地学起穿衣叠被来了,午睡起床后不再把被子胡乱一堆了之,也不再要老师每天帮他提领子、扣扣子了。要知道,在这以前,我们曾在家长会上强调过要让幼儿自己的事情自己做,可是家长们却不大放在心上,反而认为是老师怕麻烦才让幼儿自己做,有的家长认为与其唠唠叨叨地教他们一遍一遍地做,还不如自己做来得快。看来这个游戏对家长们的触动还是很大的。

(三)结合主题活动开展的亲子游戏

结合主题活动开展的亲子游戏是教师根据教育目标和内容设计的亲子游戏活动。在这些亲子游戏中,教师将教育内容和指导要求融合在快乐的游戏中,在向家长提供了亲子教育平台的同时,达到本阶段的主题活动教育目标。如在大班主题活动"有趣的植物"中开展"买菜"的亲子游戏,由家长佩戴各种蔬菜的头饰进行表演,讲出"自己"的名称、特征、用途,幼儿来自由地挑选蔬菜,最后教师拿出事先准备好的各种蔬菜,家长和幼儿一起完成蔬菜工艺制作。本次亲子游戏活动既丰富了幼儿的生活经验,又有利于帮助幼儿克服偏食、挑食的问题。

三、幼儿园亲子游戏的组织与指导

幼儿园组织亲子游戏,对亲子游戏进行科学指导,不仅有利于幼儿身心健康发展,改善亲子关系,更主要的是为家长提供了进行科学教育和反思的机会,幼儿园组织的亲子游戏对提高亲子教育和家园共育质量具有特殊意义。

(一)亲子游戏前的准备工作

1. 制订亲子游戏活动方案

在亲子游戏进行之前,教师要制订周密的亲子游戏计划,设计亲子游戏方案。亲子游戏活动方案一般包含以下几个方面:

(1)活动目标。幼儿园亲子游戏的设计要根据幼儿的年龄特点和实际发展水平,遵循"最近发展区"的原则,确定具有指导性和可操作性的亲子游戏目标。同时,目标制订既要面向全体,又要适应个别需要,明确最低标准,同时也可规定游戏目标的上限,以鼓励幼儿的潜能得以充分发挥。

(2)活动准备。在亲子游戏材料投放和场地利用方面,可选择一些家庭中也有的,如卡片、坐垫等,或者玩法设计是改编于家长熟悉的亲子游戏,如扑克、娃娃家等,以方便家长可以积极地参与到家庭亲子游戏中。

(3)活动过程。亲子游戏可以以集体形式进行,也可以分成小组进行,也可以设置多种亲子游戏,每个亲子游戏体现不同的发展方向,让家长和幼儿有选择的余地,使每个家庭成员都能找到适合自己的亲子游戏。亲子游戏方案的设计要注重动静交替、集体和自由相结合的方式进行,灵活地将身体的、智力的活动内容相结合,各环节的安排要合理有序。

2. 家园沟通

在亲子游戏进行之前,教师要与家长沟通,了解家长对参与幼儿园亲子游戏的想法和意见,从而有针对性地向家长清楚地介绍亲子游戏的目的、意义、内容、在游戏中家长需要完成的任务,以及需要家长配合和注意事项等内容,让家长了解在游戏中什么时候、怎样去指导幼儿,掌握使幼儿获得主动发展的方法和手段。同时,还可以根据需要请家长与幼儿做一些有关游戏资料的收集与准备工作,如材料准备、布置亲子游戏场地等。有些材料或道具的使用方法还需要教师事先教会家长和幼儿。

(二)亲子游戏过程中的指导

在亲子活动中,教师不仅是活动材料的提供者、活动组织的引导者,还应是家长和幼儿们的合作者。教师要尊重家长,以平等合作的态度与家长共同商量游戏的方式与程序,形成良好的家园关系,在此基础上,给予家长和幼儿帮助和指导。亲子游戏是在一种真实情境下的示范式的参与指导,是实现活动与指导的融合。教师有针对性的指导可以缩短教师与家长的距离,使家长在亲子游戏中获得科学的育儿观念和育儿方法,并将观念和方法融入日常生活中,从而促进幼儿的健康成长。亲子游戏活动中,教师对家长和幼儿进行指导的具体方法主要有以下几种方式:

1. 示范

教师向幼儿和家长演示活动材料的操作或亲子游戏的方法,呈现了使用什么材料,如何操作,步骤是怎样的等,如果材料是提供给幼儿操作的,教师可将幼儿集中到自己的身边,让家长仍坐在原处。

案例4

滚　画

教师请宝宝围坐在自己身边,拿出装有颜料的碟子、小勺子、白纸和玻璃珠。教师:"请宝宝们仔细看看,老师是怎样让玻璃珠画画的。"教师将玻璃珠放入颜料碟,然后用小勺子推动玻璃珠,使它整个蘸上颜料。接着用小勺子把玻璃珠舀到纸上,用小勺子轻轻推一下。玻璃珠便在纸上滚动起来。

在此案例中,教师就是运用示范法,让幼儿坐在教师身边,向幼儿展示如何用玻璃珠在纸上画画。

2. 解释、说明

教师告诉家长本次亲子游戏的目的、游戏材料的操作要领、帮助家长分析幼儿行为的原因和幼儿身心发展的特点。如教师在游戏开始前,提醒家长要引导幼儿遵守游戏规则和秩序,不要耍赖,玩后要将玩具物归原处等,从而培养幼儿形成良好的游戏习惯。

案例 5

套　圈

今天的活动是让宝宝用圈来套瓶子。示范完操作后,教师给宝宝分发操作材料,并对家长说:"今天的活动是为了锻炼宝宝的手眼协调能力。家长可以帮宝宝扶稳瓶子,让宝宝自己套。"

案例 6

搭　高

教师向家长说明活动的目的:"今天我给宝宝们准备的都是长方形的积木,让他们将积木立起来搭高。这样可以让宝宝的控制力得到锻炼。并且立起来搭高,积木很容易倒,这也可以培养幼儿的耐性。"

案例 7

投　篮

教师:"今天的投篮活动,是锻炼宝宝的手臂力量。等会练习的时候,家长要注意让宝宝按秩序投,注意安全,不要砸到其他宝宝。"

3. 引导

当教师发现家长在指导幼儿游戏出现问题时,教师要及时帮助家长,提供解决问题的方法,引导家长更好地指导和帮助幼儿完成亲子游戏,使家长以后再碰到类似问题有了处理问题的依据。

案例 8

好玩的皮球

在这一亲子活动中,教师说:"宝宝们,去触摸一下悬挂着的皮球。"幼儿们很快地冲向皮球,高个的幼儿一下子就摸到了,矮小的幼儿摸不到,怎么办呢? 教师适当提醒:"宝宝,手伸长一点,摸到皮球了吗?""宝宝,自己想想办法呢?"有的家长看见自己的孩子没有完成任务,

会进行语言提示,甚至会有个别家长走到幼儿跟前告诉幼儿怎么做,教师在此环节中要制止家长的过度包办,教师可以在幼儿探索触摸皮球的时候和家长说明:"请爸爸妈妈放心,这个任务宝宝们应该都能独立完成,如果矮小的宝宝暂时摸不到皮球,我们便给宝宝时间与空间,让他独立思考,寻找方法,不信,今天我们就来用实验证明这一切。"矮小的宝宝,在一定的时间内渐渐地通过观察、实践,最后发现踮起脚来会使自己变得高些,"哈哈,老师,我摸到皮球啦!"

4. 建议

教师可通过与家长交流和对家长提问,深入了解幼儿的特点和家庭背景,从而有针对性地指导家长应如何引导幼儿更科学地进行亲子游戏,给予家长亲子游戏延伸的方式、方法,并对家长询问的关于幼儿的教养问题提出解决方案。

案例9

在谈到幼儿哭闹着非要买玩具如何处理时,我们的谈话是这样的——月月的妈妈说:"我就不理她了。""如果她一直哭个不停呢?""那我就吓唬吓唬她。因为她小小年纪,只有两岁半,跟她讲道理,完全不管用!""你要当时训她,她肯定特别拧,而且不接受,会哭闹,还会说'我不服气'。太强硬了孩子不接受,转移注意力是一个比较有效的措施,您下次可以试试,等过了这件事以后,再给她慢慢讲道理。""是吗?""有效地转移注意力确实是很好的办法。对孩子要有耐心,要有一个等待的过程,让孩子的情绪有一个发泄的途径,等孩子情绪平静下来,再对孩子讲道理。"

值得一提的是,教师在对家长进行指导时要尽量淡化指导的姿态,而是以帮助的、朋友的口吻与家长交流,与家长一起探讨问题,平等地分享科学育儿的知识和经验。在措词时,要考虑家长的知识结构和文化程度,尽量避免使用诸如"手眼协调能力""感觉统合训练"等家长难以理解的专业名词。

亲子游戏中,教师在关注家长,对家长进行指导和帮助的同时,也要及时对幼儿进行鼓励和引导。教师赞许的目光、肯定的语言、微笑的面容、亲切地点头,以及轻抚幼儿的肩膀、对幼儿跷起大拇指等动作,都会对幼儿产生极大的鼓励,从而促进幼儿的正向发展。

(三)亲子游戏的评价

亲子游戏的最后阶段是评价,我们可以采用多种评价方式。如家长评价幼儿、幼儿评价家长、教师评价家长和幼儿的多元评价方式,从认知、技能、情感、态度、意志力、合作、创新、勇敢、文明等多个角度进行评价,互相发现对方的闪光点和进步,并找出本次亲子游戏中可以改进的方面。同时,教师可将活动中观察到的父母指导幼儿的一些好的案例分享给大家,然后和家长一起分析其中科学的观念及方法,以此带给大家一些启发。另外,教师与家长的个别交流也是非常重要的。教师可以与家长交换对本次亲子游戏的看法和感受,解答家长在家庭教育中遇到的困难,有针对性地介绍一些在家庭中进行亲子游戏的注意事项:如不要盲目地顺从幼儿,要进行必要的指导和鼓励;不要过多地将幼儿与其他幼儿进行横向比较,从而对幼儿提出过多的要求;注重对幼儿良好的游戏习惯养成等。

（四）亲子游戏结束后的指导

在亲子游戏结束后,教师要养成及时反思和研究指导策略的习惯,教师有必要在亲子游戏的活动进行前思考自己可以使用什么样的指导家长的策略;在活动结束后及时回忆自己使用了哪些策略,这些策略产生了怎样的效果,以及自己在指导过程中的不足等。亲子教师养成对指导策略进行研究的习惯,可以促使自己提高自己进行亲子教育的能力,掌握更多的亲子教育的方法,从而提高指导的效率。

幼儿园开展亲子游戏增进了幼儿、家长、教师相互之间的交流与合作,为提高家长科学育儿水平和促进幼儿身心健康发展都起到了极大的推动作用。但是幼儿园亲子游戏不能解决所有家庭教育中的问题,教师可以考虑将游戏的指导向家庭延伸,对家庭亲子游戏给予一定的指导和建议,通过展示游戏活动和分析游戏案例向家长们介绍一些常用的游戏指导策略,实现家园共育。

（1）"平行游戏法",即家长尽量接近幼儿并跟他玩同一种游戏材料,在不干扰幼儿游戏的前提下以自己的操作成果影响幼儿的游戏进程。如在玩积木游戏的时候就可以采用这种方式,在幼儿遇到拼搭困难的时候,家长的活动就成为幼儿学习的榜样,幼儿可以从中观察学习某种结构技能。

（2）"共同游戏法",即家长参与正在进行中的游戏,由幼儿控制整个游戏的进程,家长配合幼儿的活动做出反应并利用机会给幼儿提供建议。如玩智力游戏、体育游戏的时候,家长和幼儿一起玩,让幼儿做游戏的主角支配游戏,家长则适时提出一些建议。

（3）"指导游戏法",即家长提议或事先设计一个游戏,并在指导游戏的时候扮演一个关键的角色,至少部分控制游戏的进程,通过游戏传授一些新的规则和玩法,一般在和幼儿玩新游戏的时候就可以采用这种方式。

（4）"旁观者解说游戏",即家长以旁观者的身份鼓励幼儿的游戏,通过提问或建议促使幼儿按照现实生活的客观逻辑展开游戏进程。

有时候幼儿需要独自游戏,这时家长就可以以旁观者的身份观察幼儿的游戏,在幼儿遇到游戏困难的时候,以语言指导幼儿进行游戏。

总之,亲子活动以其生动、活泼、有效、实用的教育形式,为家长和幼儿提供了丰富的教育环境、和谐的心理环境以及家长经验交流的机会,是幼儿园教育的延伸。幼儿园应引领家长更好地走近亲子游戏,实现亲子教育,形成家园合力,共促幼儿成长。

附:亲子游戏20例

家庭中的亲子游戏：

一、听指令做动作

游戏目的：让宝宝理解语言。

适合年龄：6个月以上

游戏方法：家长面对幼儿，发出简单的指令，如叫他拍拍手，摇摇头，或伸出舌头，笑一笑等，一边说一边亲自示范给他看，要是宝宝的年龄可了解说话的内容，家长可说话，不做示范。

二、炊具音乐会

游戏目的：增强宝宝的乐感，体验"演奏"的快乐。

适合年龄：10个月以上

游戏准备：锅、碗、瓢、盆、勺、筷子若干。

游戏方法：把准备好的材料反转放在桌子或者地上，跟宝宝一起用筷子或勺尽情地敲打。

注意事项：家长可在敲打的时候加点音乐背景，给宝宝节奏的训练。

三、鸟儿飞飞

游戏目的：培养宝宝的勇敢精神。

适合年龄：1～1.5岁

游戏方法：家长双腿并拢让宝宝坐在脚面上，双手抓住宝宝的双手。然后家长躺下，把小腿抬高，有节奏地上下左右晃动，边晃动边说有关鸟儿的歌谣。当说到最后一句时，家长坐起身把宝宝抱在怀里。

四、天气预报

游戏目的：了解宝宝内心感受，发展幼儿的语言表达能力。

适合年龄：2岁以上

游戏方法：每星期抽出一晚的时间，跟宝宝来个深情对话，报告内心世界；互相讲出令自己开心的事情（晴天）、疑惑的事情（阴天）、不满的事情（雨天）；并且对改善自己的心情提出新建议。

注意事项：家长也要向宝宝讲出内心感受，并且如果宝宝突然不想讲，千万不要逼迫宝宝。

五、学礼仪

游戏目的：强化幼儿本体感和肢体运动计划能力；训练幼儿表达情感及人际沟通的能力。

适合年龄：2～3岁

游戏方法：①大人做出打招呼、讲礼貌用语、行礼鞠躬示范，让幼儿跟着模仿。②大人示范时，要让幼儿理解意义。③让幼儿在镜子前面进行模仿，帮助幼儿了解肌肉运动的情形。

注意事项：①动作要明确，让幼儿可以充分跟上。②可以重复多次，加深幼儿的印象。

六、城堡大战

游戏目的：反复练习扔球的动作，让幼儿感受破坏与重组的趣味，同时宣泄紧张与焦虑的情绪。

适合年龄:2~4 岁

游戏准备:每组小球一个,积木或盒子若干。

游戏方法:①爸爸和妈妈先邀请幼儿一起拿积木或盒子盖一座城堡,等城堡盖好之后,告诉幼儿要进行一个丢炸弹的游戏。②爸爸、妈妈和幼儿轮流拿球攻击城堡直到城堡倒塌为止。③大家一起再把城堡盖起来,并想一想,盖成怎样的城堡不容易被打垮。④爸爸妈妈和幼儿再轮流用球攻击城堡。

注意事项:①幼儿的力量或许不足,可以考虑让幼儿往前站一点,并帮助他学习如何瞄准目标物。②如果用的是盒子,可以请幼儿叠得高高的再享受倒塌的乐趣。但如果是实心积木,则高度不宜高于90厘米,避免掉落时碰伤幼儿。

七、寻宝物

游戏目的:通过寻找,建立幼儿对物品的认知及数与量的概念;让幼儿通过抓、握、取、拿等动作,促进小肌肉发展。

适合年龄:3~4 岁

游戏准备:大塑料盆一个,塑料球、日常用品、小玩具若干,谷物适量。

游戏方法:①将谷物盛在大塑料盆里,然后将塑料球、日常用品、小玩具等混合埋在谷物下面。②指定某类物品,请宝宝从谷物下找出来。

八、转转乐

游戏目的:刺激幼儿前庭系统,训练幼儿的平衡感发展。

适合年龄:4~5 岁

游戏准备:有扶手的旋转椅。

游戏方法:①父母协助幼儿坐进旋转椅中,让幼儿的双脚伸出旋转椅外,双手扶住旋转椅的扶手,背向后靠稳,然后开始慢速旋转转椅。②父母跟幼儿轮流游戏,可以让幼儿担任旋转椅子的任务,以锻炼幼儿手眼协调和肌肉发展。

注意事项:旋转的时候要注意幼儿的情绪反应,如果幼儿觉得害怕,就给予安抚或暂停游戏。

九、彩沙沾画

游戏目的:培养幼儿的动手操作能力和创造能力。

适应年龄:4~6 岁

游戏准备:图片、各色沙子若干。

游戏方法:幼儿可以参照图片,把不同颜色的沙子沾在图片上不同的部位。

注意事项:①协助幼儿一起作画,但要鼓励幼儿自己搭配颜色;②帮助幼儿把沙子抹平。

十、纸球入"篮"

游戏目的:发展宝宝横向走和投准的能力。

适合年龄:5~6 岁

游戏方法:宝宝将盆顶在头上,双手扶住盆边儿。家长站在对面向盆里投纸球,宝宝只能横向移动,尽量不让纸球投进来。

注意事项:也可由家长将盆端在身体前方,并横向移动身体,让宝宝来投纸球。

幼儿园中的亲子游戏:

十一、摘苹果

游戏目的:体验劳动的辛苦和收获的快乐,练习10以内计数。

适合年龄:2~3岁

游戏准备:苹果园场地或者教师制作苹果树,"小桥"一座,提篮一只。

游戏方法:①家长带领幼儿分两队站在小路前。②第一名幼儿提小篮走上小桥,家长从旁保护。③幼儿到达桥尾时,家长背上幼儿,快速跑向苹果树。放下幼儿,家长摘苹果,交给幼儿并放入小篮里。每位家长摘10个苹果,家长、幼儿一起计数。④摘完后跑回起点,将篮子交下位幼儿。

十二、小鸡出壳

游戏目的:培养幼儿动作的灵活性、细心和自信心。

适合年龄:2.5~3岁

游戏准备:大张的废报纸若干,每张画大鸡蛋,分散放在地上。

游戏方法:幼儿或父母发令说:"预备——起!"父母和幼儿赶快拿起报纸,幼儿从蛋中间撕破一个洞,然后将头、肩、躯干和脚从报纸中钻过,再跨出报纸。发出"叽、叽"声,一只小鸡就孵成了。可以接着再撕再钻,要是将报纸撕断了,就算失误。最后孵出小鸡最多的为优胜家庭。

十三、神秘的图形

游戏目标:激发幼儿的活动兴趣,引导幼儿在操作中巩固图形的认识,以及手口一致点数。

适合年龄:3~5岁

游戏准备:盐水或糖水半杯,毛笔两支,打火机一只,白纸若干张,剪刀等。

游戏方法:①家长用毛笔蘸些糖水在纸上画图形外形,请幼儿将图形内涂满。②亲自说一说图形的名称,数一数各图形的个数。③晾干图形再让幼儿看图画,说说变化。(图案消失)④家长与幼儿用打火机烤一烤纸张,再看有何变化。(火烤之后,图案因糖分脱水,而呈现黑褐色,从而又看到图形)⑤幼儿再用盐水画图案晾干后观察变化。⑥亲子合作将图案剪下图色、拼图,家长引导幼儿说说自己变的魔术。

十四、小心陷阱

游戏目的:培养幼儿与父母一起共同动手动脑、细心合作的能力。

适合年龄:4~5岁

游戏准备:空奶瓶4个,火柴棍若干。

游戏方法:发给每个参赛家庭空奶瓶1个、火柴若干。比赛开始幼儿与妈妈一起将火柴巧妙地随意摆放在瓶口上,但不能掉入瓶中,在规定时间内,瓶口上堆放火柴最多的家庭为胜。

注意事项:火柴掉进瓶里一根就要重新开始。

十五、鹅卵石小路

游戏目标:①发展幼儿的平衡能力。②锻炼幼儿的脚部小肌肉。

适合年龄:4~5岁

游戏准备:①水中放水,水深不超过幼儿膝盖。②每个家庭一个篮子,内放泡沫块鹅卵石、玻璃球若干。(不伤害幼儿脚的物品)

游戏方法:①活动身体:赤脚做,重点按摩小腿、脚底。②认识物品:让幼儿看一看,说一说,篮子里有什么?③沉与浮:让幼儿把东西放进水池中,看一看,说一说,东西是沉的还是浮的?④游戏"踩泡沫":家长和幼儿一起将水上浮着的泡沫踩入水底。⑤游戏"采珍珠":家长和幼儿将水中的"珍珠"(鹅卵石、玻璃球)用脚趾夹起,放入指定的筐内。让幼儿数一数采了多少"珍珠",比一比哪个家庭夹得最多。⑥放松身体:用家长、幼儿用毛巾擦干脚,并按摩脚底、小腿。

十六、连体人

游戏目的:训练幼儿方向感,锻炼幼儿后退走的能力,同时让父母和幼儿在亲子互动中感受到游戏的别样乐趣。

适合年龄:4~6岁

游戏准备:一块较平坦的空场地,幼儿熟悉自己父母的姓名。

游戏方法:①幼儿与爸爸或妈妈排成两排面对面站好,然后转身背靠背,各自向前走十步,任意一个横排的人互相交换排列顺序。②老师说:"大家去找自己的家人吧!"③两排人一起把双手放在背后,开始倒退走,一边后退,一边喊自己的爸爸或妈妈并对话。④喊声可以尽量响亮,但不能把头转过去。谁最先与爸爸或妈妈的手连接在一起,谁就胜出。

注意事项:选择平坦且无障碍物的场地,以免幼儿在背对走的时候绊倒发生危险。

十七、划龙舟

游戏目的:划龙舟是中国民间传统活动,通过模拟游戏,让幼儿感受到其中的乐趣。训练幼儿走的动作,增强幼儿的平衡能力及动作的协调性。

适合年龄:4~6岁

游戏准备:自制龙舟、划桨、三角旗、音乐、鼓等。

游戏方法:①出示龙舟、划桨,引起幼儿兴趣。②教师示范一次玩法:分组排成划龙船状,取一面三角旗,配以音乐及锣鼓声,由起点到终点(不用竞赛形式)。③可变为双人小龙舟游戏:幼儿脚踩在家长背上,按音乐或鼓声的节奏齐步走向目的地。

十八、二人三足

游戏目的:学习两人相互配合用三条腿跑步,增进亲子情感的交流。

适合年龄:4～6岁

游戏方法:在场地两端画一条起跑线和一条终点线,请几对父母和幼儿站在起跑线上,用带子将爸爸和幼儿相邻的一条腿绑在一起,爸爸双手背后,听到口令后,爸爸和幼儿一起出发向前跑,到终点线后返回,以先返回到起跑线者为胜。

注意事项:爸爸双手必须背后,带子必须系紧。

十九、爬雪山过草地

游戏目的:训练幼儿方位感,锻炼幼儿语言表述能力。

适合年龄:5～6岁

游戏玩法:①起点和终点的距离大约10米。在全程将水桶、椅子、水果等障碍物摆成"S"型。②通过障碍的人先站在起点,观察障碍物的位置,然后蒙着眼睛前进。③在过障碍时,可以参考自己家人的提示,如靠左一点""脚抬高一些"等。脚碰到障碍物即算失败,必须回到起点线重来,如果三次都失败,就被淘汰,另请人来越障碍。

注意事项:遮上双眼后注意安抚幼儿的不安情绪,参加者的提示应尽量准确、简洁。

二十、跳格

游戏目标:①练习跳跃动作。②培养幼儿动作的敏捷性。③巩固10以内的加法。

适合年龄:4～6岁

游戏准备:在地砖上写上10以内的数字。

游戏方法:①活动身体。②自由跳格:家长和幼儿探索用不同的方法跳格。(教师记录)③听口令跳格:a.家长喊口令,幼儿跳。b.幼儿喊口令,家长跳。c.教师喊口令,家长和幼儿一起跳。

口令:①说算式,让幼儿或家长跳在答案上。②说答案,家长和幼儿的数字加或减等于答案。③找颜色。

注意事项:家长可以根据幼儿年龄变换口令。例如,在彩色地砖上贴上数字,中班幼儿可结合认数,小班幼儿认识颜色等。

【思考题】

1. 简述幼儿园开展亲子游戏的意义。
2. 幼儿园亲子游戏的形式有哪些?具体是怎样操作的?
3. 幼儿园开展亲子游戏的程序是怎样的?需要注意些什么?

第九章
Chapter 9

游戏的诊断与治疗

游戏治疗是近代心理学中的专用术语,一般指通过游戏来帮助幼儿(一般是 3~11 岁)去表达他们的感受和困难,如恐惧、憎恶、孤独、挫败和自责等,从而达到治疗效果。游戏活动是儿童认识世界和自己的重要途径,是他们表达内心感受、疏导心理问题的主要方式。幼儿在游戏中学习语言,增加交往,学会运动,他们的心理问题也会随之在游戏中得到解决。

第一节 游戏与幼儿心理健康的诊断

一、游戏对幼儿心理发展的影响

影响或制约人们心理健康的基本因素有生物遗传和心理社会两大方面,目前家长们比过去更加关注对科学育儿的学习,社会上也出现了很多学前教育机构,为家长们提供科学育儿的建议和意见,而目前幼儿心理问题的比例却比以前高。该现象发生的原因之一就是现在的幼儿做游戏的机会少了,幼儿游戏的功能不能得以实现,从而可能导致幼儿心理问题的发生。有学者认为,游戏在幼儿的生活中占有举足轻重的作用,不仅能促进幼儿各方面的发展,反映幼儿各方面的发展状况,而且在幼儿心理健康的维护方面也起着举足轻重的作用。

造成幼儿做游戏减少的原因有很多。首先,由于独生子女和城市公寓式生活环境,幼儿同龄交往经历减少;其次,家长期望值过高,现代社会的学历至上的观念使很多家长对孩子的期望值越来越高,不断要求孩子学这学那,不愿意让幼儿将时间花在与升学无关的游戏中;再次,科技的进步改变了玩具或游戏的性质。过去的游戏为幼儿提供了丰富的幼儿之间交往机会的同时,也都要用到身体各个部位,从而起到了促进幼儿神经系统、肌肉发展及各方面均衡协调的作用,如捉迷藏、跳皮筋、打沙包等。而现在的幼儿游戏增加了科技元素,如电动玩具、电脑游戏、游戏机等,无形之中,幼儿和机器相处的机会多了,而与其他幼儿相处的机会少了,而后者才是对幼儿发展过程最有帮助的游戏。

游戏具有独特的心理保健功能。主要表现为以下两个方面：

（1）游戏能使幼儿的良好情感得到发展。幼儿在现实世界中不能实现的期望，在想象的世界中都可以得到实现，幼儿通过想象和幻想，表现、控制或宣泄自己的情绪，从而缓解幼儿在现实生活中遭受到的挫败感、焦虑和不满。如幼儿用积塑搭成一架飞机，以满足自己一直希望得到一个遥控飞机的愿望。

（2）游戏能够帮助幼儿发泄不良情绪和剩余的精力，从而使不良情绪得到控制和矫正。如在玩"过家家"的游戏中，幼儿（自己扮演妈妈）通过训斥不听话的孩子（自己的玩具娃娃），来宣泄自己在家里被家长批评的不满情绪。

心理健康问题具有累积性，如果在幼儿期不加以重视和正确地教育引导，甚至有可能会影响到其终生。《幼儿园教育指导纲要（试行）》明确指出："幼儿园必须把保护幼儿的生命和促进幼儿的健康放在工作的首位。树立正确的健康观念，在重视幼儿身体健康的同时，要高度重视幼儿的心理健康。"大力开展幼儿心理健康教育，是幼儿园面临的重要课题。

二、幼儿心理健康的诊断标准

心理健康是一种良好的持续的心理状态与过程，表现为个人具有生命的活力、积极的内心体验、良好的社会适应、能够有效地发挥个人的身心潜力以及作为社会一员的积极的社会功能。关于幼儿心理健康，目前心理学家对其没有统一的界定标准，但结合幼儿身心发展特点及国内外的相关资料，我们可以把幼儿心理健康的诊断标准概况如下：

（一）智力发展正常

智力发展正常是指与正常的生理发展，特别是与大脑的正常发育相协调的各种能力的发展正常。一般包括认知能力、语言能力、社会能力等。

（二）情绪健康稳定

情绪健康稳定是指幼儿能够对不同的外界刺激做出相应的情绪反应和身体行为，且其反应和行为具有一定的控制性和稳定性。幼儿的情绪较之成人有不稳定的特点，易受外界刺激的影响。但情绪健康稳定的幼儿不会无缘无故感到不满意、痛苦、恐惧，不会表现出对外界事物的冷漠、无动于衷，或过度交流和恐惧。

（三）性格特征良好

性格特征良好是指幼儿在对现实的态度和日常的行为方式中表现出积极稳定的心理特征。具体表现为：对新鲜事物感到好奇，勤奋好学；具有一定的自我意识，寻求独立、开朗、热情、大方，尊重他人，乐于助人等。

（四）人际关系和谐

人际关系和谐是指幼儿在一定的情境下能够表现出亲社会行为，在现实生活中会扮演不同的角色。具体表现为:有良好的亲子关系、同伴关系、师生关系,有一定的人际交往能力,会分享、会合作、会保护自己和别人。

(五)行为协调,反应能力适度

健康的幼儿,其心理活动和行为方式应是和谐统一的,对外部刺激的反应是适度的,表现为既不异常敏感也不异常迟钝,具有一定的应变能力。以协调的行为对环境变化做出适度的反应,是幼儿健康发展的基本条件之一。

三、常见的幼儿心理健康问题

随着现代医学模式的改变,健康的含义也随之发生了相应的改变。联合国世界卫生组织给健康下了这样的定义:健康是指身体、心理和社会适应的健全状态,而不仅仅是没有疾病或虚弱现象。

近三十年来,随着科学技术的发展,一些严重威胁幼儿身体健康的疾病得到了控制,而幼儿心理与行为问题日益凸显。幼儿心理健康问题,是指幼儿在成长发展过程中,由于其生理机能失调、环境适应不良等导致的心理与行为上的矛盾、冲突、困扰、麻烦及障碍等。一些心理健康问题属于幼儿身心发展过程中出现的不可避免的问题,在良好的教育和环境中,随着幼儿的发育成长,往往会逐渐消失。但这些问题或多或少影响了幼儿的健康成长,有一些甚至对家庭和社会产生麻烦或严重的危害,如不及时干预,也有可能转化为品德问题、人格异常和精神疾病。

关于幼儿的心理健康问题,国内外的学者从不同的角度进行了分类,均有其一定的可行性和合理性。综合看来,我们可将幼儿心理健康问题分成以下几个类型。

(一)发展性问题

发展性问题主要表现为睡眠障碍和排泄障碍,比较常见的有夜惊、梦游、遗尿症等。

1. 夜惊

夜惊指睡眠中突然出现的短暂性惊扰症状。幼儿入睡一段时间后,突然坐起,哭喊,瞪目直视或双眼紧闭,惊恐状,对周围事物无反应,很难唤醒。强行唤醒可出现定向障碍或意识混乱,激动自语,不知所云,心率加快等。常见于4~7岁幼儿,男孩多于女孩,常常青春期开始后消失。受惊和紧张不安是主要的诱因,鼻咽部疾病、肠道寄生虫病也是常见病因。

2. 梦游

梦游指幼儿在睡眠中,突然起床,意识蒙眬,在周边走动或做些机械的动作,表情茫然,喃喃自语。一般持续几分钟后又反复入睡,醒后全部遗忘。半数以上梦游幼儿有家族遗传史,大脑皮质抑制功能减退、白天过于兴奋或紧张不安等不良情绪得不到缓解是导致梦游的主要原因。

3. 遗尿症

遗尿症表现为白天不能自主控制排尿,或者入睡后不自主排尿,常发生于夜间相对固定的时间,有时午睡也尿床。遗尿症往往对幼儿的心理影响较大,容易导致幼儿忧郁自卑,羞于见人,不喜欢参加集体活动等。遗传和神经系统发育不全是遗尿的主要原因,白天玩耍过度、晚餐进食水量过多也可能引起遗尿。

(二)情绪障碍

情绪障碍是发生在幼儿时期以焦虑、恐惧、暴怒发作等为主要临床表现的一种疾病。家庭中不注意情感的自由交流与表达,对幼儿情感的过分压抑,有失偏颇的教育方式和教养态度、离异、教师情绪表现随意化等都容易导致幼儿情绪障碍的产生。

1. 焦虑

幼儿表现为烦躁不安、不愉快、胆小害怕、对环境变化敏感;当焦虑症发作时,表现为过度烦躁、做噩梦、食欲不佳、心跳急速、尿频、出汗等自主神经功能紊乱等症状。

2. 恐惧

幼儿恐惧表现为许多方面,如怕动物、怕水、怕陌生人、怕死等。恐惧发生时表现为惊慌、惊叫、痛苦、求救,甚至逃避或对抗;幼儿恐惧时可出现交感神经兴奋症状,表现为呼吸加快、心跳加速、瞳孔扩大,甚至面色苍白、肢体瘫软、大小便失禁等。

3. 暴怒发作

暴怒发作指幼儿个人要求或欲望没有满足,或遇到一点小事就大发脾气。发作时无法劝阻,情绪失控,大喊大叫、哭闹、在地上打滚、用头撞墙、攻击别人等,甚至发生呕吐、遗尿或屏气。屏气是指幼儿剧烈哭闹时突然出现呼吸暂停的现象。时间短则半分钟到 1 分钟,长则 2 分钟到 3 分钟。

(三)习惯性问题

由于不适当的环境或不良的教育,部分幼儿会产生一些不良习惯,如咬手指、咬指甲、神经性厌食、异食等。这些不良习惯是一种比较固定的、完全自动化的动作倾向,若不及时矫正,会为幼儿心理发展造成障碍。其原因主要是长时期得不到关爱、缺乏同龄伙伴、环境的改变及模仿等。饥饿和疾病等不良情绪也容易导致幼儿不良习惯的形成。

(四)孤独症

幼儿孤独症又称幼儿自闭症,表现为人际交往障碍、孤独离群,不会与人建立正常的联系。缺乏社会交往技巧,对周围的事不关心,目光也游移不定,很少正视也很少表现微笑,也从不会和人打招呼;言语障碍十分突出,会说会用的词汇有限,即使会说话,声音也很小,自言自语重复一些单调的话。兴趣狭窄,行为刻板重复,常常在较长时间里专注于某种或几种游戏或活动,如着迷于旋转锅盖,单调地摆放积木块,热衷于观看电视广告和天气预报,不肯改变其原来形成的习惯和行为方式,难以适应新环境,多数患儿同时还表现无目的活动,活动过度,单调重复地蹦跳、拍手、挥手、奔跑和旋转。其原因有遗传、早期生活环境单调、缺乏情感和语言的刺激等。

(五)多动症

幼儿多动症又称注意力缺陷多动症(ADHD),或脑功能轻微失调综合征,是一种常见的幼儿行为异常疾病。这类患儿的智力正常或基本正常,但学习、行为及情绪方面有缺陷,主要表现为注意力不集中,注意短暂,活动过多,情绪易冲动,学习成绩普遍较差,在家庭及学校均难与人相处,日常生活中常常使家长和教师感到没有办法。其主要诱因如下:

(1)脑神经递质数量不足。

(2)脑组织器质性损害。

(3)遗传因素。

(4)其他因素,如教育方法不当及早期智力开发过量,环境压力远远超过幼儿心理的承受能力,导致幼儿心理发育滞后等。另外,过量摄入食物中的人工色素或含铅量过度的食物,虽不一定达到铅中毒,但可能会导致多动症。

四、幼儿心理健康问题的预防及矫治策略

(一)幼儿心理健康问题的预防策略

研究显示,有三个关键因素可以预防幼儿心理健康问题。首先,要培养幼儿的自尊、社会性和自主性;其次,家庭成员要创造温馨和谐的家庭氛围,教养态度要一致;最后,要有鼓励幼儿个人竞争技巧发展的社会支持系统。另外,父母和教师要树立科学的幼儿教育观,创设和谐的教育环境,促进幼儿心理的健康成长。还应加强自我的心理卫生保健,提高自身的心理素质,以健康的人格影响幼儿。托幼机构要建立良好的班集体,促进幼儿良好心理品质的形成。重视幼儿的问题性教育,提高其心理素质和能力,开展心理辅导,促进幼儿心理健康。

(二)幼儿心理健康问题的矫治措施

1. 行为矫正法

行为矫正法是运用奖罚的方法去改变或消除不良行为或症状,并教育幼儿养成良好行为。这一方法在幼儿的补偿性教育中已被广泛采用,在认知发展水平较低的幼儿身上应用,也大多收到明显的效果。

2. 游戏矫治法

游戏矫治法是为幼儿创设一个特别的游戏室,通过游戏,让幼儿自发地、自然地将自己的心理感受与问题充分表现出来,获得情绪上的放松,最终认识自我,并在教师的指导下学会控制自我。其中,个体性的游戏矫治对解决由幼儿个体的情绪而导致的问题较有效,而集体性的游戏矫治则对解决由社会适应困难而引起的问题较为有效。

3. 家庭治疗法

家庭治疗法是一类以家庭为单位,通过治疗性会谈、行为作业及其他非言语性技术来消除心理、病理现象,促进个体和家庭成员心理健康的心理治疗方法。首先对幼儿进行心理障碍的评估和诊断,再对问题幼儿进行家庭干预,这对幼儿"心理－行为障碍"的治疗有良好的效果。

4. 团体训练法

团体训练法是一个既可以加强团体成员关系,同时又可以有效消除自闭行为的方法,如对在幼儿园有自闭表现的幼儿,可以由教师组织一个简单但较适合团体成员性格的活动,比如种树、种花或者简单的团体体育运动,这样可以强化团体成员对自身角色的认同,增强彼此的认同感。

5. 动物辅助疗法

动物辅助治疗是以动物为媒介,通过人与动物的接触,而使病弱或残疾个体身体状况得到改善或维持;或者使个体的心理状况通过人与动物的接触,加强与外界环境的互动,进而能适应社会的一种以目标为导向的干预方法。动物辅助治疗有助于缓解幼儿的焦虑,促进幼儿社会化过程,尤其是可减少智力落后,注意缺陷、脑瘫等障碍幼儿的问题行为并促进他们的发展。

第二节 游 戏 治 疗

一、游戏治疗的内涵与发展

(一)游戏治疗的内涵

1. 心理治疗的内涵

要认识和了解游戏治疗,首先要明确心理治疗的意义。根据沃尔伯格的看法,所谓的心理治疗指的是:"治疗者与求助的当事人先建立良好的关系,在这个良好关系的基础上,治疗者运用心理学的方法,达到改变当事人的目标。"游戏治疗是心理治疗的下位概念,凡是运用游戏作为沟通媒介的心理治疗都可以称为游戏治疗,游戏治疗的重点不是"游戏"本身而是"治疗",即通过结合游戏的形式达到治疗的目的。

2. 游戏治疗的内涵

兰吉斯认为游戏治疗是"一个幼儿与一个受过训练的游戏师之间的动力人际关系。治疗师依照游戏治疗的程序,为幼儿提供选择过的游戏材料,并催化一份安全关系的发展、演变,幼儿借由自然的沟通媒材——游戏,来达到表达和探索自我(感觉、思想、经验和行为)的目标"。游戏治疗国际协会(API)则将游戏治疗界定为:"将理论模式系统性地运用以建立一个人际交往的过程,在其中,受过训练的治疗师运用游戏的治疗性力量去协助个案预防或解决心理社会困境以及得到最大的成长和发展。"

综上所述,游戏治疗是以游戏为主要沟通媒介,运用心理学方法,改变幼儿的不良情绪与行为的过程。近年来,游戏治疗在西方发达国家已被广泛用于幼儿心理障碍与行为异常的治疗,并成为治疗幼儿心理障碍的主要方法。但是,国内至今对游戏治疗方法的研究和实践还处于探索阶段。

(二)游戏治疗的发展

1. 游戏治疗的创始阶段

游戏用于幼儿心理治疗的理念最初可以追溯到西蒙·弗洛伊德,1909 年弗洛伊德第一次运用游戏的方式治疗了一个患有恐惧症的 5 岁男孩小汉斯。小汉斯语言表达能力欠佳,弗洛伊德针对小汉斯父亲所记录的小汉斯的游戏内容,来建议和指导父亲如何对小汉斯做出反应。"小汉斯"是第一个有关幼儿情绪困扰的个案记录。后来由弗洛伊德的女儿安娜·弗洛伊德和哈葛·赫尔马斯有意识地将精神分析理论应用于幼儿游戏治疗。克莱恩则最终将游戏发展成为精神分析游戏治疗,她主张游戏是治疗幼儿时不可或缺的材料。

2. 游戏治疗的形成阶段

20 世纪 30 年代,游戏治疗进入结构式游戏治疗阶段,代表人物是戴维·利维。20 世纪 50 年代,在罗杰斯"非指导性治疗理论"的基础上,弗吉尼亚·阿克斯莱因成功地将个人中心治疗理论运用到游戏治疗中,成为幼儿中心游戏治疗的先驱。

3. 游戏治疗的发展阶段

20 世纪以来,游戏治疗对幼儿心理健康发展起到的作用逐步得到人们的重视,随着各种新的心理治疗理论和流派的出现,游戏治疗的理论与实践引起了幼儿心理咨询工作者的极大兴趣,游戏治疗也不断涌现出多元的治疗取向。不同心理学派对游戏治疗的作用机制解释不同,使用方式也有所区别,但都推崇游戏治疗对幼儿心理健康的作用,强调通过游戏来让幼儿在不知不觉中得到治疗,恢复心理健康。目前比较流行的有幼儿中心游戏治疗、家庭游戏治疗、团体游戏治疗和沙盘游戏治疗等。

二、游戏治疗的程序

(一)准备阶段

治疗室的空间不必太大,一般 13~20 米^2 就可以了。若游戏室太小,幼儿在活动时会受到束缚,幼儿容易产生压抑的情绪;若游戏室太大,幼儿可能会产生恐惧与不安的心理。治疗室内色彩应柔和,不宜太刺激。空间布置不要让幼儿有所顾忌,如玩具的摆设不用太整洁,免得幼儿会担心玩完后要放回原位或者担心把玩具弄坏。治疗室设施一般包括用于进行创造性活动的沙坑和水、让幼儿发泄攻击性和其他情绪的打击乐器、锻炼幼儿平衡能力的游戏器具、适合各年龄段幼儿的玩具以及用于幼儿自我情感表现的绘画工具等。

游戏治疗方式可以根据具体治疗目的制定。每一次治疗进行什么游戏,每项游戏进行多长时间,治疗师都要预先安排和设计。游戏治疗要有一个严格的时间表,一般每周 1~2 次。每次游戏治疗时间以 1~1.5 小时为宜,开始阶段游戏治疗时间可略为缩短,随着治疗次数的增加,再逐渐延长时间。游戏时间一旦确定,就要固定下来,不能随便更改或取消。

在进入治疗之前,治疗师要尽量全面地收集幼儿的相关信息,如幼儿的问题特征、家庭关系、同伴关系和求助的态度,以及家长的日常处理方法等。同时,治疗师必须要让家长了解是以游戏为媒介进行治疗,表面上看起来是在与幼儿进行游戏,其实是通过游戏与幼儿建立良好的关系,从而进行游戏治疗,否则当家长得知幼儿在接受治疗时大部分时间都是"在玩",有时会造成不必要的误会。

案例 1

幼儿园中班女孩,人际关系处理方面存在问题,治疗师在进行治疗之前忘记了向女孩的妈妈介绍游戏治疗的过程,经过两次游戏治疗后,她听说女儿一直只是在玩而已,非常生气,强调付钱是来进行治疗而非来玩的,要是玩,我也会和幼儿玩,干吗花钱请你呢?从而结束了治疗。

(二)治疗阶段

莫斯特克斯指出,在游戏治疗过程中,情绪困扰幼儿的自我表达及自我观察常常经历以下五个阶段的心路历程。在游戏过程中,这些情绪发展的阶段并不尽然一步一步循序渐进展开,其中的一些阶段经常在某些方面会有重叠。

阶段一:游戏初期的情绪表达。最初的阶段,幼儿的游戏常充斥着扩散性的负面情绪,如对游戏室、玩具或治疗师充满敌意,伴随着高度焦虑,有时幼儿会站在游戏室中间而无法开始任何活动。

阶段二:在初期负面情绪表达过后,幼儿通常会表现出矛盾的情节,大致上不是矛盾就是抵制。如挑战治疗者的设限。

阶段三：此阶段幼儿会对生命中特定的对象，如父母亲、祖父母或其他人直接表现出负面情绪，这些负面情绪在幼儿象征性的游戏中往往更加显著。如一个幼儿会把代表爸爸、妈妈及新生儿的布偶娃娃排成一排，然后宣称："他们是强盗，我要把他们统统枪毙。"然后她真的一个一个把他们枪毙，该幼儿借此游戏表达出对其父母及刚出生弟弟的强烈负面情绪，或表现特殊的退化行为（如在扮演活动中，喊"我打死你"的话语）。

阶段四：幼儿在游戏中再次流露出矛盾的情绪。在此阶段，幼儿对父母或其生命中重要他人的情绪和态度，可能同时有正面或负面的情绪。如5岁的统统对着一个玩具娃娃又打又踢大声叫道："我要狠狠打你一顿，没有人喜欢你。"但过了一会，他又去拿了一套医生的诊疗箱，开始细心地照顾玩具娃娃，同时小声说道："乖，很快就不痛了。"

阶段五：当幼儿对一个既包容又了解他的大人宣泄了这些负面情绪后，心灵上获得了自由，便能迈向游戏治疗的最后阶段——通过游戏表达自我。此时的幼儿已能洞察现实，了解现实，能将情绪带到自觉的层面，然后学着控制或扬弃它们。有效治疗结束时，幼儿已能为自己的情绪负责，并且能在游戏中既诚实又公开地表达自己。

莫斯特克斯认为，被困扰幼儿的态度，不管是生气、焦虑或其他负面情绪，都遵循着上述阶段进展。他认为经由这个独特的人际关系（游戏治疗），治疗者须让幼儿表达及揭露出各个层面的情绪，然后才能获得情绪上的成熟与成长。

拥有良好的专业训练背景，可以有效地达到治疗的效果，然而，进行治疗的前提是要与幼儿先建立良好的关系。因为游戏治疗是以游戏为治疗的媒介，而游戏也是幼儿最经常出现和最喜欢的行为，所以治疗者如果"很会玩"，就会比较容易和幼儿建立良好的关系，取得幼儿对自己的信任。信任关系建立后，幼儿在接下来的游戏中可能会表现出攻击与宣泄的情形，如不反应（装作没有听到）、不听从（故意挑战治疗者的权威），以及其他各种行为（表示无聊，持续性地打击或丢掷某个物品等）；另一方面，幼儿也开始对治疗者产生正移情，比如面带笑容，视线或身体的接触，有时还会将一些较私密的信息，告诉治疗者自己最要好朋友的信息，向治疗者提出问题等。

游戏治疗的成效主要与治疗师对幼儿的态度有关，治疗师要无条件地尊重、理解幼儿，对他们表现出极大的耐心，这是游戏治疗顺利进行的前提。让幼儿进入游戏室，使他产生被许可的感觉，愿意表达他的全部感情及内心体验，这是治疗成功的关键。为了保证游戏能顺利进行，游戏治疗中也要有一些必要的规则或限制，使幼儿明确自己的责任。制定规则时要保证让幼儿能有充足的时间充分表现自己，不能因催促或时间不够而使幼儿产生焦虑，进而影响游戏的顺利开展。治疗师对幼儿在游戏治疗过程中的一切行为、表现都要保密。

治疗师应对游戏治疗的过程作连续记录，以观察幼儿的发展变化及治疗效果，并以此作为评价的依据。治疗师要观察和记录的内容主要有以下十个方面：①幼儿参加活动的兴趣、动机的强弱变化。②亲子分离状况。③游戏疗法构造。④幼儿在活动中表现出的能力高低的变化。⑤幼儿与治疗师的关系。⑥攻击性，即幼儿破坏玩具的倾向性的高低。⑦治疗师对幼儿活动是否有限制及幼儿是否理解这些限制。⑧幼儿的情感、情绪表现。⑨幼儿的自我控制力和注意力。⑩幼儿适当的语言表现。

（三）结束阶段

经过游戏治疗阶段的发泄，幼儿心理问题已经得到解决，自主、正向、合作的态度逐渐出现，游戏的性质更能接近现实，幼儿能够忍受一定的挫折，社会行为开始萌芽。游戏治疗结束时可以采用的方法主要有三种：①与父母一起出席终结游戏。②逐渐延长游戏治疗的时间间隔，如从一周一次，延长为两周一次，再到一个月一次，直至最后的结束。③拟定未来的联络方式。

如果治疗者并不认为可以结束治疗，但是家长主动提出要结束，治疗者可请家长提出他们认为可以结束治疗的理由，并一一与之讨论。治疗者要让家长知道，治疗的效果经常是起伏不定，幼儿的改变过程需要长期的评估，短期之内，幼儿可能会由于多了一个人对他的关心和爱护，从而发生了一些表面上的改善，但是一旦停止了治疗，此效果会马上消失，同时治疗者之前与幼儿建立的信任的良好关系也会被破坏。因此，在游戏治疗开始前要让家长明白，不能一看到幼儿的问题已经有了改善，就急迫地结束治疗。

案例 2

幼儿园大班女孩，家长觉得幼儿对自己过于缺乏自信，总是不相信自己。经过三次治疗，家长认为孩子有些改变了，于是要求结束治疗。一个月后，家长又将孩子带来，希望继续接受治疗。面对这种情形，治疗师花费了更多的时间才与幼儿建立起良好的信任关系。

三、游戏治疗的理论与应用

一般来说，所有游戏治疗学派或方法都有着共同的目标，即建立一个安全的心理环境，了解并接纳幼儿本人，鼓励幼儿表达自己内心的情绪，建立宽容的态度，鼓励幼儿为自己作决定，帮助幼儿学习如何自我控制，教导幼儿用语言来表达内心的情绪和想法。游戏治疗的程序也大多经历测评、诊断和处理三个步骤。测评指的是资料的收集；诊断指的是治疗师采用哪种理论为基础对所搜集的材料进行分析，判断幼儿是否有问题以及属于什么问题等；处理是指一旦诊断幼儿有问题，就要根据所选择的方法进行治疗。游戏治疗的过程一般分为这样三个阶段：准备阶段、治疗阶段、结束阶段。

（一）结构式游戏治疗

结构式游戏治疗就是针对各种不同性质的情绪，治疗师通过设计活动、选择媒介以及制定规则，帮忙将幼儿压抑已久的情绪发泄出来。结构式游戏治疗以发展的角度介入治疗，治疗的重点在于协助幼儿的发展。其中包括能自主且切合问题的执行任务,经过考虑有计划地进行活动及处理问题,阻断反射行为(如遇到困难时停止片刻)及展现与要求相符的意识行为等。

结构式游戏治疗可通过以下三种方式进行:

(1)在进入游戏室后,幼儿自发地出现许多"自由游戏",并且很投入,也能自在地将一些内在的感觉和想法在游戏中表现出来,则治疗者并不一定要安排幼儿进入事先设计好的结构式游戏。此时,治疗者的工作是利用幼儿自然产生的游戏,帮助幼儿将压抑的情绪释放出来。

(2)直接进入安排好的结构式游戏,告一个段落之后,让幼儿在游戏室中自由地玩,然后再次回到原来的结构式游戏,集中精力继续处理希望处理的问题,以此类推,最后是以幼儿在游戏室中自由地玩结束。

(3)让幼儿进入安排好的第一个结构式游戏,进行告一个段落后,让幼儿在游戏室中自由地玩,然后再进行事先安排好的第二个结构式游戏,以在同一个治疗时段内,同时处理多种所希望处理的问题。

案例3

气 球 爆 炸

目标: 处理情绪压抑型的幼儿。

材料: 各种不同颜色、不同尺寸的气球,越多越好。可帮助幼儿很容易地将气球打破的工具,要注意这些工具的安全性。

游戏过程: 治疗者先拿出一个气球吹气,吹到一定程度(不要太大,因为担心气球爆炸的声音太大,会吓到幼儿)后,鼓励幼儿用事先准备好的工具将气球弄破,如果幼儿不敢做,治疗者就自己将气球弄破。然后,治疗者再拿出第二个气球,并问幼儿会不会吹?如果会,就让他自己吹,如果不会,就由治疗者自己吹。吹完后再让幼儿打破,若他不敢,就牵着他的手帮助他打破。如此这样做几次之后,治疗者开始鼓励幼儿用自己的方式,而不一定要用治疗者准备的工具弄破气球。在此同时,治疗者要掌握时机,想办法引出幼儿压抑已久的情绪。

(二)沙盘游戏治疗

沙盘游戏源于幼儿自发的游戏和活动,亦称箱庭疗法,1966年,Kalff将"游戏王国技术"与荣格的分析心理学相结合,同时借鉴了中国传统文化的思想,创造出以"沙盘游戏"命名的方法。沙盘游戏是一种非言语的、无意识层面的交流,因此,对不易用言语进行沟通的对象,比如语言障碍者、自闭症患者、抑郁症患者以及比较内向的来访者,是一种很好的、很有效的沟通和治疗的方法。

沙盘游戏治疗的重要特色之一表现在与众不同的组成部分。沙盘游戏主要由一个按比例制成的沙盘、沙、水源、各种类型的缩微模型,以及治疗师构成。沙盘的形状大小都有一定的规格,比较常用的是长方体,一般沙盘高为 75 厘米,这样幼儿站着(或者跪着)在沙盘里创造沙画都感到舒适。沙子必须是干净的,以免幼儿玩沙时将细菌揉入眼睛,所以沙子必须定期消毒。其次,沙子要均匀细腻不粗糙,摸起来不会刺痛手。一般在沙盘游戏治疗室会准备两个沙盘,一个装有干沙,一个装有湿沙,让幼儿自己选择。

在沙盘游戏治疗中,幼儿根据自己的意愿选择干沙或是湿沙,运用一些工具及沙在沙盘中玩并摆出一个场景。治疗师的作用在于营造一种自由、安全的氛围,这种安全、没有直接评价性的氛围能鼓励幼儿去体验他们内在的经常未被意识到的自我。治疗师作为整个治疗过程的见证人,是沙盘游戏治疗技术中重要组成部分,但治疗师只能以一种"欣赏"而不是"评判"的方式去面对游戏者的所作所为。另外,治疗师要仔细观察沙盘游戏的整个过程和游戏者的神情动作并详细记录。仅仅一次观察记录很难对游戏者的心理问题做出诊断,也不能观察到个性的呈现和心理活动的过程,更没办法对疗效做出判断评估。沙盘完成以后,治疗者应该向幼儿直接提问以弄清每件玩具在幼儿心中有什么具体的含义,而不是治疗者主观地给予解释。沙盘游戏治疗室可参见图 9.1、图 9.2。

图 9.1　珠海博爱幼儿园沙盘游戏治疗室

图9.2　广东省一幼沙盘游戏治疗室

案例4

介绍沙图：第一次进行沙盘游戏治疗，治疗者问幼儿："你要不要玩沙？"幼儿没有抗拒，治疗者进一步说明了沙盘游戏的规则，建议幼儿在沙盘中摆放自己想放的任何东西，邀请幼儿检验陈列的玩具，并找出自己觉着喜欢的小物件。

构建沙图：治疗师要求幼儿建造沙图，然后安静地坐在一段距离之外观察幼儿的游戏行为。对于比较难开始游戏的幼儿，治疗师可以这样引导："闭上你的眼睛，想象你在任何一个你喜欢的地方，现在将你心中的景象建造出来。"

解读沙图：在作品完成之后，治疗师邀请幼儿说明有关沙图的故事。如果幼儿无法用语言清楚地表达，治疗师可以用一些开放式的语言进行引导，如：如果你是这个小女孩（小男孩），你会有什么感觉？你希望下面发生什么事情？你认为这个小女孩为什么一个人站在角落里？如果你可以改变这个沙图，你想怎样改变？

重组沙图：对沙图做出反应后，幼儿或许希望改变一些场景。充足的过程即是幼儿试图战胜自己的困惑、冲突及获得生存技能的成长过程。

保存沙图：在幼儿离开之前，除非幼儿想要重组，否则沙图是不拆除的，否则会破坏幼儿内心世界与治疗师的联结。每幅沙图作品都要拍摄下来，并给幼儿这个生动的完成品。借助沙图的照片，幼儿会得到正强化，治疗师也可以与幼儿一起讨论建造和重组沙图过程中的改变。

（三）亲子游戏治疗

亲子游戏治疗是指治疗师演示治疗的过程，并训练父母成为治疗师的代理者，让父母在家中对幼儿进行治疗，并接受治疗师督导的一种治疗方法，可分为团体和个案两种形式，适用于绝大部分的幼儿。近年来，亲子游戏治疗被成功地应用于以下幼儿或问题家庭：对抗性行为、焦虑、抑郁、虐待、忽视、排泄障碍、领养幼儿、被父母软禁过的幼儿和被性侵过的幼儿，以及离异家庭、遭遇慢性疾病的家庭、单亲家庭。实施亲子治疗的治疗师至少要获得心理咨询或相关专业的硕士及以上学位，受过理论和督导实践的游戏治疗专业培训，以及组织团体工作的经验。其中，最重要的是要具有以幼儿为中心游戏治疗的理念和督导的经历。

亲子游戏治疗可包括以下五个步骤：第一步，治疗师对幼儿进行测评。第二步，治疗师有针对性地示范治疗性游戏给家长看。第三步，治疗师对家长进行训练。第四步，在治疗师的督导之下，家长与幼儿游戏。第五步，家长独立与幼儿进行游戏，治疗师则在每周固定时间进行指导，对家长提出回馈。第六步，治疗师鼓励家长将治疗师的技巧，类化、转移至任何适合的实际生活中。第七步，治疗师和家长共同进行技能回顾，结束。

案例5

小华已经三岁了，每次爸爸妈妈带小华出门总是提心吊胆，因为每次坐车，小华很快就会因不舒服、晕车而哭闹不已，而且次数越来越多，致使小华不喜欢坐车；每回带小华到幼儿乐园玩，小华总是不同于一般小孩，一点兴致也没有地缩在一旁，勉强抱他去坐旋转木马或飞行船时，小华就惊恐地大哭大叫，让爸爸妈妈觉得十分尴尬。经医师检查评估后发现，小华前庭刺激过于敏感，会容易感受到较大的地心引力变化，造成头晕、晕车，因而不愿进行爬高、跳跃、旋转等活动。相对地，正由于小华常处于害怕被移动的紧张状态，所以注意力也不易集中，情绪也较不稳定，常坚持以自己觉得安全的方式来从事活动，或认为自己绝对不可能做到而不肯合作，以至于影响学习、情绪等方面的表现。

针对小华，除了接受治疗外，治疗师还设计了前庭刺激亲子游戏，让幼儿接受适当的前庭刺激。

(1)父母可把小朋友抱高，做上下左右摇晃，刚开始时速度可稍慢些，适应后再加快。

(2)可以跳跳床，增加全身的平衡及稳定运动。

(3)可以练习翻跟斗，要注意小朋友是否容易头晕。

(4)可在家中的床上、垫子或毛毯上，父母抓住小朋友的脚，让小朋友做身体翻滚的动作。

（四）互动故事治疗

在互动故事治疗中，治疗师首先诱发幼儿说一则故事，故事必须是幼儿自己编的，而不是从故事书中想到的。治疗师在幼儿说故事的过程中揣摩、推测幼儿故事中蕴含的心理动力学意义，然后再回应幼儿一个包含类似情景，类似故事中人物的故事。与幼儿所说故事不同之处在于，在治疗师所重构的故事里，所回应的故事中情节是更加积极健康的，主人公会以一种更加独立、积极的方式解决问题和冲突。因此治疗师回应故事，目的是让幼儿看到其他的应对方式，并引导幼儿用这种更加积极健康的应对方式来解决故事中的冲突，从而引申到现实生活，用新方法应对生活中的问题。

互说故事治疗最明显的优点在于，诙谐幽默的说故事情景大大地促进了幼儿与治疗师之间的治疗关系，提高幼儿接受治疗的兴趣、乐趣和接纳性，因此治疗师也更能够理解并且解读幼儿心路历程中的重要信息。同时，在故事中，治疗师又能够自然而不做作地对幼儿的故事给予反馈，有效地避免了直面幼儿拒绝对自己进行分析的抗拒与尴尬。

案例6

君君：从前有条小鱼和螃蟹。螃蟹用钳子夹小鱼的尾巴，可是小鱼藏起来，找不到。不过小螃蟹最后还是找到了，要夹它的尾巴。小鱼很害怕，就逃走了，可螃蟹还是找到了它，夹住它的尾巴。把小鱼带回家，他们要吃烤肉。

治疗师：小鱼被夹住尾巴了，怎么吃烤肉啊？

君君：放在锅子里，盖上盖子做成烤肉。

治疗师：哦，原来是螃蟹把小鱼做烤肉。

君君：螃蟹以为小鱼已经死了，不过小鱼没有死，偷偷逃走了。螃蟹很生气，就去找小鱼，小鱼藏在石头缝里面，螃蟹没有找到。后来螃蟹不想吃小鱼了，就和小鱼一起玩。

治疗师：你的故事讲完了？君君？

君君：嗯。

治疗师：那你的故事告诉我们一个什么道理呢？

君君低头看着地面，不回答我。

治疗师：你看，其他小朋友们讲的故事都有一个自己的道理哦，一个好故事会告诉我们一些启示。你的故事也很棒，能不能告诉赵老师，它告诉我们什么？

君君：（看向远处）故事告诉我们，要和好朋友在一起。

治疗师：你的意思是要和好朋友在一起玩吗？团结友爱？

君君点头。

故事分析：

君君的故事揭露出十分清晰的主题——不安全。对于君君而言，小鱼就是自我的象征，螃蟹就是外界的威胁，对君君而言，威胁主要就是人际的不安全感。在君君的学校生活中，由于他的个子非常小，而且性格内向胆小，很容易被同学欺负。一旦被欺负了，君君也不敢声张，不敢告诉老师，也很少会告诉父母。由于没有正确的解决问题的方法，君君进入学校一个学期内没有任何变化，依然被同学欺负，胆子也越来越小，晚上还时常做噩梦。故事中，小鱼（君君自我的象征）的命运一直被危险笼罩，螃蟹钳住了它的尾巴，还要把它放在锅子里做成烤肉。但是小鱼却能最后逃脱，螃蟹甚至摇身一变成为小鱼善良的朋友。我们可以发现，君君没有花什么笔墨描述小鱼是如何逃脱的，表明了君君寄希望于有神奇的力量能够帮自己解决问题,而不是通过自己的努力去解决。故事的细节体现了君君在学校的生活风格,即逃避、退缩以求保护自己。对君君而言,学校是个危险的地方,处处存在威胁。

反馈故事:

治疗师:从前有条小鱼和螃蟹。螃蟹用钳子钳小鱼的尾巴。小鱼大声对螃蟹说,"啊,好痛!你不许欺负我!"可是螃蟹仗着自己个子大,还是要欺负小鱼。小鱼很生气,对着螃蟹说,"告诉你,不要欺负我哦!你不要以为你个子大,就可以欺负我!如果你再敢欺负我,我就告诉妈妈或者其他小动物。你要知道,我还可以告诉大海里的警察哦,它维护着海里面的秩序,保护我们小动物。你如果再敢欺负我,我就会让他们帮我教训你。"螃蟹有点儿害怕了。小鱼又对螃蟹说,"不过如果你能够不欺负我,我还是可以和你做好朋友的,我们可以一起玩。"螃蟹想了想,觉得小鱼说得有点儿道理,就同意了。你知道这个故事告诉我们什么道理吗?

君君:如果有人欺负你,你就立刻揍扁他。

治疗师:小鱼似乎没有螃蟹强大,所以直接去打大螃蟹不是一个好办法。小鱼应该告诉螃蟹,别看自己个子小,可也不是螃蟹随便可以欺负的。如果大家和睦相处,小鱼和螃蟹也可以做好朋友。你喜欢这个故事吗?君君?

君君(点头):喜欢。

(五)幼儿中心游戏治疗

幼儿中心游戏治疗以马斯洛人本心理学和罗杰斯的个人中心治疗为指导思想,认为幼儿有能力做建设性的自我指导;借助游戏将自己的遭遇表达出来,是幼儿能参与的最自然的治疗过程。治疗师挑选合适的玩具,与幼儿建立安全的关系,幼儿就能自然并全面地探索及表达自己的情感、思想及行为。治疗师对幼儿所有遭遇及感受的认同和接纳,并给予幼儿承担责任、解决问题的机会,幼儿自然迈向自我成长。其基本原则为:

(1)治疗师应与幼儿建立温馨、信任的关系,完全接纳幼儿,与幼儿建立一种"容许性"的关系,令幼儿可自由地表达自己的情绪。

(2)治疗师观察幼儿的情绪,能敏锐地辨识出幼儿表现出来的感受,然后以幼儿能够领悟的方式回馈给幼儿,以帮助幼儿明白自己的行为。

(3)治疗师要深信幼儿具备解决问题和改变自己行为的能力;治疗师不可尝试用任何形式去引导幼儿的行为和对话,应以幼儿做主导者,治疗师做跟随者;治疗师不要催促治疗过程的速度,因为这是一个渐进的过程。

(4)游戏治疗焦点关注个人、现在、感觉,而不是关注问题、过去和思想行为,着重了解、接纳幼儿,而不是解释和改正,着重于幼儿的方向和智能,而不是治疗师的指导和知识。

(5)治疗的目标是帮助幼儿建立正确的自我意识;发展更正向的自我概念;承担更大的自我责任;能更大程度地自我接纳和指导。

（6）游戏治疗技巧包括反应感受、处理问题、比喻运用及沟通、深度沟通、互柜讲故事、角色扮演、参与幼儿游戏等。

案例 7

孤独症幼儿的"以幼儿为中心的"游戏疗法

个案情况：雯雯，5岁半，对周围事物反应淡漠，兴趣狭窄，不与别人玩耍，不喜欢玩玩具；对家庭装修用的电动工具却很精通，能自己装、拆幼儿电动车；对成人的问话不能理解，只能简单重复；记忆力好，对电话号码、电视广告语等能熟练记忆；脾气暴躁，经常发脾气、咬人、踢人等，不能够适应正常的集体生活。老师反映她行为刻板，在言语、交往等方面有问题，动作发展不协调；家长也意识到自己的孩子与别人的孩子不一样，经常看旋转的东西发呆，喜欢坐固定的座位并要求家人坐固定的座位、穿固定的拖鞋，拒绝环境的变化及一切新的东西，表现出强烈的念旧情怀。

雯雯无家族性疾病史，足月顺产。发育基本正常，一岁半会走路，两岁开始说话，语言发育欠清晰；一到两岁期间几乎完全由祖父母抚养，缺乏母爱，身体素质差，经常感冒、发烧。3岁时被诊断为孤独症。

幼儿中心游戏治疗：雯雯性格内向，渴望爱，但父母与其不住在一起，接触时间少，使其需要得不到满足，于是将自己封闭起来，生活在与外界隔离的内心世界中。综上所述，我们认为早期亲子分离是导致雯雯自闭的主要原因。因此决定采用幼儿中心游戏治疗来帮助她将内心的问题及焦虑发泄出来，达到接近问题的目的。

治疗前让家长了解治疗的基本思想及做法，以打消家长顾虑，使家长积极配合治疗。要求家长在整合治疗阶段将幼儿的问题及表现及时回馈给治疗师。治疗师准备玩具充足的游戏治疗室，专门准备了玩沙和玩水的区域。幼儿可自由使用游戏治疗室，每次用后都保持原样。

在建立良好关系的基础上，历时1个半月，进行了6次游戏治疗，每周一次，每次40分钟。

第一次对治疗室感到陌生、好奇，身体和眼神都不离开成人，对玩具表现出无所谓的态度，约10分钟后，开始放松并触摸玩具，特别喜欢玩偶玩具。

第二次开始在室内走动，把所有玩偶玩具都拿出来，放在桌上，特别喜欢一个身穿紫色衣裙的洋娃娃，用水浇沙、用网筛沙，把洋娃娃捏在手里往沙里转，试图转得越深越好，直到用沙把洋娃娃埋得看不见为止。

第三次开始对玩具进行归类，出现简单的模仿行为及假想的游戏情节，对自己的行为有意识，能关心熟悉的人。

第四次能长时间玩一件玩具，并主动与陌生人交往。把埋在沙里的玻璃娃娃挖出来，再埋进去,并说"变没了",问她最喜欢什么玩具,回答"芭比",即紫衣洋娃娃。

第五次继续挖、埋洋娃娃,最后一次埋进去,再也没有挖出来,问她,答"变没了"。开始玩新玩具,离结束时间还有6分钟时,关掉了所有文具柜的门,表示不想玩了。

第六次进来不到1分钟,就往外跑,10分钟后主动回来开始玩玩具,但时间都不长,问他"洋娃娃要不要挖出来?"她回答:"变掉了,变成沙子了。"问她"为什么?"她说:"不要玩了"。最后,我们说:"时间到了,下次再玩吧。"她说:"下次不玩了,不想来了。"

治疗效果:教师和家长都反映该幼儿有很大变化。雯雯不仅对玩具发生浓厚的兴趣,而且能与同伴一起游戏;对老师提出的要求,能主动遵守并主动地向父母讲起,这是以前从来也没有过的,能主动与人交往,能意识到自己的言行所带来的后果;语言、动作发展都比以前好多了。孤独症行为评定量表及我国的诊断标准测查显示其得分有明显降低。经过半年多的效果追踪及家访,幼儿各方面发展正常。

(六)格式塔游戏治疗

该疗法的背后蕴涵着庞大的理论体系,其基本原则除了来自精神分析理论、格式塔心理学、各种人本主义理论以外,还吸收了现象学、存在主义以及Reioh身体治疗的部分观点。它采用一些投射性的技术,使幼儿以一种非威胁性的、有趣的方式表达出内心深处的情感体验。其基本原则是:

(1)建立良好的治疗关系:治疗师以非评判性的、尊重的态度对待幼儿,为幼儿提供一种全新的体验,这种关系本身就具有治疗作用。

(2)保持良好的接触,解决阻抗问题。

(3)帮助幼儿发展出坚定的自我感觉:引入不同的体验来加强幼儿的自我,为其情绪表达提供所必需的自我支持。

(4)为幼儿提供各种各样的体验。目前在格式塔游戏治疗中较多采用的是一些创造性、表达性以及投射性的技术,包括:绘画、捏黏土、拼贴图、陶艺、饲养小动物、多种形式的音乐等,这些技术架起通向幼儿内在自我的桥梁。由于格式塔治疗的指导性与集中性,该疗法对受到丧失与悲伤问题困扰的幼儿有较好的疗效。

案例8

6岁男孩攻击行为的陶艺治疗

案例情况:6岁男孩,活泼好动,聪明伶俐,因为常常在幼儿园与小朋友发生冲突,母亲将男孩带来求助。

案例分析:男孩是被动来到治疗室,没有认识到自己的问题的严重性,不愿意讨论自己的问题,性格活泼好动,很难静下心来与治疗师进行沟通,因此选择不需要语言表达的陶艺游戏治疗。

治疗过程:治疗师准备好陶艺治疗需要的泥土和玩具,让幼儿自由地选择,随心所欲地制作各种陶艺作品与玩具。治疗师不加指点与评论,只是陪伴在身边,给予幼儿自由、安全的环境。起初,男孩好奇地动这动那,慢慢地,他开始按照自己的方式与意愿玩起来。最后,他玩得很有兴致。经过一个月历时 4 次的治疗,男孩终于学会制作一个完整的陶艺作品,为其命名,并跟治疗者讲述自己的作品。

治疗效果:经过对家长、教师的随访,发现男孩现在已跟小朋友相处得很融洽,并能在游戏中帮助其他小朋友。

(七)团体游戏治疗

团体游戏治疗是团体治疗与游戏治疗的一种有机结合。团体并非一个个体的简单集合,是由相互依赖、相互影响的人组成的集合,在团体与个体的关系中起作用的是团体而非个体。幼儿在团体治疗关系中,能够体验和发现其他小朋友也有相同或类似的问题,会降低幼儿的孤独感而形成的阻隔。团体使个体有归属感、认同感,也正是因为幼儿需要团体归属感,幼儿会把团体作为自己被认同的对象,才会出现"我也要跟大家一样"的想法,从而尝试自我学习与自我改变,学习与人建立关系的更有效的方式。也只有当个体的思想、行为符合团体的要求时,团体才会对此加以鼓励和支持,从而强化这种思想和行为,个体心理才会得到健康发展。

著名团体游戏治疗学家兰吉斯认为:"所谓团体游戏治疗是指幼儿与治疗师之间的一种动力性人际关系,游戏治疗师能提供精心选择的游戏素材,营造出安全的团体气氛,及由幼儿自然的沟通媒介,实现其自身的完全表达和揭露自我(情感、观念、经验和行为)。"团体游戏治疗中,最重要的就是团体中形成平等、尊重的"你-我"对话关系。在治疗中,无论幼儿如何呈现自己,治疗都以一种非评价式的、接纳尊重的态度对待幼儿,给予幼儿一个安全的团体环境,不强迫幼儿超出他们自己的能力和意愿,同时认识到幼儿具有无限的发展潜力。这种关系本身就会产生一种治疗性的功效,从而为幼儿提供一种全新而独特的关系体验。有时,幼儿为了保护自己,会避免以充分真实自我的方式来面对团体。治疗师要尊重幼儿在团体中呈现出来的抗拒行为,避免迅速、强硬地逼迫幼儿解决他们的抗拒,只当幼儿在治疗中感觉到安全之后,抗拒才会自然削弱。

案例9

社会退缩幼儿的团体游戏治疗

个案情况:5 岁男孩,敏感、内向、沉默寡言、胆小,害怕被成人注视和询问,甚至害怕受表扬时老师和小朋友赞许的目光。他拒绝和成人交谈,面对老师的提问,总是低头沉默,表现退缩,偶尔用摇头或点头表示。平时很少和同伴一起下楼活动,基本上不参加任何活动,不愿意做早操,即使入厕也要老师提醒才敢去。有时老师和小朋友热情邀请他一起玩,却总是被他默默拒绝。矫正前,老师曾多次鼓励他要勇敢,并设法与其沟通,但是效果不明显,甚至越鼓励越退缩,只好顺其自然。采用幼儿行为量表家长用表筛查,其社交退缩得分为 7 分,再经教师及专家诊断为幼儿社交退缩。

团体游戏治疗:根据幼儿特点,设计具有针对性的系列幼儿团体游戏。这些游戏包括角色游戏、音乐游戏、体育游戏等,侧重于角色的扮演、交往、合作,目的是增强幼儿的自信和交往能力。在系列游戏中,角色由少到多,玩法和情节由简单到复杂,游戏之间的衔接根据幼儿的改变,循序渐进地进行。包括两个相同的矫正过程,每一个矫正过程分三个阶段进行,每阶段为一周,一周五次游戏矫正,每天上午自然观察,下午一次游戏。时间在 30 分钟左右。在治疗过程中,始终坚持因势利导,循序渐进,不勉强幼儿参与游戏,对于幼儿表现出的退缩行为,不注视,不评论。尽量使他放松,转移注意力。

治疗效果:家长与教师都反映幼儿与人交往的积极性提高了,做游戏时能主动举手,小朋友玩得很尽兴,可以与教师亲近、拉手,平时能主动与教师或小朋友打招呼,与之前相比判若两人。随访半年发现,性格较活泼,喜欢游戏,关心同伴和集体。当同伴有纠纷或跌倒时,会主动告诉老师。常主动向老师问好。

四、游戏治疗的发展趋势

(一)游戏治疗的基本模式

20 世纪以来,游戏治疗的理论和技术快速发展,形成了很多方法。面对如此多的游戏疗法,阿斯莱茵发现,幼儿游戏治疗主要存在两种模式:集中性游戏治疗和非指导性游戏治疗。他认为,在程序上,游戏治疗可能是指导性的(又称集中性的),这种模式基于这样的假设:陷于某些困难中的幼儿没有自我发现挖掘的能力。这时,治疗师肩负起指导和解释的责任;或者可能是非指导性的,这种模式基于这样的假设:在游戏治疗过程中,幼儿被认为是有能力自我发展的,治疗师可以将指导和责任赋予幼儿。在阿斯莱茵看来,集中性游戏治疗与非指导性游戏治疗最基本的区别在于治疗过程中治疗师角色的不同。指导性游戏治疗师挑战幼儿的防御机制,试图刺激他们的无意识领域,积极建构和创设游戏环境。非指导性游戏治疗师与幼儿建构一个温馨而友好的关系,营造一个宽容的氛围,让幼儿自由地表达出他们的感情。

这两种模式的优势与不足同时存在,在楷特荈看来,非指导性游戏治疗脱离了幼儿所处的生活环境,幼儿被排斥在家庭、幼儿园、社区之外,处于一个理想环境中;在指导性游戏治疗中,人们把游戏看作是治疗的一种技术部分,重在实用医疗模式,强调"疾病""治愈"和"训练",而非治愈的"过程"。

楷特荈根据自己的研究,提出来协作性游戏治疗模式。他认为,幼儿发展不是孤立的个体,幼儿要与治疗师形成共同合作的关系,相互建构。可以说楷特荈的"协作性游戏治疗模式"奠定了游戏治疗发展的方向。

（二）不同理论学派的融合

游戏治疗从精神分析学派开始，经历了不同的发展阶段，形成了不同的理论学派；精神分析学派的游戏治疗理论强调幼儿早期生活经验对人一生发展的重要影响；人本主义游戏治疗观强调以幼儿为中心，重视良好的环境与幼儿潜能的发展；认知－行为游戏治疗主张让幼儿积极主动地参与到治疗中，从而帮助幼儿掌握必要的知识和技能；格式塔游戏治疗是人本主义、过程导向的治疗模式，重点在于个体整体的健康及整合的功能运作，治疗关注当事人主观知觉世界和此时此地的体验。

当代学者认为，单一理论流派并不能很好地解决幼儿存在的问题，游戏治疗的发展趋势并不坚持某个特定的学派立场，而是持整合和折中的观点。治疗师们可以利用各种技术，比如玩具、讲故事、沙盘游戏等，综合运用不同的理论流派来开展这项工作。目前，治疗师们正在将综合治疗的方式应用于幼儿游戏治疗中，同时，实践也证明了综合治疗的有效性。

（三）游戏治疗的推广

游戏治疗主要涉及三方面因素：治疗过程、幼儿个案及治疗师。随着现代社会生活节奏的加快，人们要求心理治疗缩短疗程。游戏治疗和短程治疗的结合，大大缩短了治疗的疗程，提高了效率，同时也对治疗师提出了更高的要求。

事实证明，游戏治疗不再是私人治疗师的专有名词，治疗对象也不再局限于有心理障碍的幼儿，而且对正常幼儿的心理健康指导也有借鉴作用。其治疗理念亦可为教师、家长、临床医生或其他幼儿教育工作者借鉴运用。幼儿园教师也开始加入到游戏治疗中，使幼儿园教师能很快地将游戏治疗经验推广，满足更大范围幼儿发展的需要。同时，游戏治疗的使用范围扩大了，不仅仅应用于临床治疗，且应用于预防领域。这预示着游戏治疗在时间、对象、治疗师等方面都将更加贴近我们的生活。游戏治疗作为幼儿心理治疗的有效手段，有着广泛的临床适应性和应用前景。在我国幼儿园对心理健康需求逐渐增加的今天，游戏治疗将会在中国的幼儿心理治疗和保健领域发挥重要作用。

【思考题】

1. 常见的幼儿心理健康问题有哪些？我们可以采用哪些预防及矫治策略？
2. 游戏治疗的一般程序都有哪些？在操作时需要注意些什么？
3. 目前有哪些较为流行的游戏治疗理论？
4. 游戏治疗的发展趋势是怎样的？

附 录

游戏汇编

游戏类型:表演游戏
适合年龄:大班幼儿
游戏名称:小猫钓鱼
目标:
(1)幼儿能大胆地用语言和动作表现文学作品,在表演中能合作表演,协商分配角色。
(2)培养幼儿的表演欲望和自信心,乐于参加表演。
准备:
足够大的场地;布置小河的场景,小河内有小鱼若干条(小鱼身上别上曲别针);拱形门1个(山洞);平衡木2个(小桥);游戏配乐;猫妈妈头饰1个;小猫头饰8个;小桶和渔竿各8个;(渔竿上系上磁铁)蝴蝶头饰4个;蜻蜓头饰4个。
规则:
(1)蜻蜓和蝴蝶飞来时,小猫们要立刻放下渔竿和小桶去追逐,但不要真抓住蜻蜓和蝴蝶。当它们飞走时,小猫们要马上回到河边。
(2)小猫们要使用渔竿去钓鱼,不能用手抓鱼。
玩法:
角色分配:老师扮猫妈妈;8名幼儿扮小猫;4名幼儿扮蜻蜓;4名幼儿扮蝴蝶。
(播放游戏配乐)猫妈妈说:"小猫宝贝们,今天的天气可真好,妈妈带你们去钓鱼好吗?"小猫们回答:"好。"猫妈妈说:"途中我们要钻过山洞(拱形门),要走过小桥(平衡木),宝贝们一定要跟住妈妈,那我们出发吧!"小猫们跟随妈妈钻过山洞,走过小桥一起来到小河边。小猫们刚放下小桶,准备钓鱼,这时蜻蜓飞来了,小猫们要立刻放下渔竿去捉蜻蜓,四散追逐了一会,蜻蜓飞走了,小猫回到河边,看到妈妈已经钓到了一条鱼;小猫们拿起渔竿刚要钓鱼,这时蝴蝶飞来了,小猫赶紧去捉蝴蝶。追逐了一会,蝴蝶飞走了,小猫们回到河边,看到妈妈又钓上来一条鱼。猫妈妈对小猫说:"你们一会儿去捉蜻蜓,一会儿去捉蝴蝶,怎么能钓到鱼呢?

钓鱼要一心一意,不能三心二意,你们知道了吗?"小猫们一起回答:"知道了。"小猫们开始专心钓鱼,蜻蜓和蝴蝶又飞来了,小猫都在专心钓鱼,不一会,小猫们的小桶里都钓到了鱼。猫妈妈说:"天色不早了,我们一起回家吧!"小猫们高高兴兴和妈妈一起从原路返回。游戏结束。为了增加游戏的趣味性,幼儿也可以根据自己的喜好,来互换游戏角色。

观察与反思:

根据幼儿兴趣和游戏需要,向幼儿提供了丰富的游戏材料,有助于幼儿主动性、创造性的发挥。但有的幼儿互相争抢去钓鱼,而导致渔竿在使用过程中相互缠到一起的现象,影响了游戏的效果。这时教师要在不干扰幼儿游戏的前提下,参与幼儿游戏,关注幼儿需要,并适时给予引导和帮助。

要让幼儿真正成为游戏的主人,教师不仅是教育者,更是幼儿游戏的伙伴,要让幼儿在游戏中玩得开心,玩有所得,教师就要用心观察幼儿的游戏行为,带着童心去参与幼儿游戏,重视良好游戏环境的创设,营造良好的游戏氛围,让幼儿在游戏中自主活动、自主发展,为不同能力的幼儿提供不同展示自己才能的机会。教师在不断的游戏观察、调整中,获得专业化发展,促使自我不断完善。

设计教师:哈尔滨市安丰幼儿园　　高静茹

游戏类型:表演游戏

适合年龄:小班幼儿

游戏名称:三只蝴蝶

准备:

红、黄、白三只蝴蝶,红、黄、白三朵花,太阳公公的服饰或头饰,花园草地。

玩法:

红蝴蝶:黄蝴蝶、白蝴蝶,我们一起飞到草地上去跳舞和做游戏吧!

黄蝴蝶、白蝴蝶:好,我们一起去吧。

(三只蝴蝶在草地上正高兴地跳舞。忽然下雨了,他们手拉手来回找避雨的地方,来到红花旁)

三只蝴蝶:红花姐姐,红花姐姐,大雨把我们的翅膀淋湿了,大雨把我们淋得发冷了,让我们到你的叶子下避避雨吧!

红花:红蝴蝶的颜色像我,请进来,黄蝴蝶、白蝴蝶别进来!

三只蝴蝶:我们三个是好朋友,相亲相爱不分手,要来一块儿来,要走一块儿走。

(雨下得更大了)

三只蝴蝶:(飞到黄花旁)黄花姐姐、黄花姐姐,大雨把我们的翅膀淋湿了,大雨把我们淋得发冷了,让我们到你的叶子下避避雨吧!

黄花:黄蝴蝶的颜色像我,请进来,红蝴蝶、白蝴蝶别进来!
三只蝴蝶:我们三个是好朋友,相亲相爱不分手,要来一块儿来,要走一块儿走。
(三只蝴蝶又飞到白花处)
三只蝴蝶:白花姐姐,白花姐姐,大雨把我们的翅膀淋湿了,大雨把我们淋得发冷了,让我们到你的叶子下避避雨吧!
白花:白蝴蝶的颜色像我,请进来,红蝴蝶、黄蝴蝶别进来。
三只蝴蝶:(摇摇头)我们三个是好朋友,相亲相爱不分手,要来一块儿来,要走一块儿走。(焦急地飞来飞去)
太阳公公:雨别再下了,我要把三个好朋友的翅膀晒干。
(雨停了,三只蝴蝶又快乐地跳起舞来)

游戏类型:表演游戏
适合年龄:中班幼儿
游戏名称:小兔乖乖
准备:
兔妈妈、红眼睛小兔、长耳朵小兔、短尾巴小兔和大灰狼的服饰,1只篮子,1棵大树;背景:小兔子住的1间房子。
玩法:
旁白:在大森林里有座美丽的小房子,里面住着兔妈妈和她的三个小白兔孩子,房子前面有棵大树,四周有绿绿的草。
兔妈妈:孩子们,妈妈今天要到地里去拔红萝卜,你们好好儿看着家,把门关得紧紧的,谁来叫门都不开,等妈妈回来了才开。
三只小兔子:妈妈,妈妈,我们记住了。(兔妈妈拎着篮子走了,小兔们把门关得紧紧的)
大灰狼:今天我老狼要饱餐一顿。(说着去推门)咦,怎么门关了?(他眯着眼睛想动坏脑筋,忽见兔妈妈来了,赶忙跑到大树背后躲起来)
兔妈妈:(高兴地唱)小兔子乖乖,把门儿开开! 快点儿开开,我要进来。
三只小兔子:是妈妈回来了,妈妈回来了。(边说边高兴地开了门,帮妈妈拎篮子)
兔妈妈:你们都是好孩子。
大灰狼:(轻轻地)哼,我有办法了,我有办法了。明天我再来。(边说边回去了)
旁白:第二天兔妈妈又出门去了,小兔子们把门关得紧紧的等妈妈回来。
大灰狼:(用沙哑的声音唱)小兔子乖乖,把门儿开开! 快点儿开开,我要进来。
红眼睛:妈妈回来了,妈妈回来了。
短尾巴:快给妈妈开门呦,快给妈妈开门呦!

长耳朵:(拉住红眼睛和短尾巴)不对,不对!这不是妈妈的声音。

红眼睛和短尾巴(往门缝里一看):不对,不对!不是妈妈,是大灰狼。

三只小兔子:不开,不开,我不开,妈妈不回来,谁来也不开。

大灰狼:(着急地)我是你们的妈妈,我是你们的妈妈!

三只小兔子:我们不信,我们不信,要不你把尾巴伸进来让我们瞧一瞧。

大灰狼:好吧,我就把尾巴伸进来,让你们瞧一瞧。(小兔子把门打开一点,用劲把大灰狼的尾巴给夹住了)

大灰狼:(大声地)哎哟,哎哟,痛死我了!……放了我,放了我!(兔妈妈上,看见大灰狼立即放下篮子,捡起一根木棍,朝大灰狼的脑袋狠狠打,大灰狼用劲一拉,扔下一大段尾巴逃走了)

兔妈妈:(高兴地边敲门边唱)小兔子乖乖,把门儿开开,快点儿开开,我要进来。

三只小兔子:(拍手笑起来)是妈妈回来了。(边说边帮妈妈开门拎篮子)

兔妈妈:你们真是好孩子。

游戏类型:表演游戏
适合年龄:大班幼儿
游戏名称:小熊请客
准备:
小熊、狐狸、小猫咪、小花狗、小公鸡的头饰;礼物4件。背景:绿油油的草地,1棵大树。
玩法:

第一场 大树下

(一个狐狸正在大树下打着呼噜,忽然打了一个哈欠醒了,他看了看天,发现太阳也快下山了,站立起来伸了伸懒腰)

狐 狸:哎,我睡了一天,肚子饿得咕咕叫,到什么地方去弄点吃的呢?

(小猫咪提着一包点心,唱着歌奔出来)

狐 狸:小猫咪,小猫咪,你到哪里去?

小猫咪:今天过节,小熊请客。我们到他家去,又吃又玩又唱歌,真快活。(边说边旋转着,显示出自己的高兴劲)

狐 狸:(焦急地)你带我一起去吧!

小猫咪:(看了看狐狸,摇摇头)狐狸,你不做工,还想白白吃东西。哼!我才不带你去呢。(说着跑掉了;狐狸叹口气,又躺了下去,忽然看见小花狗奔奔跳跳地提着一件礼物跑出来)

狐 狸:小花狗,小花狗,你到哪里去?

小花狗:今天过节,小熊请客。我们到他家去,又吃又玩又唱歌。汪汪汪,真快活。(边说

边摇摇尾巴)

狐　狸:(焦急地)你带我一起去吧!

小花狗:(看看狐狸,带着讥讽的口吻)狐狸,你不做工,还想白白吃东西。哼!我才不带你去呢。(说完撒开腿跑了;狐狸刚想走开,就看见小公鸡,狐狸忙站住打招呼)

狐　狸:(假惺惺地)小公鸡,今天你打扮得那么漂亮,要到哪里去呀?

小公鸡:(高兴地)今天过节,小熊请客。我们到他家去,又吃又玩又唱歌,真快活。

狐　狸:(十分恳切地)你带我一起去吧,我跟你们一起吃……

小公鸡:(白了他一眼)你就知道吃,自己不做工,还想白白吃东西,哼!我才不带你去呢。(说着飞快地跑掉了)

狐　狸:(边握紧拳头边生气地)你们这些坏东西!好哇,你们不带我去,我偏要去。到了小熊家,我就把好吃的东西,一口气都吞进肚子里,你们等着吧。(说着舔舔舌头,摆摆尾巴,挺着胸,大摇大摆地朝小熊家走去)

第二场　小熊家

(小熊正在家里忙着,嘴里哼着歌,他很快扫好地,擦干净桌椅,把几盆小菜——小鱼、肉骨头、小虫子放在桌子上,忽然听到敲门声)

小　熊:(十分高兴地)是谁呀?

小猫咪:我是小猫咪。

小　熊:欢迎你,欢迎你!(小熊边说边把门打开,小猫咪进来后又关上门)

小猫咪:这是我送给你的礼物。

小　熊:谢谢你,谢谢你,我也请你吃东西,这是骨头、小虫和小鱼,随便吃点,别客气。

小猫咪:骨头、小虫我不爱,小小鱼儿我最喜欢。(小猫咪在吃的时候,小花狗来了)

小花狗:这是我送给你的礼物。

小　熊:谢谢你,谢谢你,我也请你吃东西,这是骨头、小虫和小鱼,随便吃点,别客气。

小花狗:小虫、小鱼我不爱,肉骨头我最喜欢!(小公鸡来了)

小公鸡:这是我送给你的礼物。

小　熊:谢谢你,谢谢你,我也请你吃东西,这是骨头、小虫和小鱼,随便吃点,别客气。

小公鸡:骨头、小鱼我不爱,小小虫儿我最喜欢!(门咚咚响,狐狸在门外用劲地敲门)

小　熊:谁呀?

狐　狸:(大声地)快开门,快开门,我是大狐狸。

小　熊:(吓了一跳,急得团团转)哎呀,原来是这个坏东西来了。

狐　狸:(把门敲得更响了)快开门,把好吃的东西都拿出来。

小　熊:(悄悄地)我盖房子的时候,还剩下好些石头,我把石头分给你们,等一会儿,一开门咱们就一块儿拿石头扔他!

合:好。(小熊赶快把石头分给了大家;小熊开门,狐狸大踏步地走进门,东瞧瞧西看看)
狐　狸:快把好吃的东西拿来!
合:给你!给你!给你!(大家边喊边扔石头)
狐　狸:(抱着头)哎呀,哎呀,痛死我啦!(边喊边夹着尾巴逃跑了)
合:(大笑)哈哈哈!……

游戏类型:表演游戏
适合年龄:中班幼儿
游戏名称:猪八戒吃西瓜
目标:练习加减法,培养幼儿运算能力和对游戏的兴趣。
准备:
(1)硬纸做的西瓜若干个,西瓜背面写有加法、减法的试题。
(2)猪八戒头饰若干个。
玩法:
1. 情景表演
教师:你们看,老师给你们请来了谁?(随音乐)猪八戒表演边走路边摸耳朵,发现西瓜,做切西瓜的动作,同时嘴里说:"切西瓜,切西瓜。"切好后做捧西瓜吃的动作(双手捧西瓜在嘴前来回晃动,头左右晃动像吃西瓜,同时嘴里说:"哈哈哈,哈哈哈。")吃饱后,做拍肚皮状,拍三下,同时点三次头。
2. 幼儿学做动作
教师:刚才猪八戒表演的是什么?
请幼儿试学猪八戒摸耳朵,切西瓜,吃西瓜,拍肚皮的动作。(注意切西瓜时嘴里要发出"切西瓜,切西瓜"的声音,吃西瓜时嘴里发出"哈哈哈,哈哈哈"的笑声,这样容易激发幼儿的游戏欲望)
3. 教学游戏"猪八戒吃西瓜"
教师:今天老师这里有许多西瓜,现在请小朋友扮演猪八戒吃西瓜,好吗?(好!)
教师:可是今天的西瓜不太容易吃,因为每个西瓜上都写有一道试题,猪八戒要动脑筋,算对了,才能吃。
请一幼儿戴头饰示范:摸耳朵上前抱西瓜,读出试题,算出得数。算对了,全体幼儿拍手讲:"对对对!几加(减)几等于几。"抱西瓜的幼儿便可做切西瓜、吃西瓜的动作(嘴里发出声音),最后拍拍肚皮下来。算错了,大家不拍手,并举手帮助计算,让算对的幼儿上去吃西瓜。
请3~5名幼儿戴头饰表演猪八戒吃西瓜。
再换几名幼儿上前表演,游戏继续进行。

幼儿一起随音乐做猪八戒摸耳朵、切西瓜、吃西瓜、拍肚皮的动作。游戏结束。

设计教师:宿州教育委员会　徐凤华、徐维俊

游戏类型:规则游戏
适合年龄:大班幼儿
游戏名称:夺龙珠
目标:
通过用筷子夹不同颜色的龙珠,锻炼幼儿的小肌肉发展。
准备:
筷子若干,不同颜色的纸球,一个大纸盒,若干个小盒子。
规则:
每个宝宝对应一种颜色,教师计时,在相同的时间内用筷子夹的小纸球最多的获胜。(如果小盒子里出现了不同颜色的纸球,以游戏开始前确定组的颜色为准,其他颜色不计数。如果是掉到桌子上和地上的纸球用手捡起来的不算,只能用筷子夹起来)
玩法:
一共有红、黄、蓝、绿四种颜色的纸球放在大盒子里,四个宝宝玩游戏,每个宝宝对应一种颜色。在游戏开始前确定红组的幼儿夹红球,黄组的夹黄球,以此类推。确定每人一双筷子,一个盒子,宝宝各取各的颜色,计时结束后,谁盒子里的纸球多即为获胜者。
观察与反思:
在实际的操作中,有的幼儿夹的纸球掉到了桌子上或地上,有的幼儿就会无意识地用手把纸球捡起来,这是违规的。在游戏中应该有一个小监督员,这样,这种竞赛性的游戏就变得更加的有趣和公平了。

设计教师:哈尔滨市安丰幼儿园　姚远

游戏类型:角色游戏
适合年龄:小班幼儿
游戏名称:娃娃家
目标:
(1)在游戏中学习怎样照顾娃娃。
(2)学习使用家中用具,用后摆放整齐。
(3)通过模仿和想象,独立自主地、创造性地反映现实生活。
准备:积木,椅子,床,床上用品,娃娃,奶瓶,澡盆,浴巾。
规则:爱护玩具,用后将玩具摆放整齐。

玩法：

游戏开始，教师带领扮爸爸的幼儿搬积木、椅子、床等；扮妈妈的幼儿收拾床铺，给娃娃起床、穿衣、叠被，喂娃娃喝奶，把娃娃交给爸爸抱着。以后又去找来澡盆、浴巾，假装倒进水，和娃娃的爸爸一起给娃娃脱鞋、脱衣服洗澡。教师以奶奶的身份提醒他们："先给娃娃洗脸、洗上身，再洗下身、洗脚。从澡盆里抱出娃娃后，一定要用浴巾裹好，不然会感冒的。"

观察与反思：

根据现阶段家庭独生子女的情况，幼儿园角色游戏的娃娃家里，多是一个娃娃，一个妈妈，一个爸爸。有时加上奶奶或爷爷。由于多数幼儿喜欢玩这一主题，所以我常常在游戏中，创设2~3个娃娃家。在游戏中，幼儿可以学习怎样照顾娃娃，学习使用家中用具，用后摆放整齐。游戏熟练以后，可以增加家庭之间的交往。

幼儿在游戏中，按自己的意愿扮演角色，通过模仿和想象，独立自主地、创造性地反映现实生活，角色游戏给幼儿带来极大的快乐和满足，有助于巩固和加深经验，练习手脑共同活动，发展语言和认知能力，对学习认识社会，提高社会能力、合作能力等都有积极作用。

设计教师：哈尔滨市安丰幼儿园　　赵丹

游戏类型：角色游戏

适合年龄：小班幼儿

游戏名称：交警与司机

目标：

(1)培养孩子的观察能力和反应能力。

(2)学习日常交通规则。

准备：

自制方向盘一个，自制红绿灯一个。

玩法：

此游戏可两人或多人同时进行，也可教师和幼儿共同进行。

(1)先由教师做交警，手拿"红绿灯"，孩子双手自制方向盘似开车状。

(2)"司机"根据"交警"的各种提示、信号做出相应的反应。如"红灯""绿灯""开快车""转弯"等。

(3)幼儿熟练掌握后，教师和孩子可以互换角色进行游戏。

(4)游戏过程中可教幼儿念一首儿歌：我是小司机，开车嘀嘀嘀，红灯停，绿灯行，马路宽敞又干净，车辆匆忙不安宁，听从指挥安全行。

组织建议：

此游戏是让幼儿了解交通规则的角色游戏，游戏的目的在于让幼儿了解到马路上的行走规则与安全。游戏前应先让幼儿了解"红灯停,绿灯行"的交通规则。此活动也可请家长和幼儿一起游戏。

设计教师:哈尔滨市建新幼儿园　　崔文秀

游戏类型:角色游戏
适合年龄:中班幼儿
游戏名称:医院
目标:
(1)指导幼儿确定游戏主题,学会协商分配角色,培养幼儿按意愿独立进行游戏的能力。
(2)让幼儿在游戏中进一步了解医务人员的工作及关心病人、治病救人的好品德,教育幼儿尊敬医务人员。
(3)促进幼儿间的交往,培养幼儿礼貌待人、爱惜玩具物品的品德,逐步建立游戏规则。
准备:
(1)利用废旧物品替代或制作医院游戏的玩具。如:放注射器的盘子,放药水、棉签的瓶子,注射器、注射液水、听诊器、氧气袋、药箱、药片、体温表、挂号牌及白帽、白衣等。
(2)通过多种形式(如谈话、看图、参观等活动)让幼儿进一步了解医院的主要设施及医务人员的工作、良好的医德。
玩法:
1.启发幼儿提出游戏主题
教师出示听诊器、体温表等玩具,让幼儿说出这些玩具可以做什么游戏。也可以出示一个娃娃,暗示娃娃生病了,要带到医院去看病,启发幼儿开展医院游戏的愿望。
2.指导幼儿协商分配角色
让幼儿讨论医院里有哪些工作人员,自己喜欢扮演什么角色。指导幼儿与同伴用协商轮流、猜拳等办法确定角色分工(其他幼儿可玩商店、娃娃家等游戏)。
3.引导幼儿布置游戏场景
教师引导幼儿根据医院看病的程序及活动室的特点,布置医院的大门、挂号处、诊室、取药处、注射室等场景。
4.选择游戏材料
让幼儿根据自己扮演的角色,选取相应的材料,摆放在适当的地方。
5.游戏过程的指导
(1)游戏开始时,教师可扮演医院的院长,检查各部门的工作,对不同的角色提出不同的要求。如医生看病的程序,护士根据药方取药、打针,病人应先挂号看病、取药等。
(2)促进游戏情节的发展。

①通过增加角色,增加药品种类、玩具等,丰富游戏的内容,促进情节的发展。
②增设医院的部门。如增设住院部、手术室等。
③启发引导幼儿将不同主题的游戏挂钩联系,丰富游戏的情节。如启发医院的工作人员到幼儿园体检,出诊为商店的工作人员看病等,促进幼儿间的交往。

6. 结束游戏

(1)指导幼儿整理玩具、材料,清理游戏场所。

(2)根据游戏开展的情况进行评议。如可请在游戏中扮病人的幼儿讲讲自己是怎样看病的,最喜欢哪几位医务人员,并讲出为什么。

(3)教师简单小结。肯定成绩,指出下次游戏应注意的问题。

设计教师:厦门市教师进修学校　　林秀娟

游戏类型:角色游戏

适合年龄:大班幼儿

游戏名称:上小学

准备:

1. 物质准备

椅子、桌子、黑板、教棒、粉笔、图书、积木、铅笔盒、蜡笔、纸、小钢琴、排球、篮球、旗子、竹竿、小书包等。

2. 幼儿心理准备

教师可带领幼儿到小学去参观,了解小学生学习锻炼活动的情况,引起幼儿进入小学的强烈愿望,以及开展"上小学"游戏的兴趣。

玩法:

1. 启发主题

教师取出几个娃娃、一架小钢琴放在桌上,让幼儿边弹琴边教娃娃唱歌,引起幼儿当小老师的愿望,接着可让几个幼儿当小学生,听小老师上课。

2. 发展情节

幼儿自己分配、确定角色:老师、小学生。教师启发幼儿回忆参观小学校时小学生的上课和活动情况,早上背着书包进教室,听铃声上操场,升旗,早操,然后上各节课,课余有丰富多彩的活动。

可先用大积木搭成课桌、讲台,课桌上放铅笔盒。另外备有小黑板、钢琴等。选出2个幼儿当教师,其余当小学生。教师边敲铃边带领小学生进入操场,站定后,边听音乐边升旗。然后做早操。入教室后,教师说:"同学们好!"小学生说:"老师好!"教师给大家上常识课,认识机器人。教师指着黑板上画的"机器人"问小学生:"机器人是用什么控制的?"一小学生举手回答说:"是用电脑控制的。"教师又问:"机器人是用什么做的?它的手为什么能转动?"回答:"是用铁做的,手臂处装了螺丝钉,所以可以转动。"然后,教师让小学生自己在纸上画一个机器人。如果小学生画不来,教室走过去进行帮助辅导。学生画好后把作品贴在墙上评奖。

3. 多方面发展情节

除了教师给小学生上课外,还可启发幼儿开展一些少先队活动,如"联欢会""智力竞赛"等。

游戏类型:角色游戏
适合年龄:中班幼儿
游戏名称:旅游
准备:
1. 物质准备

有祖国风貌的图片或彩色照片数张,积木、旅游帽、水壶、背包、玩具照相机等。

2. 幼儿心理准备

利用节假日让家长带幼儿外出旅游,或通过观看电视让幼儿认识祖国各地风光。

玩法:

1. 启发主题

出示旅游帽、水壶等物品,引起幼儿玩旅游游戏的兴趣;或者出示一个娃娃,说:"请你们带娃娃到北京(或其他地方)去玩玩。"

2. 发展情节

幼儿化妆,戴着旅游帽,背小水壶、照相机等,乘着用积木、小椅子搭成的"火车",边唱歌边去旅游。到站了,下来散步一圈,又乘上火车前进。

一群小朋友戴着旅游帽,背上书包,挎着水壶,带着照相机,高高兴兴地买了"火车票"乘上"火车",唱着歌去"北京"旅游。下了"火车",走到"天安门"参观后,又去"动物园"玩,再去"北京中山公园"。然后又乘上"火车"回家。一路上大家拿出照相机拍了不少照片做纪念。

3. 多方面发展情节

旅游点除北京外,也可设计到其他地方,并布置好景点;还可让幼儿把旅游见到的内容画下来,加深印象。

游戏类型:角色游戏
适合年龄:中大班幼儿
游戏名称:开汽车

准备:
1. 物质准备

大型积木、椅子、方向盘、票袋、红旗、红绿灯、民警帽子、指挥棒等。

2. 幼儿心理准备

幼儿曾乘过公共汽车,了解驾驶员开车的动作和售票员的劳动,在马路上看过交通警察使用红绿灯指挥交通的情景,有对驾驶员、售票员和民警平凡劳动的尊敬感。

玩法:

1. 启发主题

教师可启发提问:"我们要到很远的公园里去玩,要乘什么车子去,车上有谁,驾驶员是怎么开车的,售票员是如何接待乘客的,是谁在马路上指挥交通?"或者直接出示民警帽子、红绿灯、票袋和方向盘,激起幼儿开展游戏的愿望。

2. 发展情节

开始玩时,幼儿只会坐在椅子上学汽车喇叭叫,以表示开汽车。教师要逐步启发幼儿用积木和椅子搭成公共汽车,前面是驾驶员,后面是车厢。然后明确角色分工,驾驶员专门开车,售票员专门售票,还要有乘客。再设民警来指挥交通。

游戏开始,用大型积木和椅子搭成公共汽车和警察亭。民警穿戴好,站在岗亭来管理车辆,并要求行人走人行道。驾驶员、售票员坐在汽车内自己的位置上,先在停车站让乘客上车,见有老人和孩子,售票员动员大家让座,然后关门开车。驾驶员要认真开车,售票员边售票边宣传乘车文明,到站时要大声报站名:"××路到了。"开门下车时,遇老弱病残者要热情扶一把。驾驶员边开车边看着红绿灯,红灯停,绿灯行。拐弯时售票员要举起红旗摇动。

3. 多方面发展情节

可适当增加以下情节:如在车站上请小学生宣传交通规则;售票员和驾驶员为民做好事——送病人去医院,尊老爱幼,拾金不昧等。

游戏类型:角色游戏
适合年龄:小班幼儿
游戏名称:方方商店
目标:

(1) 幼儿通过"方方商店"这一游戏,学习用语言描述物体特征。

(2) 发展幼儿扩散思维的能力。

准备:

(1) 布置好商店柜台,准备好录音机、录音带。

(2) 方方商店牌子,小车一辆(装有各种方的东西)。

玩法：
(1)开始时,要求小朋友集中精力,引起他们对游戏的兴趣。
老师:小朋友,你们一定看见街上开了许多商店,商店里卖的东西可真好看呀！小朋友平时吃的、穿的、用的,还有小朋友玩的玩具等,都是从商店里买来的。你们喜欢到商店里去买东西吗？好,今天我们就来玩开商店的游戏。
(2)开商店。
挂店牌。
老师:商店都要有个名字,我们今天开的商店就叫"方方商店",请小朋友跟老师一起说一遍,然后把店名写在牌子上挂起来。
设想商店。
老师:我们的方方商店卖的东西都是方的。请小朋友想一想,我们平时吃的、用的、玩的哪些东西是方的,可以把它放在方方商店里卖呢？看谁想得最多,想好了请你告诉小朋友。(鼓励幼儿发言,讲的东西不要重复。)
进货。
老师:刚才小朋友想的方东西可真多,现在我们开始去进货。(教师推小车进场地,搬出三个大盒子,请三个幼儿把里面的东西分别按吃的、用的、玩的分类放在柜台上。)
让我们看一下,刚才三个小朋友布置的对不对。(引导幼儿逐一讲出东西的名称,并归纳后分为吃、用、玩三类)
开始营业。
老师:东西放在柜台上,我们开始卖东西吧！
①方方商店开门了。(放录音"我们是方方商店,我们店专卖方的东西,欢迎小朋友来买"。)
游戏规则:到方方商店来买东西有个规矩:买东西的小朋友不能讲出东西的名称。只讲你买的是用的,还是玩的,这东西是什么样子或吃起来什么味道,可做什么用或怎么玩。只要你说清楚,营业员就能猜对,就会把东西卖给你。
教师先示范买一样东西,然后请幼儿相互描述一下自己想买的东西的特征。
②教师做营业员,请幼儿来买东西。
③老师:刚才,许多小朋友都学会了在方方商店买东西的本领,还有很多小朋友都想来买。方方商店里有许多好吃的点心,今天请小朋友自己买点心吃。下面我们分成几个小组,一组一组地来买(分组,每八人一组),每个小组先商量好买什么,哪一组先商量好哪一组来买(幼儿分组商量后,以小组为单位到方方商店来买,每人一份都用小塑料袋装好),买好后先坐,等小朋友都买好后再一起吃。

(3)游戏结尾部分。
放录音:"方方商店就要关门了,明天请小朋友再来商店买东西。小朋友,再见!"
小朋友排队洗手后一起吃点心。

设计教师:泰安师范　杨晓龙、齐桂莲

游戏类型:角色游戏
适合年龄:中班幼儿
游戏名称:小兔搬家
目标:
(1)通过游戏让幼儿练习走独木桥、绕树桩走,练习小兔跳,发展幼儿动作的协调性。
(2)以游戏情节贯穿,让幼儿参加劳动,帮助做事,初步学会互相合作。
准备:
录音磁带、小椅子8只、障碍5个、积木若干、桌子、小凳子、娃娃家物品、服饰、头饰。
玩法:

1. 开始部分
集中幼儿注意力。
兔妈妈(老师):小兔们,快来呀!
小兔:来了,来了。
兔妈妈:天气多好,我们家的房子坏了。我们到树林那边的草地上去造一间新房子,好不好?
小兔:好!(欢呼着)
兔妈妈:我们要走过独木桥,绕过树桩,跳过草地才能在草地的那一边搭新房子,你们要跟着妈妈,千万别迷路。小兔们,我们出发了。

2. 基本部分
兔妈妈:小兔们,我们拿好砖(积木),一个跟着一个走,小心,别摔跤。
小兔们跟着兔妈妈,走过独木桥,绕过树桩,跳过草地。
兔妈妈:聪明的小兔们,你们谁愿意来造新房子?(请6名幼儿造房子)我们虽然有了新房子,可是桌子、凳子,还有好多的东西,都在旧房子里,怎么办?
小兔:去搬来。
兔妈妈:好!小兔跟妈妈回旧房子去搬东西。(妈妈带小兔原路返回)
兔妈妈:小兔们,拿着餐具、桌凳,走路要小心,不要掉在地上,轻拿轻放。
小兔们再次跟着妈妈走过独木桥,绕树桩,跳过草地来到新房。小兔们打扮新家,搬放桌椅、餐具,打扫院子。

小兔:我们请小动物们都来我们新家玩,好不好?
小兔们:小动物们,我们新家搬好了,请你们到我们的新家来做游戏。
小动物:哎!来了,来了。(全家上场)

3. 结束

围成两个圆圈做丢手帕游戏。

设计教师:上海市荷花池第二幼儿园　单缨

游戏类型:角色游戏
适合年龄:中班幼儿
游戏名称:邮信
目标:

(1)练习在宽30~40厘米的平行线中间走,发展幼儿的平衡能力。
(2)练习有节奏的、姿势正确的向前跑步。
(3)培养幼儿手脚协调、动作灵敏。
(4)培养幼儿做事认真、一丝不苟的好习惯。

准备:

(1)在场地一端画一横线,横线上放3个邮筒(用纸箱、小桶都可以),用红、黄、绿色纸分别把3个邮筒的外面糊上。
(2)从3个邮筒(横放,距离间隔20~30厘米)向场地画30~40厘米平行小路2条(中间邮筒不画)。
(3)按幼儿人数准备塑料袋,每个幼儿1个,袋内装红、黄、绿纸片(信封大小)各一张。

玩法:

跟着老师跑

(1)幼儿分散站在场地,教师念儿歌"来来来,小朋友,跟着老师跑,跑跑跑,跟着老师跑",教师一边念一边慢慢跑,幼儿相继跟在教师后面一个一个排好。教师看幼儿都跟上了,就把队尾接上围成一个大圆圈。教师走到圆圈中间做示范动作,幼儿跟着老师做模仿动作,慢慢地有节奏地跑。快速地行走,两臂张开学小鸟飞,学小兔双脚向前行进跑,学大象稳稳当当地走。

(2)由圆圈走成二路纵队,离摆放邮筒的横线10~15厘米处站好,发塑料袋。

邮　信

教师说:"小朋友,我们今天做个邮信的游戏。大家先看看自己塑料袋里的三张纸,是三种不同颜色的,有红色、黄色、绿色,大家认识吗?"小朋友回答:"认识。"教师说:"好,老师考查一下看小朋友认识不认识,我说红色,小朋友就把红色纸拿在手里;说黄色,就拿黄色纸;说绿色就拿绿色纸。"训练后，幼儿都能识别红、黄、绿色。

教师说："这红、黄、绿是三种信，红色的信我们要寄给工人叔叔，黄色的信我们要寄给农民伯伯，绿色的信要寄给解放军叔叔。每个小朋友要沿着脚下画好的线内快速地走到邮筒前把红色的信仍进红色的邮筒，不要扔错了。如仍错了，信就寄不到了。下面老师请两位小朋友给大家表演。"

每队选一名小朋友给大家示范。

教师："看明白了吗？"

小朋友："看明白了。"

教师提示游戏规则："我们去寄信时一定要沿着画好的线内走，走到线外就走回原来的位置上重走。一队的小朋友对着红色邮筒，就先投红色信，二队的对着绿色邮筒，就先投绿色信。回来时不必沿着小路走了，可直接向你队友的排头小朋友跑去，跑到第二个小朋友身边拍一下这个小朋友的手，第二个小朋友就可以出发了。你自己站在队伍后面去。"老师把小朋友分成人数相等的两队。

人数如果是单数，可以抽三名小朋友站在三个邮筒边检查小朋友们投信是否正确。

教师发出信号，各队第一个小朋友沿着小路向邮筒走去，把三封信投进三个邮筒，跑回来拍第二个小朋友的手，第二个小朋友又沿着小路走向邮筒，如此依次进行。最后看哪队小朋友把信最先寄走，又没有寄错，哪一队就获胜。此游戏反复进行两次。第一次进行完后，把邮筒里的信倒掉，每位小朋友拿着自己的塑料袋去领取三色信再装入自己的邮袋内，然后按照上述游戏方法进行第二次游戏。第二次游戏可调配人员。

从各队里各选出1~2名动作迅速、手脚敏捷的小朋友比赛，推选出最优秀的邮递员。

教师说："我们玩得真好，玩的游戏叫什么名字呀？"小朋友回答："寄信。"

教师说："我们给谁寄信呀？"小朋友齐声说："给工人叔叔、农民伯伯、解放军叔叔寄信。"

教师指导幼儿做放松动作，二路纵队变成一路纵队，边走边做。

游戏类型：亲子游戏
适合年龄：小班幼儿
游戏名称：蚂蚁运豆
目标：
训练幼儿的四肢协调能力，共同体验游戏的快乐，增进亲子感情。
准备：
蚂蚁头饰、乒乓球拍（球拍拴上绳子）、取餐用的夹子。
场地布置：
长2.5米的地笼下面铺设泡沫垫，地笼旁一个挨一个铺设直径40厘米的跳圈10个，距离出发点5米处放置一个装有海洋球的塑料筐。

规则：

宝宝和妈妈同时从起点出发；妈妈出发行进跳跃时要双脚跳；妈妈只可用一只手拿乒乓球拍托球跑回，不可用手扶球跑；球掉落时，从掉落处重新放好球返回；宝宝和妈妈都回到终点时才算胜利。

玩法：

宝宝戴着头饰，背好球拍，和妈妈在起点处听口令同时出发。宝宝要钻进地笼爬行前进，妈妈双脚行进跳过一个一个圆圈。宝宝爬出地笼时快速跑到装有海洋球的塑料筐前，从身上摘下球拍递给妈妈，然后快速用夹子夹起一个海洋球放置在乒乓球拍上，妈妈单手持球拍托球跑返回，宝宝同时快速跑回，宝宝和妈妈都回到终点时才算胜利。

观察与反思：

这个游戏趣味性很强，在宝宝妈妈共同游戏时不仅增加了幼儿参与的兴趣，同时增进了母子之间的感情。在游戏中要强调家长更要遵守游戏的规则，给幼儿做出表率，在双脚行进跳和托球跑时一定要遵守游戏规则。

设计教师：哈尔滨市安丰幼儿园　李莹

游戏类型：亲子游戏

适合年龄：小班幼儿

游戏名称：快乐"啪啪碰"

目标：

(1)培养幼儿动作的准确性，协调配合能力。

(2)体会亲子共同游戏时的平等、和谐的快乐。

准备：

双肩背的大布袋若干，气球若干个，装气球的筐若干。

规则：

家长须将气球挤破，幼儿才能放下一个气球。

玩法：

家长背着大口袋，背对墙面坐好，幼儿站在装满气球的筐旁边。游戏开始，幼儿从筐中取出气球放进家长的大口袋里，然后家长用力向后挤压气球，将气球挤破。幼儿接着往口袋里放气球，在规定时间内，将气球挤破个数多的家庭获胜。

设计教师：哈尔滨市安丰幼儿园　孙丽君

游戏类型:亲子游戏
适合年龄:小班
游戏名称:龟兔赛跑
目标:
(1)锻炼幼儿四肢的协调能力。
(2)练习爬行的技能。
(3)体验游戏的快乐。
准备:
自制"龟壳"一个,小兔子头饰若干,小花篮一个,水果磁扣若干(贴在黑板上),圆环若干(数量按场地大小摆放),泡沫垫若干(铺成长条道路)。
规则:
(1)"兔妈妈"要跳过每个圆环,不能直接走过去或者迈过去。
(2)"乌龟"必须爬到对面把水果拿下来放在小框里,"兔妈妈"蹦回来,如果中途水果掉到了地上,家长需要重新回去让孩子放。
(3)水果磁扣必须是孩子放,家长不能帮助幼儿。
(4)每次只许拿一个水果。
玩法:
1.乌龟爬爬
幼儿穿上"龟壳",听口令向前爬,家长挎着小花篮,按照顺序在圆环里一个一个跳过去,同时,幼儿和家长同时向水果区前进。
2.摘水果
幼儿爬到水果区,起立把水果摘下来,放在家长的花篮里,然后返回。
3.返回
水果放到家长的花篮里,幼儿返回继续爬行,家长要一个一个跳回圆环,回到终点。
4.游戏结束
观察与反思:
幼儿在活动进行中的情绪良好,能够积极主动地参与到活动中,基本达到了活动的目的,幼儿都有竞争感,知道自己在进行比赛,不服输,能够快速地爬行前进,但是个别幼儿因年龄稍微小一些,爬行的速度比较慢,四肢的协调能力不是很好,爬着爬着就不爬了。
在活动进行中,有的孩子不愿意加入到活动中,或许是因为看到自己的爸爸妈妈了。于是有点闹情绪,但是在家长的鼓励与陪同下,孩子们都能够积极主动参与活动;有的孩子爬到一半就不想爬了,针对这样的孩子应采取了鼓励的方法,家长和老师共同配合,效果很好。在爬行过程中,孩子可以跟家长共同前进,有的家长为了能够快一点回到终点,就会不等孩子爬完,自己就先回来了,针对这样的情况,活动结束后,我给家长们做了总结,告诉他们应该如何与孩子共同参与游戏,不要让孩子感到是在自己玩游戏,没有安全感。

这次的活动非常成功,得到了许多家长的好评,家长反映平时因工作的原因,并没有充足的时间陪孩子玩,这次的活动不但让孩子得到锻炼的机会,同时也在活动中更加了解了孩子的心理,知道孩子需要什么,能多陪陪孩子,和孩子一起玩游戏,希望能够和孩子共同成长,共同进步。

设计教师:哈尔滨市安丰幼儿园　于佩瑶

游戏类型:体育游戏
适合年龄:大班幼儿
游戏名称:炸油条
目标:
(1)学习以适当的方式自由滚动,体验翻滚的乐趣。
(2)锻炼幼儿肢体的协调性。
(3)学习与他人合作完成翻滚动作。
准备:
(1)画有直径为2米的圆形场地。
(2)隔凉垫。
玩法:
此游戏可两人或多人同时进行。
(1)教师和幼儿同时坐在圆圈的边缘,做准备活动。
(2)当教师说"油开了",幼儿迅速以躺着的滚动方式,在场地来回滚动,不能滚出圆圈外。
(3)幼儿熟练掌握后,可两个小朋友合作进行游戏,具体玩法如下:
①两个小朋友头顶相对躺在地上,两条手臂上举,在头顶与伙伴把手拉起来。
②两个小朋友互相商量,同时进行翻滚,但手不能松开。
③比一比,看哪组幼儿翻滚的次数多。
(4)教师用手臂当筷子,被夹住的幼儿表示已经炸熟了,要快速回到原地坐好。
组织建议:
此游戏的难点在于两名幼儿要互相合作进行翻滚并且手不能分开。幼儿在游戏时可能出现两个小朋友翻滚的方向不同而导致无法成功翻过去。这就要求幼儿在进行合作游戏前要先讨论如何才能成功地进行滚动,总结有效的方法:两个小朋友应该同时朝一个方向进行翻滚。也可以让幼儿先进行练习,等出现问题后再寻找解决的方法。

设计教师:哈尔滨市建新幼儿园　崔文秀

游戏类型:体育游戏
适合年龄:大班幼儿
游戏名称:抽冰尜

目标:
(1)初步了解冬季体育项目的种类和家乡的冬季体育项目运动员。
(2)认识几种冰上体育游戏,学习抽冰尜游戏。
(3)激发幼儿对体育运动的热情。

准备:
家乡运动员图片及比赛录像,冬季体育项目图片,冰尜,缨鞭,爬犁。

玩法:
1.冬季体育活动
(1)提问:现在是什么季节?主要特征是什么?
(2)请小朋友说一说有哪些适合我们的冬季户外体育活动?
(3)教师:我们的家乡哈尔滨,经常看到大朵大朵洁白的雪花自天上飘落,每年的这个时候就会看见被冻上的冰面上有许多小朋友,穿着厚重的衣服,手拿小鞭子,咦?他们在做什么呢?(看图片:抽冰尜)

2.玩游戏:抽冰尜
(1)介绍冰尜:抽冰尜又称打陀螺。冰尜也叫冰猴,木制,圆形尖底,底部嵌铁钉或圆铁珠,中间有一圈凹刻。
(2)介绍玩法:把缨鞭绕在凹刻处,放在冰上一甩,并不时抽打,冰尜便飞转起来。
(3)介绍要求:抽鞭的时候要用力、连续地抽打冰尜,游戏时,注意不要把鞭抽到小朋友身上,在冰上行走时不要滑倒。
(4)游戏过程中,教师应做个别指导。
(5)游戏结束休息时,为小朋友介绍其他冬天里的游戏,如:滑冰滑梯、滑冰、冬泳、冰上拉爬犁等。
(6)小结:今天我们玩了抽冰尜,小朋友回到家也可以继续练习。如果有小朋友的家长带你们去冰雪大世界,你们也可以试一试滑冰滑梯、滑冰等游戏。
(7)教师:希望小朋友们在冬天里,不要因怕冷而不进行户外体育运动。你们看,通过今天的体育课,知道了在冬天里也有好玩的运动项目,这些是其他季节在户外玩不到的游戏,请小朋友加强冬季体育锻炼,让自己克服对寒冷的胆怯。

活动延伸:
玩爬犁一段时间后,可以两个小朋友拉一个小朋友,交换角色玩。

设计教师:哈尔滨市建新幼儿园　刘人硕

游戏类型:体育游戏
适合年龄:大班幼儿
游戏名称:打雪仗
目标:
(1)学习挥臂投掷及躲闪。
(2)加强团队合作的意识。
准备:
音乐磁带(歌曲:《下雪了》;《我爱运动》);雪球多个(用废旧的报纸揉成的大纸团,并用白色颜料刷成白色);小椅子多把布置场地。
玩法:
1.歌曲《下雪了》
复习演唱歌曲《下雪了》。
小朋友,你们喜欢下雪吗?下雪的时候你最喜欢玩什么游戏?
2.游戏《打雪仗》
(1)游戏前的准备活动《我爱运动》。
提示:活动前教师带领小朋友进行身体各环节的运动操。
(2)学习挥臂投掷的动作。
(3)教师讲解游戏玩法。
①将幼儿分成两组,每组4人。
②战斗开始,小朋友可伺机瞄准对方任何一人,将雪球挥臂投掷,投准对方。
③被雪球打中的孩子,自动退离战场,在安全线后观战。
④雪球用完,可随地拾起已用过的,也可到阵地中间捡取,但在捡雪球时,若被击中,也要自动离开战场。
⑤经过一场激战,甲、乙两队,哪一队"伤亡惨重"(被击中者多)或"全军覆没"(全队都被击中),哪队就负,重新组织比赛。
3.放松活动
活动结束后带领小朋友进行活动后的肢体放松运动,缓解身体及精神上的紧张。
规则:
雪球一定要在掩体后面投出才有效,不可边拣边在战场上投向对方。
被击中身体上的任何部位,都要自动退出战场。
建议:
此活动若是在下雪后进行,会更增加游戏的乐趣。
背景资料:北方是一个比较寒冷的城市,一年四季,冬天的寒冷占了大部分的时间,这里经常会漫天雪花飘舞,到处都是一片银白色,像童话世界,这里的孩子们是最喜欢这种天气的了,一到这个时候他们会穿上厚厚的棉衣,带上帽子和手套,穿上雪地鞋和老师一起到外面跑步、踩脚印、堆雪人、打雪仗,他们可以在白色的雪地上打滚,其乐融融,其中打雪仗是他们最喜欢的一项游戏了,因此推荐这一活动仅供大家参考。

设计教师:哈尔滨市建新幼儿园　　袁华

游戏类型:体育游戏
适合年龄:大班幼儿
名称:拉爬犁
目标:
(1)了解拉爬犁的玩法,感受冬天游戏的乐趣。
(2)体验与同伴共同游戏合作的快乐。
准备:
爬犁、球、筐。
情景准备:地面上有冰雪的情况。
玩法:
1.导入部分
(出示爬犁)引导幼儿观察,激发幼儿兴趣。请幼儿尝试玩爬犁。
问题:你们见过爬犁吗? 今天我们来玩一个拉爬犁运球的游戏。
2.游戏部分
老师讲解拉爬犁运球游戏玩法:有一个小朋友坐在爬犁上,其余四个小朋友拉爬犁。坐在爬犁上的小朋友手中拿球,拉到规定地点后把球放在筐里。回到起点,换其他小朋友坐在爬犁上运球,在规定时间内看哪一组运球运得多,哪一组胜出。请幼儿进行游戏。
3.结束部分
小朋友真棒,可以运这么多球。我们看哪一组运球运得最多。
请幼儿点数每组运球的数量,分出胜负两组。
注意事项:
提醒幼儿避免碰撞,注意安全。可做一些准备运动、放松运动。

设计教师:哈尔滨市建新幼儿园　　梁馨月

游戏类型:体育游戏
适合年龄:大班幼儿
游戏名称:去小兔家做客

目标:
(1)幼儿自主探索各种器材的不同玩法。
(2)自觉遵守规则,能与其他幼儿合作。
准备:
小兔子的头饰若干个、垫子、塑圈、小桥、沙包、大糖块、布绳、跳绳、小桶、塑料球、椅子。
玩法:
1.调动幼儿的兴趣:搬运器材入操场(做准备活动)
今天小兔子想邀请我们去玩,我们一起去好吗?
师幼一起合作搬运器材进入活动室。
2.创设环境:师生共同布置活动现场
介绍场地,并引导幼儿想一想如果你是小兔子,它会选什么器械玩呢?
动一动脑筋,让我们一起来帮助它们布置。
师生共同布置场地,引导幼儿选择合适的器械。
3.基本活动:分散自主玩
(1)第一次到小兔子家玩。
鼓励幼儿在小兔子家尝试多种玩法,并引导选用辅助物玩,增加游戏的趣味性、多样性。
提示:各个活动区内幼儿的创新玩法有哪些?是否合理地使用辅助物?
(2)交流分享:让幼儿讲解示范刚才在小兔家是怎么玩的?有哪些创新玩法?
(3)第二次到小兔家玩(交换场地玩)。
刚才我们玩得真好,现在能不能换一个小动物家去玩呢?比比谁的玩法跟刚才不一样,比比谁的玩法多。
观察要点:幼儿有无更换不同区域玩?幼儿又有哪些创新玩法?
4.放松活动:收拾器械
(1)再次交流分享。
刚才你们又到哪里去了?怎么玩的?
提示:以参观式评价方法进行,并鼓励表扬各区幼儿不同的创新玩法。
(2)收拾器械。
刚才我们在小动物家玩得很累了,现在让我们回家休息一会儿,请你们一起帮小动物整理好器具再回家好吗?

设计教师:哈尔滨市建新幼儿园　程莹

游戏类型:体育游戏
适合年龄:大班幼儿

游戏名称:玩竹竿

目标:

(1)掌握竹竿的不同玩法,进一步萌发创新与合作的意识。

(2)在玩竹竿的过程中学习助跑跨跳过宽50厘米左右的平行线。

(3)在玩竹竿中进一步增强对体育活动的兴趣以及勇于克服困难的信心。

准备:

金箍棒人手一根,"树桩"四个,小红旗四面,皇冠四个。

经验准备:幼儿会做竹竿操,练习过双脚立定跳远,部分幼儿有一定的玩棒经验。

玩法:

1. 准备活动

四路纵队走到四根长竹竿处,以组为单位,右手持竹竿,集体练习竹竿操。

老师:猴儿们,我们一起出去玩吧!

"举一举呀,走一走;走一走呀,蹲一蹲;蹲一蹲呀,放一放;放一放呀,荡秋千;荡一荡呀,转一转;转一转呀,摇一摇;摇一摇呀,真快乐,天天做操身体好!"

2. 探索竹竿的不同玩法

老师:猴儿们!你看我的金箍棒漂亮吗?你们想不想玩啊?我来给你们变出来。

(1)自由玩竹竿,初次探索不同玩法,满足玩的欲望。

问:请每个小朋友拿一根金箍棒,自己找一个空地方玩一玩,看谁玩的方法又多又好,还能注意安全!(学耍金箍棒,在手心里保持平衡,放在跨下当马骑……)

(2)幼儿自由站成面对面的两排,请有创新玩法的幼儿在两队之间介绍并演示玩法,让个别幼儿学一学。

(3)幼儿合作玩竹竿,进一步探索竹竿的不同玩法。

问:刚才是你一个人玩的,现在请你自己找一个朋友一起玩,想想有没有什么新的玩法。

①两手握住竹竿的两头,俩俩将竹竿"十"字交叉比谁的力气大,进行对抗练习。

②多人把竹竿放在地上跳房子。

③双脚立定跳"小河"(教师针对跳"小河",移动其中一根竹竿)。问:小河变宽了,谁有办法跳过去?(直接在原地跳、边跑边跳等)

(4)幼儿自由站成面对面的两排,请2个或2个以上幼儿站在两排中间,结伴说出合作玩的方法进行示范,同时让其他幼儿学一学。问:他们是怎么过小河的?(要先跑再跳,跳的时候两只脚要分开,还要用力跳……)问:猴儿们真聪明,谁来教教老师,怎样才能跳过小河?教师示范跨跳动作,并与孩子一起用"跑""用力跨""蹲一蹲"概括动作要领。

(5)以小组为单位用竹竿搭成不同宽窄的小河,提示幼儿根据自己的能力选择不同宽度练习跨跳。

问:请你们找个空地方搭出一条一头宽一头窄的小河,然后跨跳过小河。
要求幼儿根据自己的能力选择合适的宽度跨跳。
3. 综合游戏
结合游戏场地,介绍游戏玩法及规则。幼儿以组为单位把竹竿收好,排成四路纵队。
教师:猴儿们,我们一起来玩一个游戏。做游戏的时候,我们要走"钢索",跨跳"小河",钻过"山洞",绕过大树桩,拔下红旗,跑回原地。比比哪一组最先到,注意要拔下红旗。(根据时间确定游戏的次数)
教师:今天,我们都很出色,胜利完成了任务,现在开始颁奖!(幼儿欢呼)
4. 放松、整理活动
教师:今天,你们玩得高兴吗?让我们一起来跳舞吧!(猴操)

设计教师:哈尔滨市建新幼儿园　　刘卓

游戏类型:体育游戏
适合年龄:小班幼儿
游戏名称:摘果子
目标:
(1)通过游戏来锻炼幼儿的身体协调能力。
(2)喜欢并乐意参与体育游戏。
准备:
1米左右的长凳,纸做的石子路,山洞,音乐,果子。
游戏规则:
要先过长凳子,再走石子路,最后爬过山洞去摘果子回到原点。
玩法:
(1)导入(放音乐)做游戏之前的准备活动。
教师以带幼儿一起去摘果子来导入。
(2)游戏部分。
教师在游戏之前要做示范并讲明要求。
教师带领幼儿一起去摘果子来完整地玩一遍游戏。
把幼儿分成两组进行摘果子比赛。
总结游戏情况。
(3)结束部分(放音乐)幼儿静走或互相捶背来放松,以此结束。
游戏规则:过山洞必须爬过去,每次只能摘一个果子。

设计教师:哈尔滨市安丰幼儿园　　王静

游戏类型:体育游戏
适合年龄:小班幼儿
游戏名称:可爱的小白兔
目标:
(1)喜欢参加活动,能遵守简单的游戏规则。
(2)学会说形容词"长长的、短短的、毛茸茸的"。
(3)能初步了解1和许多的关系。
准备:
打扮兔子用的材料(浴花、兔子耳朵、鼻子),场地布置(石子路、山洞、独木桥、一片胡萝卜地),音乐磁带《小兔乖乖》。
玩法:
(1)幼儿自由选择材料,扮演小兔子。
教师为幼儿介绍新朋友——小兔子,请幼儿摸一摸小兔子。
提问:你摸小兔什么了?什么样的耳朵?什么样的尾巴?
教师请小朋友帮忙扮演小兔子,激发幼儿扮演欲望。
小朋友当兔宝宝扮演小兔子。
打扮完成以后,和兔妈妈一起跳舞。
(2)拔萝卜去。
通过"请小客人吃胡萝卜"的情景引起幼儿拔萝卜的兴趣。
幼儿通过石子路、山洞、独木桥等障碍来到萝卜地,发展幼儿跳、爬和平衡能力。
幼儿拔萝卜,放入筐中。初步了解1和许多的关系。
提问:你拔了几个萝卜呢?兔妈妈的筐里有多少个萝卜呢?
(3)吃萝卜。
请小客人吃胡萝卜,别忘了吃之前要洗一洗。
组织建议:
此活动的音乐可以是欢快的,能激发孩子们活动身体和跳舞的兴趣。

设计教师:靖宇幼儿园　刘莹

游戏类型:体育游戏
适合年龄:小班幼儿
游戏名称:猪八戒运西瓜
目标:
(1)通过钻、跳等动作,发展幼儿协调能力,提高动作的灵活性。

（2）激发幼儿助人为乐的情感，遵守游戏规则，养成秩序感。

准备：

球（西瓜花纹），山洞，地垫，小猪头饰，音乐《猪八戒吃西瓜》。

玩法：

1. 准备活动

随音乐《猪八戒吃西瓜》，幼儿与老师共同扮演猪八戒做准备活动。

2. 游戏

老师：今天请猪宝宝帮助农民伯伯把西瓜运回家好吗？

猪宝宝抱住西瓜（球）钻过山洞。

钻过山洞后幼儿抱住西瓜（球）跳过小石块（地垫），走到西瓜家，将西瓜滚到家里。

3. 结束

老师：猪宝宝你们今天帮助农民伯伯把西瓜运回家，你们高兴吗？农民伯伯也非常高兴，农民伯伯奖励我们猪宝宝每人一个漂亮的小笑脸。随音乐做动作结束。

注意事项：

要求幼儿将西瓜放在肚子下，四肢着地爬过山洞。

要求幼儿双脚跳到地垫上，按照地垫的顺序向前连贯跳。

要求幼儿跳到指定位置后，将手中的西瓜用推的方式让西瓜滚回家。如果西瓜没到家可将西瓜取回重新推。

组织建议：

在活动中要组织幼儿养成秩序感，因为幼儿年龄较小，有的幼儿完成一项活动后就站在原地不动，教师应及时用语言提示幼儿："猪宝宝还要跳过小石块（地垫），不要让西瓜掉下来哦！"

设计教师：靖宇幼儿园　曹婧桃

游戏类型：体育游戏

适合年龄：小班幼儿

游戏名称：兔子和狐狸

目标：训练幼儿双脚跳。

准备：

狐狸头饰1个，兔子头饰若干，在场地上分散画几个直径为1米的圈作为兔子窝。

玩法：

选出一位小朋友当狐狸，其他小朋友当兔子，蹲在兔窝内。一个窝里不超过3只小兔子。

老师说："小兔、小兔快出窝，山上青草绿又多；青草青草鲜又嫩，吃饱肚子好干活。"于是，小兔子们都离开了窝，在场上做兔跳和吃草的动作。当老师喊道"小兔快跑，狐狸来了"时，场外的狐狸冲进场内捉小兔,小兔要迅速跳进窝里。来不及跳进窝里,被狐狸捉到了,退出游戏。游戏反复三次以后,没有被狐狸捉到的就是最机灵、聪明的小兔。

规则:

兔子逃走时不能跑,只能双脚跳。

狐狸追赶兔子时,要绕过兔窝,不能用脚踩窝、进窝或从窝上跳过去,否则算狐狸犯规,即使捉住了兔子也要放回。

游戏类型:体育游戏
适合年龄:小班幼儿
游戏名称:小手为我来服务
目标:练习向指定的方向跑,学做自己能做的事情。
准备:
两面镜子,画有牙刷、毛巾、木梳的图片各2幅,小椅子若干把。
玩法:

地面上画一条起跑线,距离起跑线40米处放2把椅子,椅子上摆放镜子,场地中间每隔10米处分别并列放3把小椅子,椅子上面贴有牙刷、毛巾、梳子图片。幼儿分成两组站在起跑线后面。游戏开始,幼儿念儿歌:"小朋友,了不起,自己刷牙把脸洗,再将头发梳一梳,镜子里面笑嘻嘻。"念完儿歌后每组第一个幼儿迅速跑到画有牙刷的图片前做刷牙的动作,接着跑到画有毛巾的图片前做洗脸的动作,再跑到画有木梳的图片前做梳头的动作,最后跑到镜子前照照镜子,返回起点,站在队伍的后面。第二个幼儿在第一个幼儿做完刷牙动作时,迅速跑出起跑线,用同样方法完成此项动作,其他幼儿依次进行。

规则:幼儿必须完成一个动作后继续向前跑。

游戏类型:体育游戏
适合年龄:小班幼儿
游戏名称:开火车
目标:练习在宽25厘米以内的平行线中间一个跟一个地走。
准备:火车头头饰1个,场上画两条平行线(25厘米)。
玩法:

教师当火车头(戴上头饰),站在队伍前面;幼儿当车厢,站出一路纵队。

游戏开始:大家一起念:"嗨!嗨!我的火车要开了。"教师发出汽笛声"呜——"表示火车开了。幼儿两臂屈肘前后摆动,模仿车轮滚动,必须一个跟一个往前走,边走边发出"咔嚓咔嚓"的声音。一会儿,教师说:"过大桥了,注意不要前后拥挤,保证安全。"(幼儿一个跟着一个地走过平行线)"过盘山路了。"(幼儿由一路纵队走成圆圈)最后教师又说:"车到××站了。"发出"咔——"的声音并停下来,表示到站停车。游戏也可反复进行。

规则:

(1)火车头要掌握好火车行驶的速度,过大桥时幼儿不要前后拥挤。

(2)幼儿熟悉后可分成几组,让各组排头的幼儿当火车头,组成若干列火车。

(3)可供给幼儿各种材料组成一列火车,以提高游戏的兴趣。如用两个绳、皮筋等围在幼儿列队的左右两侧,幼儿用手扶着绳子或皮筋,表示一列火车。

游戏类型:体育游戏
适合年龄:中班幼儿
游戏名称:木棒游戏
目标:训练幼儿跑、跳、平衡等动作,培养幼儿的敏捷和灵活性。
准备:每人一根2尺长的木棒。
玩法:

(1)幼儿站成一路纵队,左右手横握木棒,木棒与木棒之间相连提至腰间,组成一列长长的火车,练习走步和跑步。边行进边发出"咔嚓咔嚓"的声音。

(2)每人的右手掌上竖立一根木棒,先用左手扶持着。老师一声令下,每个人放开左手,比比看谁手里的木棒立的时间长。

(3)规定起点到终点的距离,然后让幼儿站在起点上,将木棒斜叉入两腿之间做骑马状。老师发出口令后,幼儿立即骑马跑到终点,看谁跑得快。可分组进行比赛。

(4)两人一组将两根木棒平行摆放,做立定跳远的游戏,木棒阻力随跳的程度加宽逐渐加宽。

游戏类型:体育游戏
适合年龄:中班幼儿
游戏名称:春天组画竞赛
目标:练习曲线走,以及轻轻地跑。
准备:

4幅有太阳、发芽的树的不完整的春天的画。将4份树叶、小草、小燕、小鸟、蜻蜓、蝴蝶、小房子及许多小动物的图片分别装在4个小筐里。起点与终点相距30米,在场中间画4条长5米、宽20厘米的弯曲的小路。

玩法:

幼儿分成4组,纵队站在起点线后,教师简单谈话,引起对美丽春天的联想,教师并提议大家组画美丽的春天。游戏开始,4组排头幼儿听口令,走过小路,从筐里拿起一张卡片,轻轻地跑到本组相对的图片前将卡片贴在适当的位置上,跑回来拍第二个幼儿的手。第二个幼儿同样将卡片贴完,拍第三个幼儿的手,直到全组都跑完为止。以画面布置合理的一组为胜。

规则:在小路内必须走,小路外可以跑。

游戏类型:体育游戏
适合年龄:中班幼儿
游戏名称:宝宝要造抽水机
目标:练习两臂侧平举自传或围绕物体转的平衡本领。
准备:每组5条腰带和5面彩色小旗。
玩法:

幼儿分成若干组,6人一组,一组造1台抽水机。第一个人将腰带在腰间扎牢,另外4人分别把腰带套在第一个人腰带上,将扣眼扎牢,用左手拉紧,右手侧平举拿一面小旗。剩下一名幼儿做开机人。游戏开始,开机人说:"抽水机造好了。"每台抽水机边说儿歌达向逆时针方向转动,中间人原地转。初玩时转的速度要均匀,熟练后可转得快一些。儿歌可说一遍或两遍,游戏结束。儿歌:幼儿园的宝宝巧,又爱学习又动脑。造了一台抽水机,给农民伯伯把田浇。车轮动,机车叫,水带笑声往外跑。浇菜地,浇麦田,田野好像大花园。秋天到了大丰收,粮食堆得比山高。

规则:

外面4个人必须两两相对,保持在一条直线上,发现哪个人转得太快或太慢了,换下来,游戏重新开始时由开机人代替。换下来的人当开机人。

游戏类型:体育游戏
适合年龄:大班幼儿
游戏名称:小飞行员
目的:练习两臂平举、单脚立和闭眼自转,发展幼儿平衡的能力。
玩法:

幼儿扮小飞行员,四散地站在场地上;教师扮演指挥员。游戏开始了,指挥员说:"演习开始了!"接着发出命令"上飞机,一——二——三!"小飞行员两臂侧平举单脚站立不动约5~10秒钟。指挥员再次命令:"飞机起飞了!"小飞行员四处飞行。命令:"飞机钻进云层,迷失方向。"小飞行员原地两臂侧平举,闭眼睛原地自转3~5圈。命令:"飞机赶快钻出云层!"小飞行员继续向前飞行。最后指挥员命令:"飞机降落!一——二——三——!"小飞行员原地单脚站立不动约5~10秒,再还原或直立。游戏反复进行,以单脚站立和闭眼转圈平衡状态好的为优秀飞行员。

提示：
(1)初玩游戏时,闭眼原地转圈的次数不要太多,单脚站立的时间不要太长。熟悉游戏玩法后,可适当增加难度。
(2)幼儿闭眼转圈时防止相互碰撞。
(3)也可让幼儿站成大圈,集体沿圆圈飞行。

游戏类型:体育游戏
适合年龄:大班幼儿
游戏名称:有趣的图形
目的:练习听信号跑和接力快跑。
准备:几何图形(圆形、正方形、三角形、长方形等)头饰若干,形状与上述几何图形相同的纸板若干,均与幼儿人数相等。
玩法：
(1)将各种几何图形纸板四散地放在场地上,每个幼儿头戴各种几何图形的头饰站在场地的四周。游戏开始,幼儿自由地在场地上跑或跳,教师敲三下小铃铛后幼儿立即站在与自己头饰相同的图形纸板上。游戏可反复进行。
(2)将几何图形纸板装入篮内放在终点线,幼儿分成4~6队,分别站在起点线后。起点线上也放几个小篮子。教师发令,每队第一个幼儿快跑到终点线,从篮子里拿一块与自己头饰相同的几何图形,然后跑回起点线,将几何图形放在篮子内,拍第二个幼儿的手,并排入队尾。如此依次进行,以先完成的队为胜。
规则:幼儿拿几何图形纸板往回跑时,必须将图形纸板举起,让大家检查是否与头饰相同,如果错了,要马上调换。

游戏类型:体育游戏
适合年龄:大班幼儿
游戏名称:手帕游戏
目的:培养幼儿的控制能力。
准备:同样大小的手帕若干,数目同幼儿的人数。
玩法：
幼儿手拿一块手帕,分散在场地上。游戏开始,教师发出口令,幼儿们一边念着儿歌,一边做着托手帕、贴手帕、定手帕动作,逆时针方向跑。
托手帕:手掌向上,两手并拢。唱儿歌:"我爱我的小手帕,托在手中玩一玩,我跑它像蝴蝶飞,我停它也落下来。"

贴手帕:将手帕按贴在自己胸前,然后将两手移开,快速前进(身体可稍向后仰,利用空气阻力,使手帕吸贴在胸前),唱儿歌:"我爱我的小手帕,贴在胸前玩一玩,和我一起来赛跑,一起到达终点线。"

游戏类型:体育游戏
适合年龄:大班幼儿
游戏名称:雨后彩虹
目的:练习自转、奔跑和动作的灵敏性。
准备:红、橙、黄、绿、青、蓝、紫7种颜色的纸条数张。
玩法:
参加游戏的人分别扮成红、橙、黄、绿、青、蓝、紫7种颜色的水珠,每一种颜色的水珠胸前都用别针别一种颜色的纸条做标记,各种颜色的水珠共同拉成一个大圆圈。再选一个幼儿扮演风,站在离圆圈2米的地方。游戏开始,大家手拉手向逆时针方向走,边走边说:"雨后天空挂彩虹,红——橙——黄——绿——青——蓝——紫。"说到7种颜色时要拉长声音,说到哪一种颜色,哪一种颜色的水珠就要原地转2圈。当紫色的水珠转后,扮演风的幼儿就要很快地跑到圆圈中心大声说:"我是风——"接着各种水珠躲着风四散跑开。风跑着,专捉水珠,水珠一旦被风拍到就被吹干了,必须立即终止游戏。当有4~5个幼儿被捉住,游戏重新开始。
提示:风没有发出信号时,扮水珠的幼儿不准跑。

游戏类型:体育游戏
适合年龄:中班幼儿
游戏名称:打怪兽
目标:
(1)用海绵球进行多种投掷活动,发展投掷能力。
(2)在运动中发展探索能力。
准备:
每人一个海绵球,长竿悬挂怪兽标靶。
玩法:
1. 幼儿自由探索玩海绵球
教师引导幼儿:今天我们一起来玩海绵球,小朋友动脑筋看谁玩的方法多。
幼儿自由探索玩海绵球,教师观察巡视。(如:向上抛接、两人对抛对接、投远等)
2. 交流分享海绵球的玩法
请几位不同玩法的幼儿介绍自己的玩法,边说边做,全体幼儿观看评议。

3. 集体游戏:打怪兽

教师手持怪兽标靶,边走边左右、上下移动长竿。引导幼儿看谁投得准、投得多。

幼儿四散追投教师移动的"怪兽"。

4. 小结评价,放松整理

教师评价幼儿游戏情况。

共同整理活动器械。

设计教师:哈尔滨市建新幼儿园　王艳哲

游戏类型:体育游戏

适合年龄:中班幼儿

游戏名称:小猪本领大

目标:

(1)练习平衡、爬和躲闪的能力,增强动作的协调性。

(2)能积极地参与体育活动,遵守游戏规则。

(3)培养幼儿之间的合作意识。

准备:

(1)平衡木、拱形门、筐。

(2)大灰狼头饰、小猪头饰。

(3)热身音乐、放松音乐、游戏音乐。

规则:

(1)小朋友双手打开一个一个接着过小桥,过小桥时注意安全不要掉下去;再爬过山洞,爬的时候要双手扶地、双腿跪下配合往前爬。大灰狼出现时要马上蹲下不动,等大灰狼走了再继续走。

(2)运西瓜(球)时需要两只小猪配合,两只小猪分别抓住棍子的两端,把球放在棍子的中间,棍子之间的宽度要适量,不能让球掉下去;两个小朋友还要保持棍子的平衡;不能用身体碰球。

玩法:

1. 热身活动

小朋友坐在椅子上睡觉。(天亮了,太阳出来了,"喔！喔！喔！"起床了)

老师:小猪们,早上好,咱们一起来锻炼锻炼身体,做做早操吧。

(放热身音乐),音乐结束拍手回座。

2. 游戏:小猪过桥

老师:今天的天气真好,咱们去外婆家玩吧！外婆家在很远的地方,去外婆家要先走过小桥,再爬过山洞才能到达。有时还会出现大灰狼,当出现大灰狼时你们要快速蹲下不动,这样大灰狼就不会发现你们了,等大灰狼走开了,你才能继续往外婆家走。小猪们过小桥时千万不要挤、不要推,要是掉到桥下面就会被水冲走。钻山洞时要爬过去,听明白了吗?

(放游戏音乐)教师指导幼儿练习"走小桥""爬山洞"。

3. 游戏:小猪运西瓜

老师:外婆家到了。外婆看见小猪们可高兴啦,要把好吃的大西瓜送给小猪们,但是得需要两只小猪一起配合用两根棍子夹住西瓜,在天黑之前把大西瓜送回家。小猪们想想办法怎样把西瓜夹在棍子中间不让它掉下来,安安全全地送回家呢?(放游戏音乐)幼儿尝试配合用棍子夹着运西瓜。

4. 游戏:小猪切西瓜

西瓜运完了,让我们一起来切个大西瓜尝一尝吧!

幼儿拉手成圆圈(西瓜),中间请一名幼儿边走边念:"切、切、切西瓜,切、切、切西瓜,绿的皮,红的瓤,我把西瓜切一刀,甜甜的汁水四处淌。"念儿歌的同时,用小手在两人拉手处做切的动作,念到"切一刀"时,全体幼儿四散跑开,切西瓜者抓住一人后,再次开展游戏,被抓者念儿歌,切西瓜。

5. 放松活动

小猪们也吃饱了,玩累了,咱们一起来做个放松操休息休息吧。(放松操音乐)做放松操结束游戏活动。

观察与反思:

在故事情节的开场白导入中,幼儿兴致高涨,十分踊跃地、积极自主地参与活动,并在活动中较好地遵守游戏规则,达到了预期的活动效果。

(1)导入情景化,角色的担任让幼儿感受游戏的快乐。体育活动的目标是发展幼儿的动作,但是单调的导入会让幼儿觉得动作的学习枯燥乏味。我采用扮演小猪的方式导入:天气很好,去外婆家玩。

(2)活动场景让幼儿体验参与的成功。"去外婆家要走过小桥,爬过山洞,才能到达外婆家。"

(3)规则明确化,合作与竞赛让幼儿发挥团队的精神。西瓜是很容易摔坏的,在游戏中,两名幼儿双手用棍子夹西瓜球不能让西瓜球掉下。在简短的提问下,幼儿自己说出了游戏的许多规则,如,皮球不能掉地,两根棍平衡,身体不能碰西瓜球,两棍之间的距离要适量。在游戏中,幼儿的规则意识明显增强,并且团队合作的能力提高了,他们在胜利后会兴奋地高呼"我们第一,耶!"

现在,我们好多老师都害怕开展体育活动,场地的无范围性,总是让老师们对孩子的课堂纪律烦心劳神,有时碰上班级的顽皮孩子满场跑真是束手无策,就算喊破了喉咙也难以收场。

在室内开展体育活动的好处就是便于管理孩子,特别是分组轮玩的方式。当然要真正地组织好一次体育活动,在课堂常规纪律方面教师一定要平时多加训练,让孩子们既能在课堂上活泼表现,大胆进行体能的锻炼,又能让孩子们自觉地养成排队的团队整队纪律,不随便离开队伍,随便走动,这是最关键的。

设计教师:哈尔滨市建新幼儿园　鞠伟萍

游戏类型:体育游戏
适合年龄:中班幼儿
游戏名称:放鞭炮
目标:
学习游戏的玩法,能根据规则快速反应做出双脚向上跳的动作。
准备:
(1)0.5米长的小竹竿一根,顶端插一枝用红纸卷成的"红蜡烛"。
(2)大、小鞭炮头饰各三个。
玩法:
1.准备活动:小动物模仿操
幼儿四散站在场地上,和老师一起随音乐做小动物模仿操,活动身体各部位。
2.介绍游戏玩法和规则
通过谈话,引起幼儿兴趣。
小朋友,过年的时候爸爸妈妈领你放鞭炮了吗?说一说爸爸是怎么放鞭炮的?学一学鞭炮响起的声音是什么样的?让我们来学学吧!
教师讲解游戏的方法,示范动作。
方法:先请几位小朋友带好头饰,扮作"鞭炮",大家一起念"放鞭炮"的儿歌,念到的大鞭炮,"砰叭"时(全体幼儿蹲下,再跳起,两手斜上举),念到小鞭炮,"啪啪啪"时(全体幼儿原地跳三下),念到大家玩得哈哈笑时,戴头饰的幼儿任找一个地方站好,做排头,说第二遍大家玩得哈哈笑。其他幼儿任选一个排头,站成一路纵队。组织者手持系有"红蜡烛"的小竹竿,在各队上方来回晃动。当红蜡烛停在那个对排头上时,全队的鞭炮都发出"嗤"的声音,排头发出"砰叭"的响声,全队幼儿双脚向上跳,并发出"啪啪啪"的叫声。
幼儿尝试玩游戏,教师参与指导。
提示:教师提示幼儿双脚跳时,身体要用力向上,双脚同时离开地面。
3.幼儿进行游戏
幼儿自由选择扮鞭炮。
讲解游戏规则。

幼儿站到某一排头后面后,就不能随意离开;只有"红蜡烛"点到排头的头上方,才能发出"嗤""砰""叭"的响声。

提示:幼儿游戏熟练后,扮"鞭炮"的幼儿可轮换,手持"红蜡烛"的幼儿可轮换。幼儿反复进行游戏。

4.活动结束

小朋友放了这么多的鞭炮,玩得真开心呀,回家后你也和爸爸妈妈一块玩放鞭炮的游戏吧!

附:儿歌

节日到,真热闹,敲锣打鼓放鞭炮。

大鞭炮,砰叭!小鞭炮,啪啪啪!

大家玩得哈哈笑,大家玩得哈哈笑。

设计教师:哈尔滨市建新幼儿园　于萍

游戏类型:体育游戏
适合年龄:中班幼儿
游戏名称:两人三足
目标:
(1)学习游戏"两人三足",体验与同伴按节奏同步前进。
(2)体验齐心协力合作带来的快乐。
准备:
绑脚带子,沙包。
玩法:
1.游戏导入,准备活动

幼儿游戏《拍手游戏歌》,找到好朋友。

2.游戏《两人三足》

两个人有几只脚,怎样才能变成三只脚?

现在老师要帮你们一对好朋友变成三只脚。(教师帮助绑)绑好以后,幼儿自由练习。

解决问题:刚才你遇到了哪些问题?怎样才能让两个好朋友不摔倒?(把绑在一起的脚先开步,两个人嘴里可以喊口令1、2,先开步的脚口令为1,后走脚口令为2。)

带着小朋友的好办法,再去自由练习。

3.幼儿比赛

天冷了,我们要去运一些粮食,哪一组先把对面的粮食运完,哪一组就获胜了。

听口令,开始比赛1~2次。

4. 结束活动

小朋友通过默契合作努力得到粮食,我们一起拿着收获的粮食回家吧。

设计教师:哈尔滨市建新幼儿园　王丹

游戏类型:体育游戏
适合年龄:中班幼儿
游戏名称:神奇的魔盘
目标:
(1)学习双脚立定跳远,双脚向前行进跳等动作。
(2)利用魔盘和同伴合作玩。
准备:
幼儿人手一个自制纸盘。
玩法:

1. 出示纸盘,幼儿观察魔盘

我们手里都拿着什么?(纸盘)这可不是一块普通的纸盘,是一块神奇的魔盘,它是我们锻炼身体的好朋友。

我们用纸盘来锻炼身体,做纸盘操。

2. 幼儿尝试自己玩魔盘

你们能想出玩纸盘的各种方法吗?比比看谁的办法最多,谁的本领最大。

分散自由玩纸盘,如投纸盘、头顶纸盘练平衡、滚纸盘、双脚立定跳过纸盘等,重点指导幼儿双脚立定跳过纸盘。

请个别幼儿示范纸盘的各种玩法,并带领全体幼儿练习。

3. 幼儿合作玩魔盘

两人合作可以怎么玩纸盘?

多人合作玩纸盘,重点指导幼儿双脚向前行进跳等动作。

4. 游戏:夺红旗比赛

小朋友,下面我们要进行夺红旗比赛,你们想参加吗?

教师讲解比赛方法和规则。分成四队站好,各队第一个幼儿双脚向前行进跳过纸盘,从右边返回拍第二个幼儿的手后,第二个幼儿才能跳,第一个幼儿回到队列最后站好;依次进行,哪队最后一名幼儿先把红旗夺回来为胜。

建议:游戏可反复进行。

设计教师:哈尔滨市建新幼儿园　海扬

游戏类型:体育游戏
适合年龄:中班幼儿
游戏名称:小兔玩圈
目标:
(1)提高幼儿玩圈的趣味,激发幼儿玩圈活动中的创造性。
(2)学习与同伴商量合作玩的方法。
准备:
(1)录音机、磁带、空场地。
(2)幼儿人手一个头饰、塑料圈。
玩法:
1.演角色,活动身体
扮演白兔司机,手拿塑圈为方向盘,听音乐开汽车进场。
教师:宝宝们你们想把自己的身体练得棒棒的吗?
教师:那跟着妈妈一起去锻炼身体吧!开起我们的小汽车出发吧!(师生入场)
听音乐,幼儿手拿塑圈,跟着教师做圈操。
教师:那现在我们一起来锻炼吧。(师生一起做圈操)
2.提供材料,自由探索
提示:我们小白兔已经学会了用圈做方向盘开汽车,用圈做操的本领。这个圈还可以怎么玩?要动脑筋和别的小白兔玩得不一样。
幼儿想出多种玩圈的方法,并亲自尝试,教师个别指导。
教师仔细观察,邀请幼儿上来展示各种玩圈的方法。互相启发交流。
玩圈方法简介如下:
(1)滚圈:将圈向前抛出去又捡回来。
(2)跳圈:在圈里跳进跳出。
(3)小鸭走:幼儿将腿伸直,脚套在圈里分开撑住圈向前走,不能让脚上的圈掉下来,也不能用手帮忙拉着圈走。
(4)带圈走:幼儿三四人一组,站在圈里,手拉手,用脚踏着圈向前快走。
(5)转圈:幼儿用手转圈,使其原地旋转。
(6)踏圈走:把圈竖起,两脚依次踏着圈的边缘,侧向移动双脚,使圈向前滚动。
(7)套圈:从头套入脚下取出→从脚套入头上取出。
幼儿带着同伴的启发,继续探索练习。
教师:宝宝们真能干,想出了这么多的玩法。那你们知道兔宝宝最大的本领是什么吗?
教师:那我们来跳跳看,但是要和其他宝宝跳得不一样。(幼儿玩圈,教师讲评跳的好的幼儿)

3. 难度练习,重点指导

幼儿自由结伴将塑圈摆在地上搭成各种图案,然后逐个进行跳圈活动:单脚或双脚连续跳,左右脚交替跳,左右脚开合跳等。教师重点指导:如何与同伴商量合作玩的方法。

教师:现在妈妈要我们宝宝合作,把圈放在地上拼成一个图案,然后来玩玩看。(幼儿自由结伴玩圈)

教师将合作得较好的组的玩法展示给同伴看,提供幼儿合作玩的方法。

教师小结:宝宝们真能干,妈妈看了可高兴了,你们不仅用圈玩出了这么多的玩法,而且还拼出了这么多的图案,妈妈要表扬你们。

4. 游戏结束,放松身体

小兔子拔萝卜吃,结束活动。

教师:那边地里种了那么多的萝卜,可是没有路过去,宝宝们快想个办法吧!(幼儿自由想办法,教师引导幼儿用圈铺路)

教师:宝宝们真能干,想出了用圈铺路的好办法,那现在开始铺吧。铺好以后再从路上过去吃萝卜。

设计教师:哈尔滨市建新幼儿园　凤晓宇

游戏类型:体育游戏
适合年龄:小班幼儿
游戏名称:雪花飘飘
目标:
(1)练习原地向上纵跳抛物。
(2)活动中会听信号按要求活动。
准备:
(1)组织幼儿制作雪花片。幼儿按意愿将纸(如挂历、报纸、美工活动剩下的边料)剪成或撕成各种长条或花边,当作"雪花片",每人可制作若干份。
(2)箩筐、铃鼓等。
玩法:
(1)教师带幼儿充分活动身体各部分。
(2)教师向幼儿介绍有规则和玩法。

雪花飘飘

每个幼儿向上纵跳的同时,将"雪花片"抛向空中,然后尽力接住。比一比谁抛得高、接得准、接住的次数多。

提示:幼儿可以自由结伴,一人抛"雪花片",一人接,然后互换角色进行游戏,看谁抛得高、接住的次数多。

风儿与雪花

①幼儿手持自制雪花,扮"小雪花",教师扮"风婆婆"或"风爷爷",摇动铃鼓。引导幼儿根据铃鼓声的速度、音量变化,在场地内慢跑、快跑、快走,随着渐弱的铃鼓声慢慢原地蹲下来。

②幼儿熟悉游戏后,可请个别幼儿扮老师在游戏中的角色"风婆婆"或"风爷爷",幼儿继续游戏。

组织幼儿玩"扫雪花"的游戏。

教师扮"扫雪人",幼儿扮"小雪花"。扫到哪片"小雪花",哪个幼儿就把自己的雪花放在箩筐内,以保留做下次用。

(3)活动结束。小朋友都扮演了美丽的小雪花不停地飘在空中,等到冬天下雪的时候我们要和真正的雪花一起玩好不好?

建议:

(1)可小团体(几个小朋友)合作进行游戏活动。

(2)游戏结束后,要把"雪花片"全部发到箩筐里。

(3)游戏中要注意安全。

设计教师:哈尔滨市建新幼儿园 曹秉菲

游戏类型:音乐游戏

游戏名称:快乐岛

适合年龄:中班幼儿

目标:

(1)幼儿能够积极愉快地参与活动,动脑筋想办法。

(2)引导幼儿与同伴合作游戏,体会到合作的愉快。

(3)能与同伴一起站在报纸上,保持身体的平衡。

准备:

(1)报纸若干。

(2)小海龟头饰每人一个。

(3)一段适合表演海龟的曲子,大海的轻音乐。

玩法:

(1)教师带领幼儿充分活动身体各部分。

幼儿头戴海龟头饰扮演小海龟。

(2)幼儿扮演小海龟。

导入活动:海龟妈妈通过带小海龟爬到沙滩上踩沙子、跳水坑、学小海鸥飞、和小朋友一起跳舞等,锻炼了幼儿走、爬、跳等动作技能。

(3)热身游戏:鲨鱼吃海龟。

老师来扮演鲨鱼,小海龟听信号来找小伙伴手拉手,违犯游戏规则就被鲨鱼吃掉。

(4)"快乐岛"的游戏,为使"鲨鱼吃海龟"的游戏更丰富,具有挑战性。"海水上潮了,把快乐岛逐渐淹没,报纸对折,越变越小,难度逐渐提高,将整个活动推向高潮。前两次对折后幼儿很容易就躲到快乐岛上,当报纸再次对折后岛面积变得较小。

(5)放松活动。

带领幼儿在展开的快乐岛上两个幼儿背靠背,听着美妙的音乐安静下来,做放松运动,使整个活动较好地达到动静结合。

设计教师:哈尔滨市建新幼儿园　金鑫

游戏类型:音乐游戏
适合年龄:中班幼儿
游戏名称:两只小蜜蜂
目标:
(1)能根据节奏的变化进行游戏。
(2)在游戏中体验同伴之间配合的愉快。
准备:每名幼儿一把小椅子。
规则:两个幼儿要面对面游戏。
玩法:
(1)节奏儿歌《两只小蜜蜂》游戏。
全班幼儿集体说节奏儿歌:

两只小蜜蜂啊(拍手一次),飞在花丛中啊(拍手一次),左飞飞(左侧拍三次),右飞飞(右侧拍三次),飞呀(拍两次),飞呀(拍两次)。

(2)幼儿每人跟着节奏说一句,说到"啊"的幼儿不出声用拍手表示。如果幼儿没有接正确或拍手次数不对就要接受惩罚:全班幼儿一起做打的动作,说错的幼儿要做出被打的动作。一直玩到最后一名幼儿停止。

(3)每个幼儿跟着节奏说两个字,如两只——小蜜——蜂,说到"啊"的幼儿不出声用拍手表示。如果幼儿没有接正确或拍手次数不对就要接受惩罚:全班幼儿一起做打的动作,说错的幼儿要做出被打的动作。一直玩到最后一名幼儿停止。

(4)每个幼儿跟着节奏说一个字,节奏速度加快,如两——只——小——蜜——蜂——,说到"啊"的幼儿不出声用拍手表示。幼儿两人一组玩游戏。获胜幼儿做打的动作,失败的幼儿做挨打动作。

(5)幼儿拍手一边说节奏儿歌,然后做不同飞的动作回到自己的位置。

设计教师:哈尔滨市安丰幼儿园　孙婧

游戏类型:音乐游戏
适合年龄:中班幼儿
游戏名称:母鸭带小鸭
目标:
(1)引导幼儿动作协调,随音乐做动作。
(2)发展幼儿小手肌肉群的动作。
(3)感受音乐的诙谐、有趣,体验合作的快乐。
准备:鸭子头饰、音乐、塑料夹子。
规则:
(1)小鸭子每次只可以在母鸭那里取一个夹子。
(2)母鸭要不断变换位置,以免孩子聚集摔伤。
(3)完成最多的要给予奖励。
玩法:
教师扮母鸭,幼儿扮小鸭。夹子(提前夹在老师的衣服和裤子上)、数字卡(用毛线把数字卡串好从3~12)。
第一遍音乐:
小鸭同母鸭一起随音乐做动作。
第1~3小节:做小鸭走的动作(即脚做八字步,屈膝,一拍一次往前走;手做鸭嘴状,一拍一次张合)。
第4小节:做跳水动作。
第5~8小节:脚走碎步,双手向前伸展做戏水、捉鱼动作。
第二遍音乐:
小鸭子随音乐从母鸭身上摘下夹子夹到自己身上,把母鸭身上的夹子都摘走后,再数一数自己身上有多少个夹子,由一个小朋友从数字卡里找到相应的数字举起来,相同数字的小鸭找到自己的数字卡站好。
可以随游戏时间反复播放音乐。
第三遍音乐:
小鸭跟着母鸭随音乐做小鸭走的动作回家。
观察与反思:在游戏过程中,幼儿会因为一起到鸭妈妈那里取夹子而挤到一起,教师要不断更换位置,防止幼儿之间互相拥挤、摔倒。要把所有幼儿放在教师的视线之中。

设计教师:哈尔滨市安丰幼儿园　周艳梅

游戏类型:音乐游戏
适合年龄:小班幼儿
游戏名称:小胖鸭子捉迷藏

目标:

(1)通过游戏训练幼儿的应答能力,练习正确说出方位词:在……后边(上边、旁边等)。

(2)感受音乐游戏的快乐,喜欢参与游戏活动。

准备: 为幼儿提供可以躲起来的障碍物,如小椅子、桌子等。

玩法:

老师扮演"鸭妈妈",幼儿扮演"鸭宝宝"。第一段幼儿边唱歌曲边做小鸭子走路的动作走圈儿,一个跟着一个走,当唱到第5~8小节的时候马上找到可以藏起来的地方躲好。第二段鸭妈妈入场,边演唱边学鸭子走,边走边东张西望地找鸭宝宝,第三段继续演唱,鸭妈妈一个一个地找到鸭宝宝,被找到的鸭宝宝被鸭妈妈发现的时候要说"妈妈我在这",并请他说出自己躲在了什么地方,如我躲在了椅子后边。反复进行几轮,游戏结束前鸭妈妈演唱"全部找到了!"第四段全体鸭宝宝边演唱边学鸭走路跟在鸭妈妈身后,一个跟着一个走,游戏结束。

附件:

小胖鸭子捉迷藏

1=D 2/4

[1]	[2]	[3]	[4]
1 2 3 4	5 5	6 6 6 6	5 —

1. 许多 小胖 鸭子, 河里 捉迷 藏,
2. 鸭子 妈妈 高声 叫, 嘎嘎 嘎嘎 嘎
3. 找呀 找呀 找呀 找, 找呀 找呀 找,
4. 走呀 走呀 走呀 走, 走呀 走呀 走,

[5]	[6]	[7]	[8]
4 4 4 5	3 3	2 2 5 5	1 — : ‖

头儿 钻到 水里, 尾巴 在水 上。

我可 爱的 宝宝, 你们 哪去 了?

我可 爱的 宝宝, 被我 找到 了!

(被我 找到 了!)

我们 跟着 妈妈, 一起 回家 吧!

设计教师:靖宇幼儿园 秦畅

游戏类型:音乐游戏
适合年龄:小班幼儿
游戏名称:听听谁来了
目标:
(1)初步尝试让幼儿欣赏两种不同性质的音乐做出相应反应。
(2)在老师的引导下能听音乐模仿两种不同动物的行走方式。
(3)注意倾听音乐游戏的规则,学会游戏玩法,积极参与游戏。
准备:
大灰狼头饰若干,小白兔头饰若干,大灰狼的家,小白兔的家,配乐磁带《命运交响曲》《小兔跳音乐》。
玩法:
1.讨论:你听到了什么声音?
老师带小朋友们到郊外去玩。(幼儿做开火车状进教室)
问题:什么声音?谁听见了?仔细听一听到底是谁来了?
等幼儿安静坐下来后再次仔细听一听。
问题:到底是谁来了?你是怎样想的,为什么?
2、讨论、模拟表演
讨论、模拟:"大灰狼走路""小白兔走路"。
问题:
(1)学一学大灰狼是什么样的?它是怎样走路的?
(2)学一学小白兔是什么样的?它是怎样走路的?
提示:
(1)让孩子们充分讨论并体验大灰狼与小白兔的特征。
(2)小朋友学一学大灰狼是怎样走路的,小白兔又是怎样蹦蹦跳跳的。

3.情景表演
在录音磁带的音乐声中,根据音乐内容做相应的动作,要求幼儿模仿。
(幼儿自由选择头饰,但要求幼儿取时要互相谦让,不争抢。)
规则:
(1)捉小兔时要注意安全,不要用力去抓以免摔倒。
(2)捉到小兔的大灰狼可以把小兔带回家。
(3)小兔在逃跑回家的过程中要注意安全,不相互推挤。游戏可对换角色,反复进行。
建议:
(1)为幼儿提供场景及道具,鼓励其分角色表演。

(2)搜集有关动物特征的资料,有利于幼儿在模仿中的形象。

活动反思：

活动时扮演小兔的幼儿在大灰狼来临时过于兴奋,而忘记了小兔要蹦跳着往家跑,偶尔也会有乱跑现象出现,有个别幼儿还跑到了大灰狼的家门口。但幼儿对老师所设计的活动非常感兴趣,能积极参与到活动中来,尤其是幼儿互换角色体验,达到了预想效果。

设计教师:哈尔滨市安丰幼儿园 朱慧琼

游戏类型:音乐游戏
适合年龄:小班幼儿
游戏名称:捉老鼠
目标:
(1)感知音乐节奏,尝试根据歌曲含义创编动作。
(2)练习一个跟着一个绕圈行进,体验音乐游戏的乐趣。
准备:老鼠尾巴若干条,猫咪头饰1个。
规则:

在游戏的过程中要求扮演老鼠的小朋友脚步轻轻地行走,创编老鼠动作,扮演猫咪的小朋友蹲下闭上眼睛,做熟睡的状态。被猫咪抓到的"小老鼠"要在旁边的椅子上坐好等待救援。

玩法：

小朋友们围成半圆形坐好,选出一名小朋友扮演猫咪(带上猫咪的头饰),其余的小朋友扮演老鼠(带上老鼠的尾巴)。老师弹奏歌曲《踩老鼠》,扮演老鼠的小朋友拍手起立,朝左侧转身创编老鼠吃米动作,一个跟着一个行走(边走边演唱歌曲),此时猫咪要蹲在中心扮演睡觉。当歌曲唱到"一只老猫看见"时猫咪伸开双臂起来,唱到"一把抓住它"时,猫咪抓老鼠,老鼠们快速回到座位上。(小朋友轮流当猫咪)

踩老鼠

1 = F　2/4

1 2　1 2| 3 1 |2 3 2 3| 4 2 |
一只 小小 老 鼠 出 来 偷 吃 白 米

3 4 3 4 | 5 3 |5 4 3 2| 1 — —|
一只 老 猫 看 见 一 把 抓 住 它

注意事项：

提示幼儿在一个跟着一个走的时候,不推不挤,鼓励幼儿创编动作,要根据歌词、节奏进行动作,只有到"一把抓住它"时才可以回到座位。

活动反思：

幼儿在活动时兴致高，也能够在老师的提示下自主地创编动作。我们的这个游戏是动作和演唱相结合的，但是在游戏的过程中，幼儿的重心主要放在了创编动作上，而忽视了对歌曲的演唱。在接下来的活动开展上，教师要多提示孩子演唱，也要多练习演唱。在游戏秩序方面，有部分小朋友不能一个跟着一个走，还需要多加练习。

游戏类型：语言游戏
适合年龄：大班幼儿
游戏名称：传话筒
目标：发展幼儿的思维能力及续编语句的能力
准备：任意字卡或词卡
玩法：

教师出示一张字卡（或词卡），请幼儿以这个字（或词语）为开头说一句话，将这句话的最后一个字（或词语）作为下一名幼儿继续说话的开头，也就是采用接龙的形式，首尾相接，以此类推，传递下去。（规则：每句话的字数要统一，若是以五个字为一句话开始的，那么后面的幼儿说的每一句话都得是五个字的句子。）

组织建议：

我们班在刚刚接触这个小游戏时，明显感觉到平时语言表达能力强的幼儿掌握和进入游戏比较快，而到了平时就不爱说话的幼儿接时总会出现断档，这是，就会有幼儿开始帮他想句子，告诉他，但幼儿的这种帮助行为其实是不利于他自我发展的，时间久了，这样不爱说话的幼儿就会更容易依赖别人，总想让别人帮他说，这样一来，他自己的这种语句创编的能力和思维就得不到发展和锻炼！因此，在初次玩这个游戏时，人数不宜太多，可以先分组请几名幼儿到前面来游戏，游戏的过程也是为其他幼儿示范的过程，在下面的幼儿也能够与前面的幼儿积极地互动，帮着创编句子，待全体幼儿熟悉游戏的时候可加大参加人数，也可由教师组织集体游戏，每人轮一句。再有一点就是，这个游戏的游戏广度比较大，任何时间任何地点都可以进行，如可作为识字活动前的小互动环节，也可在餐前进行，这样可以避免浪费幼儿餐前等待时间！

设计教师：哈尔滨市安丰幼儿园　徐铭泽

游戏类型：语言游戏
适合年龄：小班幼儿
游戏名称：看望生病的小猫
目标：
(1)教幼儿学习使用礼貌用语：你好、请、谢谢、再见。

(2)培养孩子关心朋友,学会朋友之间友好往来。

玩法:

请一个小朋友扮作小猫,请三四个小朋友,分别扮演小狗、小鸡、小鸭,用一两把椅子、小桌子简单地布置成小猫的家。小猫在家里或坐或躺均可。

小狗(敲门):嘭、嘭、嘭。

小猫:谁呀?

狗:我是小狗呀!

猫:请进!

狗:小猫你好!

猫:小狗你好!请坐!

狗:小猫,听说你生病了,什么病?

猫:我感冒了。

狗:你去医院看了吗?

猫:看了,吃了药好多了。

狗:小猫,我给你带来一块蛋糕,请你吃吧!

猫:谢谢。

狗:我走了,你好好休息吧!

猫:谢谢你来看我,再见!

狗:再见!

(小狗走后小鸡来)

小鸡问候小猫的话,与小狗的话相同,只是第五句是"小猫,我给你带来一些小米,你熬粥喝吧!"

(小鸡走后,小鸭来)

小鸭问候小猫的话与小狗相同,第五句为"小猫,我给你带来一条小鱼,请你尝尝鲜吧!"

(小鸭走后)

猫:朋友们都这样关心我,等我病好了,一定好好地和他们一起玩,决不打架。

规则:

(1)问话要按秩序。

(2)要根据问话内容答话,不要所答非所问。

(3)几个礼貌用词都要在对话时使用上。

(4)孩子学会玩法后,对话内容可以逐渐加深。如加上小动物的叫声。小狗叫门时可以说:"汪汪,我是小狗。"小猫:"喵喵,谁呀?"小鸡"叽叽"小鸭"嘎嘎"……

游戏类型:语言游戏
适合年龄:中大班幼儿
游戏名称:白鹅下河
目标:教幼儿练习 g、e、o、h 的音。
玩法:
教师当鹅妈妈,请一个幼儿当狐狸躲在一边。游戏开始时,鹅妈妈边走边说:"大白鹅,呃呃呃,我要找小鹅。"停在一个小朋友面前问:"你是我的小鹅吗?"被问的幼儿要答:"呃呃呃,我是小白鹅,我会游水,又会唱歌。""对、对、对,你是我的小白鹅,跟我走吧!"鹅妈妈继续寻找第二只小鹅。找到 5 只后,全体幼儿说儿歌:"东边一条小河,西边一群鹅,鹅儿鹅儿唱支歌。"小鹅们立即唱"呃呃呃",这时装狐狸的幼儿开始出来,做偷袭鹅的动作。全体幼儿又说:"一只狐狸跑过来,鹅儿鹅儿跳下河。"鹅妈妈和小鹅做张开翅膀跳下河的动作,不要让狐狸抓住。
游戏再重新开始,幼儿熟悉游戏后,可请幼儿担任鹅妈妈。
规则:
小鹅必须按鹅妈妈的问话回答,答对的才能跟妈妈走。说得不对,鹅妈妈要教他。
注意事项:
玩之前先讲解一下游戏的玩法,教幼儿说两遍儿歌。注意幼儿的发音要正确,对发音不准的要帮助纠正。

游戏类型:语言游戏
适合年龄:大班幼儿
游戏名称:谁在唱歌
目标:
(1)培养儿童注意听的能力,和分辨不同乐器的声音。
(2)培养幼儿大胆、准确地回答问题的能力。
玩法:
教师拿出几种乐器(三角铁、撞钟、梆子、鼓、喇叭、铃鼓、手风琴、小钢琴等)分别让幼儿听一遍各种乐器发出的不同声音。然后将这些乐器放到帷幕后,教师任意击一个乐器演奏 4~8 拍,然后请幼儿说出是什么乐器在演奏。
幼儿对以上几种乐器的声音都很熟悉后,玩法可变换,提高要求:第一种方法是使用两种乐器,前 8 拍是一种乐器,后 8 拍是另一种乐器。请幼儿说是谁在唱歌。以后再加深要求,前后使用 3 种乐器。第二种方法是:在幼儿很熟悉各种乐器的声音后,使用两种乐器齐奏,然后让幼儿说出谁在唱歌,如果幼儿能听得出来,可再使用 3 种乐器齐奏。如钢琴奏乐曲的旋律,小鼓打节奏,中间加有三角铁的伴奏,看幼儿谁能分辨清楚。

规则：

听音时不要讲话，以保证有个安静的环境，听得清楚。

注意事项：

(1)先要让幼儿熟悉几种乐器的名称，和它们各自不同的声音。

(2)此游戏各年龄班都可以玩，只是在小班使用的乐器要少一些，三四件即可。中、大班可逐渐复杂和提高要求。

游戏类型：语言游戏

适合年龄：小班幼儿

游戏名称：小猴学样

目标：让幼儿理解动词所代表的动作。

玩法：

教师手拿玩具小猴说："小猴子最喜欢学人的样子，今天你们就教教他，我说出一个词来，你们就做动作给他看。"然后教师说出一个简单的动词，幼儿即相应地做出动作。如教师说"跑"，幼儿立即做跑的动作；教师说"蹲"，幼儿立即蹲下。幼儿做动作后，教师也操纵着小猴做同样的动作，同时说："小猴也学着做呢，看，它也蹲下了。"孩子会感到很有兴趣。

教师照此玩法，可以说出一系列的动词。如跳、停、走、爬、摸、举、挠、踮起脚走、单脚跳、叉腰、吹喇叭、打鼓、弹琴等动词。

规则：

(1)幼儿做出的动作，必须与教师说出的动词相对应，做错了得受罚。如是幼儿不理解的动词，教师要教他，像"踮起脚走"，幼儿可能不理解这个"踮"字，教师要给他做个示范。

(2)教师说出的动词改变后，幼儿的动作亦要立即改变，看谁灵敏。

注意事项：

(1)教师说出的动词要注意动静交替。

(2)要注意场地的条件，保证幼儿的安全和卫生。

游戏类型：语言游戏

适合年龄：中班幼儿

游戏名称：谁来了？

目标：

(1)教幼儿正确运用动词：走、跳、游、跑、飞、爬。

(2)培养幼儿思维的敏捷性和动作的协调性。

(3)培养幼儿的语言表达能力。

准备：
(1) 森林公园背景图一幅。(图上有山有水)
(2) 小兔、小鸭子、小鸡、小鱼、小马、小鸟、小蜗牛插入图片各一张。
(3) 卡片若干张，画有小兔、小青蛙、小虫、小鸟、小狗、小象等动物。
(4) 各种动物头饰。如小蜜蜂、小燕子、小兔、小鸭、小鱼、小青蛙、蛇、蜗牛等，数量与幼儿数相同。

玩法：

1. 理解走、跳、游、跑、飞、爬等动词词意

出示森林公园背景图，告诉幼儿，小动物们要在它们的公园里开运动会。提问：你们猜猜有谁会来呢？仔细看看它们是怎么样来的？

把下列小动物图片有次序地插入背景图中，逐个讲解动词词意（插入过程中，老师学小动物"来"的动作）：

小鸡走来了。小鸟飞来了。小鱼游来了。小白兔跳来了。小蜗牛爬来了。小马跑来了。

请小朋友说说在小动物中还有谁会走，谁会跳，谁会飞，谁会爬，谁会游，谁会跑。进一步启发幼儿说出小鸭子会走，还会游；小乌龟会爬也会游。

2. 学习走、跳、游、跑、飞、爬这些动词，培养幼儿思维敏捷性和动作灵活性

看看说说。教师拿出一沓卡片，任意抽出一张。如老师抽到的是小鸟，小朋友就说"小鸟飞飞"；抽到小鱼，就说"小鱼游游"；抽到小青蛙，就说"小青蛙跳跳"或"小青蛙游游"；抽到小乌龟，就说"小乌龟爬爬"或"小乌龟游游"。

讲讲学学。个别幼儿抽卡片，并说出此种动物的动作特征。如抽到小燕子，就说"小燕子飞飞"。全体幼儿可以连续抽三次卡片。如果幼儿抽卡片后，讲错动词，就不能再继续抽卡片。

听听做做。老师说"小兔跳跳"，幼儿就接着说"跳跳"，并在座位前模仿兔跳的动作。如果老师说"小鱼跑跑"，幼儿听到老师用错动词时，就不能模仿教师说的做动作，如果也跟着说，就算输了。

正确运用走、跳、游、跑、飞、爬等动词，培养幼儿语言表达能力。

听故事，填动词。星期天天气真好，一只小鸭说："我要去小河里游玩。"

它看见小兔，请小兔一起去。小兔说："我会＿，不会游。"

它看见小猫，请小猫一起去。小猫说："我会＿，不会游。"

它看见小蜗牛，请小蜗牛一起去。小蜗牛说："我会＿，不会游。"

它看见小鸡，请小鸡一起去。小鸡说："我会＿，不会游。"

它看见小鸟，请小鸟一起去。小鸟说："我会＿，不会游。"

它看见小青蛙，请小青蛙一起去。小青蛙呱呱地说："好啊，我会＿，咱们一起去玩吧！"

借助动物卡片,请幼儿用动词说话。

如出示小燕子卡片,幼儿可说:"春天到了,小燕子从南方飞回来了。"

出示小鸭子卡片,可说:"小鸭子在池塘中游来游去,"或"小鸭子摇摇摆摆地走到了草地上。"

引导启发幼儿把这些动词与人的活动结合起来,说一句话。

如:运动员正在进行跳高比赛。夏天天气很热,我和爸爸去游泳。

3. 人人扮演小动物进行表演

请小朋友拿出小椅子下面的头饰,看清楚是哪种小动物,然后戴在头上,告诉老师,你扮演什么,会什么动作并要学着做做。比如你戴小兔子头饰,你就说:"我是小兔子,我会跳跳。"扮小鸭子,你就说:"我是小鸭子,我会摇摇摆摆走走,"或"我是小鸭子,我会游游。"

全体幼儿戴上头饰,边说边做,走出活动室。

游戏结束后,幼儿可交换头饰,自由表演。

游戏类型:语言游戏

适合年龄:大班幼儿

游戏名称:和外星小朋友一起玩

目标:

(1)幼儿通过游戏,提高说话兴趣和语言表达能力,学会准确地运用一些量词。

(2)幼儿在动脑动手中,发展想象力和创造力。

(3)幼儿在共同游戏中,培养团结友爱、互相协作的良好品德。

准备:

外星人头饰若干副(可参照幼儿画刊等,用硬纸板制成各种奇异的机器人头饰,上面分别标上金、木、水、火、土等字样);幼儿园常用塑料拼插玩具若干套。

玩法:

1. 导入语,激发幼儿游戏的兴趣

小朋友们,你们见过外星人吗?("没有。"或"见过。")你们愿意和外星小朋友做游戏吗?("愿意。")今天,有几个外星小朋友来到我们幼儿园,要和大家一起玩,你们欢迎吗?("欢迎。"(出示外星人头饰,请幼儿甲、乙、丙……扮作外星人。)你们瞧,这就是外星小朋友,我们请他们介绍一下自己吧。(甲,戴上标有"火"字的头饰:"我叫佳佳,我从火星上来,我今年五岁半。"乙、丙等分别介绍自己。)(幼儿戴上标有不同式样的头饰,扮成来自不同星球的小朋友,其他小朋友也可通过认字来区分他们。)好,外星小朋友自我介绍完了,可他们不认识你们呀!你们也介绍一下自己吧!(幼儿踊跃作自我介绍。)

2. 游戏开始

今天,我们请外星小朋友和大家一起玩拼插玩具的游戏(按座位分组,每组一个外星小朋友),每组小朋友都拼插一个自己最喜欢的玩具,送给外星小朋友,同时要给外星小朋友描述自己的玩具是什么、什么颜色、有什么作用,要不然外星小朋友可看不懂你的玩具呀!外星小朋友也拼插一个玩具,也要向你的地球小伙伴描述你拼插的玩具(拼插玩具时,幼儿们要调动自己的想象力和创造力,拼插自己想象中的玩具。还可以边干边说,介绍夸耀自己的玩具,从而激发幼儿主动说话、互相交谈的兴趣)。教师巡回指导,发现动手能力强的和表达能力强的幼儿,记在心里,为下一步骤做好准备。

描述玩具。教师指定,也可让幼儿举手发言。例如,某一幼儿拼插了一架飞机,幼儿可能说:"我插的是一架飞机。这是个五彩飞机,有红色、绿色、黄色、蓝色、白色。它飞得可高了。我把它送给外星小朋友,让他坐着这个飞机天天飞来和我玩。"再如,拼插一间房子的幼儿可能说:"我插的是一个房子,它的门在屋顶上,飞船一下子就能落到房子里。"(教师注意纠正幼儿描述时出现的量词运用不当的毛病,如"一个飞机""一个房子""一只汽车"等。)(在幼儿描述这些玩具时,教师可适时引导、启发幼儿,如"你这间房子是什么颜色的?它有什么作用?你为什么要把它送给外星小朋友?"等等,使幼儿充分发挥想象力和语言表达能力。幼儿讲得越有趣、越新奇、越有意思越好。)

3. 游戏结束

天快黑了,外星小朋友该回他们的星球去了。让我们一起唱《坐上我的小飞船》为他们送行。(边唱边有节奏地拍手)他们要回去了,大家该说些什么呢?("再见!欢迎你们常来玩!"幼儿互相道别。)

[注]歌曲《坐上我的小飞船》见全国统编大班音乐教材。

设计教师:大同市幼儿师范　罗丽芳

游戏类型:规则游戏(智力游戏)
适合年龄:大班幼儿
游戏名称:说邻居
目标:
训练反应能力及敏捷性。
准备:
10人左右,围坐成圈。
玩法:
1. 教师介绍游戏成员
小朋友围坐成圈后,说说你的邻居叫什么名字?
2. 教师介绍游戏玩法
自己取一个最喜欢的代号,并说出来让大家记住。(可以将代号限定在某个范围内,例如,以花为例,可取"梅花""丁香花"等。)

选一人当"花蕊"站到圆圈中间,大家合唱一首简单的歌曲后,"花蕊"立刻问:"梅花的右边。"梅花必须立刻回答右边邻居的代号,答不出或考虑太久,即算输了并且与"花蕊"交换。

提示:当"花蕊"的人可以随意喊左或右,所以除了反应要灵敏外,还要记住大家的代号。

建议:

幼儿玩熟练后,可以更换代号或增加难度。

设计教师:哈尔滨市建新幼儿园 李媛媛

游戏类型:规则游戏(智力游戏)
适合年龄:中班幼儿
游戏名称:你来说,我来做
目标:训练幼儿的快速辨别、反应的能力
准备:动物头饰(兔子、蝴蝶、小狗)若干
规则:

听口令,做相应的动作;未按口令做动作的,就算失败,停玩一次;在游戏中注意安全,避免相互碰撞。

玩法:

把幼儿分成人数相等的三组,分别戴上头饰,围站成一圈。

第一种玩法——教师喊口令:兔子跳、蝴蝶飞、小狗不跑……喊到哪组,哪组快速做相应的动作;喊另一组时,前一组要快速回到圈上站好。

第二种玩法——教师说:小狗跑跑,跑得快,戴小狗头饰的幼儿就快跑,小狗跑跑,跑得慢,幼儿就慢跑;蝴蝶飞飞,戴蝴蝶头饰的幼儿在场地上做飞的动作,飞得高,幼儿就踮起脚尖飞,飞得低,幼儿就蹲着飞……

第三种玩法——教师说一种动物名字,例如,小鸟来了,幼儿判断小鸟的动作特点是会飞,那么戴蝴蝶头饰的小朋友就在场地做小鸟飞的动作,不会飞的小动物,就站着不动;青蛙来了,幼儿判断青蛙的动作特点是什么,戴着和它动作特点相同头饰的小朋友就在场地上做跳的动作,动作特点不同的,就站着不动……

游戏反思:

首先,从幼儿的兴趣出发,选择头饰时要给幼儿自主选择的机会,这样才能极大地调动幼儿积极参与活动的兴趣。其次,这个游戏趣味性很浓,难免幼儿会出现在参与活动时有相互碰撞的现象,所以讲清规则,注意安全很重要。第三,在组织第三个游戏时,选择具有相应动作特征的小动物名称时,要在幼儿已有的生活经验中选择幼儿熟悉的小动物。

设计教师:哈尔滨市安丰幼儿园 李莹

参考文献

[1] 董旭花.幼儿园游戏[M].北京:科学出版社,2009.

[2] 丁海东.学前游戏论[M].济南:山东人民出版社,2001.

[3] 华爱华.幼儿游戏理论[M].上海:上海教育出版社,1998.

[4] 黄人颂.学前教育参考资料(下册)[M].北京:人民教育出版社,1991.

[5] 刘焱.幼儿游戏通论[M].北京:北京师范大学出版社,2004.

[6] 茹茵佳.幼儿园环境与创设[M].北京:高等教育出版社,2010.

[7] 邱学青.学前幼儿游戏[M].南京:江苏教育出版社,2011.

[8] 李姗泽.学前教育应重视中华民族优秀传统文化——论民间游戏在幼儿园课程资源中的地位和作用[J].课程·教材·教法,2005(5):31-35.

[9] 弗罗斯特.游戏与游戏环境[M].江丽莉,等,译.台湾:五南图书出版公司,1997.

[10] 丁海东,韩云龙.论游戏与教学的整合[J].学前教育研究,2007(12):50-52.

[11] 弗罗斯特,等.游戏与儿童发展[M].唐晓娟,张胤,译.南京:江苏教育出版社,2011.

[12] 玛利·霍曼.活动中的幼儿——幼儿认知发展课程[M].郝和平,周欣,译.北京:人民教育出版社,1995.

[13] 吴宝珊.浅谈民间儿童游戏在幼儿园教育中的开发与运用[J].学前教育研究,2004(Z1):110-111.

[14] 董慧娟."六一"亲子体育运动会(大班)[J].教育导刊,2002(5):35-36.

[15] 周红英.家长工作与亲子游戏[J].山东教育,2001(9):41.

[16] 谭峰.亲子教育机构中教师对家长指导策略的研究——以桂林市 A 中心为例[D].桂林:广西师范大学,2005.

[17] 秦芳.0-3 岁幼儿亲子活动中有效教学语言的运用[J].教育导刊,2011(4):80-81.

[18] 陆春燕.家庭亲子游戏的指导[J].山东教育(幼教刊),2004(Z6):70-71.

[19] 桑吕敏妮.亲子游戏99+1[J].母婴世界,2007(10):9-21.

[20] 游艺.亲子游戏[J].家教指南,2008(5):62.

[21] 谢莉梅."5+2"集体亲子游戏方案(上)[J].早期教育(教师版),2009(3):28-31.
[22] 王颖.家庭亲子游戏[J].启蒙(3-7岁),2005(9):34-35.
[23] 广州市荔湾区广雅幼儿园.亲子游戏两则[J].教育导刊(幼儿教育),2004(12):49.
[24] 王晓萍.儿童游戏治疗[M].南京:江苏教育出版社,2010.
[25] 梁培勇.游戏治疗的理论与实务[M].广州:世界图书出版公司,2011.
[26] 赵漪蓉.互说故事疗法对儿童问题行为的干预研究——阿德勒派儿童治疗情境中的应用[D].上海:华东师范大学,2007.
[27] 麦少美,高秀欣.学前卫生学[M].上海:复旦大学出版社,2009.